XINSHIDAI
JIANCHA YINGMO FENGCAILU

新时代
检察英模风采录

最高人民检察院政治部　组织编写

中国检察出版社

图书在版编目（CIP）数据

新时代检察英模风采录 / 最高人民检察院政治部组织编写 . -- 北京：中国检察出版社，2025.1.
ISBN 978-7-5102-3197-1

Ⅰ．K825.19

中国国家版本馆 CIP 数据核字第 20246RU365 号

新时代检察英模风采录

最高人民检察院政治部　组织编写

责任编辑：王伟雪
技术编辑：王英英
封面设计：徐嘉武

出版发行：	中国检察出版社
社　　址：	北京市石景山区香山南路 109 号（100144）
网　　址：	中国检察出版社（www.zgjccbs.com）
编辑电话：	（010）86423797
发行电话：	（010）86423726　86423727　86423728
	（010）86423730　86423732
经　　销：	新华书店
印　　刷：	北京联合互通彩色印刷有限公司
开　　本：	710 mm×1000 mm　16 开
印　　张：	36.25
字　　数：	477 千字
版　　次：	2025 年 1 月第一版　2025 年 1 月第一次印刷
书　　号：	ISBN 978-7-5102-3197-1
定　　价：	98.00 元

检察版图书，版权所有，侵权必究
如遇图书印装质量问题本社负责调换

前　言

事业发展，关键在人。推动党的检察事业创新发展，必须锻造一支德才兼备的高素质检察队伍。近年来，在以习近平同志为核心的党中央坚强领导下，全国检察机关坚持以习近平新时代中国特色社会主义思想为指导，深入贯彻习近平法治思想和习近平总书记关于政法队伍建设的重要论述精神，全面贯彻党的二十大和二十届二中、三中全会精神，实施加强新时代检察队伍建设意见，始终把检察队伍建设作为基础性、战略性工程，检察队伍革命化、正规化、专业化、职业化建设迈出坚实步伐，为做好各项检察工作提供了有力组织保障。广大检察人员持续筑牢政治忠诚，践行司法为民宗旨，忠实履行法律监督职责，高质效办好每一个案件，恪尽职守、默默奉献，涌现出许多先进模范和感人事迹。

习近平总书记强调："全党全国各族人民要以英雄模范为榜样，团结奋进、砥砺前行，汇聚起共襄强国盛举的磅礴力量。"为讲好英模故事、展示英模风采，最高人民检察院政治部组织编写了《新时代检察英模风采录》，共收录了38个"全国模范检察院"和59名"全国模范检察官（检察干部）"的先进事迹，集中展现了"忠诚、为民、担当、公正、廉洁"的新时代检察精神。他们中，有办理多起金融犯罪大案要案的上海市静安区人民检察院党组成员、副检察长马玮玮，有成功探索建立"数字画像"毒品类案件大数据法律监督模型的浙江省湖州市吴兴区人民检察院党组副书记、副检察长沈璋，有参与成功办理南四湖公益诉讼专案的山东省滕州市人民检察院党组副书记、副检察长刘玲，等等。他们的先进事迹是全国检察机关和全体检察人员学习的榜样。

崇尚英模才会产生英模，争做英模才能英模辈出。《中共中央关于进一步全面深化改革、推进中国式现代化的决定》要求，优化英模人物宣传学习机制，创新爱国主义教育和各类群众性主题教育组织机制，推动全社会崇尚英雄、缅怀先烈、争做先锋。新时代新征程，党的检察事业欣逢最好发展时期，也面临更高履职要求。检察机关担负起党和人民赋予的更重责任，必须持续锻造高素质专业化检察队伍，必须大力弘扬新时代检察精神，进一步优化英模选树宣传工作。我们要把牢正确政治方向，坚持党对检察工作的绝对领导，全面贯彻新时代党的组织路线和干部工作方针，充分彰显检察英模选树宣传的时代属性；坚持实绩导向，加强统筹谋划，聚焦新时代好干部标准，构建具有检察特色的英模选树宣传评价体系，提升检察英模选树宣传的公认度和影响力；坚持严格规范，确保公平公正，健全完善检察英模选树宣传体制机制，确保检察英模选树公正性和权威性；坚持倾向一线，加大示范激励，落细落实奖励政策措施，推动各级检察机关形成比学赶超、创先争优的良好氛围。

前 言

检察事业一程接着一程向前推进，需要一代又一代检察人接续奋斗、接力奔跑。我们要以新时代检察英模精神为引领，聚焦落实《中共中央关于加强新时代政法工作的意见》《中共中央关于加强新时代检察机关法律监督工作的意见》和最高人民检察院《关于全面深化检察改革、进一步加强新时代检察工作的意见》，持续擦亮坚定拥护"两个确立"、坚决做到"两个维护"的鲜亮政治底色，积极融入进一步全面深化改革、推进中国式现代化进程，更好为大局服务、为人民司法、为法治担当，高质效办好每一个案件，努力让人民群众在每一个司法案件中感受到公平正义，持续推进习近平法治思想的检察实践，为以中国式现代化全面推进强国建设、民族复兴伟业作出检察贡献！

最高人民检察院政治部

2025 年 1 月

人力资源社会保障部　最高人民检察院关于表彰"全国模范检察院""全国模范检察官（检察干部）"的决定

各省、自治区、直辖市及新疆生产建设兵团人力资源社会保障厅（局）；各省、自治区、直辖市人民检察院，解放军军事检察院，新疆生产建设兵团人民检察院：

近年来，全国各级检察机关在以习近平同志为核心的党中央坚强领导下，坚持以习近平新时代中国特色社会主义思想为指导，全面贯彻党的二十大精神，深入践行习近平法治思想和习近平文化思想，认真落实《中共中央关于加强新时代检察机关法律监督工作的意见》，紧紧围绕党和国家工作大局，忠实履行宪法和法律赋予的职责，全面推进平安中国、法治中国建设，为维护国家政治安全、确保社会大局稳定、促进社会公平正义、保障人民群众安居乐业作出了重要贡献，涌现出一大批模范集体和模范个人。

为表彰先进、弘扬正气、振奋精神，激励全国检察机关、全体检察人员奋进新征程、建功新时代，积极投身新时代党绝对领导下的人民检察事业，人力资源社会保障部、最高人民检察院决定，授予北京市门头沟区人民检察院等38个基层人民检察院"全国模范检察院"称号;授予陈禹橦等59名同志"全国模范检察官(检察干部)"称号。荣获"全国模范检察官(检察干部)"称号的同志,享受省部级表彰奖励获得者待遇。希望受到表彰的集体和个人珍惜荣誉、戒骄戒躁,再接再厉、接续奋斗,为党和人民再创佳绩、再立新功。

全国检察机关、全体检察人员要以受到表彰的模范集体和个人为榜样,全面贯彻党的二十大精神,深入推进学习贯彻习近平新时代中国特色社会主义思想主题教育,坚持不懈用习近平新时代中国特色社会主义思想凝心铸魂,模范践行习近平法治思想和习近平文化思想,深刻领悟"两个确立"的决定性意义,增强"四个意识"、坚定"四个自信"、做到"两个维护",始终把坚定拥护"两个确立"、坚决做到"两个维护"作为鲜明政治底色,把"高质效办好每一个案件"作为基本价值追求,把为大局服务、为人民司法、为法治担当作为重要职责使命,把求真务实,担当实干作为鲜明履职特征,锐意进取,奋勇争先,不断开创新时代新征程检察工作新局面,坚持以检察工作现代化更好服务中国式现代化,努力为强国建设、民族复兴作出新的更大贡献!

人力资源社会保障部 最高人民检察院
2023年11月24日

附件

"全国模范检察院"名单
（38个）

北京市
门头沟区人民检察院

天津市
北辰区人民检察院

河北省
顺平县人民检察院
蔚县人民检察院

山西省
长治市壶关县人民检察院

内蒙古自治区
包头市昆都仑区人民检察院

辽宁省
大连市普兰店区人民检察院

吉林省
长春经济技术开发区人民检察院

黑龙江省
富裕县人民检察院
铁力市人民检察院

上海市
虹口区人民检察院

江苏省

江阴市人民检察院

浙江省

杭州市余杭区人民检察院

安徽省

望江县人民检察院

福建省

上杭县人民检察院

江西省

鄱阳县人民检察院

山东省

济南市市中区人民检察院

青岛市即墨区人民检察院

河南省

西华县人民检察院

新野县人民检察院

湖北省

武汉经济技术开发区人民检察院

湖南省

宁乡市人民检察院

广东省

广州市南沙区人民检察院（广东自由贸易区南沙片区人民检察院）

广西壮族自治区

贺州市八步区人民检察院

海南省

海口市龙华区人民检察院

重庆市

永川区人民检察院

四川省

大竹县人民检察院

雅安市名山区人民检察院

贵州省

沿河土家族自治县人民检察院

云南省

临沧市临翔区人民检察院

西藏自治区

拉萨市达孜区人民检察院

陕西省

平利县人民检察院

甘肃省

庄浪县人民检察院

青海省

海东市乐都区人民检察院

宁夏回族自治区

吴忠市利通区人民检察院

新疆维吾尔自治区

奎屯市人民检察院

中国人民解放军

广州军事检察院

新疆生产建设兵团

第十四师和田垦区（昆玉市）人民检察院

"全国模范检察官" "全国模范检察干部"名单
（59名）

北京市
陈禹橦（女）　市人民检察院第四检察部副主任

天津市
谢文凯　　　　武清区人民检察院检察委员会委员、第三检察部主任

河北省
裴丽艳（女）　石家庄市栾城区人民检察院副检察长
温可红（女）　邢台市人民检察院第二检察部副主任
赵宝德　　　　易县人民检察院检察委员会专职委员

山西省
谢金娜（女）　忻州市人民检察院第一检察部副主任
曹月兰（女）　岚县人民检察院检察委员会委员、第二检察部主任

内蒙古自治区
杨丽琴（女）　鄂尔多斯市人民检察院检察委员会专职委员
孙　凯（女）　巴彦淖尔市人民检察院第一检察部主任

辽宁省
屈　欣　　　　辽阳市人民检察院第二检察部主任
逄燕妮（女）　丹东市人民检察院第一检察部三级检察官

吉林省
姚远来　　　　延边朝鲜族自治州人民检察院第二检察部主任

魏　来　　　　延边铁路运输检察院机关党委专职副书记

黑龙江省

付冬梅（女）　牡丹江市人民检察院第七检察部主任
李　明（女）　同江市人民检察院副检察长

上海市

马玮玮（女）　静安区人民检察院副检察长

江苏省

余枫霜（女）　南京市人民检察院第三检察部主任
饶本东　　　　徐州市人民检察院第四检察部主任
杨红萍（女）　连云港市赣榆区人民检察院第四检察部主任

浙江省

陈　祺（女）　宁波市鄞州区人民检察院第一检察部主任
沈　璋（女）　湖州市吴兴区人民检察院副检察长

安徽省

汤恒明　　　　芜湖市镜湖区人民检察院副检察长、第五检察部主任
陈　磊　　　　宿州市人民检察院第三检察部一级检察官

福建省

吴雅芳（女）　晋江市人民检察院检察委员会委员、第一检察部主任
吴传忠　　　　古田县人民检察院第一检察部主任

江西省

钟致雅（女）　赣州市人民检察院第三检察部主任
詹文成　　　　省人民检察院第一检察部一级检察官助理

山东省

刘　玲（女）　滕州市人民检察院副检察长
谷红艳（女）　潍坊市人民检察院第三检察部主任
宋炎炎（女）　兰陵县人民检察院检察委员会专职委员

河南省

马玲玲（女） 卢氏县人民检察院检察委员会委员、第三检察部副主任

宋喜东 固始县人民检察院检察委员会委员、第二检察部副主任

冯海宽 省人民检察院第六检察部副主任

湖北省

刘　亮（女） 黄石市人民检察院副检察长

何娅茜（女） 潜江市人民检察院第一检察部主任

湖南省

何秋花（女） 醴陵市人民检察院副检察长

吴浪平（女） 娄底市人民检察院第一检察部副主任

广东省

张　玲（女） 珠海市人民检察院第五检察部一级检察官

骆　誉 惠州市人民检察院第一检察部主任

李景平（女） 省人民检察院第三检察部三级高级检察官

广西壮族自治区

孔德雨 南宁市人民检察院第五检察部主任

韦　斌（壮族） 河池市人民检察院第六检察部主任

海南省

徐　贺 省人民检察院第一检察部副主任

重庆市

游中立 市人民检察院第一分院检察二部三级高级检察官

四川省

白　华 攀枝花市人民检察院第七检察部主任

陈　进（女） 内江市市中区人民检察院第五检察部主任

张晓波　　　　　西充县人民检察院常务副检察长

贵州省

代潘菊（女，白族）　大方县人民检察院副检察长

云南省

李蕻娟（女）　　　保山市人民检察院第一检察部主任

玉喃溜（女，傣族）　景洪市人民检察院副检察长

西藏自治区

席淑姣（女）　山南市乃东区人民检察院检察委员会委员、第一
　　　　　　　检察部主任

陕西省

胡丽萍（女）　宝鸡市人民检察院第一检察部主任

张树峰　　　　岚皋县人民检察院副检察长

甘肃省

赵淑霞（女）　永昌县人民检察院副检察长

青海省

王小婷（女）　刚察县人民检察院第一检察部主任

宁夏回族自治区

何　静（女）　石嘴山市人民检察院第二检察部主任

新疆维吾尔自治区

周继凤（女）　乌鲁木齐市人民检察院第四检察部副主任

中国人民解放军

王洪国　　　　中部战区军事检察院第二检察处处长

新疆生产建设兵团

张　芳（女）　第七师奎屯垦区人民检察院副检察长

目 录

"全国模范检察院"先进事迹

塑造"人无我有、人有我优"的门检样板
　　北京市门头沟区人民检察 …………………………… 003

以"求真务实、担当实干"铸就"品质检察"
　　天津市北辰区人民检察院 …………………………… 009

小院也能大作为　小院也有大贡献
　　河北省顺平县人民检察院 …………………………… 014

在法治坚守中书写检察履职生动注脚
　　河北省蔚县人民检察院 ……………………………… 019

守道护法　一贯始终
　　山西省壶关县人民检察院 …………………………… 025

示范引领　高质效推进新时代检察工作
　　内蒙古自治区包头市昆都仑区人民检察院 ………… 030

以党建为引领　护航法治新时代
　　辽宁省大连市普兰店区人民检察院 ………………… 035

以人为本　以品铸魂　以小博大　实现小院大作为
　　吉林省长春经济技术开发区人民检察院 …………… 041

特色文化滋检心
　　黑龙江省富裕县人民检察院 ………………………… 046

以精品之策修炼"检察智慧"
　　黑龙江省铁力市人民检察院 ·················· 051

办案监督求质效　依法履职铸品牌
　　上海市虹口区人民检察院 ·················· 057

大江之阴争弄潮　挺膺担当书华章
　　江苏省江阴市人民检察院 ·················· 063

"全国模范检察院"炼成记
　　浙江省杭州市余杭区人民检察院 ·················· 069

厚植"软实力"　构建"硬支撑"
　　安徽省望江县人民检察院 ·················· 075

为红色圣地添上一抹检察蓝
　　福建省上杭县人民检察院 ·················· 080

鄱阳湖畔的法治"护航者"
　　江西省鄱阳县人民检察院 ·················· 085

英雄山下"拼"出"品质检察"
　　山东省济南市市中区人民检察院 ·················· 091

务实干　出实招　求实效
　　山东省青岛市即墨区人民检察院 ·················· 097

潮起扬帆正当时
　　河南省西华县人民检察院 ·················· 103

检察赋能绘画卷　"三国古城"焕新颜
　　河南省新野县人民检察院 ·················· 109

小院大情怀　精进有为攀新高
　　湖北省武汉经济技术开发区人民检察院 ·················· 115

"安宁之乡"的检察守护
    湖南省宁乡市人民检察院 ……………………………………………… 120

守正创新　精业笃行　护航湾区　打造基层检察工作"南沙样板"
    广东省广州市南沙区人民检察院
    （广东自由贸易区南沙片区人民检察院）…………………………… 125

八步芳华映检徽
    广西壮族自治区贺州市八步区人民检察院 ……………………………… 131

争做海南自由贸易港建设潮头的法治"护航员"
    海南省海口市龙华区人民检察院 ………………………………………… 137

"茶竹文化"涵养出特色品牌
    重庆市永川区人民检察院 ………………………………………………… 143

竹城的检察"常青"之道
    四川省大竹县人民检察院 ………………………………………………… 148

以办小案件护大民生　绘就基层检察工作新"枫"景
    四川省雅安市名山区人民检察院 ………………………………………… 154

乌江河畔守正义
    贵州省沿河土家族自治县人民检察院 …………………………………… 160

以高质量党建引领边疆基层检察跑出"加速度"
    云南省临沧市临翔区人民检察院 ………………………………………… 165

充分发挥法律监督职能　高质效办好每一个案件
    西藏自治区拉萨市达孜区人民检察院 …………………………………… 171

忠于党、平如水、利于民　一个山区小院的"振兴"之路
    陕西省平利县人民检察院 ………………………………………………… 177

奏响"梯田王国"的检察新篇章
    甘肃省庄浪县人民检察院 ………………………………………………… 183

努力打造高质效办案"样板"
　　青海省海东市乐都区人民检察院 ·················· 189

初心如炬耀检徽
　　宁夏回族自治区吴忠市利通区人民检察院 ·············· 194

弘扬胡杨精神　打造法律监督"新高地"
　　新疆维吾尔自治区奎屯市人民检察院 ················ 200

在助力法治强军中书写检察答卷
　　广州军事检察院 ··························· 205

擎老兵精神　铸"沙海检魂"
　　新疆生产建设兵团第十四师和田垦区（昆玉市）人民检察院 ····· 211

"全国模范检察官（检察干部）"先进事迹

唯青春与热爱不可辜负
　　北京市人民检察院第四检察部副主任陈禹橦 ············· 219

实干镌刻正义　担当铸就忠诚
　　天津市武清区人民检察院检察委员会委员、
　　第三检察部主任谢文凯 ······················· 224

这就是咱们老百姓心中检察官的样子
　　河北省石家庄市栾城区人民检察院副检察长裴丽艳 ·········· 229

用公平正义托起他人人生
　　河北省邢台市人民检察院第二检察部副主任温可红 ·········· 235

碧血丹心深耕检察热土　奔竞不息淬炼忠诚担当
　　河北省易县人民检察院检察委员会专职委员赵宝德 ·········· 240

目 录

牢记初心追光而行　守望正义刚柔并济
　　山西省忻州市人民检察院第一检察部副主任谢金娜 …………… 245

坚守正义　一心为民
　　山西省岚县人民检察院检察委员会委员、
　　　　第二检察部主任曹月兰 ……………………………………… 251

在案结事了中释放检察温情
　　内蒙古自治区鄂尔多斯市人民检察院检察委员会
　　　　专职委员杨丽琴 ………………………………………………… 257

敢打敢拼的办案急先锋
　　内蒙古自治区巴彦淖尔市人民检察院第一检察部主任孙凯 ……… 263

一句誓言　一生坚守
　　辽宁省辽阳市人民检察院第二检察部主任屈欣 …………………… 268

向下扎根　向上生长　一名"90后"检察官的"蝶变"
　　辽宁省丹东市人民检察院第一检察部三级检察官逄燕妮 ………… 273

用心用力守护公平正义
　　吉林省延边朝鲜族自治州人民检察院第二检察部主任姚远来 …… 279

为群众办实事容不得半点含糊
　　吉林省延边铁路运输检察院机关党委专职副书记魏来 …………… 284

真情缱绻寒日暖　傲立冰霜绽清芬
　　黑龙江省牡丹江市人民检察院第七检察部主任付冬梅 …………… 290

初心永续正义路　守望同江日月明
　　黑龙江省同江市人民检察院副检察长李明 ………………………… 295

以赤子之心守护万家灯火、遍地繁花
　　上海市静安区人民检察院副检察长马玮玮 ………………………… 300

在追求公平正义道路上迎风前行
  江苏省南京市人民检察院第三检察部主任余枫霜 …………… 306

致公守正义　明法亦有情
  江苏省徐州市人民检察院第四检察部主任饶本东 …………… 312

以法之力　筑起未成年人爱的港湾
  江苏省连云港市赣榆区人民检察院第四检察部主任杨红萍 ……… 318

做一个有温度、有力度、有态度的检察官
  浙江省宁波市鄞州区人民检察院第一检察部主任陈祺 ………… 324

铁腕柔情的女检察官：办案一把好手　护民一脉温情
  浙江省湖州市吴兴区人民检察院副检察长沈璋 ……………… 330

如琢如磨　高质效办好每一个案件
  安徽省芜湖市镜湖区人民检察院副检察长、
   第五检察部主任汤恒明 ……………………………………… 335

手执利剑守正义
  安徽省宿州市人民检察院第三检察部一级检察官陈磊 ………… 341

回应民之所盼　笃行法之所向
  福建省晋江市人民检察院检察委员会委员、
   第一检察部主任吴雅芳 ……………………………………… 347

将"法"进行到底的检察人
  福建省古田县人民检察院第一检察部主任吴传忠 …………… 353

"琴心"植红土　"剑胆"为人民
  江西省赣州市人民检察院第三检察部主任钟致雅 …………… 359

心怀"三有"　挥舞着法治的翅膀
  江西省人民检察院第一检察部一级检察官助理詹文成 ………… 364

目 录

将初心镌刻在维护公益之路上
　　山东省滕州市人民检察院副检察长刘玲 …………… 369

做新时代检察事业的"冲锋者"
　　山东省潍坊市人民检察院第三检察部主任谷红艳 …………… 375

坚守法治信仰　为百姓贡献一片"绿荫"
　　山东省兰陵县人民检察院检察委员会专职委员宋炎炎 …………… 380

她用真情传递温暖与正义
　　河南省卢氏县人民检察院检察委员会委员、
　　　　第三检察部副主任马玲玲 …………… 386

坚守为民初心
　　河南省固始县人民检察院检察委员会委员、
　　　　第二检察部副主任宋喜东 …………… 391

在精准监督中践行为民初心
　　河南省人民检察院第六检察部副主任冯海宽 …………… 397

以我之名　护"法"前行
　　湖北省黄石市人民检察院副检察长刘亮 …………… 402

铿锵玫瑰绽放在守望公平正义的基层一线
　　湖北省潜江市人民检察院第一检察部主任何娅茜 …………… 408

越是硬骨头　越要啃下来
　　湖南省醴陵市人民检察院副检察长何秋花 …………… 413

检察战线上的先锋模范
　　湖南省娄底市人民检察院第一检察部副主任吴浪平 …………… 418

不弃微光　终成炬火
　　广东省珠海市人民检察院第五检察部一级检察官张玲 …………… 423

从"0"到"1" 步履不停
广东省惠州市人民检察院第一检察部主任骆誉 ………… 429

为求人间常青景 剑胆琴心守公平
广东省人民检察院第三检察部三级高级检察官李景平 ………… 435

甘当检民"连心桥"
广西壮族自治区南宁市人民检察院第五检察部主任孔德雨 ……… 441

坚持"高质效"办好"每一个"案件、"每一件"为民实事
广西壮族自治区河池市人民检察院第六检察部主任韦斌 ………… 447

因心安而无所畏惧
海南省人民检察院第一检察部副主任徐贺 ………… 452

26年1500余件刑案诉讼无一错漏
重庆市人民检察院第一分院检察二部三级高级检察官游中立 …… 459

为孩子的健康成长"铺路"
四川省攀枝花市人民检察院第七检察部主任白华 ………… 465

坚持多看一眼、多问一句、多做一点
四川省内江市市中区人民检察院第五检察部主任陈进 ………… 471

以百姓心为心
四川省西充县人民检察院常务副检察长张晓波 ………… 477

用行动践行检察初心
贵州省大方县人民检察院副检察长代潘菊 ………… 483

滇西禁毒女"尖兵"
云南省保山市人民检察院第一检察部主任李蘷娟 ………… 488

傣乡的"喃滴溜" 让法治飞入寻常百姓家
云南省景洪市人民检察院副检察长玉喃溜 ………… 494

目　录

高原上的法律践行者
　　西藏自治区山南市乃东区人民检察院检察委员会委员、
　　　第一检察部主任席淑姣 ·················· 500

铁骨柔肩担正义　铿锵玫瑰绽芳华
　　陕西省宝鸡市人民检察院第一检察部主任胡丽萍 ·············· 506

检徽在他胸前闪闪发光
　　陕西省岚皋县人民检察院副检察长张树峰 ·············· 512

巾帼初心绽芳华
　　甘肃省永昌县人民检察院副检察长赵淑霞 ·············· 518

扎根一线　用爱浇灌高原"格桑花"
　　青海省刚察县人民检察院第一检察部主任王小婷 ·············· 524

铁腕柔情的"硬核"检察官
　　宁夏回族自治区石嘴山市人民检察院第二检察部主任何静 ········ 530

用踏实书写对检察事业的忠诚　用勤恳诠释对检察事业的热爱
　　新疆维吾尔自治区乌鲁木齐市人民检察院第四检察部
　　　副主任周继凤 ·············· 536

高标准　严要求　无畏前行
　　中国人民解放军中部战区军事检察院第二检察处处长王洪国 ······ 541

检察追梦　初心不改　以青春年华守护万家灯火
　　新疆生产建设兵团第七师奎屯垦区人民检察院副检察长张芳 ······ 546

"全国模范检察院" 先进事迹

塑造"人无我有、人有我优"的门检样板

北京市门头沟区人民检察院

北京门头沟，102千米长的永定河从此流淌而过。在永定河流过的地方，有一个荣获"全国模范检察院"称号的山区小院——门头沟区检察院。

"模范"二字的绘就，离不开一桩桩案件的高质效办理。督促清除108国道建筑垃圾守护绿水青山、实质性化解强制拆除行政赔偿争议护航企业发展、办理系列工伤骗保案严惩犯罪行为……每一个案件都印证着这个山区小院致力于打造特色检察工作品牌，塑造"人无我有、人有我优"门检样板的大作为。

做实"生态检察+" "垃圾山"变"小花园"

2024年7月初，门头沟区检察院第五检察部副主任谢孔学在一处建筑垃圾非法堆放点开展"回头看"时，发现此处建筑垃圾已经完全清理完毕，正在恢复林业生产条件和开展景观提升工作。在现场施工的工作人员告诉检察官，这里正在进行绿化，后续准备开发成供市民休闲、娱乐的公园。

昔日"垃圾山"，今日"小花园"，巨大的变化因何而起？这还要从一条线索说起。

◎ 检察官实地走访现场

"108国道旁的一处山坡上堆放了大量建筑垃圾，该点位地势高、坡度大，遇到暴雨极易造成塌方，存在安全隐患。"2023年5月，门头沟区某镇街政法委员向区检察院反映了这样一条线索。接到线索后，门头沟检察院在调查核实的基础上，决定以公益诉讼立案办理。

"我们积极寻求技术协助和大数据赋能，确定了建筑垃圾倾倒的时间，锁定了22辆可疑车辆以及所属10家运输企业。"门头沟检察院检察官刘帅告诉记者，在查清违法事实的基础上，门头沟检察院于2023年6月向属地镇政府制发检察建议，建议其对违法行为依法查处，督促违法行为人及时清运建筑垃圾，恢复涉案地块原貌。

然而，检察官刘帅在一次整改工作推进座谈会上得知，由于涉案多家企业拒不配合或者不承认违法事实，导致属地镇政府难以开展行政处罚和垃圾清运工作。"检察建议不能一发了之，要落地落实。"检察官刘帅决定约谈运输企业，积极协助行政机关开展调查取证、释法说理工作。最终，涉案运输企业均承认了违法事实，并表示配合清运。目前，涉案地块800余吨建筑垃圾已清理完毕。

做实"生态检察+"工作品牌，就要不止于办案。在门头沟区委政法委的牵头下，门头沟检察院联合公安分局、规自分局、园林绿化局以及相关属地镇政府开展座谈，探索形成了"政法委员上报线索、法律监督模型协助办案、属地政府加大处罚、行政机关督促恢复、涉刑移送公安、公益诉讼检察监督"的非法倾倒建筑垃圾处置模式。依托该模式,门头沟检察院已推动清除非法倾倒建筑垃圾6处,清理建筑垃圾1万余吨,有效保护了区域生态环境安全。

与河北省涿鹿县、怀来县、涞水县检察院签署环首都西部生态带检察共建协议,联合行政机关建立北京市首个公益诉讼生态修复基地,聘请护林员、巡河员担任生态检察联络员……门头沟检察院找准融入区域发展的切入点、结合点和着力点,秉持"环境更安全、生态更绿色、治理更精细"的目标,持续打造好"生态检察+"这张绿色名片,守好京西生态大门。

畅通"府检联动" 十年诉讼走向和解

一家先后提起10余起诉讼的当事企业,一起跨越10年的涉民营企业行政争议案,该如何破解这道难题?门头沟区检察院依托"府检联动"机制精准答题。

2012年5月,某电子技术研究所的厂房所在地被区政府纳入了采空棚户区改造项目。因双方未能在规定期限内就案涉房屋征收补偿事宜达成一致协议,该企业的厂房被腾退并强制拆除。之后的6年时间里,该企业先后提起诉讼10余起。后经法院判决,该企业获得了房屋征收补偿款5000万余元。

然而涉案厂房内的电子元器件部分却仍未达成赔偿协议,企业要求赔偿8000万余元。因双方对损失争议较大,案件陷入了僵局。承办检察官介绍,2023年8月,依托"府检联动"机制,经该区司法局提请、区委政法委决定,门头沟区检察院对该案开展法律监督和行政争议实质性化解工作。

但办案开局便出现问题——时间久远,如何确定涉案电子元器件的价值？检察官决定双管齐下，一方面调取11年前腾退涉案物品的清单及清点登记录像，仔细查明了库存物品整体情况；另一方面聘请中国计量科学院专家，对178类2000万余个元器件逐一查找比对、识别鉴定，并委托评估公司、会计师事务所对涉案电子元器件进行市场询价，开展专业审计，明确了涉案物品的价值区间。

经与区司法局、区房屋征收中心、区国资委组成争议化解专班，门头沟区检察院督促行政机关先后与该企业进行三轮协商，该企业最终同意和解。此外，门头沟检察院向区国资委制发检察建议，督促其针对涉案物品保管问题组建了重大资产处置专班，并建立了合同规范审查管理、国有企业重大经营管理事项党组会前置研究讨论等制度。

这起时间长、争议大的案件，之所以能够成功办理，背后蕴藏着门头沟区检察院坚持"党委领导、政府主导、检察协同"，依托"府检联动"共建法治政府的信心和决心。

从一项机制，到一个品牌，一年多时间里，门头沟区检察院推动查处冒用他人地址注册公司、骗取医疗器械经营许可、违规占用公租房等行为，推进开展"根治欠薪专项行动"，帮助农民工讨回薪资639余万元……如今，"府检联动"已在"四大检察"全面开花。

◎"府检联动的实践与展望"专家论证会在门头沟区检察院召开

创制"门检数峰" 系列工伤骗保案终被查处

门头沟有着千年采煤史，因患尘肺病、外伤等疾病需用工伤保险基金治疗的工伤职工有1万余名，工伤保险基金可以说是他们的"看病钱""救命钱"。但个别人却盯上了工伤医药费全额报销这一政策，实施工伤骗保犯罪。

2022年7月，公安机关移送门头沟区检察院审查起诉一起工伤骗保案。承办检察官经审查发现，犯罪嫌疑人索某在2020年至2021年间，非法收购工伤保险基金支付的药品并对外销售，药品流向黑龙江、湖北、重庆等多地，销售金额达50万余元。

"我们通过提取索某的微信聊天记录，发现多数与索某频繁联系的人都是工伤人员，且仅仅是门诊开药（不包含住院诊疗及检查费用），其工伤保险年支出就在40万元至100万元，明显超出合理治疗的需要。"门头沟检察院第一检察部检察官助理刘凡石介绍。

虽已看出倪端，但仅以多次开药行为，难以直接认定为超出治疗目的的虚开、多开药品的工伤骗保。为解决这一问题，门头沟检察院研发了"工伤保险诈骗大数据法律监督模型"，并结合微信、银行转账信息等综合认定索某的犯罪事实。通过研判"差额计算法"，门头沟检察院能够相对准确地扣除自用药量以认定犯罪数额，并确定年均工伤基金支付异常指数，制定了涉嫌骗保高风险人员筛选规则。

2024年3月，门头沟区人民法院以掩饰、隐瞒犯罪所得罪判处被告人索某有期徒刑3年，并处罚金3万元。就重点医院落实代开药管理制度不严、跨医院开药审核不细等问题，门头沟检察院同步制发检察建议。经回访，相应重点医院控费效果显著，工伤基金支付已恢复到正常水平。

截至2024年7月31日，门头沟检察院依托"工伤保险诈骗大数据法律监督模型"，以索某案为线索，以掩饰、隐瞒犯罪所得罪办理收药人

21人，以诈骗罪办理骗保开药人17人，涉案金额达706余万元。

扫清工伤骗保的"盲区"，得益于门头沟检察院打造的"门检数峰"品牌的技术托力。在这一品牌推动下，门头沟检察院探索构建基层治理检察指数图鉴、部署"数字检察共享社区"、服务保障北京算法登记服务中心，推动法律监督由个案办理向类案监督、系统治理叠变深化，数据模型成案率达到81.86%。

◎ 闫俊瑛检察长（右三）接待来访人员

"征程万里风正劲，重任千钧再出发。迈上新台阶，我院将进一步激活品牌效应，不断提升为大局服务、为人民司法、为法治担当的能力水平。"门头沟区检察院党组书记、检察长闫俊瑛表示。

以"求真务实、担当实干"铸就"品质检察"

天津市北辰区人民检察院

论语有云:"为政以德,譬如北辰。居其所,而众星共之。"北辰之名,典出于此。自金元至明清,北辰区是南粮北运、北货南输的交通要道,素有皇家粮仓的美誉。如今,这里是京津之翼、黄金走廊,区位优势得天独厚。天津市北辰区检察院就坐落于此。

近年来,北辰区检察院认真贯彻党中央和市委、最高检决策部署,全面落实区委和市检察院党组工作要求,依法履行法律监督职责,坚持为大局服务、为人民司法、为法治担当,在推进习近平法治思想的检察实践中守正创新、积极作为。曾两度获得"全国先进基层检察院"称号并荣立集体一等功,多次获评"天津市检察系统先进检察院",2017年被授予"全国文明单位"称号,2023年被授予"全国模范检察院"称号。

旗帜鲜明讲政治　锻造忠诚干净担当检察铁军

北辰区检察院积极适应新时代新要求,始终把加强队伍建设作为基础性、战略性工程,让坚定拥护"两个确立"、坚决做到"两个维护"成为检察队伍的鲜明政治底色。

2024年5月21日,北辰区检察院以"打卡红色地标+分享红色故事+沉浸式红色学习"形式,组织红色研学共建之旅。党员干部从中河头村的红色文化长廊出发，先后参观了安幸生烈士故居、中共西北乡农民支部旧址和北辰革命斗争史馆三个"红色打卡地"，亲身感受那些峥嵘岁月的红色记忆，从党的革命斗争史中汲取强大力量。这是北辰区检察院强化党建引领、实施党建联建深化"资源联享"的一个缩影。

◎ 参观安幸生烈士故居

近年来，北辰区检察院始终把党的政治建设放在首位，巩固拓展学习贯彻习近平新时代中国特色社会主义思想主题教育成果，常态化开展对党忠诚教育，扎实开展党纪学习教育，建立干部政治纪实档案和素质评价正负向清单，发挥党员之家、党建引领工作展示厅等阵地作用，提升检察队伍"政治三力"。举办"辰检讲堂""辰检沙龙"等活动，搭建学习平台，助推干部成长。举办的"四彩学习课堂"被最高检评为全国检察机关理论学习优秀案例，多门课程荣获市区级"优秀党课""最佳党课"。

治罪与治理并重　让公平和效率"同频共振"

检察工作是社会治理的重要一环。北辰区检察院全面准确贯彻宽严相济刑事政策，坚持寓治理于办案之中，依托与公安机关建立的侦查监督与协作配合办公室，着力打造危险驾驶、盗窃等轻罪案件"疑案精办、简案快办"的办理模式，实现治罪与治理并重。

2024年1月，公安机关接到了一通"报备"电话，来电人称自己正酒后驾车送妻子到医院急救，办案民警及时赶到医院找到来电人，经鉴定，其血液中乙醇含量为 179.7mg/100ml，属醉酒状态。侦查监督与协作配合办公室检察官提前介入该案后发现，司机的酒精含量虽然已达入罪标准，但其行为可能属于"两高两部"《关于办理醉酒危险驾驶刑事案件的意见》（以下简称《意见》）第 12 条第 2 款规定的"出于急救伤病人员等紧急情况驾驶机动车，且不构成紧急避险"情形，这将直接影响最终的处理决定。为准确适用《意见》规定，检察官依法实地勘察、现场取证，经综合审查认定，该司机在情况危急之下酒后驾车，但其及时电话报备，未导致其他严重后果，社会危险性较低，可以认定其行为属于《意见》第 12 条第 2 款之规定，情节显著轻微不认为是犯罪。最终，公安机关撤销案件。北辰区检察院积极探索"简案快办"模式，通过 48 小时快速办理机制先后办理多起案件，案件类型也从危险驾驶罪扩展到盗窃罪、交通肇事罪等多个轻罪罪名，办案效率显著提升。

近年来，北辰区检察院坚持把治理思维贯穿办案全过程，聚焦安全生产向有关部门发出检察建议 700 余份，以检察履责"我管"促职能部门依法"都管"；办理的潘某某等人涉嫌虚假诉讼案获评全市检察机关"十大优秀检察建议"；成立"丽芳和解工作室"，运用"四诚工作法"，促成大量轻微刑事案件的当事人达成和解，有效地把矛盾吸附、化解在检察环节。

深化检察公益诉讼履职　保护社会公共利益

近年来，北辰区检察院充分发挥公益诉讼在强化基层社会治理中的积极作用，努力当好国家利益和社会公共利益的"守护人"。北辰区检察院与区人大共同打造的"人大+检察"的协同监督模式，有效拓宽了检察监督视角，提升了监督质效，被《法治日报》《检察日报》等媒体宣传报道。

"辖区内现有国槐、枣树等古树名木 220 余棵，经排查发现，这些古

◎ 实地勘查古树名木周边生态环境

树名木均未设置相关标志、未划定保护范围，有的古树存在长势衰弱、病虫害等问题，已经影响到古树生长和周边生态环境，损害社会公共利益。"在接到区人大代表反映的情况后，2023年6月，北辰区检察院开展了古树名木保护专项检察监督行动，对辖区建档古树名木进行实地走访。随后，检察官邀请相关行政机关召开座谈会并发出检察建议，督促根据古树所在位置、长势情况和现场环境，逐一进行分析并制订保护方案。

相关行政机关收到检察建议后，会同属地镇政府、主管责任单位，及时进行整改。以该案为契机，主管机关、产权单位等进一步凝聚共识，形成古树保护的长效治理机制。

2023年，北辰区检察院以公益诉讼为抓手，聚焦社会公共利益问题，先后办理涉及食品药品安全、河湖环境保护、耕地资源保护，以及国有财产保护等领域公益诉讼案件80余件，制发诉前检察建议60余件，推动整改问题点位百余处，挽回受损的国有财产20万余元。

做实"检护民生" 解决群众急难愁盼

民生无小事。北辰区检察院始终坚持以人民为中心，牢固树立"民心检察"理念，扎实开展"检护民生"专项行动，以高质效办案纾解人民群众急难愁盼。

2024年春节临近，一对父女走进北辰区检察院12309检察服务中心大厅。"我父亲从河北老家来天津看病，刚从医院出来路过这里，是我强拉他进来的，就是想问问我们的事检察院能不能管？"吴女士对接待他们的检察官说。

事情源于14年前。2010年春节前夕，包工头苏某雇用老吴在天津某小区装修一栋别墅，完工后有8000元工资没有结清。此后每到春节前，老吴都会向苏某讨要欠薪，苏某总以各种理由回绝。

案情虽不复杂，但老吴手中的证据并不充实。欠薪事实已过去14年，虽然老吴每年都找苏某追讨被拖欠的工资，但没有留存相关证据。办案检察官经与吴女士沟通，得知老吴手机中存有与苏某的通话录音，苏某在电话中承认了欠薪事实。随后，检察官又依法向相关部门核实了被录音号码的机主信息及通话记录，调取相关证据，补强了有关诉讼时效的证据。

与此同时，为了尽快追讨欠薪，办案检察官同步启动多元调解工作。几经周折联系上苏某，苏某虽然认账，但强调其经济困难没有资金支付。检察官反复与其沟通，耐心释法说理，苏某最终同意和解。

受案后的第三天，老吴和苏某在北辰区检察院达成和解，苏某当场向老吴支付了拖欠的8000元工资，老吴终于拿到了被拖欠14年的工钱。

近年来，北辰区检察院持续深化顺民意、暖民心、惠民生的检察举措，依法严厉打击治理电信网络诈骗、养老诈骗以及危害食药安全犯罪，加大支持起诉力度，先后帮助270余名农民工讨回工资200万余元。深化北辰检察版"接诉即办"实践，坚持"两个一体联动"，促进"事心双解"，7日内程序性回复及3个月内办理过程或结果答复率均达100%。打造"辰光启明"工作品牌，创建"检察官＋司法社工"帮教新模式，加强未成年人综合司法保护，进一步做实人民群众可感受、能体验、得实惠的检察为民。

小院也能大作为　小院也有大贡献

河北省顺平县人民检察院

顺平县是尧帝故里，桃花盛开的地方。这里孕育着一支优秀的检察队伍——顺平县检察院。在全院仅有33个编制、实有31名正式干警的情况下，打造以"顺"为名的八大品牌，推动依法全面履职，以"岂以大小比高低，安以多少论短长"的冲劲走出了一条山区基层小院检察工作高质量发展的路子。

近年来，顺平县检察院先后被荣记集体一等功，荣获"全国先进基层检察院"称号，连续两届获得"全国检察机关文明接待室""国家一级规范化驻所检察室"称号，连续两届被评为河北省"人民满意的公务员集体"、全省先进基层党组织，连续四届荣获河北省"文明单位"，连续10年进入全市检察机关先进行列，100余人次被荣记二等功、三等功，获优秀公诉人、优秀共产党员等荣誉……他们用一个个检察业绩，实现了"小院要有大作为，小院要有大贡献"的奋斗目标。2023年11月，顺平县检察院被授予"全国模范检察院"称号。

以争创一流的拼劲为正义履职

顺平县检察院坚定使命担当，把"努力让人民群众在每一个司法案件中感受到公平正义"目标不折不扣地落实到行动中，守正创新，公正司法，在审查逮捕环节发挥好监督制约作用，坚守防止冤假错案的第一道关口。

在办理王玉雷一案时，办案人员秉持惩罚犯罪与保障人权并重的司法理念，严把案件事实关、证据关、程序关，多次讯问和听取犯罪嫌疑人陈述，注意发现并且坚决排除非法证据，在其他证据不能证明犯罪嫌疑人实施犯罪的情况下，顶住压力、依法办案，最终对王玉雷作出不批准逮捕的决定，不仅切实保证了无罪的人不受法律追究，而且避免了一起错案悲剧的发生。

办案人员在该案中展现出的正确司法理念和依法监督、敢于监督的精神，对于检察机关依法正确履行法律监督职能、全面提升法律监督工作水平具有重要的指导意义。该案入选最高检第七批指导性案例，获评"全国十大法律监督案例"，同时被写入最高检工作报告和中国人权事业的进展白皮书，在中国法律史上留下浓墨重彩的一笔。2018年，《检察日报》"走进100个基层院"大型采访活动对顺平县检察院进行了专题报道。

以只争朝夕的冲劲为大局服务

"我们一定依法依规把企业经营好，保证健康有序发展。"这是一家涉案企业的负责人在顺平县检察院向办案检察官作出的郑重承诺。

在办理某省级重点企业涉嫌非法占用农用地案件时，

◎ 马畅检察长（中）到企业调研，助力企业高质量发展

顺平县检察院依托打造的"顺企·同行"检察护企品牌,依法及时处置涉企案件,提前介入引导侦查,促进了涉案企业守法经营、长远发展,实现了"办理一案、治理一片"的社会效果。

近年来,顺平县检察院坚持依法全面履职,为经济发展和社会稳定不断贡献检察力量。该院积极践行对地理标志的刑事、民事、行政、公益诉讼综合保护,以用标单位为试点和切入点,召开知识产权暨"顺平桃"地理标志产品保护工作现场会,构建知识产权大保护工作格局,提升地理标志品牌价值,助推"顺平桃"产业高质量发展。依托依法治乡(镇)"一站式法治服务平台",每周二利用"检察官工作日"到各乡镇为群众排忧解难,成功化解矛盾纠纷20余件。不断深化"顺天·应人"工作品牌,践行"四家工作法",做到案结事了人和。该做法被《法治日报》报道。

以锲而不舍的干劲为人民司法

"政之所兴,在顺民心。"顺平县检察院坚持以人民为中心,牢记为民宗旨,积极回应群众关切,为执法办案铺上浓厚的民生底色。

针对一起包工头拒付6名农民工12万元欠薪案,顺平县检察院依法监督公安机关立案。帮助31名农民工追回66万余元劳动报酬,维护了农民工的合法权益,相关做法被《检察日报》等媒体刊发,被河北省人民检察院评为"十佳典型事(案)例"。顺平

◎ 检察官为群众讲解"随手拍"举报小程序如何使用

县检察院积极开展司法救助专项活动，加大司法救助力度，将国家司法救助工作融入"我为群众办实事"实践活动。近年来办理司法救助案件93件，使困难群众感受到司法温情，彰显了检察温度。

在办理的两起校车危险驾驶案中，顺平县检察院并不是"一诉了之"，而是在大量调研的基础上，针对全县46家幼儿园无证问题，启动公益诉讼程序，向监管部门制发检察建议，开出解决"良方"。教育部门高度重视，对民办幼儿园进行监管整治，保障了广大幼儿安全有序地就读。《法治日报》《检察日报》等多家媒体刊发了顺平县检察院的做法。

全方位构筑未成年人保护检察护栏。顺平县检察院通过与有关部门形成合力，联合出台办理未成年人违法犯罪案件的暂行规定等五项规范性机制，与相关部门共同开展网吧清查活动，常态化开展进校法治宣讲，全力做好预防未成年人违法犯罪工作，共画未成年人保护"同心圆"。

顺平县检察院以做实检察为民为宗旨，当好保障民生民利的"守护人"。联合四部门建立"食药领域违法犯罪人员从业禁止"协作机制，强力整治"黑作坊"，全力守护百姓食药领域安全。践行人民至上，履行"公共利益代表"神圣职责，在严厉打击非法采矿犯罪活动的同时，对犯罪嫌疑人同步提起刑事附带民事公益诉讼，依法追缴矿山生态修复费用50万余元，真正做到"谁破坏，谁修复"。办理督促整治私挖盗采太行奇石行政公益诉讼案，纠正了村民"靠山吃山"的错误思想，增强了普通公民和基层执法人员对生态环境和资源的保护意识。

以久久为功的韧劲为队伍赋能

不仅要做公正司法的工匠，更要努力做推进社会主义法治的大师。顺平县检察院以自信自立自强精神，持续推进检察工作自身现代化建设，通过一代代传承升华出了"拼搏进取，无私奉献，使命担当，团结协作"的"顺平检察精神"，以更强铁纪担当锻造堪当时代重任的高素质检察队伍。

◎ 利用自主培训品牌"顺理·澄泓"为干警培训"三个规定"内容

顺平县检察院利用自主培训品牌"顺理·澄泓",优化培训模式,丰富培训内容,坚持政治学习、道德教育和业务培训并举,实现政治能力、道德修养、业务水平提升"三同步"。借助以"同心、益心、暖心、真心、匠心"为内容的"顺心·引领"党建品牌,深入推进"党建红"与"检察蓝"深度融合,不断提升新时代法律监督效能,被评为党建工作"精品示范点"、模范机关建设"标兵单位",相关做法被河北《共产党员》杂志、河北共产党员网刊载。着力提升检察理论和应用研究水平,《"枫桥经验"与新时代检察工作研究》一文入选陕甘宁边区检察史研讨会优秀论文集,相关文章在《中国检察官》发表,并获年度二等奖。深入开展"警钟长鸣守底线"廉洁教育活动,持续纠治"四风"弘扬正气,推动作风建设取得更大治理成效,清风正气在机关蔚然成风……

梦想凝聚力量,实干成就未来。顺平县检察院这支团结奋进的基层检察队伍,将继续为大局服务、为人民司法,以永不懈怠的精神状态和一往无前的奋斗姿态,努力为推进中国式现代化贡献顺平检察力量。

在法治坚守中书写检察履职生动注脚

河北省蔚县人民检察院

河北省蔚县古称蔚州，被誉为"京西第一州"，拥有全国文化先进县、中国剪纸艺术之乡、中国民间艺术之乡等众多称号。在这里，有为大局服务、为人民司法、为法治担当的蔚县检察人，正在以高质效履职办案，持续深入推进基层检察工作高质量发展。近年来，蔚县检察院先后获评全国先进基层检察院、全国检察文化建设示范院、全国"最美文物安全守护人"、全国检察机关文明接待室等荣誉，2023年荣获"全国模范检察院"称号。一块块奖牌，见证着蔚县检察院的奋楫笃行、惟实励新。近日，记者走进该院，了解这一路上的故事。

顺势而为　做实安商暖企　持续优化法治化营商环境

"对于企业来说，时间就是生命，感谢检察机关迅速有力的决策，让我们赶上了开工季，让企业能够恢复经营，继续生存，我们一定爱惜自己的羽毛，守法经营。"某建筑工程有限公司的法定代表人秦某被依法变更强制措施后，当面向承办检察官表态。

据了解，2024年2月，秦某、朱某以及陪标公司相关责任人因涉嫌串通投标罪被移送审查逮捕。蔚县检察院受理后，因案件仍有犯罪事实尚未查明，对主犯秦某批准逮捕，对其他犯罪情节相对较轻的犯罪嫌疑人不批准逮捕。

检察人员在办案中了解到，该公司对公账户被冻结后，账上资金无法支付工人工资和供应单位货款，在建项目因物料短缺、协调困难等问题难以推动，已完工项目验收不了，即将到来的开工季无从应对，接连不断的状况使企业矛盾不断激化，面临生存危机。

"既要查真相也要护企业。"了解情况后，检察机关立即组建办案团队，3日内辗转张家口市桥东区、尚义县两地，对该公司办公场所、经营状况等实地调查。随后，蔚县检察院第一时间召集公安机关、企业代表及律师进行座谈，对所涉及财物和账户现状逐项研判、听取意见。经沟通，检察机关认为部分证据可以固定、提存，部分证据已无继续查扣必要，遂向公安机关发出检察建议书，并要求企业作出承诺，保证对发还物品和账户资金依法使用，不影响司法办案。

该案被移送审查起诉后，办案团队全面审查材料，认为该案法定刑在3年以下，除一在建项目外，其他涉案项目均已竣工、验收合格，未造成严重危害后果，社会危害性较小，犯罪嫌疑人秦某自愿认罪认罚，基本犯罪事实已经查明，主要犯罪证据已固定，采取非羁押强制措施更为适宜，遂依法对秦某作出变更强制措施的决定。

近年来，蔚县检察院将"法治就是最好的营商环境"

◎ 开展垃圾处理现场调研

融入司法办案的每一个环节,找准"护企"检察履职点,将依法惩治犯罪与最大限度减少司法办案对企业正常经营的影响有效结合,真正实现高质效办理涉企案件。针对履职中发现的某环保能源热电项目垃圾供应量不足、垃圾含渣量高等运营难题,集中开展乡村生活垃圾治理专项监督,在护航企业发展的同时,有效保障区域集中供热,极大改善乡村人居环境,该案被最高检评为公益诉讼守护美好生活典型案例。

敢做善为　高质效履职　绘制检察工作现代化实景图

"社区矫正对象马某已离开管控区域……"检察干警收到"蔚县码上管"微信小程序最新预警通知息后,通过调取司法机关监管平台打卡记录、查阅马某档案等方式,证实其未请假违规外出情况属实,现已到山西省广灵县,遂第一时间向监管部门发出纠正违法通知书,全部得到采纳并回复。

蔚县检察院在履职中发现,侦查机关对非羁押强制措施的执行处于"沉睡"状态,诉讼顺利进行难以保障,社区矫正也多有不规范,甚至有些案件因监管不到位导致犯罪嫌疑人在取保候审期间再次作案。为破解检察监督困局,蔚县检察院探索创建河北省首家"三类人员"数字监管平台。

"以'等不起'的紧迫感、'慢不得'的危机感、'坐

◎ 帮助当事人撤销婚姻登记,刘某登记结婚当天向蔚县检察院赠送锦旗

不住'的责任感,加快推进、实施数字检察战略,赋能新时代法律监督,以'小切口'撬动'大治理',在维护社会安定、群众安宁中纵深推进平安建设、法治建设。"蔚县检察院党组书记、检察长郭占库介绍。

"没有检察官,我肯定结不了这个婚……"刚刚结束26年名存实亡"婚姻"的刘某向检察机关赠送锦旗时说道。该起撤销虚假婚姻登记检察监督案被最高检评为冒名顶替或者弄虚作假婚姻登记行政检察监督百件优秀案件,同时被《检察日报》《法治周末》和最高检品牌栏目《今晚九点半》刊发。

近年来,蔚县检察院完整、准确、全面贯彻新发展理念,在夯实高质量发展根基上用心用力。依法履行公益诉讼检察职能,全面铺开"燕赵山海·公益检察"护航美丽河北建设专项监督,联合县林草局建立"林(草)长+检察长"生态修复基地,就红景天保护问题依法制发的检察建议获评全省检察机关优秀社会治理检察建议。组建"代蔚长歌"司法保护团队,依法打击妨害文物管理犯罪,深入开展古堡、古树、古长城保护等专项监督,持续加强文物和文化遗产保护,筑牢文物安全底线,2023年作为全国检察系统和河北省唯一代表被国家文物局评为第五届"最美文物安全守护人"。

◎ 河北省人大代表调研组调研历史文化名村检察公益诉讼工作

厚植情怀　心系民生福祉　在一枝一叶中实现双向奔赴

"我开始报案的时候就放弃了，感觉没啥希望，但是没想到，钱竟然给追回来了。"这是"线上退赔"微信群里被害人的心声。2022年，被告人邹某某等59人将被害人"引流"至第三方诈骗平台，导致15人被骗66万余元。案件进入审查逮捕阶段后，蔚县检察院立即启动研判机制，第一时间促成犯罪嫌疑人上缴全部违法所得。当时，很多被害人不相信受骗的钱能被退还，认为又是新骗局。承办检察官与被害人所涉及的10余个省市属地检察院、派出所逐一对接，帮助消除疑虑，搭建线上平台，被害人损失得到全额"云退赔"。这是当年全市首次实现电信诈骗案件全额追赃挽损，该案位列全省检察机关电信网络诈骗典型案例之首。

"我们干一天150元，10个小时，周六日没休息，这样挣的钱，左要右要也不给，家里收入来源就靠我自己。还好有你们帮助，要回了工资，人感谢你们了。"57岁的务工人员熊某说。近年来，蔚县检察院积极践行新时代"枫桥经验"，依托两法衔接平台，与相关职能部门建立信息共享、联合调查、案件移送等机制，以"公开听证+检察建议+普法宣传"等方式从源头上有效防范拖欠农民工工资案件频发。三年来，帮助252名农民工追回欠薪882万余元，将心比心走好群众路线，赢得良好口碑。

深化未成年人司法保护，携手各方为未成年人撑起法治蓝天，一直是蔚县检察院"检护民生"专项行动重点工作。蔚县检察院持续深化京津冀协同发展，与北京东城区、廊坊永清县等10多个兄弟院深度研讨合作，创新"分类预防"工作理念，探索设立法治班主任、"志愿者+法治副校长"模式，通过线上云课堂及法治基地云游等活动加强对未成年人普法宣讲，搭建异地协作特色品牌，全方位打造未成年人观护基地。全省首创涉罪未成年人家庭教育和心理咨询检政校合作机制，工作经验被最高检未成年人检察厅推广。以"联席会议+举报热线+专项行动+函送建议"等方式倾力守护"小饭桌"上的食品安全,推动全县"小饭桌"管理规范化、法治化,有效破解新业态未成年人司法保护难题。

守道护法　一贯始终

山西省壶关县人民检察院

壶关，一个地处太行山深处、曾经的国家级贫困县；壶关县检察院，一所仅有32名干警、曾经面临"小、旧、松、差"艰难局面的基层检察院。40年来，壶关县检察院换届不换观念、换人不换思路，一任接着一任干，一锤接着一锤敲，创建、坚守和践行着"两把扫帚"精神，连续14年保持"全国文明单位"称号，取得"全国先进基层检察院""全国检察文化示范院""全国模范检察院"等省直机关以上荣誉25次，成为名副其实的"老先进"。

由薄弱小院到全国模范，壶关县检察院的"两把扫帚"精神究竟是什么？今天，就让我们带着好奇心，一起走进壶关县检察院，共同探寻它荣耀背后百炼成钢的淬炼和厚积薄发的历程。

两把扫帚　历久弥新的精神法宝

何为"两把扫帚"？

1984年，壶关县检察院刚刚恢复建院不久，从"四面八方"来的干部拼凑出了该院的第一支队伍。当时的检察机关人员少、设施旧、日常管理混乱、纪律作风涣散，亟须进行大刀阔斧的改革。时任壶关县检察院党组书记、检察长马秋长适时建立了"全体党员干警早晨集中早学一小时，集中打扫办公场所"的制度，号召全体党员干警一年四季，无论刮风下雨，坚决执行此项制度！后来院党组把这项制度形象地比喻为"两把扫帚"：一把扫帚为早学，扫除思想上的灰尘；一把扫帚扫院子，扫除环境上的灰尘。

40 年来，历任党组"一任接着一任干，一张蓝图绘到底"，不断赋予"两把扫帚"精神时代气息和生命，让"两把扫帚"精神赓续不断、历久弥新。

2023 年 11 月，"两把扫帚"成功入选中央和国家机关工委党建创新成果《百优案例》。现任壶关县检察院党组书记、检察长杨少伟对新时代"升级"为党建品牌的"两把扫帚"精神做出了阐释："走进新时代，我们坚持党建引领思维，将'两把扫帚'精神引深为：一把精神扫帚，坚持政治学习加强理论武装；一把实干扫帚，高质效办好每一个案件。"

为了使"两把扫帚"精神永续传承，壶关县检察院不断完善党组理论学习中心组制度，党组班子成员作示范、当表率，切实推进政治学习常态化、规范化、实效化，被省委宣传部确定为"全省党组理论中心组学习示范点"。在坚持 40 年雷打不动的全员周一"早学"的基础上，党组成员深入学习习近平新时代中国特色社会主义思想和习近平法治思想，以集中研讨、专题讲解等方式，促使每一位党员干警把"从政治上看"内化于心、外化于形，坚定捍卫"两个确立"、坚决做到"两个维护"。开展"老检察讲壶检故事"活动，让后来者懂得"早学的好处，扫灰的必要"。也正是一代一代的壶检人用身体力行，用言传身教，铸就了全院干警 45 年违法违纪"零记录"的辉煌。

守道护法　高质效办好每一个案件

在日常办案过程中，壶关县检察院坚持依法一体履职、综合履职，强化司法为民的初心、司法公正的核心，针对"小院"体量小的现实，秉承

"小事不小看,小案不小办"理念,注重以"小切口"做出"大文章",通过高质效办好每一个案件,不断提升人民群众获得感、幸福感、安全感。

◎ 在办理完某集团职工王某某等人非法储存爆炸物案后推动某集团形成常态化安全隐患排查机制

在刑事检察工作中,聚焦"行刑衔接"和"内部联动",2022年,"对涉危险驾驶罪社区矫正对象开展专项检察监督"工作经验被最高检推介转发。在办理某集团职工王某某等人非法储存爆炸物案中,通过刑事检察与公益诉讼检察联动配合,推动涉案企业形成常态化安全隐患排查机制,入选山西省检察院典型案例。

在行政检察工作中,破除"小院无案件"的误区,2021年,壶关县检察院在全省率先推动地方党委政府出台《支持检察机关开展行政执法检察监督工作的意见》。在办理某公司诉县人社局、张某某劳动关系案时,为三方搭建平等对话平台,将司法救助融入争议化解,入选山西省检察院

◎ 对某公司诉县人社局、张某某劳动关系案中的被救助人张某某及其家属进行司法救助回访

典型案例。在办理某石膏线厂行政非诉执行监督案中，壶关县检察院依法向当地自然资源局提出检察建议，撤销错误行政处罚决定，同时延伸服务职能，为外来企业解决土地批复、环保评估等制约企业发展的关键性难题，有力提振了企业发展的信心，为当地创优营商环境提供了检察保障，被评为"山西省十大行政检察典型案例"。

在民事检察工作中，壶关县检察院紧盯群众身边问题，办理了全市首例"失信名单"执行监督案件，联合县劳动监察大队常态化开展拖欠农民工工资"清欠"专项行动，2022年以来支持起诉相关案件65件，彰显了司法为民的力度、速度、温度。

在公益诉讼检察工作中，把"绿水青山就是金山银山"理念融入司法办案，办理的追缴环境保护税公益诉讼案，成功追缴环境保护税税款近30万元，并以个案为切入点，开展类案监督，打造社会治理共同体。壶关县检察院与石家庄军事检察机关联手督办的保护英烈坟墓行政公益诉讼案，有效捍卫了烈士荣光、维护了英烈权益、彰显了司法公正，实现了司法办案政治效果、法律效果和社会效果的统一。办理了全省首例公民拒不履行赡养义务公益诉讼案，首创此类案件法律文书，被省检察院推广。

◎ 公益诉讼检察部门对"某烈士墓公益诉讼案"中的烈士后人进行走访调查

一贯始终　淬炼高素质"壶检人"

一进壶检门，就是壶检人。说到"壶检人"，一把"打满补丁的马扎"

背后的故事就不得不提。1990年，马秋长检察长退休后，担心机关纪律作风会有所松懈，就义务做起了机关的检风检纪监督员，每天搬着小马扎坐在机关门口，监督老干警，观察新干警。一段时间下来，他发现，不管他在与不在，大家都是一个样，其十分欣慰，便不再监督大家。

　　一进壶检门，就是传承人。为了传承好"两把扫帚"精神，2017年，壶关县检察院决定复原马秋长的办公室，并将每月18日设为"传统教育日"，让干警们经常目睹老场景、时时体悟找差距。从那之后的每年"七一"建党节，壶关县检察院的新党员们都要在"马秋长办公室"内庄严宣誓，完成他们入党以来的第一堂政治必修课。在这堂课上，他们能详细了解"两把扫帚"精神的起源与实质，身临其境地感受"两把扫帚"精神传承40年励志又感人的故事，增强对检察工作的荣誉感、认同感、归宿感，从而树立起当好"两把扫帚"精神传承人的信心和决心。

　　40年来，壶关县检察院不断完善制度规章，以制度去管理，以氛围去引导，进一步激励壶检人扛稳肩上旗、走好脚下路，持续擦亮壶关检察"老先进"的金字招牌。壶关县检察院出台了"政治学习""业务评比""廉洁从警"三项管理制度，完善了"红黄蓝"三色考核体系，探索形成覆盖全员的纵向贯通、横向联通、内部互通的总体管理架构，在严格的管理制度约束监督下，实现党建业务双融双促，"党建红"与"检察蓝"相映生辉，新一代的"两把扫帚"壶检人正在茁壮成长。干警李特晴于2020年第二届全省检察机关案件管理业务竞赛中被评为"案件管理业务标兵"；郭玉先在2021年举办的第三届山西省检察机关未成年人检察业务竞赛中获得"检察业务能手"。干警王玉军，在上班途中勇救落水妇女后，默然转身离去时，沿堤群众送上的热烈掌声是对那身湿淋淋的"检察蓝"最崇高的礼赞。干警闫斌英，在参加援疆工作返回后，院里接收到对口帮扶单位情况反馈的电子邮件中，写满了对"两把扫帚"精神传承人忠诚、担当、奉献的褒扬与感激。

示范引领　高质效推进新时代检察工作

内蒙古自治区包头市昆都仑区人民检察院

巍巍青山，滔滔黄河。孕育出广阔草原上这座生机勃勃的钢铁之城——包头。在这座群鹿竞奔的"世界稀土之都""世界绿色硅都"活跃着这样一支队伍，他们锚定"勇当排头兵、争做示范院"的工作目标，闯出一条新时代基层检察工作高质量发展之路，他们就是包头市昆都仑区检察院。

聚焦主责主业　用"蒙古马精神"奋力闯出新天地

"高质效办好每一个案件"是新一届最高检党组在新征程上更深更实践行习近平法治思想，推进检察工作现代化提出的明确要求。昆都仑区检察院始终聚焦高质效办案这一主责主业，坚持统筹"有数量的质量"和"有质量的数量"，五年来办理的13件案件先后被评为全国、内蒙古自治区精品案例、典型案例。

在扫黑除恶专项斗争中，该院啃下了一批"硬骨头"。办理史某某等多人涉黑案时，面对上百本卷宗和短短的7天的审查逮捕期限，承办检察官踏踏实实，埋头苦干，认真审查每一个证据，最终，该案打财断血金额高达1.2亿余元，被全国扫黑办评为优秀案例。守护"钱袋子""菜篮子"是关乎民生福祉的大事，昆都仑区检察院办理的贾某某等32人"菜霸"

涉黑案件，经过两次补充侦查后得以判决，该案件被最高检确定为首批"扫黑除恶典型案例"。扫黑除恶专项斗争开展以来，昆都仑区检察院先后组建9个涉黑恶专案组，起诉9件189人，执行涉案资产10亿余元，以实际行动践行"是黑恶一个不漏，不是黑恶一个不凑"的庄严承诺。

坚持以大数据赋能法律监督，以数字化手段提升检察工作质效，立足区域特点和检察工作实践，组织开发刑事诉前"两项监督"数字检察模型，在15万余条案件数据中发现线索306条、成案92件。

聚集服务大局 让"绿水青山"常驻

守护绿水青山，让公益诉讼检察在服务保障大局中彰显检察担当。昆都仑区检察院在工作中发现某村由于大量非法采砂作业，导致土地矿产资源和自然生态环境遭到破坏，检察人员详细查看现场环境后发现数个砂坑内外遍布垃圾，并且盗采行为仍在发生，直接影响人民群众宜居、安居和乐居。昆都仑区检察院对此情况向相关部门发出检察建议书，但在后续调查中发现，相关部门对检察建议中追缴治理砂坑费用内容未予回复，对非法采砂行为未采取有效措施予以制止，对采砂现场造成的地质环境破坏未责令限期恢复、治理，昆都仑区检察院针对该部门怠于履职行为依法提起行政公益诉讼，法院判决支持诉讼请求，内蒙古自治区检察院组织全区三级检察长及相关检察人员，并邀请包头市两级人大代表、政府部门相关领导观摩庭审，通过以案释法有力推动了当地政府依法行政。判决生效后，当地政府立即组织相关部门投入恢复治理工作中。几年来，昆都仑区检察院持续跟进监督后续恢复治理情况，并通过公益诉讼"回头看"，对治理成效进行定期回访，联合相关部门多次开展专项巡查。在多方的积极推动下，22处砂坑全部得到有效治理，补植复绿基地面积逐年扩大，面积达到2900余亩，基地内植被存活情况良好。

草木植成，国之富也。近年来，昆都仑区检察院共办理公益诉讼案件

◎ 百年古刹门前的公开听证会

917件，创新打造"益鸣昆都仑"公益诉讼品牌，研发"公益诉讼随手拍"小程序，让群众举起手机就能举报发现的线索；依托民事行政及公益诉讼专家委员会，借助"外脑"提升办案质效；联合有关部门，共建"生态补植复绿"基地，督促治理土地2900余亩。

聚焦为民服务 "小切口"写好为民服务"大文章"

持续做实可感受、能体验、得实惠的检察为民。2020年12月，古稀之年的刘某被酒后无证驾驶电动四轮车的闫某撞伤鉴定为重伤二级，花费治疗费用10万余元，而被告人无力承担赔偿。昆都仑区检察院在了解到刘某的相关情况后，积极与刘某联系为其提供司法救助，因刘某已返回邳州老家养伤，为实现救助效果最大化，该院积极探索案发地与申请人住所地跨省异地联合救助机制，向邳州市检察院发出协助函，帮助刘某申请救助金8万元。一时救助终究不是长久之计，为使老人老有所安，承办检察官主动学习当地乡村振兴政策，了解到邳州是国家级白蒜种植示范区，遂帮助刘某家属承包了十几亩白蒜种植田，一家靠着种植白蒜，日子也越过越好。该案只是昆都仑区检察院积极开展司法救助的一个缩影，近年来，昆都仑区检察院用检察温情为92个家庭点燃生活的希望。

"依法办案"是底线要求，法理情的统一是办案的终极目标。2021年5月，昆都仑区检察院办理的一起未成年人放火案让承办检察官牵挂至今。未成年人郝某与父亲发生争吵后点燃了父亲的车辆。在未检团队的帮助下，误入歧途的郝某走出阴霾，首次代表学校参加技能大赛就获得了包头市二等奖，并代表包头市参加自治区技能大赛获二等奖。大多数未成年人犯罪在一念之间，用心挽救可促改恶向善，昆都仑区检察院于2018年成立未检办案团队，坚持"专人、专心、专业、专责"工作理念，帮助51名涉罪未成年人顺利回归社会，其中2人考入一本院校、9人进入职业院校学习。该团队2023年经团中央复核再续"全国维护青少年权益岗"称号，1名检察官荣获"全国维护妇女儿童权益先进个人"称号。不久前，该团队升级蝶变"昆鹏未检"品牌，其正以"鲲鹏展翅"之姿，守护"逐梦未来"。

聚焦党建铸魂　打造"硬肩膀才能挑重担"的过硬检察队伍

昆都仑区检察院始终坚持以党的政治建设为统领，以党建引领锤炼过硬队伍，深化"学习型"机关建设。着力打造"133"党建工作品牌，突出学习贯彻习近平

◎ 昆都仑区检察院打造学习型机关

新时代中国特色社会主义思想"一条主线"，深耕党建与检察业务、队伍建设和检察品牌"三个融合"，开展讲授式、案例式、情景式"三式"教育，队伍建设工作做法被检察日报头版刊登，相关事例"检察院的'扫地僧'"在《人民日报》、人民网、中国普法等多家中央级主流媒体上获得"10万+"浏览量。

只有自身素质过硬，对案情吃透吃深，对法律法规如数家珍，才能"胸藏万汇凭谈吐"。昆都仑区检察院落实"素质能力提升工程"，开展"三全三真"培训实训，实践"昆检砺英计划"，积极搭建用才舞台，升级 11 个专业化办案团队，让青年检察人员唱主角、挑大梁、担重任。在"人人皆可成才、人人尽展其才"的氛围下，5 年来，69 名个人、47 个集体获得市级以上表彰。这些荣誉，是以实干笔触勾勒出的奋斗者"群像"。

知所从来、思所将往、方明所去。荣获"全国模范检察院"这一崇高荣誉不易，呵护好这一崇高荣誉更为不易。昆都仑区检察院将继续积极践行"高质效办好每一个案件"的基本价值追求，全面落实"1231"工作思路，不断提振精神、提升业绩、提高能力，更加有力为大局服务、为人民司法、为法治担当，努力创造经得起实践、人民、历史检验的检察新业绩！

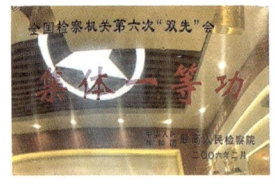
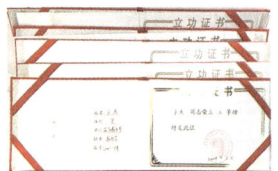

◎ 昆都仑区检察院荣誉

以党建为引领　护航法治新时代

辽宁省大连市普兰店区人民检察院

辽宁省大连市普兰店区检察院始终坚持以习近平新时代中国特色社会主义思想为指导，紧紧围绕服务振兴发展和推进检察工作现代化两条主线依法履职，荣获"全国模范检察院""第七届全国先进基层检察院"称号，在全国检察机关党史学习教育推进会上做经验交流，获评2023—2024年度全国维护青少年权益岗创建单位，连续7年被评为全省先进基层检察院，普兰店检察院机关党委荣获2024年度辽宁省先进基层党组织称号，22个集体和个人受到省级以上表彰。这些荣誉背后，是普兰店区检察院不懈努力的生动写照。

党建引领　铸就检察新品牌

普兰店区检察院实施了一系列党建与业务深度融合的组织强基工程。通过构建"红心向党　检护莲城"党建主品牌，以及"一支部一品牌"的阵地建设，形成上下贯通、同向发力的党建工作矩阵，推动了党建、业务、检察官"三大品牌"的联创联建。各党支部紧密结合自身职能特点，创新性地推出了8个各具特色的党建品牌，如"彩虹未检"党建品牌，就充分发挥了党员干警在未成年人保护工作中的先锋模范作用。该品牌不仅在未成年人司法关爱、预防犯罪、普法宣传等方面取得了显著成效，还成功参选为辽宁检察机关"十佳党建品牌"。在"检护民生"和"检察护企"等专项工作中，各支部走在前、作表率，为检察工作顺利开展提供坚强的政治和组织保障。

服务大局　彰显检察新担当

普兰店区检察院做到从政治上着眼、从法治上着力，以检察履职维护和捍卫党的全面领导。办理的公益诉讼维护国防军事利益案件，得到全国人大代表和最高检的充分肯定，并有效推动了辽宁对涉军公益诉讼的理论研究和制度平台建设，成为最高检的典型案例。在行政争议实质性化解方面，普兰店区检察院通过搭建行政争议实质性化解平台，切实践行"以人民为中心"的司法理念，有效化解了社会矛盾。在办理大连地区首例行政争议实质性化解案件中，展现了高超的司法智慧和为民情怀，赢得了社会各界的广泛赞誉。此外，普兰店区检察院还充分发挥"涉恐类""邪教类"案件集中管辖优势，不断加大对危害国家安全、非法集资、洗钱等犯罪的打击力度，严防经济和社会领域风险演变为政治风险，全力维护社会稳定和国家安全。

源头治理　推动检察新作为

5年来，普兰店区检察院共制发了300余份检察建议，涵盖纠正违法、保民生护民利、促进社会治理等多个领域。特别是在全地区首次将检察建议的回复、落实情况纳入党委、政府考核和人大、纪委监委监督内容后，更是推动了检察建议从"办理"向"办复"的转变。在区域综合治理中，普兰店区检察院通过推进"检察＋网格"下沉工作，将社区工作人员、网格员引入"检察＋"多元联动调解机制，成功化解了一件积怨十余年的涉土地邻里纠纷案件。普兰店区检察院结合办理的辽宁省首例"套路贷"涉黑案，向市区两级存在行业监管漏洞的部门制发了检察建议，并得到了各级部门的认可和支持。普兰店区检察院还分别在区公安分局、大连海警局普兰店工作站设立了侦查监督与协作配合办公室，共促提升侦查执法和检察监督的规范化水平。

加强办案　提升检察新质效

普兰店区检察院办理的赵某与某街道办事处确认行政行为违法并赔偿损失检察监督案、大连市某水库行洪安全及水体污染防治诉前行政公益诉讼案等26件案件被最高检、省院评为典型案例。普兰店区检察院打造了全省首个社矫对象帮扶基地，以有力检察履职助力打通社矫对象重返社会"最后一公里"。普兰店区检察院还创新职务犯罪检察工作模式，在细化和规范办理职务犯罪案件司法程序上，与纪检监察机关建立有效机制，办理的全省首例职务犯罪"自洗钱"案及2022年度大连地区首例巨额财产来源不明案，得到辽宁省检察院高度认可。

检护民生　助力纾难解困

普兰店区检察院始终坚持为民司法，从纾解人民群众急难愁盼问题出发，立足辖区涉农地域特点和检察工作实际，打造"莲心桥"检察服务保障乡村振兴特色党建品牌，因地制宜开展以"立足服务'三农'，助力乡村振兴"为主题的专项行动，主动融入辖区基层治理大格局，让阳光司法护航乡村振兴，相关经验材料被《检察日报》、《法治日报》、《中国妇女报》、最高检公众号等刊发。普兰店区检察院在打击涉农犯罪方面取得了显著成效。针对"10·27"涉缅北诈骗专案及关联犯罪案件，普兰店区检察院成立专案组提前介入，依法严厉打击各类电信网络诈骗犯罪，挽回经济损失100万余元。同时，坚持"主动作为，应救尽救"的原则，

2023年对23名因案致困的群众发放了救助金共计17.5万元，救助力度和覆盖面均实现了大幅提升。其中，赵某贵国家司法救助案更是被最高检评为典型案例。此外，普兰店区检察院还积极履行公益诉讼职能，通过提起民事公益诉讼和支持起诉等方式，向破坏野生动物资源和海洋生态环境的被告人追偿资源损害赔偿金10万余元，为环境修复提供了有力的资金支持。

检察护企　助力经济发展

普兰店区检察院以"检察护企"为工作主线，制定了一系列务实高效的工作措施和机制文件，如"检察护企"11条工作措施和高质效办理涉企刑事案件工作指引等，为涉企案件的办理提供了有力指导和遵循。为搭建起检企沟通的桥梁，普兰店区检察院设立了"检司护企法律服务办公室"，并组建了"法润莲城"普法团队，深入企业开展法治宣传和法律咨询服务，实现了法律服务从"坐等上门"到"主动送法"的转变。同时，在12309检察服务中心开通了"服务保障优化营商环境绿色通道"，确保

◎ 开展"检企协作　携手同行"党建结对共建活动

了涉企案件能够得到专门受理和高效办结。为进一步创新服务模式，普兰店区检察院还探索了"党建＋护企"的新模式，与多家知名企业党支部建立了"检企协作携手共行"共建关系，深入了解企业需求，提供定制化检察服务。特别是在涉民企刑事"积案"清理工作中，普兰店区检察院在全省率先完成任务，并联合司法行政机关召开了全省首场走进企业社区矫正领域的座谈会，有效解决了民企社区矫正人员"请假难外出难"等问题，赢得了企业的广泛好评。

锻造队伍　打造检察铁军

普兰店区检察院始终坚持"一切从政治上看"的队伍建设理念，把培养高素质检察人才作为战略任务来抓。为提升青年干警的综合素质，普兰店区检察院制定了《青年检察人才培养规划》，通过以老带新、外派学习、内部交流、院校合作等多种形式，为青年干警的成长成才搭建了广阔平台。同时，普兰店区检察院还注重检察文化的培育与传承，创办了"普检讲堂"，与多所高校建立了社会实践基地和理论研究基地，定期开展业务竞赛、案件评查等活动，营造了浓厚的学习氛围和创新氛围。其中，"彩虹未检团队"作为"党建＋业务"基层检察工作品牌的杰出代表，在全国基层检察院建设工作会议上被推广。5年来，普兰店区检察院涌现出了一批批优秀检察干警，他们中有的人荣获

◎ 为青年干警成长成才搭建广阔平台

了"辽宁省人民满意的政法干警"称号,有的人被省委、省政府授予"辽宁省先进工作者"称号,有多人荣立个人一等功、二等功或在全省检察业务竞赛中摘金夺银。

展望未来,大连市普兰店区检察院将继续秉持司法为民的宗旨,以更加昂扬的斗志、更加务实的作风、更加创新的举措,为护航经济社会发展、维护社会公平正义作出新的更大贡献。

以人为本 以品铸魂 以小博大
实现小院大作为

吉林省长春经济技术开发区人民检察院

1995年，长春经济技术开发区检察院在长春市科技前沿、技术密集、物流发达的核心区域成立。它是一个政法专项编制仅有35人、内设机构只有5个的小院。但在发展进程中，经济技术开发区检察院乘风破浪，奋力攀高，连续五年在长春市16个基层院绩效评比中拔得头筹，并在吉林省97个基层院中脱颖而出，荣获"全省先进基层院"等一系列荣誉。2023年，经开区检察院被授予"全国模范检察院"称号，实现了"小院也有大作为"的奋斗目标。

以严管厚爱的党建管理文化聚人心、提士气

"践行忠诚，不忘初心，始终保持检察队伍本色""讲规矩守纪律，自觉做优秀检察人""绷紧纪律之弦，遵循规矩之堤"……连续多年来，经开区检察院党组书记、检察长都以正风守纪为主题，为干警讲全年第一堂党课。"我们采取'系统学习、模范引领、全面谈心、自身纠正'等方法，引导干警学纪、知纪、明纪、守纪，日常工作中我们还注重强化监督约束，将廉洁要求融入办公办案、招标采购等各项工作中，筑牢'不踩线、守底线'的思想防线，真正做到了让上级院放心、让人民群众满意。"李健检察长介绍说。

◎ 2023年5月，在国家检察官学院吉林分院开展党日活动

近年来，经开区检察院组织开展了唱红歌、参观烈士陵园、重温入党誓词、户外拓展等丰富多彩的主题党日活动，进一步凝聚了干警干事创业的积极性和主动性。倡导以院为家、与人为善的管理理念，时刻把每一名干警的诉求冷暖放在心头，不遗余力地为干警营造团结紧张、严肃活泼的工作氛围和舒适愉悦的工作环境，增强干警归属感和获得感。5年来，大力推荐副处级以上干部9人、提拔科级干部18人，晋职晋级人数占全院干警的85%。经开区检察院与全国劳模、"小巷总理"谭竹青生前工作的东站街道十委社区党支部联合成立"竹青志愿者联盟"，多次走进社区、学校、养老院、困难百姓家庭等，了解百姓诉求，义务为百姓解决急难愁盼事项百余件，不断提升基层党组织的凝聚力、引领力。在夜晚的灯火阑珊里，在清晨破晓的忙碌中，在案牍前，在发现线索的路上，在12309检察服务中心里，都留下了经开干警们"不用扬鞭自奋蹄"的忙碌身影。

以"三个善于"检察理念为引领办精案、赢民心

在经开区经济体量、人口变量、案件发案量逐年攀升的形势下，经开

区检察院克服案多人少等现实困难,坚决以"三个善于"理念为引领,做实高质效办好每一个案件。

"眼勤耳勤腿勤",是经开区检察院公益诉讼团队的工作常态。他们很少坐在办公室,总

◎ 2022年6月,控告申诉检察部门在长春市朝阳区朝阳屯开展农家小院听证会

是早出晚归、走街穿巷,用侦查员的眼力、网格员的耳力、运动员的脚力,从"小切口"入手,寻找侵害百姓利益的公益诉讼线索。他们在走访中发现新兴业态网络餐饮食品安全领域违法主体范围广、违法行为隐蔽性强、执法难度大等突出问题,从数据赋能角度切入,研发大数据法律监督模型,通过模型对涉及的17800余条网络餐饮问题数据进行分析筛查,筛查出问题线索765条,参与指导长春地区办理行政公益诉讼案件15件,有效促进并解决了一类案件甚至一个领域的共性问题,真正实现系统治理。该案办案经验被最高检公益诉讼检察厅转发推广,被最高检评为"高质效办好每一个公益诉讼案件,守护群众美好生活"典型案例。五年来,经开院共办理公益诉讼案件79件,10件案件被上级院评为优秀案例、典型案例,连续五年在条线考评中位列第一。

在控告申诉检察工作中,经开区检察院坚持把上访群众的诉求当自己的事办,因人施策,逐一为被救助人解决就医、民政帮扶和人文关爱等难题。2019年的一天,村民刘某在回家途中,被李某驾驶的大中型轮式拖拉机撞伤,因肇事拖拉机没有投保交强险及商业三者险,肇事司机李某无

赔偿能力，走投无路的刘某向经开区检察院提出民事执行监督申请。经开区检察院审查后认为法院已穷尽财产调查措施，肇事方名下也无可供执行财产。办案团队多次到刘某家调查走访，发现刘某母亲患有严重的精神疾病，两个儿子患有先天性听力残障，刘某伤残后，一家人生活更是雪上加霜。了解到其家庭的特殊情况，经开区检察院主动作为，最快速度作出司法救助决定。"司法救助工作不是'一救了之'，还要深入了解被救助人的生活情况，协调督促相关部门持续开展救助工作，帮助其渡过难关。"承办检察官说。他们主动延伸服务，积极争取当地镇政府的关注支持，将刘某家庭列入镇政府"巩固脱贫攻坚成果"预算，为刘某一家提供免费玉米种子和化肥。同时协调民政、残联、医院等相关部门和社会组织，为刘某的两个儿子佩戴人工耳蜗争取到了相关费用的减免。5年来，经开区检察院共办理司法救助案件33件33人，发放救助金额80.4余万元。收到百姓送来的锦旗5面、表扬信23封，这些人民群众的肯定是经开区检察院司法为民的生动写照。

以优质宣传产品为载体勤普法、展作为

干好和说好同等重要，是经开区检察院一直倡导的理念。"我们的新媒体平台不仅是宣传的平台，还是一个合唱的大舞台，通过宣传部门'领唱'，撬动全体干警积极利用新媒体平台开展普法、服务群众，进而促进整个检察工作的提升。"

"检察官您好，我是经开区的一名群众，听说贵院能实实在在地帮助老百姓解决问题，想请求贵院的帮助……"这是一位网友在经开区检察院抖音号里的留言。管理员发现后，按照新媒体平台运行机制，立即向院领导和相关部门作了反馈。当日，检察官就与该网友进行了沟通，约定来院面谈。第二天，该网友来到检察院，倾诉了自己的不幸遭遇。原来，她结婚后多次遭受家暴，丈夫长期不回家，也不给孩子抚养费，走投无路的她

想离婚，但又不知道走什么法律程序。该网友反映的内容，并不属于检察机关管辖范围。但是，检察官仍对其进行了劝解和安慰，耐心解答了她提出的法律问题，并为其提出化解问题的途径和建议。随后，检察官还主动帮助她协调所在街道和相关司法部门。最终，该网友顺利通过法律途径维护了自身合法权益。经该网友同意，办案检察官将此案例制作成抖音作品《一次接访让她重新燃起了生活的希望》。视频播出后，点击量超百万次，点赞量6.5万次，并被作为"问政类优秀案例"，编入全国检察抖音号运营报告。

"血杀帮"恶势力犯罪集团案件是经开区检察院办理的一起案件，该犯罪集团纠集成员40余名，实施抢劫11起、寻衅滋事5起、盗窃7起，造成4人轻伤。经开区检察院将其改编成微电影《血杀帮覆灭记》，生动展示了检察机关在扫黑除恶专项斗争工作中攻坚克难的决心和信心，反映了在未成年人成长过程中家庭、学校、社会应担负的责任，也提出了未成年人健康成长这个需要深度思考的重要课题。该片荣获"第五届检察微电影微视频微动漫"微电影类别优秀作品奖，并被人民网、检察日报正义网等国家家媒体转发推广。

经开区检察院新媒体平台曾连续三个月进入全国"互联网＋检察"县区微信榜20强，排行榜第8名，并在"全国优秀检察新媒体百佳评选活动"中荣获"年度贡献奖"。"长春经开检察"头条号阅读量突破千万，在2022年度"两个一百"全国优秀检察新媒体评选活动中荣获全国头条号二十佳。抖音发表作品800余篇，粉丝量11.6万人次，曾荣获年度全国检察系统抖音发布榜总冠军。

特色文化滋检心

黑龙江省富裕县人民检察院

古驿道站丁习俗入选黑龙江省非物质文化遗产，连续五届被评为"中国民间文化艺术之乡"，富裕县的历史文化源泉沿着乌裕尔河蜿蜒流淌。

因物华天宝而怀珠川媚。坐落于此的富裕县检察院也孕育了绵延不断的独特检察文化，用文化连接在历史与现代中赓续血脉，也用文化之光在检察与人民的连接中坚守初心，给予了富裕检察"打动人心的文化力量"。

2020年10月，富裕县检察院被最高检授予第七届"全国先进基层检察院"称号。2023年11月24日，富裕县检察院又被人社部、最高检授予"全国模范检察院"称号。这家检察院何以成为"北疆翘木"，又拥有怎样的文化传承？

让特色检察文化滋养前行步伐

新时代新征程如何推进检察工作现代化，实现从"全国先进"向"全国模范"迈进？

2020年5月，富裕县检察院党组注重从打造具有地域特色的检察文化入手，深挖文化符号和民族印记，将文化与检察元素交织，传统与现代元素碰撞，出台了《文化兴检建设2021—2023三年行动方案》，以"文化润检、文化育检、文化强检"作为实际步骤，筑牢新时代检察工作的增长极。

在文化育检方面，富裕县检察院积极助力法治化营商环境建设。近年来，富裕县检察院打造的"检护民利·察为民生"等一批有影响力的文化品牌，将为民"大情怀"细化为护企"微实事"。

◎ 与包联企业联合开展党建活动

此外，富裕县检察院持续加强文化建设与司法实践的深度融合，将"检察护企"从被动受理向主动发现、及时干预、联动维权、源头治理转变。

富裕县检察院在经开区管委会设置法律咨询室，挂牌成立"企业权益侵害举报投诉中心"，深入落实"百名检察官进百企"系列活动，为企业提供"订单式""菜单式"法律服务。2022年8月，富裕县检察机关和工商联的"双向奔赴"入选了全国100对典型事例。

为未成年人挑起一片"法治晴空"

走进富裕县检察院，700多平方米的未成年人检察工作专区、13个功能室让人眼前一亮，带给人不仅是青春的气息，还有扑面而来的文化氛围。

站在时间的轴线上，某些年份注定要画上浓墨重彩的点。富裕县检察院以"转隶寻找转机"，有效整合原来分散在检察机关内部各部门的未成年人检察工作和司法资源。

2018年12月，建成700平方米的未成年人检察工作专区。2019年5月，在齐齐哈尔市成立唯一的未成年人检察工作部门。2020年8月，创新构建地域特色社会支持体系，即一个中心、双向保护、三支队伍、四大框架、五项机制的"12345"富裕模式。2021年9月，被共青团中央、最高检授予全国"青少年维权岗"。2023年6月，自主研建的"未成年人全面综合司法保护大数据法律监督模型"获评全省检察机关大数据模型比赛"三等奖"，并被全省推广应用，获评全省典型案例6项。

◎ 黑龙江省检察机关"检爱同行——法治进乡村"全省巡讲活动——齐齐哈尔富裕站

心沐暖阳，汇聚星光，才能将检察温暖传递到孩子身边。富裕县检察院未检部门以"暖阳"未检品牌为依托、以人为中心、以案件为核心、以保护为重心，充分发挥未检业务统一集中办理优势，逐步形成了辐射广泛、多点联动、创新发展的未成年人检察工作"1+3"工作法，推动最高检"一号检察建议"创新落实。

一路暖阳，不负星光，富裕未检之花必将扎根这篇黑色广袤沃土，迎风绽放，历久弥香。

依法守护"耕地中的大熊猫"

嫩水之畔、蓝天白云、水清岸绿，一群灰衣素裳、舞姿曼妙的国家一级保护动物白头鹤在富裕县乌裕尔河国家级自然保护区停歇觅食。

以法治力量守护绿水青山，在更高起点上做好生态环境保护检察工作，这是富裕县检察院贯彻习近平生态文明思想，推动建立乌裕尔河保护生态文化的核心内涵。

两年前，一伙不法分子看准了乌裕尔河流域肥沃的黑土地，在未经审批的情况下擅自开垦，造成湿地植被大量毁坏，湿地功能丧失，导致生态环境严重受损。后经群众举报，这一隐秘的犯罪行为才浮出水面。2022年9月，富裕县检察院以刑事附带民事公益诉讼立案。

"湿地植被的恢复鉴定较为困难，鉴定费用高、鉴定周期长，这让生态损害赔偿陷入困境。"第三检察部主任牛艳红介绍，为确定损害结果，富裕县检察院依托行业部门成立了"公益诉讼诉讼专家咨询委员会"，探索使用专家意见替代鉴定评估意见，获得法院和当事人的一致认可。

同时，为了放大公益诉讼的保护效果，根据民法典规定，综合考虑湿地植被的损害情况，以及当事人自身能力，提出惩罚性赔偿。

近年来，富裕县检察院深耕生态环境和资源保护领域公益诉讼，在推动修复受损生态的同时，更加注重推动社会治理。

2021年6月，为进一步推动乌裕尔河流域生态保护深入人心，富裕县检察院与乌裕尔河国家级自然保护区共研对宣教展览馆提档升级，同时注入法治元素，开展法治宣教，形成具有本地特色的乌裕尔河保护生态文化。

2023年10月，富裕县检察院参与研发的"黑土地涉税涉补大数据法律监督模型"荣获全国三等奖。

副检察长王玮琦表示，破坏黑土地环境资源的公益损害问题大多成因复杂、易反复反弹，在依法履职推动修复受损公益的同时，要更加关注做好"后半篇文章"，推动形成独具本地特色的"生态文化"，以实现对国家利益和社会公共利益的长效保护。

志在高山行在微。"高质效办好每一个案件"，重在"高质效"，难在

"每一个",这是全国检察长会议的要求,也是我们作为全国模范检察院的不懈追求。检察长常新告诉记者,在富裕县检察院,像上述这样高质效办案的例子还有很多。

制发检察建议守护群众美好生活

随着黑龙江省燃气安全"敲门行动"的启动实施,富裕县委通过县级财力投入287.2万元,全县495家餐饮企业安装燃气报警切断装置,5113户燃气用户更换报警器和切断阀,发放《燃气安全提示卡》等宣传材料5.5万份,检察建议在社会治理方面发挥了重要的监督促进作用。

"我们先后将检察建议工作纳入县委督查、平安建设、依法治县工作内容,让检察监督有了更多'源头活水'",副检察长张丽颖说。

检察建议自诞生之初,就以法律监督之名,与社会治理密切相关。2019年,最高检发布《人民检察院检察建议工作规定》之后。富裕县检察院谋定快动,第一时间出台"四机制",从线索管理、评估立案、立案决定、调查终结直到提出建议等20个重要节点进行规范指引。2022年,为进一步深入落实《中共中央关于加强新时代检察机关法律监督工作的意见》,提请党委常委会会议研究讨论检察工作,对强化检察建议落实情况进行再部署、再强调。2024年,出台《关于进一步加强落实检察建议质效的考评实施细则》,会签《人大代表建议与检察建议双向衔接转化办法(试行)》,更加注重理念和方式的转变,努力形成"党委领导、政府主导、多方参与、司法保障"的检察建议办理工作格局,推动检察建议由"办理"向"办复"转变。

监督者与被监督者的使命、目标没有不同,赢则共赢、败则同损。遵循着社会治理检察建议历史发展的轨迹,富裕县检察院始终坚持以人民为中心,以解决法治领域突出问题为着力点,持续推动检察建议做成刚性、做到刚性。

以精品之策修炼"检察智慧"

黑龙江省铁力市人民检察院

早在先秦时期岁貊人就在这一带生活，距今已有 4000 年历史，以共和国首位"林业英雄"马永顺的故事闻名于世的铁力市，位于黑龙江省版图中心，东枕小兴安岭千里林海，西接松嫩平原万顷良田，是走向林都伊春的南大门。近年来，铁力市检察院在围绕绿水青山环境保护与法治护航生态屏障方面始终践行着检察履职的最佳实践。

铁力市检察院积极探索构建刑事、民事、行政、公益诉讼"四位一体"的生态环境保护"绿色检察"综合履职新模式，将生态保护作为头等大事，打造绿色检察生态品牌，助力深入打好蓝天、碧水、净土保卫战，深入实施山水林田湖草生态保护修复。目前，铁力市域秸秆综合利用率达 95.13%，空气质量优良天数比例 89.3%，国控断面水质达 Ⅲ 类优良水体，受污染耕地安全利用率达 100%。

"在负责公益诉讼工作之后，她为能以检察履职助力实现以高品质生态环境支撑高质量发展，让这片她土生土长的铁力，天更蓝、地更绿、水更清、景更美而感到无比自豪。"公益诉讼检察官任慧瑶说。

"天不言而四时行，地不语而百物生。"因人杰地灵、物华天宝而闻名于呼兰河流域的铁力市检察院，缘何以精品之策修炼"检察智慧"？怎样肩负起生态保护的检察职责，发挥"监督"独特优势，为黑土地生态环境保护护航、守护家园的青山绿水？怎样以三个模式解密"绿色检察"？近日，记者走进铁力市检察院溯本求源。

"智慧检察模式"护航生态保护

近年来，铁力市检察院深入贯彻《中共中央关于加强新时代检察机关法律监督工作的意见》，以保障司法办案、信息化建设需要为重点，完善检务保障体系，明晰科技强检思路，主动借力现代数字技术和信息手段，积极探索实现办案、管理、检察监督和法律服务的信息化、数字化、智能化，大力打造"智慧检察"工作模式，发挥"智能检察"作用，积极将检察职能融入生态文明建设大局，为公益诉讼工作提供有力的技术支持。

无人机航拍中的画面将以数据加密直播的方式实时同步到院公益诉讼指挥中心和相关行政单位，通过建立的"检行联席"制度，远程呼叫，相关行政机关可与现场人员视频通话了解现场情况、固定证据。最后通过履行起诉前程序，对公益违法行为同发现、同治理、同监督，实现公益诉讼案件的远程同步"会诊"。通过指挥中心的试运行，已与市水务局、生态环境局等8家行政单位召开了检行联席会，就信息共享、线索移送、人员交流等方面形成沟通意见。

"我院公益诉讼检察部门在深入辖区村屯排查污染源时通过无人机航拍发现王杨乡存在一处垃圾填埋场，经走访了解该填埋场始终处于露天状态，目前已存续17年，经过测绘机构测量判断，垃圾存量达8万余吨。"据铁力市检察院党组成员、副检察长刘娇介绍，位于铁力市东方红水库下游1300米，紧邻稳水河北岸，周边有近6000多亩成片基本农田，除四周用土筑起近4米高的围挡外，未做防渗、防漏处理，夏季，部分生活垃圾被风刮散到周边农田中，垃圾滤液经雨水冲刷沿周边沟渠流入稳水河，使得垃圾场散发出恶臭气味，在此经过的群众都需掩鼻而过，对农田、地下水、河流造成了严重污染，不仅使得周围生态环境受到严重破坏，也严重危害了当地粮食和水源安全。

铁力市检察院公益诉讼检察部门通过住建部信息系统查询到，该垃圾场未经相关部门审批，并于2017年7月被国家住建部录入非正规垃圾堆放点排查整治信息系统。

◎ 利用无人机航带摄影，实现案件现场全方位立体展现及测量，助力公益诉讼案件的远程同步"会诊"

于是，检察院通过公开听证，充分听取人大代表、政协委员、人民监督员的意见，立即向相关行政机关制发了检察建议。在铁力市委的大力支持下，积极推动垃圾填埋场整治整改。

在铁力市检察院组织的整改活动回头看中，昔日的垃圾山上已呈现出一片绿树成荫、生机勃勃的景象，不仅保障了绿色生态环境的建设，也维护了国家粮食安全，解决了百姓的"操心事""烦心事""揪心事"。此案被黑龙江省检察院评为"公益为民办实事"典型案例。

据了解，铁力市检察院"公益诉讼指挥中心"建立以来，围绕本地生态环境和资源保护突出问题，督促相关行政机关清理固体废物、生活垃圾累计20余吨，保护耕地、林地、湿地54.55余亩。

"生态检察模式"推动绿色检察

铁力市检察院以实施"绿色检察"为目标，按照"谁破坏、谁修复"原则，通过异地补植复绿方式进行替代性生态修复的实践探索，在2023年4月与辖区内三家林业局有限公司分别设立了"检察公益林暨异地补植

◎ 2023年4月26日,铁力市检察院公益林暨异地补植复绿生态修复基地揭牌仪式正式启动

复绿生态修复基地"并同时举行揭牌成立仪式。

"这三家'检察公益林'的设立是践行'专业化法律监督＋恢复性司法实践＋社会化综合治理'生态检察工作模式,服务保障全市'生态立市'重大战略的重要举措。"据检察官任慧瑶介绍,此前,铁力市检察院与辖区内三个林业局公司签订了《关于在检察公益林建设工作中协调配合机制的合约》,针对破坏森林资源的案件,以种植检察公益林的方式,采取倡导性种植、恢复性种植、惩罚性种植等多种手段推进林业生态保护工作。

自配合机制签订以来,铁力市检察院共办理破坏环境资源犯罪案件21件29人,监督补种树木累计9444株,以办理一个案件,实现修复一片林,达到了惩治犯罪与生态保护的双胜利,实现刑罚价值与生态修复的"双如愿"。

"精品意识模式"贯穿工作主线

主动树立精品意识是铁力检察院的"创优"工作主线。围绕着本地生态立市的核心,铁力市检察院以"生态健康,人水和谐"为治理理念,与相关行政部门实现信息共享、形成联合监管执法监督机制,全面规范和提升河道空间管理、工程管理、水资源管理和水功能区管理水平,严厉打击破坏生态环境资源犯罪。

据了解，在刑事检察案件办理中，铁力市检察院为全面强化落实在认罪认罚从宽制度规范化标准的空白，在办理张某某故意伤害案件时，办案团队从案件事实出发，经过一系列讨论、研究，反复修改，最终制定刑事检察部门的《认罪认罚听取意见同步录音录像操作指引》《控辩协商流程规范用语》，从准备环节、录制环节、工作要求、规范用语、意见听取等方面加以细化，配套制定听取意见笔录，增强同步录音录像工作的可操作性，有效提升认罪认罚案件办理质效。

此经验被伊春市检察院作为典型推广，并组织各基层院全体刑事检察人员通过远程视频会议进行"云观摩"，所形成的高某某非法采矿案认罪认罚同步录音的典型案例被省院采纳并作全省推广。

◎ 2022年1月19日，伊春市检察院组织各基层院通过远程视频会议对"铁力市检察院认罪认罚听取意见"进行"云观摩"

近年来，铁力市检察院共办理公益诉讼案件金70件，督促相关行政机关清理固体废物、生活垃圾17.2吨，保护耕地、林地、湿地54.55余亩，补种树木14358株；督促收回国家所有财产百余万元、土地出让金113.4322万元；督促消除建筑工地、校园场馆等多处公共安全隐患，有力维护了国家利益和社会公共利益。

铁力市检察院将始终贯彻习近平生态文明思想以及建设"绿色龙江"的总体要求，认真落实党中央、国务院关于构建现代环境治理体系的决策部署，以"守正先锋·铁检蓝"绿色检察文化品牌为引领，持续推进"四大检察"全面协调充分发展，充分发挥院党组头雁效能，以"党建＋公益诉讼"品牌效应，积极探索恢复性司法试验工作，着力打造"党建红＋检察蓝"、"益"起守护绿水青山检察履职新模式，以党建带对建，以党建促发展，立足公益诉讼检察职能职责，以保护生态环境为己任，依法守护"山、水、林、田、湖"绿色底蕴，积极探索推动绿色检察履职高质量发展的强大动能，争当区域内助推高质量发展的排头兵。

办案监督求质效　依法履职铸品牌

上海市虹口区人民检察院

虹口区位于上海中心城区东北部，被习近平总书记誉为"海派文化发祥地、先进文化策源地、文化名人聚集地"，是黄浦江北岸的"世界会客厅"。1998年就已获全国模范殊荣的上海市虹口区检察院，2023年再度荣获"全国模范检察院"称号。

近年来，虹口区检察院坚持以习近平新时代中国特色社会主义思想为指引，对标上海检察"争一流、走在前、排头兵"要求，围绕虹口区建设"上海北外滩、都市新标杆"目标，树立"求办案质效　铸监督品牌"履职理念，深入推进司法改革，全面履行检察职能，全力锻造过硬队伍，努力为虹口经济社会高质量发展提供坚强法治保障。

虹口区检察院被先后授予"全国模范检察院""全国青年文明号""上海市先进检察院"等荣誉称号，连续10年被评为"上海市文明单位"，连续5年被评为"全国检察宣传先进单位"，并涌现出全国民事检察业务标兵、全国优秀公诉人、全国未检办案能手等一批在全国、全市具有影响力的领军人才。

政治建设为统领　筑牢绝对忠诚思想根基

虹口区检察院坚持把政治建设摆在首位，坚决维护党中央权威和集中统一领导，始终在思想上、政治上、行动上与以习近平同志为核心的党中央保持高度一致。

全方位加强党的创新理论武装。"检察机关首先是政治机关，始终把对党忠诚作为第一标准。"党组书记、检察长孙军表示。该院坚持把学习宣传贯彻党的二十大精神作为首要政治任务，认真开展"第一议题"、党组理论学习中心组学习及双周学习等理论学习活动，坚定不移地用习近平新时代中国特色社会主义思想、习近平法治思想武装头脑、指导实践、推动工作。全方位坚持党对检察工作的绝对领导。该院坚决落实《中国共产党政法工作条例》，制定《中共上海市虹口区人民检察院党组关于贯彻落实〈中共中央政治局关于加强和维护党中央集中统一领导的若干规定〉的意见》，严格落实重大事项请示报告制度，引领全院干警更加自觉维护党中央权威和集中统一领导。全方位推进党的建设与业务建设深度融合。该院持续深化新时代司法理念引领，引领干警学深悟透案件办理的"大政治、大民生"。严格落实意识形态工作责任制，定期研究意识形态工作、开展谈心谈话和思想动态分析，坚决守牢意识形态阵地。

围绕中心为大局　护航区域经济社会高质量发展

"我们始终心怀'国之大者'，坚持把检察工作放到上海和虹口发展大局中谋划推进，主动作为，依法履职，为虹口经济社会高质量发展提供有力检察支撑。"孙军介绍。

在服务北外滩开发中提供检察保障。虹口区检察院紧抓北外滩全面起势的机遇，制定出台《服务保障北外滩打造中国式现代化重要展示窗口行动方案》，在北外滩企业服务中心设立"兵站式"检察官工作室，针对资产管理、航运服务、绿色低碳、服务贸易等行业领域企业的司法需求，提供法律咨询、案件受理申诉、法治宣传教育等"定制化"司法服务。在优化区域营商环境中展现检察作为。虹口区检察院严惩侵犯知识产权犯罪，助力虹口建设市知识产权保护示范区，妥善办理全市首例通过"直播带货"销假案、生产销售假冒变形金刚玩具案等，获国家版权局颁发的查处侵权盗版案件有功单位三等奖，办理的"人人影视字幕组"侵犯著作权案入选最高检指导性案例，一起跨境销假案被最高检评为检察机关保护知识产权十大典型案例。在深化反腐败斗争中贡献检察力量。虹口区检察院积极适应国家监察体制改革新形势新要求，快速转变职能，坚决支持配合监察机关调查办案，形成反腐败斗争合力，营造风清气正的良好政治生态。妥善办理转隶后全市首例监察委移送检察机关审查起诉案，与区监察委会签《检察机关办理监察委移送案件的流程指引》被市检察院推广。

司法为民为宗旨　助推社会治理体系和治理能力现代化

"人民城市人民建，人民城市为人民"，虹口区检察院着眼于人民对社会平安祥和的期盼，出台《上海市虹口区人民检察院铸监督品牌实施意见》，把监督办案融入社会治理，助力虹口打造"善治城区"，着力书写让人民群众满意的检察答卷。

做精公益诉讼检察，当好公共利益的"守护者"。虹检人不断探索超大型城市开展公益诉讼工作的虹口路径，办理"德邻公寓案"获评最高检典型案例，"高空坠物案"被最高检评为2020年度检察公益诉讼优秀案件，为上海市人大常委会将历史建筑保护纳入公益诉讼地方性立法提供了"虹口智慧"。公益诉讼

◎ 举办"检教同行　共护成长"主题检察开放日活动

工作经验在首届"全国检察机关新时代检察工作论坛"作交流。做强未成年人司法保护，当好祖国花朵的"呵护者"。虹口区检察院成立未成年人司法保护中心，与区卫健委、妇联等单位建立强制报告医疗联络平台、心理咨询师值班等机制。与区法院、公安分局、民政局、教育局等单位会签全市首个未成年人监护监督工作意见。全市首创未成年人监护监督制度，协同区民政、妇联及社工组织建立监护监督员队伍。妥善办理全国首例以招募童星为由利用互联网隔空猥亵儿童案，获评2019—2020年度全国"青少年维权岗"。做优老年人司法保护，当好司法温度的"传递者"。虹口区检察院针对虹口区老龄化人口比例全市最高的现状，成立全市首家老年人案件办理中心，创设成年子女或家属陪同见证、强制辩护、督促快速移送起诉、羁押必要性审查全程跟踪、"疗愈式"心理干预疏导等五项制度。围绕老年人运用智能技术困难问题，针对部分消费场所只提供网上预约、手机点单等情况，向相关行政机关制发检察建议，帮助老年人跨越"数字鸿沟"，获评专项活动"我为群众办实事"典型案例。

队伍建设为根本　锻造新时代高素质检察铁军

◎ 开展2021年度检察官新时代新担当新作为优秀案（事）例评选展示活动

人是干事创业的第一要素。虹口区检察院坚持政治能力、专业素能、职业道德同步建设、一体提升，努力在具体鲜活的办案监督实践中锻炼提高检察人员的综合素能。始终坚持人才强检。虹口区检察院坚持实战、实案、实用、实效导向,建立"法学+X""刑事检察品格养成"等培养模式,提升核心履职能力。选派检察官赴区职能部门开展挂职学习,拓宽业务视野。制定《关

◎ 到中共四大纪念馆开展"重温入党誓词"主题党日活动

于激励检察官新时代新担当新作为的实施意见》,连续六年举办"新时代新担当新作为"优秀案(事)例评选展示活动,持续弘扬"检察官担当"精神。5年来,3人获评全国检察业务标兵、能手,5人入选全国检察人才库,2人获评上海检察业务专家,19人获评市级业务标兵能手。始终坚持从严治检。虹口区检察院以"不忘初心 牢记使命"、党史学习教育、学习贯彻习近平新时代中国特色社会主义思想等主题教育为载体,通过主题党课、专题辅导、警示教育等各种形式加强学习教育,全面正风肃纪,从严整改党性党风党纪突出问题。制定《中共上海市虹口区人民检察院党组关于进一步加强年轻干部教育管理监督工作的实施意见》,严格落实党风廉政建设责任制,强化政治纪律、办案纪律和保密纪律等教育管理,确保队伍绝对忠诚、绝对可靠、绝对纯洁。始终坚持文化润检。虹口区检察院先后创设"虹·讲堂""虹·学社""虹·剧团""虹检青年讲师团"等检察文化特色品牌,通过授课、观摩、研讨、展示等学创结合的方式,提升干警理论研究能力、文化鉴赏力、普法创作能力、语言表达能力等个人职业素养,充分发挥检察文化独特的引领导向、规范约束、激励凝聚等作用,

不断激发队伍活力与创造力。

"关山万里,再起宏图",虹检人以行动努力争当检察"模范生",把"高质效办好每一个案件"作为基本价值追求,把为大局服务、为人民司法、为法治担当作为重要职责使命,努力书写虹口检察护航虹口经济社会发展和人民美好生活的新篇章!

大江之阴争弄潮　挺膺担当书华章

江苏省江阴市人民检察院

"大江自京口来，委折而南，浩漾澎湃，势益壮越，数百里聚为澄江之区。"地处江尾海头的江阴（简称"澄"），连续多年综合实力全国县域领先。如今，这颗长江之滨的璀璨明珠再添荣光——2023年11月，人社部、最高检授予江阴市检察院"全国模范检察院"称号。

胸怀国之大者　自觉为大局服务

江阴市场经济发达，目前活跃着26万各类经营主体，其中上市公司61家、"新三板"挂牌企业57家，企业的蓬勃发展离不开高水平的法治护航。

海澜集团是当地知名的上市公司，旗下的"海澜之家"是中国最大的男装品牌，但近几年饱受侵权困扰，虽然侵权责任被追究，但对权利人来说，损失如何弥补同样重要，而这恰巧是知识产权保护领域多年来的梗阻。

企有所呼，检有所应。江阴市检察院依法打击刑事犯罪的同时，在全省率先探索知识产权领域民事赔偿责任优于刑事追缴机制，法检就"违法所得的刑事追缴与对权利人的赔偿具有同质性、可互相抵扣，违法所得优先赔偿权利人"达成共识。最终，江阴市法院判处连某承担惩罚性赔偿责

◎ 检察官走进企业开展法治宣传

任,赔偿海澜集团各项损失和维权费用共计203万元。其中,追缴的违法所得50万余元全部作为惩罚性赔偿,打破了此类案件获赔概率小的惯性。

这是江阴市检察院强化知识产权综合履职,服务新质生产力发展的生动写照。依托该机制,目前江阴市检察院已推动某知名吹风机品牌、某全球润滑油品牌等注册商标权利人提起刑事附带民事诉讼6件,通过庭前调解或诉讼等方式保障被侵权企业获赔610万元,"优先受偿"的司法举措正以"法治红利"的形式惠及更多企业。

党委政府的关注点,就是检察履职的重点。为解决"土地保障不足、发展空间受限"这一难题,江阴市检察院深入调查土地闲置时间和成因,通过制发检察建议,督促收回6宗217亩土地,推动全市清理闲置土地1500余亩,激活了发展"春水"。探索构建"府检联动"工作机制,创新"检察+审计""检察+税务"等监督协作模式,合力挽回国有资产损失5.2亿余元,为法治政府建设加码赋能。

江阴依江而建、依水而兴。江阴市检察院主动融入长江大保护,推动长江船舶污染、非法码头等问题污染源控制、综合防治和系统治理。与多家单位联合共建长江生态湿地司法修复基地,出台生态修复资金使用管理方法,共同守护一江碧水,办理的某公司非法填滩案入选最高检服务保障长江经济带发展典型案例。

"检察工作要与经济发展水平相适应。"党组书记、检察长关开城表示,"江阴连续21年蝉联全国县域经济基本竞争力榜首,以高质量检察履职主动护航高质量经济社会发展,我们责无旁贷。"

心系民生福祉　一心为人民司法

"没想到钱还能追回来!"2024年1月,收到退还的被诈款6080元,70岁的王奶奶十分激动。

2022年2月,患有糖尿病的王奶奶遭遇养老诈骗。2023年7月,该案移送至江阴市检察院审查起诉。经查,以申某等人为首的犯罪团伙,通过夸大患者病情和药品药效,诱骗包括王奶奶在内的全国12万余名老年人高价购买保健品、廉价药品。

办案团队厘清罪名认定和涉案金额等争议,克服涉案人员众多、被害人分散、后台数据庞杂等困难,最终精准认定了380余名犯罪嫌疑人的诈骗事实和2亿余元涉案金额。2023年11月,法院采纳检察机关全部指控,以诈骗罪判处被告人申某有期徒刑14年,并处罚金100万元。

办案不止步于此,江阴市检察院推动公安机关深挖彻查,同步侦查到涉嫌共同诈骗的医药公司人员4名,涉嫌虚假广告罪的6家广告公司人员12人;加强释法说理,深入阐明认罪认罚从宽制度,促成追赃挽损1.1亿余元。同时,江阴市检察院向相关网

◎ 江阴市公安局、检察院协作办案

站制发检察建议，建议严格审查广告真实性，最大限度减少虚假广告、违法广告的发布。

"未成年人检察工作没有止境"。在一起"隔空猥亵"案中，犯罪分子在某社交软件上搭识、诱骗低龄未成年人，涉及15个省市25名被害人。将犯罪分子绳之以法的同时，为彻底斩断网络"魔爪"，江阴市检察院向某知名社交平台制发检察提示函，督促其严格用户注册、完善审核机制，平台高度重视、积极回应，共处理违规账号2万余个，圈定平台风险用户70万个。该案获评最高检典型案例。

这些案件，只是江阴市检察院聚焦守护民生，坚决打击犯罪的一个缩影。近年来，江阴市检察院紧盯群众的"操心事""烦心事""揪心事"，"铁面"解决高层住宅消防安全问题，办出全国检察机关"为民办实事破解老大难"展示案例，让百姓"住得舒心"；"铁心"保障舌尖安全，出色办理市场监管总局督办的生产、销售"网红酵素梅"案，让百姓"吃得放心"；"铁腕"推进生态检察，追索生态修复费用2200万余元，补植复绿120余亩，增殖放流鱼苗10万余尾，让百姓"过得顺心"。

司法是维护社会公平正义的最后一道防线。每一个案件都承载着人民群众对民主、法治、公平、正义的殷切期盼。只有心系民生福祉，用心、用力、用情办好每一起案件，方能赢得民心、守住人心。

勇立改革潮头　聚力为法治担当

走进江阴市检察院，"正心诚意，慎思明辨"八字院训高悬大厅，"崇尚法治，追求卓越"澄检精神赫然入目，庄严神圣的法治文化气息扑面而来。"敢为天下先"是澄检精神的文化核心。

"这本公、检两家业务骨干共同编纂的工具书，涵盖6个常见轻罪刑事案件罪名，每个罪名明确了20—30个证据收集要点。繁简分流后的轻罪案件，只需按图索骥，就能快速理出关键证据。"江阴市检察院澄江检察室副主任张涛介绍说。

江阴市检察院"四大检察"年均办案量约5400件，其中年均办理刑事案件约3500件5000人，办案总量约占无锡市的1/3。案多人少矛盾突出，如何创新机制、实现"高质效办好每一个案件"，成为江阴市检察院的破题方向。

自2021年以来，江阴市检察院在全省首创以"检察室+刑事案件快办中心+侦监协作办公室"一体运行为核心的刑事案件办理新模式。成立简案快办专业化办案团队，建立繁简分流双层甄别等机制，以全院30%的人员办理全市70%的刑事案件，平均办案期限缩短30天，"简易+速裁"程序适用率达87%，办案效率提升44.6%。

江阴市检察院联合公安、法院、司法局成立"一站式"办案中心，下设多个特点鲜明、各有侧重的实践基地，靶向推进矛盾调解、公益服务考察、社区矫正、涉罪未成年人矫治等重点事项。

"一个中心+N个实践基地"新模式，为轻罪案件办理提供阵地保障，实现以功能"布点"带动治理"扩面"，实现轻罪案件"侦、诉、审、执、监"协同快速办理；"检察+综治"模式下的刑事和解与人民调解联动、赔偿保证金提存、名优律师参与矛盾调解等机制，在惩治犯罪的同时，能最大化修复受损的社会关系，促进社会内生稳定……

江阴市检察院将检察之"智"融入社会之"治"，助提江阴群众安全感、法治建设满意度分别达到99.5%、92.5%。工作经验获最高检《检察改革动态》录用并报送中央依法治国办，获评无锡市法治建设创新项目。

因势而变的，并非只在刑检领域。全国首家检察机关"生态环保和食品安全快速检测中心"、全国首家涉罪未成年人教育基地、全省首家技校型观护帮教工作站、全省首个未成年人慈善基金……诸多"首个"是"创新澄检"的诠释，凝聚着全院干警的担当和智慧。

大江之阴，江水滔滔，传承代代文明；忠义之邦，法治如磐，犹存铁骨铮铮。在习近平总书记视察江苏提出"四个走在前""四个新"重要指示引领下,江阴检察将以"实干奋进"的姿态和"勇挑大梁"的自觉,守正创新,奋楫争先,躬身践行高质效办好每一个案件的基本价值追求,纵深推进"检察护企""检护民生"专项行动,为促进检察工作现代化贡献江阴力量!

"全国模范检察院"炼成记

浙江省杭州市余杭区人民检察院

古今历史交融,科技人文荟萃。杭州市余杭区,是实证中华五千年文明史的良渚遗址所在地,也是头部互联网企业集聚的浙江经济第一区。坐落于此的杭州市余杭区检察院,深入践行习近平总书记在浙江工作期间提出的"敢于监督、善于监督、勇于开展自我监督"的殷切期望,高质效履行法律监督职责,为余杭区建设杭州城市重要新中心提供坚强司法保障。

2023年11月24日,余杭区检察院被人社部、最高检授予"全国模范检察院"称号。如何能脱颖而出,摘得全国检察机关最高集体荣誉?让我们一起走进这个"全国模范检察院"……

5年炼出"3件指导性案例+12件典型案例"

2020年4月,"全国首例打码撞库案"入选最高检第十八批指导性案例;

2022年2月,"取快递女子被造谣出轨案"入选最高检第三十四批指导性案例;

2022年3月,"全国首例儿童个人信息权益保护公益诉讼案"入选最高检第三十五批指导性案例。

五年来，余杭区检察院办理了一批在全国具有指导性意义的"首例"、典型案件，3件入选全国性指导案例，12件案例入选最高检典型案例。其中以公诉程序查处网络诽谤第一案——"女子取快递遭诽谤案"，在法律无明确规定、全国无先例可循的情况下，余杭区检察院积极转变司法理念，深入研究案情，依法引导侦查机关取证，首次明确将恶劣的网络暴力界定为"严重危害社会秩序"，有效激活诽谤罪自诉转公诉的沉睡条款。

该案被最高检评为"2020年十大法律监督案例""党的十九大以来网络治理典型案例"，被全国妇联评为"依法维护妇女儿童权益十大案例"，被浙江省委依法治省办评为浙江省法治建设十五周年"十大法治事件"，并连续两年写入全国两会最高检工作报告。

这些闪亮的数字和荣誉背后，是余杭区检察院以"高质效办理互联网检察案件"为目标，一体推进"互联网检察人才培养、网络空间治理、网络犯罪办案标准输出"，奋力打造互联网检察"余杭样板"的不懈努力。

余杭区检察院在全省率先设立互联网检察部，创新打造互联网检察特色品牌，入选全国检察机关基层检察院建设品牌，系全国获评的14家单位之一。

如何培养懂网络技术、精检察业务的互联网检察人才？如何在网络空间实现"办理一案、治理一片"的效果？如何加强办案机制创新？余杭区检察院推出"一揽子解决方案"：制定实施《教育培训工作实施办法》，加强互联网检察人才个性化职业规划，架设人才成长"阶梯"；与区内大型平台企业建立深度合作机制，在企业设立检察联络室，分批派办案骨干到企业实地交流；引进省级互联网犯罪研究基地，承办互联网法律大会·检察论坛、最高检电信网络诈骗追赃挽损与财产处置研讨会等学术会议；联合杭州互联网法院在全国首创互联网检察公益诉讼新型办案模式，携手探索网络空间司法协同治理新路径。

以"数字赋能+综合帮扶"凝聚司法保护合力

14岁的小月（化名）辍学后随父母迁居杭州，因父母忙于生计对其无暇顾及，未能继续学业，在一次与社会人员的聚会后遭性侵。围绕案件暴露的随迁子女辍学失管问题，余杭区检察院通过数据碰撞发现22名随迁子女辍学失管，众多不特定未成年人的受教育权得不到有效保障。2022年11月15日，余杭区检察院对上述线索以行政公益诉讼案件立案，并于同月20日组织公开听证，建议教育部门健全学籍和居住信息比对核查等机制，并对22名辍学人员区分情况作出恢复学籍、制发《劝返入学函》等处理。

为维护随迁子女合法权益，余杭区检察院自主研发"未成年人权益保护"数字场景，深挖监督办案线索，通过公益诉讼诉前磋商督促相关职能部门对5件案件履职整改，以线索移送、立案监督等方式督促公安机关对5起性侵案件立案侦查，其中2人一审判处十年以上有期徒刑；通过制发督促监护令、口头教育等方式先后督促7名"问题家长"依法履行监护

◎ 在小古城村以"樟树下议事"的方式开展听证和评议

职责；对 16 名随迁子女开展司法救助，对 3 名未成年被害人进行心理干预，积极守护未成年人健康成长。同时，余杭区检察院联合公安、教育等部门建立未成年人权益保护协同共管机制，形成控辍保学全链闭环治理工作体系。

为让群众在检察履职中感受到司法温度，余杭区检察院加强重点群体司法保护，建立跨省线索移送、协作办案、异地救助等机制，探索通过第三方资金监管账户按月发放救助金，优化监管方式，保障专款专用。通过"全域检察 e 站"与外省基层检察院、当地社工组织、被害人家属线上签署综合帮扶个案服务协议，为 1 名受侵害未成年人提供为期两年包括紧急生活支持、家庭教育指导、心理疗愈等服务内容的综合帮扶。通过"樟树下议事"对 10 名"事实无人抚养儿童"救助帮扶展开听证和评议，相关工作做法被央视《道德观察》栏目深度报道。余杭区检察院入选全国未成年人检察工作创新实践基地。

用党建"一根针"织密业务、队伍建设"两张网"

2022 年 11 月，余杭区检察院收到"益心为公"志愿者提供的线索，反映沿岸居民向余杭三白潭湿地及港漾中倾倒生活垃圾和建筑垃圾等问题。经查，三白潭等湿地存在未有效防范外来入侵物种，周边农户和企业倾倒垃圾、无序养殖等影响湿地生态的情形。

如何既保障居民生产生活，又做好湿地生态治理？余杭区检察院决定召开听证会，邀请人大代表、政协委员、湿地保护专家、益心为公志愿者等 7 人担任听证员，湿地主管部门、属地街道及村社、湿地产权主体等相关单位负责人参加听证，湿地周边原住民等群众代表列席旁听，最终达成依法、科学保护湿地共识。

为什么举行公开听证？2005 年 1 月，时任浙江省委书记习近平到余杭径山小古城村考察调研，提出了"以加强基层民主法治建设服务好三农"的要求,并嘱托"村里的事情大家商量着办"。余杭区检察院牢记习近平总书记的嘱托,以实际行动贯彻党的二十大报告关于"发展全过程人民民主,保障人民当家作主"的要求,创新打造"三同、三化、三引"党建工作法,以党建引领全过程人民民主检察实践。

为让更广泛的群众代表参与到检察工作,余杭区检察院不断深化检察听证群众工作方法。2023年以来,余杭区检察院邀请人大代表、政协委员参与检察工作180余人次,邀请人民监督员参与监督检察办案活动110余件次,最大限度地尊重民意、汇集民智、守护民心。

2024年5月,在余杭区检察院"一支部一特色"品牌发布及展示活动上,各支部书记登台展示,回答"如何以党建为引领,促进各项工作齐头并进发展"这一课题。坚持党建带队建,将政治与业务深度融合,以高度的政治自觉、法治自觉、检察自觉推进全面从严治检,以检察文化锤炼队伍,培养出一支忠诚、干净、担当的检察铁军。

在全国检察业务专家的"头雁"效应下,余杭区检察院通过打造"梦溪'比'谈"练兵示范点,构建网络、金融、未检专业化办案团队等举措,推动形成"检察成就人才,人才成就检察"的良性循环。五年来,余杭区检察院获评省级以上荣誉52项,其中2个集体分别获评"全国检察机关优秀办案团队""全国巾帼文明岗",18名干警荣获最高检、省、市级检察业务竞赛标兵、能手称号;入

◎ 在小古城村重温入党誓词

选最高检、省、市级检察人才库 41 人次。

"站在'全国模范检察院'新起点上,余杭检察将再鼓干劲、再扬激情、凝心聚力、担当实干,努力打造检察工作现代化的余杭样本。"检察长鲍键说。

厚植"软实力" 构建"硬支撑"

安徽省望江县人民检察院

安徽省望江县，地处安徽西南边陲，被誉为"雷池故里"，"不越雷池一步"的历史典故，以及王祥卧冰、仲源泣墓、孟宗哭竹的"三孝文化"均源于此，是一个历史悠久、文化浓郁的古县城。

雷池不仅是望江县的文化地标，更是望江县检察院每一名干警高质效履职、廉洁从检的精神追求。望江县检察院充分挖掘雷池文化，全力做好"望"字文章，先后获得"全国先进基层检察院""一星级全国青年文明号"、全国检察机关"文明接待室"等荣誉称号。2023年11月24日，望江县检察院获评"全国模范检察院"。

这个位于"雷池故里"的基层检察院仅有30余人，为何能够脱颖而出？"雷池文化"滋养下的检察干警有着怎样的奋斗故事？

落实代表建议　推动千年古塔保护

褒隐寺塔是望江县域内唯一幸存的千年古塔，也是安徽省重点文物保护单位。在2016年的一次修缮中，因方案设计、施工工艺等问题，有关部门未做到"修旧如旧"，对古塔造成了破坏。

"我们在梳理望江县人大代表建议时，了解到有多名人大代表对褒隐寺塔修缮问题提出建议，但长期未能落实，很多网友也吐槽'古塔太

◎ 部分省人大代表和政协委员在褒隐寺塔现场了解检察公益诉讼助力文物修缮保护情况

新'。"望江县检察院副检察长严正介绍。2022年3月，望江县检察院依托人大代表建议与公益诉讼检察建议衔接转化工作机制，将代表建议转化为公益诉讼案件立案调查，并依法向相关职能部门制发检察建议。在发现整改未收到明显效果后，望江县检察院于2023年4月依法提起行政公益诉讼。

"检察公益诉讼是督促之诉、协同之诉。"为了更好地推动受损古塔得到切实保护，望江县检察院全过程督促整改，主动向上级检察院汇报，省、市、县三级检察院一体联动，协调安徽省文物局进行整改方案设计和专项经费支持，合力促进千年古塔恢复原貌、焕发风采。案件的有效办理，不仅得到了代表委员和群众的高度肯定，还推动望江县委增设了文物保护中心。2024年6月，该案入选最高检文物和文化遗产保护检察公益诉讼典型案例。代表建议与检察建议双向衔接转化工作获市人大主要领导批示肯定，并被《人民代表报》专题报道。

紧扣中心大局、紧贴群众期盼，既是落实上级检察院的要求，也是望江县检察院高质效履职办案的"秘诀"。

2022年，望江县检察院在履职中发现，某村部分临水、临崖路段未安装护栏，存在安全隐患，遂依法向相关职能部门及乡镇制发检察建议，督促其及时整改。随后，望江县检察院依托"路长+检察长"工作机制，联合望江县路长办督促各乡镇对农村公路安全隐患问题进行全面调研，并通过多次开展"回头看"跟进监督。

两年多来，望江县检察院持续开展"公益诉讼守护道路安全"专项行动，共发现涉农村道路交通安全问题线索700余条，制发检察建议16件，推动完成698处农村道路安全隐患整改工作，安装农村道路护栏83.298千米，督促修补因农饮工程施工造成的农村公路破损路段105处，为群众出行安全保驾护航。

坚持"三个善于"办理正当防卫案

"检察履职不能止于履行办案程序，而是要把人民群众的急难愁盼放在心上，在办案中努力做到'三个善于'，实现最佳办案效果。"望江县检察院检察长陈琳告诉记者。

2022年7月，在望江县某足浴店从事技师工作的阿某遭到同包厢一名男子的骚扰。阿某在被其从身体后方抱住行动受限的情况下，慌乱中脱下高跟鞋朝后方一砸，碰巧击中该男子的右眼，后经法医鉴定构成重伤二级。

受理案件后，承办检察官准确把握《刑法》第20条精神，对全案证据进行了全面细致的审查，又对部分细节进行了自行补充侦查，认为阿某的行为构成正当防卫。2023年9月，望江县检察院就阿某正当防卫案召开拟不起诉听证会，邀请法律专家、妇联干部、女企业家代表参加。听证员经讨论一致支持检察机关的拟不起诉意见。此后，望江县检察院又通过侦查监督与协作配合办公室与公安机关沟通，公安机关也认同阿某属于正当防卫，依法不负刑事责任，主动撤回该案。

"检察官要在高质效办好每一个案件中践行人民至上，还要走出办公室，深入基层、深入群众解决急难愁盼具体问题。"陈琳介绍，为持续做实人民群众可感受、能体验、得实惠的检察为民，望江县检察院在全县

13个乡镇（街道）全覆盖建立"检察联络室"，在135个村（社区）展播"检察之窗村村看"，有效畅通联系群众、服务基层、宣传法治的"最后一公里"。创新开展"进百村访百企、办为民实事、讲检察故事"活动，由领导班子带队、全员分组下沉，开展法治宣讲240余场次，帮助企业和群众解决实际困难、矛盾纠纷等28件，为基层治理注入法治动力。

"望"字品牌矩阵实现"雁阵齐飞"

"大家好！欢迎参观望江县廉洁文化教育基地……"望江县检察院有24名青年干警兼任廉洁文化教育基地的讲解员，这也是该院锻炼青年干警综合能力的一项重要举措。

2022年以来，望江县检察院积极打造"素能提升工程"，开设"实境课堂"、丰富"理论课堂"、开办"蓄能讲堂"，建立"党组＋党总支＋党支部＋党员＋全体干警"五级联学机制，创新开展微课堂、微故事、微朗读、微分享"四微"活动。以检察干警讲、分管领导评、检察长现场提问、现场互动问答的"头脑风暴"形式，扎实开展"检察蓄能大讲堂"两轮81期，倒逼干警提升综合水平。依托"检察蓄能大讲堂"，建立指导性案例、典型案例业务部门常态化轮流领学、研讨交流机制，引导干警树牢"高质效办好每一个案件""三个善于"等检察新理念。通过一系列举措，练就为大局服务、为人民司法、为法治担当的过硬本领，培养"坐下来能写、站起来能说、走出去能干"的高素质检察人才。

两年来，3个办案集体和团队荣获省级以上表彰，1人被最高检通报表扬，4人获评省级业务标兵、先进个人，4人入选全省检察人才库，全省十佳公诉人、全省维护妇女儿童权益先进个人等一批先进典型和业务骨干脱颖而出；队伍建设经验做法被最高检队伍建设专刊两次推介，并在全省作经验交流；"四聚四合"激发强检兴院"聚合效应"获评全省基层院建设典型经验。

推进检察工作现代化，根本靠党建，关键靠队伍。在党建工作与检察业务深度融合、地方文化为检察工作赋能增色方面，望江县检察院探索出了一条独具特色的实践路径——培育"党建引领·雁阵齐飞""望"字品牌矩阵。

◎ 参观古雷池廉洁文化教育基地

该品牌矩阵以坚持"不越雷池·初心守望"党建品牌为抓手，打造刑事检察"利剑守'望'"、公益诉讼检察"'益'路守'望'"、未成年人检察"翠未来"、控告申诉检察"望平安"4个业务子品牌，以及党建教育基地、廉政教育基地、青少年法治教育基地、"不越雷池"法治教育警示馆、新媒体工作室等党建文化阵地群，推动党建工作带动队伍建设迈上新台阶。

此外，望江县检察院坚持把雷池文化蕴含的忠诚担当、遵规守矩等精神品质注入公正司法全过程，以上率下严格落实"三个规定"，按部门分类分岗梳理廉政风险点和防控措施，常态化开展廉政党课、"沉浸式"警示教育、廉洁文化作品展、旁听职务犯罪案件庭审等活动，开设"清廉云剧院"，推出廉政普法视频，全员签订廉洁承诺书，定期发布节前廉洁提示，让"不越雷池一步 不逾规矩半分"融入检察血脉、化为实际行动。保持了恢复建院46年以来干警无违纪违法记录，连续两届获评清廉机关建设先进单位，用"忠诚干净担当"擦亮检察工作高质量发展的"望检招牌"。

为红色圣地添上一抹检察蓝

福建省上杭县人民检察院

福建上杭，北宋淳化五年从长汀南境析出立上杭县，据说县名出自《诗经·河广》中"谁谓河广？一苇杭（航）之"这一诗句。近年来，上杭县检察院在这座承载着深厚文化底蕴和丰富革命历史的土地上不断焕发新动能，坚持以高质效履职持续擦亮检察品牌，多项工作机制被上级部门推广，获得"全省先进基层检察院"、省级文明单位等30多项省级以上荣誉，2023年11月24日又被人社部、最高检授予"全国模范检察院"称号，在推进闽西革命老区高质量发展示范区建设中有为有位有成效，红色圣地上，这抹"检察蓝"越发浓郁。

赓续红色血脉 凝聚奋进力量

为什么是上杭县检察院？这个"全国模范检察院"又是怎样炼成的？近日，记者走进这片红色沃土，一探究竟，解码"全国模范检察院"炼成记。

"红旗跃过汀江，直下龙岩上杭"——风云际会的1929年暮春，一支红军队伍下井冈、由赣入闽，毛泽东同志挥笔写下了这壮美诗词，工农检察部在这炮火硝烟里诞生了，"检察蓝"的光芒自此闪耀。

如今的福建西部，依然千山万壑。走进历史现场，古田会议和毛泽东才溪乡调查，在中国革命道路探索过程中，是重要环节和组成部分。古田会议精神和才溪乡调查精神，更是中国共产党人精神谱系的宝贵财富，在这片红色沃土上，这"两种精神"之

◎ 在古田会议会址重温入党誓词

光，照亮了杭检人的前行之路，给予了杭检人磅礴的奋进力量。

一直以来，上杭县检察院深受红色文化滋养，赓续红色血脉、传承红色检察基因，不负历史馈赠传承，将党建工作与检察业务深入融合，创品牌、出成效、走长效，答好检察"时代答卷"。

近年来，上杭县检察院把心贴近人民，实施"赓续红·红色基因"的检察传承工程，将红色基因融入检察血脉，涵养新时代检察为民情怀，以高质效办好每一个案件践行人民至上。聚焦检察规范化建设，创建"紫金花·我在杭（行）""星星点灯""检纾民困"等品牌，为推进检察工作现代化提供坚实支撑。

未成年人是祖国的花朵，更是红色血脉的传承者。检护"少年的你"，传递司法温情，尤为重要。对此，上杭县检察院积极开展未成年人特殊关爱、特别保护，组建411人春蕾安全员队伍，建成未成年被害人"一站式"救助中心，打造"未·蓝"检察官工作室，共建绿色清朗的社会环境。

此前，一起刑案酿成家庭悲剧，留下两个无依无靠的未成年人，当地检察机关办案期间依法启动司法救助程序，联合多部门一起帮扶，让孩子

们的学习生活有了保障。

擦亮生态底色　赋能绿色发展

上杭，府志称"礼乐诗书，实多济美"，除了永放光芒的革命圣地，还是璀璨夺目的黄金之都，更是令人叹为观止的绿色宝库，这里森林覆盖率达77.5%，是名副其实的生态福地。

如今，这片绿水青山的杭川大地，处处活跃着上杭检察人的身影，闪耀着"检察蓝"的光芒，是闽西红土地上一道亮丽的风景线。"检察林"的故事，就是一个擦亮生态"底色"的真实写照。

7月，天气酷热，太阳正毒，晒得人汗珠往下直滚，然而位于上杭县紫金山矿区的全国首个"生态修复治理检察示范基地"对面，郁郁葱葱的"检察林"正绿叶轻舞，身处其中像置身一处没有喧嚣的"秘境"，忘却已然身在矿山。

与印象中采矿区尘土飞扬的景象不同，从紫金山金铜矿高处远眺，原来裸露的采矿区早被大片青山绿树包围，成了名副其实的"国家级"矿山公园，只见绿植满山、茶园、果园遍布。

◎ 深化"林长+检察长"协作联动，共建固碳基地，助推生态修复治理

这满目的"绿色活力"，离不开"检察蓝"的殷殷守护。多年来，当地检察机关立足检察职能与紫金山金铜矿等企业，持续开展检企合作，助力矿山生态修复治理，在矿区建成全

国首个"生态修复治理检察示范基地",在规范发展矿业开采模式的同时,恢复植被 4 万多亩,形成矿区"开发一片、恢复一片、成效一片"的"紫金模式",开辟中国矿山生态修复治理的新道路。

为进一步做好绿色文章,上杭县检察院首创"专业化监督 + 恢复性司法 + 社会化治理"三位一体生态检察模式,上升为福建生态检察模式,被最高检写入《"十四五"时期检察工作发展规划》,向全国推广。在全省率先探索"补植复绿"机制,在全市率先与法院、自然资源局建立"生态司法 + 碳汇"工作机制,助力实现"双碳"目标。

同时,上杭县检察院以公益诉讼职能为抓手,探索"诉前圆桌会议"机制,其办理的督促某镇政府依法履行环境监管职责案,入选最高检指导性案例实务指引。

创新履职　绽放检察光芒

近年来,上杭县检察院主动作为、念好"监"字诀,创新履职,以"检察蓝"护航经济社会发展,推动涉麻制毒、电信网络诈骗、非法出入境等区域突出问题得到有效治理,起诉公安部挂牌督办的"4·09""4·11"专案,帮助追赃挽损近亿元。

同时,上杭县检察院坚持高质效办好每一个案件,近五年来办理各类案件 7128 件,办案量居龙岩市第二,培育精品职务犯罪案件等全国优秀案例 3 件、十佳立案监督案件等省级优秀案例 4 件。

此外,上杭县检察院还坚持严管厚爱并重、固本强基并举,取得荣誉 111 项,其中,国家级 6 项,获评最新一届的全省先进院,并连续 8 届蝉联省级文明单位,"工青妇"省级荣誉全覆盖;干警获评省级以上荣誉 15 人次。

这些荣誉的背后,是上杭检察人一步步行程累积的结果,"不积跬步,无以至千里",荣获"全国模范检察院"称号,实属不易。

"千里家书只为墙,让他三尺又何妨",上杭县检察院从优秀传统文化中汲取智慧,创新新时代"六尺巷工作法",成功化解十年积怨,从而践行枫桥经验推进刑事和解,绽放检察光芒。

这起十年积怨案,自 2014 年以来,仅当地派出所出警就多达 48 次。当事人双方是堂兄弟,也是邻居,从父辈起就曾因排水、宅基地等问题,多次发生纠纷,经法院判决后,双方争端仍未彻底解决。

2023 年初,双方再次因此事产生争执,造成其中一方轻伤二级,被上杭县公安局移送起诉。随后,承办检察官聚焦双方争议核心,冒着倾盆大雨爬到屋脊勘察,提出共用相邻排水通道及延伸的屋檐部分缩减至 15 公分的解决方案,最终促成双方当事人和解,成功化解十年积怨。

据介绍,这是上杭县检察院立足刑事办案,推动矛盾纠纷源头化解,切实践行新时代枫桥经验推进刑事和解的一个"缩影"。

近年来,上杭县检察院积极探索、勇于创新、不断实践,将人民监督员工作与检察业务工作深度融合,实现人民监督员工作,从"形式监督"向"有效监督"转变。2022 年至今,共邀请人民监督员监督检察办案活动 142 件次。

一头牵着百姓疾苦,一头系着司法关爱。在一起事故中,傅某交通肇事造成饶某重伤二级、十级伤残,但傅某仅赔偿 0.2 万元,仍有 9.3 万元未赔偿。随后,上杭县检察院迅速启动司法救助程序,为民纾难解困,对接妇联,持续跟踪,市县两级发放司法救助金 7 万元,帮助饶某渡过难关。

鄱阳湖畔的法治"护航者"

江西省鄱阳县人民检察院

2023年11月，鄱阳县检察院被授予"全国模范检察院"称号，如今这份沉甸甸的荣誉放在了鄱阳县检察院最显眼的位置。时节如流、初心不改。鄱阳县延续了千年湖城的丰饶与诗意，离不开鄱阳县检察院的法治护航。

"立检为公、司法为民，是这份荣誉的初心，也是一代代鄱检人始终努力的方向。"鄱阳县检察院党组书记、检察长顾志波说。

◎ 检察干警在鄱阳湖水上巡查

一封纸短情长的感谢信　重复信访积案被实质性化解

"感谢检察院的重视，多次奔走协调，为我挽回22万元损失。"信访人严某将一封感谢信送到鄱阳县检察院，激动地向承办检察官表达感谢之情。

严某是一起信访案件的当事人，也是一起挪用资金犯罪案件中的实际财产损失人。2018年底，时任某村民小组组长程某和严某签订了该村湿地松林采脂权租赁协议，严某按协议支付了70万元意向金，程某将部分资金用于村集体建设，余下资金挪作个人使用，经法院判决调解后，虽对程某作出依法判处，但剩余22万元损失严某一直未能追回。

在多次前往案发地走访调查下，办案组查明未归还的欠款实际用于某村集体建设。"严某的经济损失应当由村委会筹集资金偿还，有追回损失的可能，检察机关要依法履职，做到民有所呼，我有所应。"鄱阳县检察院综合业务部副主任江莹说。

通过公开听证会，办案组促成村委会与严某双方就涉案的湿地松林另行筹措资金达成一致，并当场签署还款协议。会后，办案组持续跟踪进展情况，帮助村委会成功出租林地，最终筹集到22万元资金归还给严某。

据了解，鄱阳县检察院年均办理案件约1800件，办案总量约占上饶市检察机关的1/5。该院坚持完善"办

◎ 检察官深入工业园区调研

案质效一周提调度、疑难案件一案一研讨、数据质量一日一核查、业务数据半月一分析"等工作机制，促进做实"高质效办好每一个案件"，通过打造"服务中心·检助理"品牌，创新检察服务模式、发挥公益诉讼检察职能、加强未成年人司法保护以及构建多元化矛盾纠纷解决机制等"组合拳"，信访化解率达100%，为经济社会高质量发展提供坚强法治保障和精准法律服务，先后入选最高检指导性案例1件、最高检部门及省检察院典型案事例27件。

一条追"薪"之路 打通检察干警与人民群众的"最后一公里"

"25年了！我终于收到了这份迟来的薪水，感谢检察院的重视，你们为老百姓干了实事、好事！"老董紧紧握住检察官的手，激动地说。

老董是一名退伍军人，20世纪70年代从部队退役后被安排到生产队放映电影。生产队当时资金困难，为了方便村民观看电影，老董自掏腰包垫付了8万余元的电影放映费。可生产队却一直没有支付电影放映费，退休后的老董无奈踏上了艰难的追"薪"之路。

垫了20年，催了20年，这事成了老董的心病。

"2023年4月，我们在工作走访时了解到了老董的情况，老董作为一名七旬老人，还是退伍军人，尊重关爱退役军人，依法维护退役军人合法权益是全社会的共同责任。"鄱阳县检察院第四检察部主任朱霞说。

多方查证后，鄱阳县检察院就老董的诉求向法院支持起诉。同时为了更好更快化解纠纷，还积极协调镇政府等多家单位，组织双方和解。25年后，老董终于收到了这份时隔多年的薪水，解开了浓浓心结，该案也入选了最高检部门典型案件。

老董是众多感受法律"温暖"的群体之一。近年来，聚焦劳动者、未成年人、老年人等重点人群的权益保护，鄱阳县检察院加强与法院、劳动监察部门的沟通协作，构建支持起诉申请绿色通道，搭建多元化争议化解平台，办理民事支持起诉案件 27 件，帮助追回劳动报酬、抚养费、人身损害赔偿 200 万余元。

"这些成绩的取得得益于我们创建的'同心共情'工作法。"顾志波检察长说。鄱阳县检察院坚持强化政治建设，通过引导全院"与党同心、与民同心、与法同心"，强化"对'两个确立'的政治认同、思想认同、情感认同"，以"最强的引领"提振鄱检队伍精气神。

一片"隐秘的角落"　数字检察让 87 件虚假诉讼案无处遁形

一起房屋买卖合同纠纷案，在浩如烟海的民事案件数据中是很不起眼的。但如果同样性质的纠纷，5 个月内发生了 87 次，并且案涉房屋均位于外省某市，全部以诉前调解结案。这个高频数据的合理性也许就要打上问号了。

2021 年，鄱阳县检察院收到江西省检察院转来的异地管辖异常的线索，经分析可能存在有人通过虚假诉讼的方式达到转移房屋产权的情况。"如果从个案入手，也许始终无法让躲在'隐秘角落'的虚假诉讼现身。但通过数据碰撞，这个问题有了新的解决思路，更易发现类案问题。"检察长顾志波介绍。

房屋买卖合同纠纷虚假诉讼监督模型由此而生，鄱阳县检察院通过提取中国裁判文书网近三年来涉及房屋买卖纠纷的 5000 多份执行裁定书，运用大数据碰撞分析，发现线索 400 余条，成案 90 余件。其中通过数据分析发现，通过法院确权、强制执行方式转移房屋产权的虚假诉讼线索 87 件，涉案金额 1.6 亿元，已提起抗诉 70 件，全部改判。移送虚假诉讼刑事案件线索 1 件，5 人被判刑，对区域内虚假诉讼形成有力震慑。

2021 年以来，鄱阳县检察院将数字检察工作列为"一把手"工程，聚焦虚假诉讼监督、交通运输从业人员管理、驾驶证吊销等重点领域、关键环节,将大数据运用充分融入检察履职全过程,办理民事生效裁判监督案件 87 件、制发社会治理检察建议 3 份、行政违法行为监督检察建议 1 份,促进建立健全相关制度机制。

一支坚强的检察队伍　能吃苦、能战斗、可以干、干得好

2020 年的端午假期,一场火热的案件"争夺战"拉开序幕。

当时,上饶市检察院交办了一起 20 多人的涉黑案件,近百本案卷,30 余起涉案事实,涉嫌 10 多个罪名,要在假期内完成审查逮捕工作。时间紧、任务重,摆在鄱阳县检察院面前的是一道棘手难题。

"当时院党组第一时间组织成立了办案专班。作为刑检口的干警,我责无旁贷,一定要啃下这'硬骨头'。"鄱阳县检察官第二检察部主任张海明说。

面对复杂的案情,家庭的困难,办案组的同志始终凝心聚力,攻坚克难,圆满完成了任务。涉案的黑社会组织头目占某某最终被判处死缓。

"一直以来,鄱阳县检察院树立有为才有位的'风向标',按照'人皆是才'的眼光挑选人才,'三个善于'的方向培养人才,'在案件中淬炼人才、在学习中磨砺人才、在履职中锻造人才'

◎ 开展打击伪劣卷烟普法宣传

的目标打造人才,构建了担当有为'上位'、职场赛马'进位'、比学赶超'争位'的良好格局。"检察长顾志波说。

多年来,鄱阳县检察院涌现出了"全国检察机关业务标兵""全省侦查监督业务标兵""全省公诉业务能手""全省扫黑除恶先进个人"等一批优秀检察人员,荣获"全国检察宣传先进单位""平安江西建设先进集体""市文明单位""市法治教育宣传先进单位"等荣誉。十多年来,无一人违法违纪。

荣誉与责任同行,追风赶月莫停留,平芜尽处是春山。顾志波检察长表示:"鄱阳县检察院将继续趁势而上,奋力拼搏,精准监督,在同心共情中奏出新时代江西检察最强音。"

英雄山下"拼"出"品质检察"

山东省济南市市中区人民检察院

泉城济南，因泉闻名。市中区作为济南的中心城区，名仕辈出，历史厚重。这里的四里山，安葬着济南战役中牺牲的烈士。毛泽东主席来此悼念烈士时感慨，"青山处处埋忠骨，有这么多的英烈长眠在这里，四里山就成了英雄山"。

英雄山不仅是市中区的文化地标，更是市中区检察院每一名干警拼搏奋进的精神源泉。围绕区委"活力品质强区"中心工作，市中检察人以"争一流、走前列、做示范"为目标，接续奋进，打造"品质检察"。2023年，被人社部、最高检授予"全国模范检察院"荣誉称号。2024年，1件案件入选最高检指导性案例。

这个浸润着英雄山红色文化的基层院，为何能持续"走在前"？新时代又如何开启检察工作现代化新引擎、驶入发展快车道？让我们一起走进市中区检察院，倾听成绩背后奋进和拼搏的故事。

人才拉动 "破题"起航

济南市市中区某村长期存在非法采矿现象，周边群众多次反映，但犯罪分子作案隐蔽，和执法人员打起"游击战"。

"我们在办理左某某等人非法采矿刑事案件时，发现这一行为严重破坏生态环境。"市中区检察院党组副书记、副检察长李予会说，检察官对多名被告非法采矿行为提起刑事附带民事公益诉讼。最终，左某某被判刑，并赔偿生态环境修复费用。在检察官的督促下，裸露破损的山体得以修复治理，重新变得绿意盎然。该案成功入选最高检典型案例。

聚焦重点领域，在服务保障活力品质强区建设中展现检察担当，背后离不开高质量人才队伍的支撑。

"以先进为标杆持续学习，勇于挑战提升，自己也能成为'标杆'。""95后"干警王宇从检不到3年，就在全省业务竞赛中获得了第二名的佳绩，她这样说道。

◎ 院党组重温入党誓词

新生力量快速成长，系统内优秀人才不断涌现，得益于市中区检察院科学的育人机制：构建"党建红·鱼水情"大党建格局，参观济南战役纪念馆、参加英雄山烈士公祭，以革命先烈的拼搏精神引导提升奋进的动力；发挥标杆作用，带头传帮带教强能力，开展"青苗蝶变"活动，制订"青蓝精进计划"，班子成员与年轻干警结对，指导办案、评议案卷、备战竞赛。

"以教育培训向内夯基础，把'优选优＋全覆盖'业务培训融入日常、抓在经常，先后推出'争做检察实干家''品质检察·发展有我'等培育计划，选派干警参与重要专班、重大专案进行历练，接连涌现出全国公诉标兵、全国优秀公诉人、全国民事检察理论研究人才、省级标兵能手等优秀人才。"李予会说,理论研究拓展思维也很重要,他们与高校共建教学实践基地,聘请教授担任"一对一"培养导师,多次参与最高检、中国法学会等省级以上课题研究,有效提高了干警素质能力。

人才兴、事业兴。有了人才支撑,检察工作面对新形势、新要求时,方能破题起势、乘势而上,实现差异化发展。

"我们在办理一件恶势力团伙'碰瓷'敲诈勒索案中,将保险公司理赔信息、交警部门的出警信息等碰撞筛选,最终认定犯罪事实从公安机关移送的80起增加到了320起。"该案承办检察官尹亚萍说,将大数据与法律监督融合,从中发现高发多发案件类型和监督线索,精准制发检察建议,实现源头治理,以数据破解社会治理"难题"。

创新驱动 "品质"护航

"谢谢检察官阿姨,给了我一次重新开始的机会,我一定好好珍惜。"女孩程程(化名)在日记中写下了自己的感触。

这背后有一个暖心的故事,有一群有爱的检察官,有一系列创新机制的支持。

程程,16岁时因一时贪念将公司营业款占为己有。案发后,她认罪悔过,赔偿经济损失,北京市东城区检察院对其不批准逮捕,并委托市中区检察院对其帮教。

市中区检察院制订了详细的帮教计划,成立帮教小组,安排她参加公益劳动、志愿服务,并由专业心理辅导人员为其进行心理疏导,为她准备法律书籍,带其参观法治教育基地,增强法治意识;联系北京东城区的心理疏导人员对程程的母亲进行亲职教育,共同改善家庭关系……在得知程程想学美容美发后,检察官积极联系山东省美容美发协会,免费为其提供学习的机会。通过近一年的帮教,程程开始了全新的生活。

这是市中区检察院在未成年人检察工作中的一次新探索。立足司法办案实际,以全面维护未成年人合法权益为主线,该院着力打造"润蕊"未检品牌。

对罪错未成年人,市中区检察院建立"三看三延伸"未成年人犯罪记录封存机制,帮助他们顺利回归社会。未成人小朱因与人发生口角,冲动失手伤人,成了犯罪嫌疑人。后来找工作时,单位要求提供无犯罪记录证明,但派出所以小朱涉罪为由拒绝出具。未检干警同小朱户籍所在地检察机关联系,并移交相关线索请其开展协助办理。最终及时向小朱出具了无犯罪记录证明,如今小朱已正常工作。

◎ 开展青少年法治教育

未成年人向阳生长离不开法治护航。强化未成年人综合司法保护,市中区检察院联合政法部门建立"未成年人法律援助工作机制",设立未成年人法律援助律师库。市中区检察院推出"润蕊·双师课堂",打造"检察官+"法治宣讲新模式,通过检察官和其他专业领域工作人员共同授课、双管齐下,全面开展普法工作,覆盖10万余人。同时联合教育部门建立青少年法治教育基地,3万余名未成年人到基地接受沉浸式、体验式法治教育。"润蕊"未检工作获得"全省未成年人观护帮教示范基地"等荣誉23项。

着眼"品质化",克服"同质化",市中区检察院紧贴辖区业务特色、综合优势和资源禀赋，形成了"润心"矛盾化解、"点见真章"案件管理、"1234"党建等经验做法，以特色检察品牌有效激发干警"闯"的精神和"创"的劲头。

案例撬动 "孵化"精品

"我电脑中存着这个案例一年多来修改的版本，有 20 余稿。回看第一稿，自己都感觉稚嫩，同时也为自己在这个过程中的提升感到欣慰。"在济南市检察机关指导性案例培育分享会上，检察官郝燕道出了其中的不易与收获。

2024 年，最高检发布第五十一批指导性案例，市中区检察院办理的"支某兰诉山东省某市自然资源和规划局宅基地使用权登记诉讼监督案"入选，系济南检察机关首个入选案例，也是该批山东唯一入选案例。

指导性案例是从全国检察机关办理的相关案件中精选出的"样本"，具有鲜明的实践针对性和政策引导性，为解决同类案件疑难问题提供重要"参照"。

一个基层院的案例，为全国同行做"参照"，谈何容易。

"案件本身并不复杂，能成为指导性案例，在于我们在办案过程中注意关注社会热点和最高检各业务条线的工作要点，增强了案例培树敏感度。同时强化精准监督，找准抗点，提升了办案质效。"郝燕说。

"指导性案例涉及案件的方方面面，只有合力攻坚，精益求精才能做好案例培育。区院党组将案例培育作为一项基础性、全局性、常态性工作抓紧抓实，健全案例的选题、培育、跟踪、转化机制。"市中区检察院党组成员、副检察长王波说。

对市中区检察院来说，更高的目标在于以"个案经验"引领，带动"整体提升"。

市中区检察院将精品案例培育纳入业绩考评体系，作为评优、晋升的重要参考依据。每年组织"精品案例""优秀法律文书"评选活动,激发工作能动性。举办"辩理说案"活动,案件承办人从"主办"到"主讲",用"活教材"展示案例培育全过程。借此,市中区检察院打造了案例培育的"孵化器",先后有23件案件入选全国、省、市典型案例。一以贯之,狠抓案例培育充分带动了队伍、业务的全面提升、跨越发展。近年来,市中区检察院获得"全国文明接待室""全国节约型机关""泉城最美检察官"等市级以上个人、集体荣誉71次。

荣誉既是信任、是动力,更是鼓舞、是鞭策。党组书记、检察长赵性雨表示:"今后,我们将以'全国模范检察院'为新的起点,奋勇争先,在奋进新征程中走在前、做表率,为推动检察工作现代化作出新的更大贡献!"

务实干　出实招　求实效

山东省青岛市即墨区人民检察院

"一个小院,创出一张'全国模范检察院'招牌,'即检'不简单。"2024年6月,解放军和武警部队部分全国人大代表视察山东检察工作时,来到了青岛市即墨区检察院,视察结束后,一位代表感叹道。

这个位于黄海之滨的基层检察院为何能从全国3100多个基层院中脱颖而出？2024年6月,即墨区检察院检察长丁仲君在国家检察官学院进行专题授课时给出了答案,那就是紧紧围绕"实"字做文章,立足"干实"下功夫,在"培育一批典型案例、争取一些工作试点、总结一点成功经验、打造一些品牌亮点"上实现高原上起高峰。

成功办理全国"环评报告造假"入刑第一案

实,重在实干。

2023年5月,即墨区检察院办理的全国"环评报告造假"入刑第一案入选最高检典型案例,这起案件还是最高检、公安部、生态环境部联合挂牌督办案件。

2020年9月至2021年2月,林某某等人成立空壳公司对外出售环评报告资质页,环评师靳某某收取挂靠费后挂靠在公司。实际上,靳某某根本没有参与过资质页的编写,公司在资质页上伪造靳某某签名,并以

◎ 检察官出庭支持公诉全国"环评报告造假"入刑第一案

每套300元至3500元不等的价格出售,这些资质页通过中介转手,被用于近千份环评影响报告书(表)。最终,案涉4名被告人全部得到严惩。

"林某某等人只是提供了编写环境影响报告表(书)所需要的部分材料,没有参与报告的编写,难以认定为犯罪。"

针对这一争议,专案组一致认为,林某某"明知不可为而为之",编造的环评报告资质页非常多,环评项目涉及全国二十余省份百余个行业领域,造成的经济损失也很大,对环评制度的公信力造成严重冲击,社会影响恶劣,应该认定为犯罪。

办案时,即墨区检察院依法开展诉讼监督,追诉环评造假链条中介人员。"有2家建设单位的资质页是通过中介谷某某购买的,谷某某售卖环评文件的行为给建设单位造成的经济损失达到50万元以上。"据此,检察官以谷某某涉嫌提供虚假证明文件罪建议公安机关补充移送。

"经济损失应该如何认定"也是案件的一个难点,即墨区检察院针对上述单位与环评中介及林某某等人是否有共谋、停产和停业期间的直接经济损失等问题引导公安机关补充侦查,最终认定犯罪造成直接经济损失100万余元。

案件办结后,相关部门召开新闻发布会通报案件情况,在全国范围内开展环评师挂证、环评机构虚设、环评资质买卖等"环评乱象"专项整治和警示教育工作，切实筑牢了生态保护"第一关"。

环评文件是环评制度的"生命线"，是守护绿水青山、捍卫公众生命健康的重要关口。即墨区检察院聚焦生态环境和自然资源保护重点领域，将"高质效办好每一个案件"贯穿"检护民生"全环节、全过程，依法全链条打击环评造假犯罪行为，用实干担当守护生态环境，赋能经济社会高质量发展。

小案办出大名堂

实，重推实招。

自2022年开始，即墨区检察院便开始创新打造轻罪案件"一站式"诉讼模式，重点解决轻罪案件诉讼效率不高、矛盾化解不到位等问题，经验做法被最高检转发推广。

2024年6月，检察官矫晓庆利用3天时间办结了一起交通肇事案件。刘某驾车时，为躲避对向来车，不慎将邵某撞倒在地，年过七旬的邵某不幸离世。经过人民调解员四次"线上+线下"调解，针锋相对的双方当事人达成和解，被害者家属及时拿到赔偿，肇事者在取得谅解后获得从宽处理的机会。

案件办结后，当事双方就像商量好了一样，在同一天送来锦旗表示感谢，"一起案子两面锦旗"，"小案子"

◎ 即墨区检察院依托侦查监督与协作配合办公室开展工作交流

办出了"大效果"。

"针对轻罪案件，如果单纯就案办案，检察官都能轻松'拿捏'，但把案件办得双方都满意，就得费点心思。"于仲君检察长说。

2022年，即墨区检察院突出"快"的要求，建设运行"一站式"办案中心、优化轻罪案件快速流转机制、推动简案文书删减并合；把握"顺"的标准，优化检警协作配合、统一简案证据标准、创新质量管理体系；坚持"和"的方向，把矛盾化解、轻案监督、律师参与贯穿始终，让群众可感受、能感受、感受到办案效果。

"轻罪案件专办、快办、精办，既让当事人体验到诉讼的便捷，减轻诉累，又让公平正义的结果以更好更快的方式实现。"中国人民大学法学院教授陈卫东对即墨区检察院的这项工作给予充分肯定。

2024年6月，在办理一起涉外盗窃案件时，被害人远在国外，无法返回即墨，于是检察官将"互联网+"思维融入轻罪案件办理，人民调解员在专业翻译人员的协助下促成双方和解，减少了当事人诉累，提高了矛盾化解效率。

在推动党建与业务融合下功夫

实，追求实效。

即墨区检察院紧紧围绕"案"和"人"两大关键要素，打造"党徽闪耀·检徽同映"党建品牌，通过党建与业务融合破解基层检察工作现代化进程中的难题，实现"管案"与"管人"质效双提升。

"党建与业务两张皮，主要原因在于缺乏'融'的意识。"即墨区检察院政治部主任孙振强说道，"我院以知识产权检察工作为试点突破，打破业务壁垒，在全院范围内抽调党员骨干，成立了专门的知识产权检察办公室及党小组，充分发挥党建与业务融合的作用，既抓强了党建，又抓精了业务"。

党小组的检察官用五年时间圆满办结某上市企业商业秘密被侵犯案件，实现了从商业秘密出卖人到购买人再到幕后指挥，最后到单位犯罪的"全链条"打击。2024年4月，这起案件

◎ 检察官深入企业，协助堵塞管理漏洞

被写入最高检《知识产权检察工作白皮书》，入选最高检典型案例。

办案时，企业担心商业秘密再次泄露，不愿配合提供相关涉密技术材料，为了打消企业顾虑，办案团队积极寻求最优办案策略，首创"证据保密箱"制度，涉案技术材料存放在检察机关专门场所的保险箱中，钥匙由企业保管，技术材料不入卷、不归档、不移送、不对外查阅，既保障了诉讼顺利进行，又避免出现泄露风险。

"'检察护企'是我们的政治责任，将党员的服务意识和宗旨意识贯穿知产履职全过程，让办案过程成为'企业有所需，检察有所为'的精准服务过程。"2024年5月，第二检察部党支部开展"办案一线主题党日"活动时，党员们在交流互动中感受党建与业务融合带来的办案效果的改变。

为打造法治化营商环境，院党组成立标准化专班，创建的"四分式"服务民营经济检察工作模式，被国家标准委确定为国家级试点项目并顺利通过验收。标准化工作模式中的"一案一走访、一案一建议、一案一普法、一案一回访"也成为贯彻落实"检察护企"专项行动的重要举措。

"我们实施'一支部一品牌'工程，党建品牌可以成为业务履职方向。"2023年7月，于仲君检察长在全省检察机关党建与业务融合推进会

上作典型发言时介绍道。

如第四检察部党支部,聚焦乡村振兴等重大决策部署,精心打造"益心守护"品牌,依法办理 40 余亩耕地被破坏刑事附带民事公益诉讼案件,跟进督促完成土地修复,市、区两级检察院联手建立全市首个"耕地司法保护修复示范基地",彰显"检护民生"、服务大局的检察担当,全国人大代表印萍对模范检察院的这一"模范事"点赞肯定。

潮起扬帆正当时

河南省西华县人民检察院

2023年11月24日，人社部、最高检决定授予全国38个基层检察院"全国模范检察院"称号，河南省有两个基层检察院获此殊荣，西华县检察院是其中之一。作为基层检察院，西华县检察院何以能从全国3100多个检察院中脱颖而出，摘取此份殊荣？让我们一起来解开其中的奥秘……

服务大局强担当

2023年3月21日，一起非法填埋危险废物案在西华县法院开庭审理，被告朱某等人在未取得相关执照手续的情况下，多次往同一处填埋铝灰1800余吨，严重污染周边环境。

◎ 2023年9月26日，西华县检察院举办以"生态环境公益诉讼检察助力美丽中国建设"为主题的检察开放日活动

西华县检察院在得知该案线索后，立即与当地政府和环保部门联系，督促对被污染土壤先期代处置，同时对朱某等人提起诉讼，最终3名被告人被判决连带赔偿生态环境污染处置修复等各项费用共计493万元，并在当地市级以上媒体向全社会公开赔礼道歉，污染源周边土壤和地下水也得到了及时修复，还给了当地群众一片碧水蓝天。

绿水青山就是金山银山。西华县检察院把服务大局作为重要职责使命，立足检察职能，在服务大局中彰显责任担当。围绕巩固拓展脱贫攻坚成果，西华县检察院调研制定《村干部及主要关系人申报扶贫资金核查办法》在全县推行，核减不符合条件的低保户2000余户，节约低保资金300万余元，有效服务保障了巩固拓展脱贫攻坚成果与乡村振兴有效衔接战略在基层落地见效，相关工作经验被最高检和省院转发。围绕优化法治化营商环境，扎实开展"检察护企"专项行动，建立涉企案件快速办理机制，与公安、法院、市场监督管理局和企业多方协作，在"万人助万企"活动中，走访联系分包企业200余次，为企业解难题49件次，为服务县域经济高质量发展交出了一份优异答卷。

司法为民赢公信

"小燕（化名）的学籍今天已经全部办妥，孩子也比以前开朗多了……"2023年5月的一天，西华县检察院检察长马灵钧接到一个来自四川的长途电话。听对方说完，马灵钧长舒一口气，心里的大石头也落了地。

2022年初，在一次普法宣传活动中得知，某小学三年级学生小燕长期情绪低落。

经检察官走访了解，小燕父母早年离异，小燕由母亲抚养，其母亲患有精神疾病，父亲何某不知去向。与其共同生活的外祖父年事已高，无经济来源，还要照顾女儿和外孙女，生活异常艰难。在检察官的建议下，小燕的外祖父来到西华县检察院申请支持起诉，帮助小燕向其父亲追索抚养费。

2022年4月，西华县检察院决定支持小燕起诉。在调查取证中，为解决小燕一家的生活问题，西华县检察院启动困境儿童司法救助程序，为小燕一家申请到司法救助金，同时积极与有关部门沟通协商，帮助小燕申办了事实无人抚养儿童补贴，还为小燕母亲落实了"五保"政策，极大缓解了一家人的生活窘境。

2022年12月20日，得知女儿情况的何某向法院申请变更监护权，经西华县检察院支持起诉，法院判决小燕的监护权为何某所有。一年后，在检察机关的帮助下，小燕的户籍和学籍也陆续从河南转移到父亲何某所在的四川，她的学习和生活终于回到了正轨。

◎ 2023年9月7日，检察官在送法进校园活动中与孩子们亲切互动

民之所望，行之所向。西华县检察院牢固树立民生是最大政绩的理念，始终以"如我在诉"的赤子情怀办好群众身边的小案，以"四大检察"一体履职、综合履职、维护群众合法权益。据介绍。近年来，西华县检察院聚焦群众急难愁盼，严厉打击食品安全和金融领域犯罪，倾力守护百姓"舌尖上"和"钱袋子"的安全；聚焦弱势群体保护，5年来起诉恶意欠薪犯罪13人，为200多名农民工讨回血汗钱300多万元；办理妇女、困境儿童、残疾人司法救助43件43人，共计42.5万元。西华县检

察院还延伸法律监督服务触角，在乡镇社区基层开展"三联三化"网格化服务管理体系工作，助力基层社会治理效能提升。

担当实干提质效

"我自愿认罪认罚，并真诚向社会公众道歉……"2023年10月，经西华县检察院公诉，一起销售伪劣产品案的4名被告人当庭表示认罪认罚，受到了相应的处罚。

2023年初，公安机关侦破一起销售假酒案，将该案移送西华县检察院审查起诉，但4名犯罪嫌疑人均不认罪。经讯问，4人不认罪的主要原因是不认可侦查机关认定的犯罪金额。仔细审查证据后，承办检察官发现，侦查机关认定的犯罪金额可能确有出入，遂决定启动自行补充侦查程序。

由于4人犯罪地点分散、犯罪周期长，且采用多种支付手段，为补充侦查工作带来不小的困难。对此，西华县检察院组建办案团队，在短短两周内，调取20余户购酒商户的证言、辨认笔录和购销凭证，从上千条聊天、转账记录中甄选出400余条有关的交易信息，最终将侦查机关认定的4名犯罪嫌疑人销售金额均为30万余元，变更为各自参与销售金额从10万余元至20万余元不等，准确认定了4人各自的违法所得。面对铁一般的事实证据，4名犯罪嫌疑人心服口服，签署了认罪认罚具结书。

千虚不搏一实，事实胜于雄辩。"高质效办好每一个案件"是检察机关的基本价值追求。近年来，西华县检察院以高标准提升办案质效，办理了一批有影响的大案要案，努力让人民群众在每一个司法案件中感受到公平正义。西华县检察院办理的闫某某涉嫌滥用职权案，当事人当庭认罪悔罪，不上诉；办理的县供电公司不服行政处罚非诉执行案，使四年之久的行政争议得以实质性化解，保障了6万多居民用电，为国家避免了上亿元经济损失；办理的原大用集团耕地闲置案，让186亩闲置土地得到复耕，为农民讨回土地租赁费23万元，解决了30多名群众长期上访问题，有效化解了多年悬而未解的民企矛盾，守护了耕地红线……

锻造铁军树形象

政治建设是检察队伍建设的根和魂。据党组成员、政治部主任屈琳琳介绍，近年来，西华县检察院坚持政治强检不动摇，以"三会一课"、"主题党日"、参观警示教育基地、学习英模事迹、重温入党誓词、重走红色路等形式，切实强化干警的政治担当，检察队伍建设取得明显成效。

扫黑除恶专项斗争打响时，时任刑事犯罪检察部门负责人的朱金超作为西华县检察院扫黑除恶专项斗争办公室主任，在接手西华县首例恶势力集团犯罪案件时，他收到了多封匿名恐吓信，有的"提醒"他，"别把事做得太绝了，互相留条路"，有的则直接列出他的家庭住址、家人的联系方式、孩子的就读学校等信息，企图以此相要挟。

面对威胁，朱金超没有退缩，他告诉办案组成员："我办了几十年案件，心里最清楚，应对威胁的最好方式，就是把案件办扎实，让犯罪分子受到应有的惩罚。"朱金超带领办案组提前介入引导侦查方向、加班加点梳理证据、仔细制作出庭预案，最终，20名犯罪嫌疑人被依法判处2年至10年不等的有期徒刑。

2021年9月1日上午，在主持讨论4起案件后，朱金超因劳累过度倒在工作岗位上，永远离开了他为之奋斗了32年的检察事业，用一腔热血和宝贵生命践行了对党和人民的无限忠诚。2022年1月，朱金超被中央政法委表彰为"双百政法英模"。

榜样的力量是无穷的。在朱金超精神的鼓舞下，西华县检察院在队伍建设上屡创佳绩：被中华全国妇联表彰为"全国维护妇女儿童权益先进集体"；第五检察部被授予"周口市三八红旗集体"；干警高敏华被最高检表彰为"为民办实事"实践活动优秀个人；干警张哲被授予"周口市五一劳动奖章";干警王利娜、李琳被表彰为"周口市优秀青年检察干警"……

砥砺奋进,春华秋实。近年来,西华县检察院全体干警求真务实,担当实干,谱写出一卷卷"为人民司法,让人民满意"的时代篇章。西华县检察院先后被河南省委表彰为"人民满意的政法单位",被最高检评为首批"全国检察文化建设示范院",三次被最高检表彰为"全国先进基层检察院"。

蓝图绘就千般景,潮起扬帆正当时。西华县检察院将以荣获全国模范检察院为新的起点,求真务实,担当实干,高质效办好每一个案件,为服务经济社会高质量发展贡献更多更优检察力量。

检察赋能绘画卷　"三国古城"焕新颜

河南省新野县人民检察院

新野县是三国历史文化名城，三国诸葛亮曾"火烧新野"，《西游记》作者吴承恩曾为新野知县。5年来，新野县检察院立足县域优势，坚持以人民为中心，不断践行新时代"枫桥经验"，高质效办好每一起案件，用心用情守护群众幸福感、获得感、安全感，助力"三国古城"焕发新颜。

新野县检察院先后有135人次集体和个人受到上级记功和表彰，相继被评为"全国先进基层检察院""全国检察机关文明接待室""全国检察宣传先进单位"，连年保持"省级文明单位"，多次被评为"全省综合考评先进基层院"。2023年11月24日，新野县检察院被授予"全国模范检察院"称号。

心系国之大者　精心描绘县域"富民画"

近日，检察长刘艳和同事们又一次来到新野旭润光电科技有限公司、新野康园纺织有限公司、河南神州神药业有限公司等三家企业走访调研，走进企业车间，了解生产经营情况，面对面了解企业诉求，问需问计，为企业送上法律服务……

让人民生活幸福是"国之大者"。新野县拥有鼎泰高科、明迪玩具、科尔沁牛业等一批龙头企业，棉纺织产业规模位居河南省首位，是全省重

◎ 落实最高检"七号检察建议",共护寄递安全

点培育的纺织服装产业集群,被国家工信部确定为产业集群区域品牌建设试点。

服务企业就是服务经济社会发展大局。新野县检察院心系"国之大者",围绕服务和保障企业健康发展,立足检察职能,推动建设法治化营商环境,描绘"富民画卷"。新野县检察院坚持"小切口、大变化"工作理念,聚焦经济发展等县委重点任务,围绕服企强县富民,出台《服务保障县域经济社会高质量发展十二条措施》,办理了一批损害企业利益的案件。新野县检察院还创新建立了"四专一促"护企模式:打造涉企普法专门阵地、开辟涉企服务专属通道、实行涉企案件专业办理、强化涉企问题专题研讨、促进涉企案件源头治理,持续推动法治化营商环境优化升级。

同时,新野县检察院建立了非公企业法治教育基地,对企业管理者、从业人员开展经常性、全方位的法治教育。5年来共提供法律培训260余次,被评为"全省优秀法治教育基地"。

维护公平正义　尽心描绘担当"履职画"

2022年11月,新野县市场监管局接群众举报,刘某、何某夫妇在家中售卖假药。执法人员当场查获100余瓶风湿骨痛宁胶囊。新野县检察院检察官在"两法衔接"平台上发现该线索,认为可能涉嫌刑事犯罪,遂督促新野县市场监管局将线索移送新野县公安局立案侦查,最终挖出赵某等

14人生产销售620余箱假药、案值百万元大案，追捕2人，起诉后主犯赵某、吴某分别被判处有期徒刑10年、5年。针对该案中假药流入市场问题，新野县检察院及时建议有关部门开展专项执法检查，有力保障群众生命健康安全。

公平正义是司法的生命和灵魂。新野县检察院始终把"高质效办好每一个案件"作为新时代新征程履职办案的基本价值追求，不断在理论上深化、在实践中探索、在机制上完善，更优答好"为大局服务、为人民司法、为法治担当"的检察答卷。

新野县检察院聚焦解决人民群众急难愁盼问题，深入推进"断卡""净网"专项行动，严厉打击电信网络诈骗、帮助信息网络犯罪，助推网络空间安全清朗。持续开展食品药品安全专项监督，守护群众"药瓶子""舌尖上"的安全。积极推动"黑加油站"、瓶装液化气等专项治理，切实保护人民群众生命财产安全。

保障粮食安全　倾心描绘乡村"农耕画"

"从航拍画面上看，之前耕地上的违法建筑已全部被拆除，耕种条件已经恢复。"2023年9月13日，新野县检察院检察官在对之前办理的一起耕地保护公益诉讼案件进行"回头看"时，使用无人机航拍对土地现状进行调查，跟进监督整改情况。

2023年1月，新野县检察院在履行公益监督职责中发现，管辖区域内存在非法占用耕地现象，特别是位于某乡保护耕地上违法建筑、违建养殖厂房环境被污染等问题尤其突出。

立案调查后，检察官利用无人机对现场进行航拍取证、固定证据。根据调查情况，2023年3月，新野县检察院向相关职能部门发出检察建议，建议其尽快对新野县区域内违法占用耕地的建筑或养殖厂进行依法管理，并加强与村委基层组织的沟通联系，及时发现并清除占用耕地现象。同年

5月，相关职能部门回复依法拆除了违建物并恢复了耕地的种植价值。

强国必先强农，农强方能国强。新野县检察院立足新野耕地大县实际，紧盯粮食安全，部署开展了违规占用耕地专项治理行动，坚决遏制耕地"非农化"、防止"非粮化"。

新野县检察院积极与自然资源部门沟通联系，通过现场勘查，借助卫星遥感图像，查清违法违规占用耕地的基本情况。针对整治难点堵点问题，共同研判，合力谋划整改方案，形成"行政＋检察"合力，提高整改效力。

如今，行走在新野的田间地头，一幅沃野千里、欣欣向荣的美好画卷便在眼前铺展开来。

传承红色基因　潜心描绘爱国"主题画"

新野县历史悠久，境内红色文化极为丰富。新野县检察院组织开展"守护红色基因"检察公益诉讼专项活动，采取全覆盖走访调查"初诊"、邀请各界人士"会诊"、促成当地政府"确诊"等方式，挖掘并保护了一大批红色资源。

1916年出生于新野县的杨克明，参加过抗日战争、解放战争、抗美援朝战争，后任吉林省通化军分区司令员，1988年被中央军委授予二级红星功勋荣誉章。但新野县检察院检察官

◎ 2022年5月，检察干警实地走访调查"掩护陈赓同志纪念地"旧址保护情况

在调查走访中发现,这样一名立下不朽功勋的革命将领,他位于王集镇下凤鸣村的故居却处于无人管护状态,亟待修缮。

发现此情况后,新野县检察院充分发挥公益诉讼检察职能,通过召开公开听证会、制发检察建议、座谈会等方式,以"我管"促"都管",形成该红色资源的保护、重建。随后,王集镇出资80万元对杨克明故居进行修缮,另重新选址建立了杨克明纪念馆,并申请为新野县爱国主义教育基地。

五年来,新野县检察院共发现公益诉讼问题线索52件,发出检察建议27份;促使行政机关先后投资1900万余元,加强对红色资源场馆保护14处,新建纪念馆5处。

打造检察铁军　凝心描绘队伍"形体画"

新野县检察院始终把检察队伍作为基础性、战略性工程,不断锻造信念坚定、忠诚干净、敢于担当、清正廉洁的高素质专业化检察队伍。

新野县检察院制定了分层分类学习计划,重点聚焦领导班子、中层正职和40岁以下年轻干警三个群体,用好青年论坛、轮岗交流、实践锻炼等多种手段,开展学习培训、岗位练兵,有效提升司法办案能力和队伍专业化水平,21人次在上级各类竞赛中获奖,《数字检察的改革缘由及其路径》调研课题被最高检立项。

◎ "青春向检　学习领航"青年干警夜校开班仪式

青年干警是检察队伍的中坚力量，也是检察工作高质量发展的源头活水。新野县检察院坚持把青年干警培养作为检察人才培养的重中之重来抓，除了"以赛促练"，还搭建学习平台，出台青年干警培养计划，积极开展检察官、业务骨干授课等活动，全面提升青年干警履职能力和专业化水平；推行"导师制"和"轮岗制"，实行师徒传帮带，在一线"练兵场"多平台多岗位锻炼。

"新野县检察院能动服务经济社会发展，有创新、有亮点、效果好。"鼎泰高科有限公司董事长，第十二届、十三届全国人大代表王馨对新野县检察院服务大局工作给出这样的评价。

金杯银杯，不如百姓的口碑。一个个金灿灿的奖杯奖牌印证并记录了新野县检察院开拓与奋进的光辉历程；一句句发自肺腑的话语，则是对新野县检察院工作的最高褒奖和肯定。

小院大情怀　精进有为攀新高

湖北省武汉经济技术开发区人民检察院

武汉之南，中国车谷；沌水悠悠，芳草萋萋。聚首于闹市之外，徜徉于山水之间，湖光山色交相辉映，产业与城市共生融合。地处华中地区最大的汽车工业中心、国家级开发区、中国车谷的武汉经济技术开发区检察院，2020年获评"全国先进基层检察院"，2021年"益心守望工作室"获评"全国检察机关优秀文化品牌"，2023年获评"全国模范检察院"，实现了一个基层小院的跨越式发展。

党的二十大报告指出，要"坚持大抓基层的鲜明导向"。基层院建设关乎检察工作高质量发展，是检察事业的根基。武汉经开区检察院这个基层小院是如何成为"全国模范检察院"的呢？

完善机制　综合履职

"感谢检察官及时监督！要不是这次听证会，这150万元罚款会把我全家压垮。以后我一定会吸取教训，依法经营。"个体工商户王某收到了行政机关对其减轻处罚的决定后，真诚地向检察官道谢。

2024年1月，武汉经开区检察院行政检察检察官通过行刑反向衔接机制发现了王某店内因出售假药被行政处罚一案的线索。

经调查发现，王某店内出售的13盒价值800元的药品"未标示产品批准文号"，其行为已构成销售假药罪，但犯罪情节轻微，经开区检察院刑事检察部门依法作出不起诉决定，并移送行政检察部门开展行刑反向衔接工作。

"不起诉不等于不处罚，王某依法应受到相应的行政处罚。"检察官审查后依法向相关行政机关提出检察意见，建议对王某给予行政处罚。

因王某销售假药的行为违反了《药品管理法》第116条规定，行政机关拟给予其最低150万元的行政处罚。王某作为个体工商户经营规模小、经济承受能力弱，若机械适用罚则条款，可能存在"过罚不当"问题，导致其经营难以为继。

为实现教育与处罚相结合的目的，武汉经开区检察院召开公开听证会，最终达成一致意见，建议行政机关结合王某违法行为的偶发性、主观故意、是否初次违法、危害后果及整改情况等因素综合考量，依法作出行政处罚。行政机关参考听证意见，对其作出15万元的行政处罚并批准分期缴纳。考虑到在执法实践中可能还存在"小过重罚"现象，检察官融合数字赋能思维，通过技术筛选、数据碰撞、人工比对等方式，将涉嫌销售假药刑事不起诉案件与行政处罚案件进行比对筛查，发现多起类似案件，遂深化"个案办理—类案监督—系统治理"监督路径，提升社会治理效能。该案入选湖北省行政检察典型案例。

作为一个基层小院，武汉经开区检察院仅有第一检察部、第二检察部和第三检察部三个业务部门，机构虽少，但业务俱全。为了让"四大检察"齐步走，经开区检察院一方面完善协调运转机制，建立共同研判机制，对团队办理的案件共同研究，挖掘各业务条线线索，明确履职侧重方式。建立配套的案件管理机制，由案管部门牵头对线索的研判、办理、督办、结案实行跟踪管理，确保团队各项工作在办案系统中顺畅运行，形成环环相扣的一体履职、综合履职合力，推动"四大检察"全面协调充分发展。另一方面，细化各项工作规章制度，建立以制度管权、管案、管人的长效机制，进一步强化对检察官的精细化管理，实现"全员、全面、全时"的检察人员考核，充分发挥干警的工匠精神，匠心精研，调动干警的主动性、积极性和创造性。

立足区位　高质效办案

2024年5月，百度Apollo"萝卜快跑"第六代无人驾驶汽车在武汉投放使用。同一天，武汉经开区检察院"企业防范法律风险秘籍"小程序正式上线，以问答形式向辖区企业推送侵犯商业秘密风险排查清单和防控指引，助力企业提升知识产权保护能力。

自2022年落地武汉经济技术开发区开启全无人自动驾驶示范应用以来，武汉市已有数百辆"萝卜快跑"无人驾驶汽车出没在街头。怎样填补无人驾驶汽车领域的法律空白？为助力智能汽车稳健前行，武汉经开区检察院副检察长李庆贺带队前往"萝卜快跑"基地，主动对接企业，共同探讨潜在的法律风险。

"无人驾驶车辆在行驶过程中会收集大量数据，如何保护用户隐私，防止数据滥用？""如果发生交通事故，无人驾驶汽车交通肇事的刑事责任主体是否存在争议？刑事责任分配是否明确？"检察官和"萝卜快跑"法务人员开启头脑风暴，实地调研并积极撰写报告。

武汉经开区拥有智能制造、现代服务业产业等四大

◎ 走进园区护航企业健康发展

园区，注册企业2.9万家。为更好地服务企业创新发展，武汉经开区检察院建立走访服务企业常态化机制，检察官主动到企业、科研院校问需问计，及时掌握企业诉求。该院在四大产业园区建立"检察服务联系点"，为近2000家企业提供法律咨询、法治"体检"等服务，满足企业个性化司法需求。武汉智能制造产业园"检察服务联系点"摆放着醒目的检察护企宣传手册，供前来办事的企业取用。"检察工作已深度融入经济社会发展大局。"武汉经济技术开发区工商联对检察机关服务企业做出的努力表示肯定。

除了坚持做优做实"检察护企"，武汉经开区检察院立足"益心守望工作室""丽心工作室""润心工作室"工作品牌，积极推动"检护民生"落实见效，认真践行司法为民的根本宗旨，主动担当作为，用心用情为民纾难解困，积极回应人民群众涉法诉求；助力长江流域综合治理，主动加强与其他职能部门的协作，助推流域整体保护、系统修复、综合治理，以精品的工作诠释着"高质效办好每一个案件"的基本价值追求。

一专多能　尽展其才

在司法行政事务管理局负责办公室综合工作、信息撰写的王默，被安排至第一检察部每月协助检察官办理1—2件刑事案件，夯实法律功底，强化检察业务素养。第二检察官检察官助理伍婕薇在办案之余，也参与政治部工作的开展。受益于多平台综合培养，王默等人成为院里的"复合型人才"。"亲历办案，让我更善于发现工作亮点，总结经验，撰写信息，为领导决策部署提供第一手的资料。""90后"的王默目前已经被提拔为司法行政事务管理局副局长，工作越发游刃有余。

"在基层业务部门，办案是主业，但身兼数职才是我快速成长的'秘籍'。"伍婕薇介绍，她还是经开区检察院检察文化宣讲团成员和青工委积极分子，在2024年4月武汉市检察机关青年工作会议上，她和同事以

"经开视界"新闻播报的形式分享青年工作经验，武汉交通广播《法在身边》节目也活跃着她的身影。

为了破解"业务不平衡""案多人少"等基层难题，仅有29名干警的

◎ 深入社区开展普法宣传

武汉经开区检察院打破部门壁垒，推进扁平化管理。优化内部职能配置，充分考虑人员专业结构、办案经验，保持部门原有人员总体稳定，探索跨部门适度"打通"，整合建立具备全面专业素能的队伍，创新人人皆可成才、人人尽展其才的机制通道。加强青年干警培养，制定《检察人员素能提升工作实施方案》，通过"经纬讲堂""经纬读书日""以党的创新理论说办案、讲工作"等形式开展研学，实施"AB岗"工作制度，结合干警年龄结构、工作特点、专业背景、个人特长，院里搭建平台，打破部门壁垒，让干警在不同岗位得到锻炼，储备办案力量，厚积成才基础。

同时，定期评比"季度之星"，将体现综合履职的典型案例、优秀调研成果、优秀检察建议等纳入评比项目，不断激发青年干警高质效办案的积极性，不断健全完善青年干警选拔、培养、使用和管理机制，着力打造一支高素质专业化的新时代检察队伍。

志合者，不以山海为远。院虽小，但责任和使命却无二。武汉经开区检察院始终努力践行习近平法治思想，以法律监督为主线，自觉融入中国特色社会主义法治体系建设大格局，答好改革新征程中的"检察之问"。

"安宁之乡"的检察守护

湖南省宁乡市人民检察院

湖南宁乡，治邑于三国，建县于北宋，取"安宁之乡"之意而得名。在这座千年古邑里，宁乡市检察院将红色法治基因与法治精神塑造相融合，以检察之力守护"安宁之乡"的发展稳定，于2023年获评"全国模范检察院"。

近日，记者来到宁乡，实地了解宁乡市检察院如何从一个中部基层院走向"全国模范检察院"？又在解决群众急难愁盼问题，回应企业发展呼声，锻造过硬检察队伍的过程中孕育出了哪些精彩的检察故事？让我们一起走进宁乡市检察院。

在解决"小案"中解开民生堵点

"我们之前都是站在绿化带或马路上等公交车的，公交站牌立在绿化带里，不站进去看不清站点，站到马路边上又容易发生交通事故。现在新设的候车区不仅消除了安全隐患，还安装了遮雨棚，以后等公交终于有了一个安全落脚点。"近日，检察官在宁乡市五街国际公交站点进行跟踪回访时，收获到了正在等公交的市民令人欣喜的反馈。

2022年6月，检察官在实地走访时发现，城区五街国际等21处公交站点不同程度存在有站牌设置在绿化带内，或未设置站台和无障碍设施，未设置避雨、人员候车休息等场所的情况，导致乘客需在机动车道内候车，具有明显道路安全隐患，不符合《湖南省城市公交场站和出租车服务中心建设指引》规定的建设标准。

宁乡市检察院随即通过制发行政公益诉讼检察建议，督促市交运局开展全市公交车站配套设施整改专项行动，对不符合建设标准的所有公交车站逐一进行提质改造，并会同财政、城建等部门加大财政、用地供给。现在城区公交站台已逐步得到修缮改造，2024年起宁乡市交运局将在全市全面完成设置优化公交专用道、公交优先通行信号系统、港湾式停靠站等便民设施，让公交乘车出行不再"将就"。

"基层检察院与群众距离最近，我们办理的每一件'小案'，都可能是群众关心关切的'大事'，只有高质效办好每一个案件，才能满足人民群众对检察工作的更高期待。"承办检察官深有感触。

小案件折射大民生。宁乡市检察院依法全面履职，把人民至上落实到每一个司法案件办理过程中。对于保障房违规转租侵害无住房家庭权益问题，通过制发检察建议，推动了全市开展保障房专项整治行动，共发现欠缴租金、死亡后不退房等违规租户540户，已监督279户腾退保障房，目前所有保障房均以现场摇号形式派签。聚焦冒名婚姻诉讼超期等现实难题，办理冒名顶替、弄虚作假婚姻登记类行政诉讼监督案件15件，"被结婚"现象全部得以更正或撤销。立足宁乡实际，把更多法治资源配置到乡镇、下沉到农村，特别针对电信、养老诈骗、妇女权益保障、校园霸凌等社会治理重点问题定制普法课程，让检察履职更好助力基层治理。

对此，多次参加宁乡市检察院听证会的湖南省第十三届人大代表邹爽英评价道："检察官以法释理、融法于情，真正体现了以人民为中心的司法办案理念。"

在回应企业呼声中厚植发展根基

宁乡拥有两个国家级园区，一大批富有活力的企业在此扎根生长。2023年，宁乡在全国县域经济和社会综合发展百强县中升至第15位、在全国县域经济基本竞争力百强县中升至第16位、赛迪投资竞争力全国百强县升至全国第19位。奋进中的宁乡，前行的每一步都激荡着法治力量。

"企业愁什么盼什么，检察官坐在办公室是听不到的。只有与企业负责人沟通对接日常化、经常化，才能接到企业急盼的'法治订单'，才能对症下药，提供精准有力的订单式法治服务。"党组书记、检察长刘文广表示。

◎ 宁乡市检察院护航企业发展受到企业好评

"我们公司有的员工守法意识不强现象屡屡发生，请检察院帮忙想想办法。"接到这个"法治订单"需求后，宁乡市检察院检察官结合长期办理涉企案件中发现的问题，制作了企业刑事风险预防和涉企反腐法治课件为企业员工开展普法讲座，将典型法条和案例做成普法手册，协助企业法务逐条排查企业规章制度中可能存在的漏洞盲区。针对有的经营者"大事化小小事化了"的心理，宁乡市检察院还专门拍摄了多个普法短视频，让企业看到依法维权更有"性价比"。这些举措赢得了宁乡十多家企业的高管交口称赞。

宁乡市检察院在办理涉企案件中，不断将检察职能向社会治理领域延伸，做到既"治已病"又"防未病"，持续构建起让党委政府放心、企业家有信心、企业发展有保障的法治化营商环境。

宁乡市检察院在发现园区某企业发生合同诈骗案的情况后，检察官在分析新型合同诈骗类犯罪特点后，向企业提出动态分类管理客户信息、严格实质审查客户身份等建议。

在接到企业反映存在恶意诉讼影响企业正常生产经营的问题后，宁乡市检察院联合市法院相继出台了湖南第一份《关于强化惩治知识产权恶意诉讼工作的协作意见》和《关于深化法检协作配合 优化法治化营商环境的意见》相关机制，推动宁乡市与湖北省孝感市孝南区两地知识产权局、法院、检察院等六部门联合签订《知识产权保护跨区域、跨部门合作协议》。共商共治让更多"检察元素"融入了"发展要素"。

据悉，宁乡市委书记张作林就对检察工作给予了高度评价，"市检察院紧紧围绕市委部署有作为、紧紧围绕人民需求有成效、紧紧围绕改革创新有突破、紧紧围绕队伍管理有方法，做到了努力让人民群众在每一个案件中感受到公平正义，为宁乡经济社会发展作出了积极贡献"。

在法治精神塑造中锻造过硬队伍

2023年11月，第八届全国检察机关十佳公诉人暨优秀公诉人业务竞赛圆满落下帷幕。宁乡市检察院检察官陈娟在经过激烈角逐后，成功摘得"全国优秀公诉人"称号。这是她继2018年荣获第二届"全国检察机关未成年人检察业务能手"后再次征战全国舞台，成为名副其实的"双国优"。

这样的省优、国优人才在宁乡市检察院的各条战线上均不鲜见。近4年来宁乡市检察院有14人次在省级以上业务竞赛获得荣誉，9人次入选全省检察机关专业人才库，2人获评全国、全省检察业务标兵和业务能手。

据介绍，宁乡市检察院特别注重对全院干警法治精神的塑造，结合宁乡检察职能特色，形成了"惟公惟精、至情至理"院训，发展出了以建精美机关、育精英人才、办精品案件、创精彩业绩为内容的"四精"战略。

宁乡市检察院还发挥红色检察基因的传承和激励作用，以入选全国法治教育基地、最高检人民检察博物馆联系点的何叔衡故居为精神阵地，传承以何叔衡为代表的中央苏区检察精神，发展了"何叔衡式检察团队"文化品牌。通过构建多渠道青年人才培育体系，为院里每一位青年干警量身定制了"成长帮扶计划"，包括红色法治史教学、导师带新人、参与专业化办案团队等与青年干警铸魂成才紧密相关的举措内容，

◎ 参观何叔衡故居

教育引导干警将何叔衡同志绝对忠诚、担当奉献、开拓创新、铁面无私的精神转化成自身敢当大局、敢挑重担、敢立潮头、敢于斗争的精神力量，在参与疑难复杂案件的实战锻炼中锤炼过硬业务本领，实现红色基因铸魂育人。

正是在这样的法治精神影响下，宁乡市检察院才始终保持着永不满足、永不懈怠的韧劲，走出了基层模范检察院的宁乡样板。

守正创新 精业笃行 护航湾区
打造基层检察工作"南沙样板"

广东省广州市南沙区人民检察院
（广东自由贸易区南沙片区人民检察院）

7个创新品牌、6项创新机制在全国推广，3项创新机制在全国率先推出，培育创新文化，构筑自贸检察IP（品牌）……广州市南沙区检察院坚持以习近平新时代中国特色社会主义思想为指导，着力打造一条独具南沙特色的文化强检之路，努力打造检察工作现代化的"南沙样板"。

翻阅成绩单，南沙区检察院先后荣获全国检察机关优秀文化品牌、全国检察机关文明接待室、全省先进基层检察院、全省新时代"五好"基层检察院，连续三年位列中国检务透明度指数全国参评基层检察院前列，荣记集体二等功1次。2019年以来，南沙区检察院相继涌现出16个国家级、19个省级典型案（事）例、优秀法律文书，共66个集体和个人获省以上表彰奖励。2023年11月24日，被人社部、最高检授予"全国模范检察院"称号。

以党建为引领 以检察文化为驱动
实施人才兴检 建立创新品牌矩阵

当记者走进南沙区检察院，办公楼大堂上关于新时代检察精神、履职特征、检察工作现代化工作重点及履职办案基本价值观以及该院精选的典型案（事）例等内容展板，处处体现南沙检察在党建引领下，对加快推进

◎ 开展"奋进新征程 建功新时代"学习贯彻习近平新时代中国特色社会主义思想知识竞赛

南沙检察工作现代化工作的专注与执著，彰显积极践行现代化检察工作的责任与担当。

"坚持把党建引领作为'红色引擎'，从理念、目标、文化、机制、队伍等维度，汇集检察智慧与力量，打造护航湾区建设的自贸区检察样版，推动检察工作提质增效。"检察长刘旭杰介绍。南沙区检察院积极探索党建与业务深度融合路径，把党建工作目标与检察业务发展目标精准对接，建立党建、业务工作相连通、相支持的述职评议考核机制。以开展"一支部一特色""一支部一品牌"创建活动为抓手，将重点难点工作的"攻坚战场"变成机关党建的"比拼赛场"，围绕生态保护、智慧检务等工作，推动党建与业务工作同向发力、同频共振。《"五融合五聚力"党建业务工作法》入选广东省检察机关党建与业务深度融合最佳案例。南沙区检察院重点提升干警"从政治上看"的能力，积极构建"七学""七讲""七载体"联动机制，创新"4L"新型培训模式，"仰望星空"刑事检察法律沙龙获评新时代"五好"基层院建设"能力素质好"典型事例。

党建、业务工作相连通，助推南沙检察工作走深走实。政治部主任杨奕介绍道："我们不断深挖品牌内涵，充分发挥品牌集聚效应，构建以创新文化为核心的检察文化体系，范围覆盖司法改革、执法办案、检察管理、智慧检务、队伍建设等多个领域、多维度创新矩阵，形成独具特色的

'创新型自贸检察IP'检察文化品牌。"南沙区检察院已创造了7个创新品牌，打造了56个"微创新"案例，让创新理念真正融入检察实践。

加强区域协同　服务融合发展
推动建设南沙粤港澳重大合作平台

路漫漫其修远兮，吾将上下而求索。响应《南沙方案》"立足湾区、协同港澳、面向世界"重大战略性平台的检察工作发展新需求，南沙区检察院主动融入南沙粤港澳重大合作平台建设，为共建创新发展示范区提供一流法治服务。

据悉，南沙区检察院以最高检"六个坚持"等检察现代化工作理念为牵引，出台《南沙区检察院"蓝图"高质量发展工程实施方案》，形成服务保障南沙自贸区建设、"六稳""六保"以及南沙深化面向世界粤港澳全面合作的检察方案，全力护航南沙深化改革重点任务落地落实。

此外，南沙区检察院还稳慎开展南沙涉外法律服务先行区系列检察探索。成立涉外民商事检察服务中心，编印简体、繁体、英文等三语版检察服务手册，率先实现中英葡三语告权服务，首试向跨国公司送达中英双语权利义务告知书，向域外当事人直接告权。聘任2名港澳籍特约检察员、3名港澳籍检察听证员，探索在涉港澳民事纠纷中邀请行业组织参与听证，为境外投资者挽回经济损失1000万余元，获评广东自贸区制度创新成果。

南沙区检察院积极丰富拓展"1+3+7+15"自贸区（大湾区）检察合作框架，联动深化涉外涉港澳检察实务研究。《粤港澳海上跨境走私犯罪形态研究》获评全省大湾区检察实践"十佳项目"，《粤港澳大湾区民商事检调对接机制研究》等11篇调研文章在国家级、省级研讨会获优异成绩。

治罪与治理并重　精进主责主业
深度开展典型案例培育

南沙区检察院坚持优化完善法律监督机制，做实检察精准监督主责主业，扎实开展典型案例培育工作，切实将"有数量的质量、有质量的数量"更好地落实到"质量"上。

2023年11月，2名投资人代表来到南沙区检察院，专门感谢该院高质效办理王某某等人非法吸收公众存款案，成功为45名投资者全额追赃挽损。主办检察官李东蓊副检察长介绍："这是一起养老诈骗案件，针对5名老年人在内的多名投资人巨额资金无法回赎的情况，办案组专门制定追赃挽损工作方案，积极引导公安机关侦查取证，稳慎冻结与涉案金额相当的被告人财产3200万余元。"该案入选最高法、最高检发布的惩治伪造公司、企业印章等破坏营商环境犯罪典型案例。

"我们将围绕企业核心诉求履职，提升检察护企专项行动实效性。"李东蓊副检察长表示。为进一步优化营商环境，南沙区检察院积极打造企业刑事风险防控、知识产权保护等办案机制，这些机制全部入选广东自贸试验区改革创新经验清单，其中"非羁押刑事案件快速流转模式"获评全国检察机关检察改革典型案例。同时，建立南沙、前海、横琴三地海洋公益诉讼共享专家库，推进大湾区生态环境联建联防联治，海洋公益诉讼"南沙模式"入选广东省检察机关典型事例、大湾区检察实践项目。创设"检察＋碳汇"生态修复模式，与相关单位联签自然资源领域生态产品价值实现、生态环境和资源保护等区域协作意见，办理全省首例碳汇认购生态修复民事公益诉讼案，"构建公益诉讼环境资源多元修复机制"获评国家生态环境部综合规划与政策典型案例。

凝心聚力守护民生民利
做实可感受、能体验、得实惠的检察为民

民生无小事，枝叶总关情。"要将'小案'办出'大情怀'，切实解决好群众急难愁盼，努力增强人民群众的获得感、幸福感、安全感。"张凌锋副检察长说。因地制宜落实最高检"检护民生"专项行动，扎实开展全市检察机关九大源头治理重点项目，成为南沙区检察院服务民生的两大抓手。

南沙区检察院全力护航未成年人健康成长，培育了"沙鸥检爱"未检工作品牌，与11市15个基层检察院联合签署《关于加强未成年人检察异地协作的工作意见》，在广东省率先出台《关于性侵害违法犯罪信息入职查询的实施细则》，为未成年被害人提供司法救助、心理救助、社会救助等"一站式"综合司法保护。

南沙区检察院率先进驻辖区综治维稳中心，以检察公开听证深化"检察为民办实事"实践，2023年促成刑事和解153件；对争议大、有影响的案件公开听证100件，针对药品领域严重侵害公益的行为提起惩罚性赔偿超2000万元等。

同时，南沙区检察院还多维度落深落实"谁执法谁普法"责任制，创新推出"南小检""沙鸥妹"动漫IP形象，"南沙检察微博"入选全国检察微博二十佳。2023年以来，

◎ 南沙区检察院赴东涌街商会开展服务保障企业健康发展专题调研

共开展"湾区少年行,普法新力量"模拟法庭大赛等新颖普法活动29场,线上线下受众逾60万人次。

守正创新,奋楫扬帆正当时。下一步,南沙检察院将紧紧围绕融入和服务中国式现代化目标要求,以推动基层检察工作理念、机制与能力现代化为抓手,着力以高质效履职赋能高质量发展,用更加扎实的工作成效更有力支撑和服务中国式现代化的南沙实践。

八步芳华映检徽

广西壮族自治区贺州市八步区人民检察院

贺州市八步区，桂粤湘三省交界地带，素有"三省通衢"之美称，山水风光秀丽，民族风情浓郁，也是多民族聚居地的"方言之都"。坐落于此的贺州市八步区检察院，是一支由38名检察干警和40名书记员组成、平均年龄33岁的朝气蓬勃的队伍。他们以"为大局服务、为人民司法、为法治担当"为己任，以"政治建检、文化育检、素质强检、创新兴检"为工作目标，高质效履行法律监督职责，努力打造检察工作现代化的"八步样本"。2023年11月24日，人社部、最高检授予其"全国模范检察院"称号。

办好每个"小案子" 做足为民服务"大文章"

"为了最大限度化解我们这起案件的矛盾，检察官多次来到山冲为我们调解，还把听证会开到村委会门口，确实是为老百姓着想！"这是在一起失火刑事案件拟不起诉公开听证会结束后，被害人覃某某发出的由衷感慨。

八步区检察院作为贺州市主城区检察院，始终贯彻落实"高质效办好每一个案件"理念，坚持让群众可感可及检察的力度与温度，以用心用情办好群众身边的每一起"小案"为切入口，做实提升矛盾纠纷预防化解法

◎ 开展普法宣传活动

治化水平大文章。形成了以"检察官+第三方力量"的矛盾纠纷化解团队，以"诉前调解+公开听证""刑事和解制度和司法救助制度"等相结合化解矛盾纠纷、修复社会关系。

"天这么冷，你们这么晚还来我们村走访，为我们召开调解会，辛苦了！"2022年在八步辖区发生的一起滥伐林木案中，案情虽然事实清楚，但涉及的村民户数较多，且村民内部原就存在许多邻里纠纷，如按照刑事案件简单处理不利于社会矛盾的化解。为最大化保障群众之间的合法权益，以及配合群众白天外出务工务农的时间，检察长带领承办检察官一行多次夜访，促成刑事和解现场调解会召开，最终促成村民矛盾化解，双方当事人当场签署刑事和解协议书。

八步区检察院坚持以人民为中心，坚持法理兼顾，坚持和发展新时代"枫桥经验"，切实解决群众"操心事""烦心事""揪心事"，全力做到政治效果、法律效果和社会效果的有机统一，全面提升群众的幸福感。办理的蒙某某失火案等案件被评为广西检察机关"化解社会矛盾精品刑事案"。

"春晓"护航　守"未"花开

"青少年之于党和国家而言，是最值得爱护，最值得期待的。"而笼罩在涉案未成年人家庭的阴霾，稚嫩的孩子们脸上的落寞，无一不牵动着检察官的心。作为集中管辖全市未成年人刑事案件的检察院，八步区检察院的"春晓"未成年人办案团队以母亲一般的浓情、柔情为涉案未成年人驱散阴霾的光,带来新的希望。她们是母亲,为母则刚,不誉微芒,造炬成阳,守护未成年人成长,为人民群众送去司法温暖!

她们积极构建家庭、学校、社会三大协同保护体系,出台《贺州市八步区侵害未成年人案件强制报告制度实施细则》,在109个中小学设立"春晓工作室",形成可复制的"套餐+小菜"普法新模式,近三年来,开展法治宣传等活动310余场,受众达6.5万余人;打造广西首个"VR+H5"线上法治宣传教育馆,录制《春晓讲堂》系列法治教育节目29期,开启线上线下相融合的法治教育新模式,持续加大法治资源向偏远乡村地区倾斜力度;实施"督促监护令"个性化帮教项目,制发督促监护令101份,开展家庭教育指导338次,监督家长依法带娃取得了良好的效果。办理的2起涉未案件获《人民日报》报道,另1起涉未案件获评广西家事审判改革典型案例,先后获全国"青少年维权岗"、广西青年五四奖章集体等荣誉,以检察履职促"六大保护"协同发力,共画未成年人保护"同心圆"。

八步区检察院办理未成年人案件的检察委员会专职委员吴晓燕是贺州市一所中学的法治副校长。2020年,她在受理一起案件时发现3名犯罪嫌疑人是马上要中考的未成年人,本着最大限度"教育、感化、挽救"涉罪未成年人,她结合全案情况,决定启

◎ 开展法治教育亲子活动

动不公开听证程序,邀请公安民警、司法社工等参与听证,形成对3名未成年人附条件不起诉的多数意见,并确定了考验期,向他们父母送达了督促监护令,3名涉罪未成年人最后发生了根本转变。

2018年以来,八步区检察院帮教涉罪未成年人共126人,其中59人顺利就业、37人重返校园(8人考上大学)。

数字检察打通服务群众"最后一公里"

数字检察战略是法律监督手段的革命。为了高效实现检察对内对外服务,八步区检察院于2020年率先在广西启用"掌上检察院",构建起"微信+检察"对外服务新模式,以案件流程查询、律师预约阅卷、信访接待等栏目建成便民智慧服务平台,实现"数据多跑路、群众少跑腿"。

为促进司法办案提质增效,于2018年建成"远程讯问系统、远程庭审系统、远程讨论案件"三大远程系统,远程庭审开庭审理案件占总案件数的95%,实现检察官"足不出院"完成司法办案工作。同时,八步区检察院建成广西首个公、检、法电子卷宗数据共享平台,实现了公检法案件信息互通,极大提升办案质效。2023年,与贺州市公安局八步分局共同设立的侦查监督协作配合办公室,被评为广西示范性侦查监督与协作配合办

◎ 贺州市八步区检察院、贺州市公安局八步分局在侦协办召开刑事案件初查现场观摩会

公室。

深入贯彻落实最高检数字检察发展战略，坚持"业务主导、数据整合、技术支撑、重在应用"的数字检察工作机制，开展类案分析，促进融合履职，助推社会治理。2023年以来，八步区检察院抓好"数据赋能刑事检察监督工作机制"自治区政法创新项目，探索建立了电信网络诈骗类案法律监督等模型。在广西检察机关大数据法律监督模型竞赛中1个参赛模型获一等奖，在自治区数字政府场景建设宣贯研讨会上该模型被用于作经验交流、获2023年广西数字政府应用场景建设创新大赛二等奖并亮相第二届数字政府成果展。

打造"硬肩膀才能挑重担"的过硬检察队伍

各项检察工作的"全面开花"离不开党建引领。在八步区检察院党员先锋站内，以"党建聚力·公平正义"为母品牌的"1+5"党建子母品牌公开上墙，各支部确定的党建子品牌打造目标、打造方式等时时刻刻引领着全体党员干警。

八步区检察院以实施"铸剑"行动为抓手，搭建"鉴案"沙龙、"青训营"、"讲辩社"平台，强化分层分类人才培养工作机制，强化中层干警表率及传帮带作用，落实案件品鉴、以赛促训、讲辨练兵等，推动形成"检察成就人才，人才成就检察"的生动景象。2018年以来，47名干警获建设平安广西活动先进个人等自治区级以上荣誉、入选全国检察机关控告申诉人才库成员。

围绕"勤勉 专业 公正 廉洁"的八检院训，以持续打造"五星党支部"为目标，立足立体式多维度学习矩阵，打造"三大课堂"，即"理论课堂""红色讲堂""业务学堂"；以清廉机关建设示范点为突破口，通过各党支部轮流承办"案后余香检察实务讲坛""清廉家风讲堂"等，深入推进清廉机关建设"十个一"活动；以构建多维度检察文化为重点，打造

"五个一"党建红色堡垒(即党员先锋站、书吧、荣誉室、党建国学廉政印章墙、清廉文化长廊),教育引导检察干警廉洁修身、廉洁齐家,在潜移默化中强化干警的党性意识。2018年以来,获全国模范检察院、全国文明单位、全国先进基层检察院、自治区先进基层党组织等荣誉。

  对于八步检察人来说,荣誉属于过去,未来正在脚下。站在"全国模范检察院"的新起点上,八步区检察院将深入学习贯彻习近平新时代中国特色社会主义思想,认真贯彻习近平法治思想,知重前行、稳中求进,忠实履行宪法法律赋予的法律监督职责,以推动"实干担当"和"实绩实效"为工作举措,持续向前推进检察工作现代化,为大局服务、为人民司法、为法治担当!

争做海南自由贸易港建设潮头的法治"护航员"

海南省海口市龙华区人民检察院

党中央、国务院赋予海南经济特区改革开放新使命,决定建设中国(海南)自由贸易试验区和中国特色自由贸易港。位于海南经济金融中心的海口市龙华区成为建设海南自由贸易港(以下简称"海南自贸港")高质量发展示范区。

"党有部署,检察有落实。"龙华区是海南省省会海口市的中心城区,是海口市经济文化中心,也是全省人流、物流、资金流、信息流的核心聚集区,被誉为"椰海明珠"。2018年以来,龙华区检察院始终围绕服务保障海南自贸港建设这一主线任务,立足法律监督主责主业,全面做好维护社会稳定、优化营商环境等工作,以高质效检察工作护航海南自贸港建设高质量发展。连续六年被评为"全省先进基层检察院",并先后荣获"全国模范检察院"、"全国五一劳动奖状"、"集体一等功"、全省"立足岗位、解放思想、担当作为、开拓创新"先进集体、"全省政法楷模先进集体"等省部级表彰奖励。

服务大局　守护自贸港营商环境

法治是最好的营商环境。离岛免税政策是国家支持海南发展的一项特殊优惠政策,对加快推进海南自贸港建设、打造对外开放新高地具有重要

◎ 龙华区检察院与市场监督管理局龙华分局会签文件

意义。针对海南自贸港建设以来出现的新型危害税收征管犯罪比例逐年上升的趋势，龙华区检察院坚持将维护海南自贸港税收安全贯穿始终，2020年以来起诉危害税收征管犯罪共计18人。

2022年4月，龙华区检察院办理了海南建省以来破获的涉案金额最大的利用黄金交易虚开增值税专用发票及骗取出口退税案。犯罪嫌疑人在海南注册成立空壳公司，利用公司以"票货分离"的形式循环买卖黄金，不断套取上海黄金交易所开具的品名为黄金的增值税专用发票后对外销售，并操作空壳公司账户实现资金回流。

案件办理过程中，面对犯罪嫌疑人逃匿在外多年且反侦查意识较强的情况，龙华区检察院及时抽调骨干力量成立专案组，通过调取大量银行流水进行全面筛查，发现犯罪嫌疑人买卖增值税发票的重要线索。针对案情复杂、证据薄弱局面，第一时间引导公安机关进一步调查取证补充侦查，追查偷漏税款去向。最终，该案依法提起公诉，成功将犯罪分子绳之以法。

心系群众　交出检察为民答卷

始终把人民群众诉求作为行动的第一信号，坚持司法为民，把增进民生福祉作为检察工作的出发点和落脚点，用心用情解决好法治领域人民群众急难愁盼问题，对标更高水平的平安龙华建设要求，依法打击各类刑事犯罪。2022年1月，龙华区检察院办理的李某等人恶势力犯罪集团组织卖淫侦查活动监督案入选全国"十大优秀侦查活动监督案例"。

落实"七号检察建议"，深入走访辖区快递网点，排查安全隐患，加大普法宣传，守护"小包裹"里的"大安全"。多元化深层次化解矛盾，认真落实群众信访件件有回复制度。2018年以来，龙华区检察院共完成7日内程序性回复1047件次，3个月内实体性答复984件次，做到规定时限100%答复；深入开展国家司法救助，共为233名经济困难的刑事被害人发放救助金190.5万元。

用心用情呵护祖国未来。倾力为海南自贸港建设事业培育合格接班人，结合未成年人"护苗"专项行动，2018年以来，共严厉打击侵害未成年人犯罪390人，组织亲职教育797次，制发督促监护令389份，视情节

◎ 龙华区检察院、海口市检察院共同举办"检教同行 共护成长"主题检察开放日活动

对85名未成年人作出不起诉决定，其中72人顺利就学就业。通过"力姐"巡讲团送法进校园、主题检察开放日等多种形式，常态化开展法治宣讲757场，覆盖面54525人。

精心孕育　打造护企检察文化品牌

龙华区检察院立足自贸港建设以来辖区企业数量、涉企案件、涉法涉

诉需求更多的三个情势，打造具有专业化规模化可持续的服务自贸港营商环境为主要内容的"龙检守望　护企远航"文化品牌。2023年11月，该品牌从全国3000多个案例中脱颖而出，被最高检评为全国检察机关基层检察院建设特色品牌。

"龙检守望　护企远航"文化品牌对高质效办好每一个涉企案件，依法平等保护各类经营主体具有重要意义，是推动服务海南自贸港营商环境的强大动力和生动实践。在办理涉企案件过程中，探索推行"四大检察"一体化履职机制，专门制定《"扬帆护航"涉企办案及服务保障机制规定》，各部门彼此间对受理的案件同步审查，对收集的线索双向移送，对确定的证据流通使用，进一步提高办案质效并实现检察监督无死角。2021年3月，在办理某涉企案件过程中发现相关行政监督线索，遂及时移送行政检察部门跟进审查，后该部门据此办理的一起土地使用权超标的额查封案件，经与法院、行政职能部门沟通协调，仅用12天便促成17宗土地得以解封，涉案金额高达人民币33亿元，使企业权益得到高效保障。

近年来，在该品牌的引领下，办案团队及1名检察官被国家六部委联合发文评为"打击骗取留抵退税违法犯罪工作成绩突出集体和个人"，8个涉企案件入选全省典型案例，1个案件入选最高检"行政检察与民同行"第三批典型案例。

"打造服务自贸港品牌，促进营商环境发展，提升了行政机关主动接受监督、规范高效行权的自觉性，进一步发挥了检察机关在规范法律实施、推动社会治理等方面的作用，是我院打造的具有区域特色的品牌之一。"检察长冯永忠介绍。

改革创新　按下提质增效"快进键"

紧扣改革创新，激发检察工作不竭动力，如何在检察工作中提升司法效率和社会公信力？龙华区检察院给出答案：向科技要检力，向智能要效率。

"我们主导研发了'龙眼'数字监管App。"冯永忠说。"龙眼"数字监管App运用人工智能、大数据、云计算等技术手段,是集外出提醒、违规预警、定时打卡和不定时抽检等功能于一身的应用软件,是加强对非羁押强制措施的犯罪嫌疑人监管的有益尝试。例如办理的一起涉嫌帮助信息网络犯罪活动罪的当事人黎某就在取保候审期间接受"龙眼"数字监管App的监管。黎某主要在三亚工作,每天会按时在"龙眼"数字监管App上打卡,严格按照监管要求填报个人情况。

除了"龙眼"数字监管App,研发的"龙检云"大数据应用平台,为公益诉讼提供线索数据跟踪及分析服务;研发的海南自由贸易港经济金融风险识别与防范法律监督系统反洗钱子系统模型,帮助检察机关在办理反洗钱案件时,拓宽洗钱犯罪线索来源,锁定重点线索库,及时监督公安机关进行立案侦查,切实打击各类洗钱犯罪活动,这3个系统均入选全国政法智能化建设智慧检务创新案例。

为了紧紧把握新时代检察工作形势,龙华区检察院还积极借助检察技术融入司法办案,促进法律监督提质增效。2023年2月,该院办理的一起民间借贷纠纷监督案成功入选最高检典型案例。

当得知海口市龙华区检察院获评"全国模范检察院"时,全国人大代表、

◎ 海南省省委书记冯飞会见全省政法楷模集体代表龙华区检察院检察长冯永忠

海南海马投资集团有限公司董事长景柱非常欣喜，对该院各项检察工作给予充分肯定，同时期望龙华区检察院以更高要求、更实举措做好各项检察工作，为当地经济社会高质量发展提供坚强有力的司法保障。

  作为全国模范检察院，龙华区检察院以高质量检察履职推动优化营商环境，服务保障海南自贸港建设，在当地机关建设中树立了优良口碑、在业务建设中取得了优异成绩，尤其是把检察工作有效融入自贸港建设，做了大量卓有成效的工作。这些来之不易的成绩和荣誉，同时也是海南所有检察机关深入贯彻落实党中央工作部署，紧紧围绕海南全面深化改革开放和自贸港建设，忠实履行法律监督职责，全力维护国家安全、社会安定、人民安定的一个缩影。龙华区检察院全体干警将一如既往对标对表省市检察院和区委部署要求，继续为大局服务、为人民司法、为法治担当，更加聚焦法律监督主责主业，以"三个善于"持续做实"高质效办好每一个案件"，奋力谱写龙华检察工作现代化新篇章。

"茶竹文化"涵养出特色品牌

重庆市永川区人民检察院

茶修心性，竹立精神。

连续七年考核稳居全市前列、60多个案件被评为指导性案例或典型案例、荣获10余项国家级荣誉——走进茶山竹海国家森林公园脚下的重庆市永川区检察院，一股清新向上之风扑面而来。

5年来，永川区检察院持续打造"茶竹永检·同心向党"党建品牌矩阵，推动党建、业务、文化同频共振，赋能高质效检察履职，走出了一条创新发展之路。

把挑担当作检验党性"试金石"

竹，韧承千钧，重担在肩压不折。

"遇到大案要案能不能迎难而上、挑得起担子，这是检验检察干警党性的一块'试金石'。"党组书记、检察长宋能君表示，永川区检察院坚持以党建凝心聚力，引领党员干警敢于办大案、上专案、攻难案，在服务大局、促进治理上彰显担当作为。

2023年11月，最高检印发《关于充分发挥检察职能服务保障成渝地区双城经济圈建设的意见》，提出川渝检察机关要持续深化协作，打造区域法治一体化高水平样板。

共饮一江水，川渝一家亲。重庆市永川区、江津区与四川省泸州市毗邻，为积极探索川渝毗邻地区融合发展新模式，"泸永江"融合发展示范区建设在3年前正式启动。

3年来，三地检察院打造"携手泸永江护航成渝地区双城经济圈"区域法治一体化品牌，共建立协作机制11项，协同办案103件，互移线索21件，构建了党建共建、资源共享、案件共商、宣传共推、队伍共抓的"五共"服务新模式。

位于四川省武胜县的某页岩气开采项目在开展试气作业时，多次拆装机器导致管线内的废液压油泄漏至钻井平台下方井中，含油泥浆被辗转运至200千米外的重庆永川，倾倒在公路边的山沟里。通过类似作案手段，52.93吨有毒危险废物被6家川渝钻井企业层层转包、非法倾倒，导致永川区700余吨土壤受到污染。

"这是一起污染链条长、侵权主体多、生态环境损害后果严重的跨川渝环境污染系列案件。"公益诉讼检察部主任杨宏强介绍，为此，永川区检察院坚持"一案组一支部"的工作思路，专门抽调党员骨干成立办案组，设立临时党支部，确保党建与业务齐头并进，在做实"高质效办好每一个案件"中打造"美好生活的守护者"部门工作品牌。

建强办案"先锋队"，才能寻找履职"最优解"。该开采项目的负责人邬某等8人涉嫌污染环境罪一案因重庆试点环境资源案件集中管辖，根据地域划分移送至对应的重庆市江津区检察院审查起诉。经检察机关开展释法说理，邬某等6人自愿认罪认罚，缴纳生态修复金共8万元。因该案非法倾倒处置危险废物可能损害社会公共利益，且案件重大复杂，社会关注度高，2021年5月，永川区检察院将民事公益诉讼线索移送至上级院重庆市检察院第五分院，该院作出公益诉讼立案决定。7月，重庆市检察院第五分院、永川区检察院联合召开公开听证会并制发检察建议，督促涉案企业和个人投入240万余元进行生态修复。

"依托川渝协作机制，不仅实现了对非法处置危险废物的全链条打击，还推动了钻井行业非法外包污染环境问题的源头治理。"杨宏强告诉记者。

2023年5月，该案被最高检、公安部、生态环境部评为依法严惩危险废物污染环境犯罪典型案例。

为民初心在办案中锤炼

茶，根系深深扎入碎石之下，为大山抱紧一方水土。这是绿叶对泥土的深情。

"检察官阿姨，我收到大学录取通知书了！"2023年8月，永川区检察院未检部门负责人熊文靖收到了一条喜讯。

原来，她办理的一起抢劫案的被不起诉人小华（化名），在帮教考察期

◎ 永川区检察院"莎姐"检察官为迷途知返的未成年人小华（化名）赠书

满后，顺利考上了一所重点院校。小华也是经永川区检察院帮教后，重返校园、回归社会的第77名涉罪未成年人。

据熊文靖介绍，永川区有18所大中专院校，该区检察院未成年人检察部以打造新时代"红岩先锋"变革型组织为契机，迭代升级"未蓝天空"检察综合保护品牌，细化"5+"分级家庭教育指导体系，成立"永检莎姐·让爱回家"一站式家庭教育指导工作站。同时，永川区检察院从全区在校学生中招募志愿者，组建"青春检盾"普法志愿者队伍，探索建

立社会综合治理双向快速反应机制，用心护航18.5万余名在校学生健康成长。

2024年6月，永川区检察院还与区教委、民政局、妇联等部门联合开展主题党日活动，不仅走进法治教育基地共学党纪，还建立了相关协作机制，加强对被不起诉的未成年人、具有不良行为的在校学生等青少年群体，以及儿童主任、社会工作者、"爱心妈妈"志愿者等未成年人保护履职群体的法治教育。

实际上，这还只是永川区检察院依托"茶竹永检·同心向党"党建品牌，打造"一支部一品牌"党建矩阵的一个缩影。2024年以来，永川区检察院以开展"检察护企""检护民生"专项行动为契机，依托"为民执'建'""关'助'你传递爱""刑事执行纠偏者"等党建系列子品牌，建立全市首个办案工作指引和专项行动线索征集制度，现已办理涉企案件60件、涉民生案件367件，为企业挽回经济损失300万余元，办理支持农民工起诉讨薪案件19件、司法救助案件65件。

◎ 永川区检察院"检护民生"社区发布会现场

廉洁绘底色　人才增亮色

茶与竹，素有忠直廉洁之喻。

以数字赋能守护"廉"之风景，涵养浩然正气。2023年11月，永川区检察院自主研发的"清廉检察院"应用系统正式上线。该系统将重点案件办理、"三个规定"填报、检务督察通报等核心数据汇聚在"数据池"之中,经过分析比对,检察干警的廉政档案和廉政分析一目了然。

"该系统运行以来,'有情况报告'填录率提升近70%,围绕案件质量评查、流程监控等发出的30余条问题提醒已全部落实整改,构建起闭环联动的风险防控体系。"党组成员、清廉建设领导小组副组长周勇说。

自开展党纪学习教育以来,永川区检察院结合学习《中国共产党纪律处分条例》,抓实廉政强化风险防控,成立党纪学习教育工作专班,建立"政治生态评价指标体系任务分解清单""案件承办确

◎ 检察干警交流讨论

定工作管理办法"等工作机制,推进"每案必评"试点工作,邀请区纪委书记讲授专题党课,组织警示教育、读书自学、小组讨论30余次,发送廉洁提醒短信200余条,推动全面从严治党向纵深发展。

廉洁绘底色,人才增亮色。5年来,永川区检察院以党建为引领,持续推进人才强检、人才兴检,落实"一堂忠诚课""一个大讲堂""一次大评比"等"九个一"系列举措。截至目前,永川区检察院已涌现出1名全国检察业务专家,2名全国检察业务标兵、能手,13名全市检察业务专家、标兵能手,共有25名检察干警入选全国、全市检察业务人才库。

竹城的检察"常青"之道

四川省大竹县人民检察院

四川省大竹县,别名"竹城",因"竹多竹大"得其名。大竹县检察院就坐落在县城的中心区域,检察院不远处就是一片竹林。与竹为邻、伴竹而生,大竹县检察院将站定青山、扎根岩石、面迎风雨、青翠挺直的劲竹品格融入检察文化建设,涵养出坚韧担当、务实为民、拔节向上的大竹检察精神。

全国模范检察院、全国先进基层检察院、全国扫黑除恶专项斗争先进集体……这些荣誉是大竹检察成长的见证,也是大竹检察精神的彰显。

坚韧担当　高质效办理涉黑案件

"盼了好几年了,我们终于把钱拿回来了。现在我们终于不用再提心吊胆了,小区环境也越来越和谐了!"2024年2月,某小区业主张某特地来到大竹县检察院向检察官武尚志致谢并送上一面锦旗。

2021年9月,大竹县检察院受理了袁某某等45人涉黑案。该案涉及的一起犯罪事实是袁某某等人垄断某小区物业,不仅逼迫小区业主支付各种"违约金",还不断采取深夜上门滋扰、殴打、砸门等"软暴力"、暴力手段施压。该小区上千名业主深受其害,张某便是其中一名受害业主。

袁某某等45人涉黑案是常态化开展扫黑除恶以来大竹县检察院办理

的首例涉黑案件。该案由全国扫黑办挂牌督办,不仅被告人及被害人人数众多,还涉及多起重大、复杂犯罪事实。

在接到办案任务后,"院小人少"的现实困难凸显。"该案卷宗有800多册,需要在一个月内完成审查起诉工作。"武尚志告诉记者,时间紧,任务重,要在短时间内消化庞杂繁复的案情,梳理出案件关键点和疑难点,并精确区分案涉人员的层级分工,这对办案人员的要求很高。

竹枝虽纤细,但细而不弱。大竹检察最不缺的便是"逢山开路,遇水架桥"的勇气和坚韧。"60后"检察官黄学斌主动请战,他主动分享办案经验,充分发挥老、中、青人才梯队和传帮带作用,带领办案团队高质量完成案卷审查,形成4000余页的审查报告。

最终,检察机关指控的违法犯罪事实、罪名均被法院依法采纳。2021年12月,该案45名组织成员分别被判处25年至1年6个月不等的有期徒刑,做到诉判一致,案件取得圆满成功。

◎ 老中青干警互相探讨案件

扫黑除恶专项斗争以来,大竹县检察院先后承办全国扫黑办、最高检等挂牌督办的5件重大涉黑涉恶案,以高质效的办案推动常态化扫黑除恶斗争走深走实。

务实为民　守护群众美好生活

"全县28个乡镇场镇的住房大部分系农民自建房或联建房,主要街道、住房楼道消防设施配备严重不足，每年都有火情发生，该问题应引起重视。"2023年1月，县人大代表黄明勇提交《关于进一步完善乡镇场镇消防基础设施配备的议案》。

2023年2月，根据大竹县检察院和县人大常委会、县政协会签的《关于建立代表建议、政协提案与公益诉讼检察建议衔接转化工作机制的实施办法（试行）》（以下简称《实施办法》），县人大常委会将收集的代表建议移送给检察机关。这份关于完善乡镇场镇消防基础设施配备的代表建议引起大竹县检察院检察官张晓敏的注意。

消防安全无小事。大竹县检察院公益诉讼办案组以此议案为线索，邀请应急、消防人员全程专业指导，重点针对所提及的乡镇人员密集场所的中小学校、养老院、卫生院、老旧小区等场所进行走访调查。

"我们历时一个多月，调查摸排相关场所基础消防设施、灭火器材是否配备齐全、完好、有效，安全出口、疏散通道是否符合消防技术标准、消防应急疏散预案制定实施等，做到了对全县乡镇场镇消防基础设施配备情况'心中有数'。"检察官张晓敏告诉记者。在详尽掌握情况后，检察机关邀请人大代表、县应急管理局、县消防大队、辖区乡镇街道及相关专业人士等举行听证会，共同推动消防安全整治。同时，主动与辖区乡镇政府及卫生、民政、教育行政主管部门开展磋商，督促相关部门履行监督管理职责，落实好消防安全责任。

经过努力，辖区内28家卫生院、11家养老院、30所中小学校、16个老旧小区基础消防设施进行了升级改造，5处场所的消防通道得到疏通，69处场所配备灭火器、疏散指示灯、应急照明灯及微型消防站等消防设施。

"我们小区有些年头了，此前，消防设施都被乱放的东西挡住了，整改后消防设施都处于最醒目的位置。"2024年3月，张晓敏到之前进行过消防安全整改的老旧小区开展"回头看"时，一位阿姨热情地告诉她，小区消防隐患整改了，消防安全法律法规宣传力度加大了，居民消防安全意识也提高了。

民生无小事，一枝一叶总关情。这是大竹县检察院以"竹"心为心，

◎ 检察官到涉案企业厂区查看复工复产情况

以实际行动赢得"民心"的具体实践。

代表建议、政协提案与公益诉讼线索信息的共享和及时转化也大大提高了检察公益诉讼办案质效。据悉，《实施办法》施行以来，大竹县检察院已对1552份（2021—2024年）代表建议、政协提案逐一研判，摸排出公益诉讼线索76件，转化为公益诉讼案件办理47件，涉及消防安全隐患治理、危险废物无害化处置、烧烤油烟污染整治等与人民群众利益息息相关的领域。

拔节向上　激发干警活力潜能

"能否再以已履行义务、超期时间达2年以上等要素为条件进行二次数据过滤，筛选相对突出的重点线索。"在讨论如何利用民事检察大数据分析平台强化精准监督时，青年干警、检察官助理朱祥大胆提出自己的想法。

2023年2月，大竹县检察院在开展民事执行检察监督过程中，发现一起案件的失信被执行人在履行有关义务后，仍未从失信被执行人名单中删除，导致其企业长时间不能正常融资贷款，正常生产经营受到严重影响。

受该线索启发，大竹县检察院顺势开展失信惩戒超期专项监督工作，依托搭建的民事检察数据分析平台，深入分析研判类案，进行系统筛查、对比碰撞后，发现存在落实失信被执行人名单制度不规范问题线索517条，其中"失信惩戒超期"线索496条。在消除数据筛查对比过程中存在的误差，进一步严格审查后，排查出问题相对突出、应及时删除的失信信息11条，涉企业11家。在找准问题的基础上，大竹县检察院向法院制发检察建议，推动法院依法删除11家企业失信信息。

某水产养殖合作社便是受益企业之一。"老板，最近鱼苗孵化得怎么样？饲料这些跟得上嚜？"2024年4月，进入新一季的养殖期，检察官蒲波和朱祥来到该合作社回访。"鱼苗长势非常好，真心感谢你们。要不是你们帮我摘了失信的'帽子'，我就没办法贷款，也就不会有这批鱼苗了。"合作社老板张某的喜悦溢于言表。

阳光下，鱼塘水面波光粼粼、鱼儿活蹦乱跳，朱祥也打心眼儿里高兴。"看到自己的一个想法转化为企业实实在在的获益，真的非常自豪。"朱祥说。

青年干警作出关键贡献，朱祥并非个例。近年来，大竹县检察院大力培育青年干警，激发队伍建设活力和潜能。竹根深植，拔节攀高，竹检后浪活力争先激发。

竹子每向上生长一节，即为"小结"一次，有结乃韧，有结乃高。党组书记、检察长肖

◎ 检察官深入企业一线，为企业疏忧解困

亚南告诉记者，为给干警充分的雨水滋润，让青年干警迅速成长为能担重任的"劲竹"之材，大竹县检察院制定《正向激励负向压责容错纠错九条措施》，树立鲜明用人导向，充分调动青年干警干事创业的积极性、主动性、创造性；出台《"竹检之星"分级评选办法》，强化互学互鉴，增强青年干警荣誉感、获得感；此外，还通过"育英计划"搭建干事创业舞台，提升青年干警"写、问、审、诉、辩、说"六种能力。"竹子遇雨会长得格外快，雨后甚至能在夜晚听到竹子拔节的声音，正如我院的青年干警，在一次次锻炼中不断成长。"

以办小案件护大民生
绘就基层检察工作新"枫"景

四川省雅安市名山区人民检察院

2023年12月20日，全国检察机关队伍建设工作会议暨第十次"双先"表彰大会在京召开，四川省雅安市名山区检察院被授予"全国模范检察院"称号。雅安市委书记夏凤俭要求大力学习宣传雅安市名山区检察院创模争先的优秀事迹。西部基层小院如何炼成全国模范检察院的故事获广泛关注。

"基层检察院是检察工作现代化发展的基础，更是检察机关服务大局、检察为民的'最后一公里'。雅安市名山区检察院立足全区农村人口多的实情实际，不断以法治助力夯实提升乡村治理根基，创新实施'法润民心'源头治理模式，绘就了新时代检察履职的新'枫'景。"在谈到如何从一个西部基层小院一步步炼成全国模范检察院时，雅安市检察院党组书记、检察长范文清如是说。

"听得见""看得着""能参与"的检察院

"听众朋友，大家好！欢迎您收听名山人民广播电台《检察之声》节目……"2024年7月25日，第521期《检察之声》准时与听众相聚在电波中。

《检察之声》是名山区检察院与名山人民广播电台共同制作的一档节

目，一个个真实的案例让听众从中学到法律知识，一条条检察动态让群众了解检察工作……这个节目已然成为群众"耳边的检察院"。

某村村民张大哥是这档节目的忠

◎ 群众"耳边的检察院"——《检察之声》

实听众。2022年，某工程施工方向张大哥所在村的沟谷中倾倒垃圾。"我以前在广播里听到过检察机关监督污染环境的内容，于是就向名山区检察院反映了相关情况。"张大哥说。

收到举报线索后，名山区检察院立即联系张大哥了解情况，并实地走访调查。查明情况后，名山区检察院向相关职能部门发出检察建议，该职能部门随后制定整改方案，及时清理了沟谷中的各类垃圾500余吨。

因地施策，多渠道开展普法宣传，畅通便民申诉渠道，持续引领社会法治意识是名山区检察院立足实际深入探索的履职路径。除《检察之声》外，名山区检察院还联合邮政部门组建了由45名邮政投递员组成的"预防犯罪邮路志愿服务队"，定期向全区13个镇（街道）、98个行政村、17个社区发放预防犯罪宣传资料。

2022年，名山区检察院打造"检'茶'法韵"普法品牌，成立"检'茶'法韵"新媒体工作室，打造"检察快道"网上查询"指尖上的检察院"，"检察说法"微视频"看得见的检察院"，"检察邮路"服务队"贴心的检察院"，"检察讲堂"小课堂"身边的检察院"，采取法律解读、法治教育、以案说法、送法到家等措施，以群众"听得见""看得着""能参与"的方式有效解决普法对象难集中、普法时间难保障、普法内容难理解等问题，以"接地气"的方式引导群众办事依法、遇事找法、解决问题用法、化解矛盾靠法。

"我们要让法治的种子在群众心里生根发芽，助力建设法治乡村，为经济社会高质量发展夯实法治基础。"名山区检察院党组书记、检察长郝连忠说。

高质效办好群众身边每一个"小案件"

检察工作要赢得群众肯定，说到底要靠高质效办案。立足西部基层小院的实际，名山区检察院如何理解"高质效办案"？

"坚持群众身边小案不小办，让群众真切感受到、看得见、摸得着公平正义，就是高质效办案。"名山区检察院常务副检察长龙晓雁告诉记者。

2021年7月，陈某被他人伤害致重伤。因对方无赔偿能力，本不富裕的陈某一家陷入困境。办案过程中，名山区检察院检察官审查案件后认为，陈某的情况符合国家司法救助条件，遂主动前往医院，向陈某及其家属详细讲解了国家司法救助政策，并引导陈某提交相关资料，最终，陈某依法拿到了1.2万元的司法救助金。陈某说："是检察机关送上门的救助给了我信心，也让我看到了希望。"

这是名山区检察院从群众急难愁盼出发，精办群众身边小案的一个例证。而从个案办理延伸到社会治理，让群众的获得感、幸福感进一步增强，则是办好群众身边小案价值最大化的体现。

2021年初，两家公司承建名山区高标准农田建设项目。工程完工后，两家公司共拖欠114名农民工120万余元劳动报酬。多名农民工向相关部门反映均无果。2021年10月，杨某等人向名山区检察院寻求帮助。

为妥善解决问题，尽快帮农民工拿到劳动报酬，名山区检察院一方面组织杨某等人与用工方进行协商，促成双方达成和解；另一方面积极与相关行政机关协作，通过"府检联动"机制合力保障农民工权益。经多方努力，2022年1月，114名农民工足额拿到了被拖欠的劳动报酬。

同时，针对该案暴露的农民工工资管理问题，名山区检察院助推相关职能部门出台《处置拖欠农民工工资线索协调配合办法》《雅安市名山区农业领域建设项目根治拖欠农民工工资管理制度》等，为农民工工资按时足额发放加上一把"安全锁"。该案获评全国检察机关2022年百件优秀行政检察类案。

"抓前端、治未病" 实现纠纷"预防性治理"

高质效办好每一个案件，力促案结事了人和，是"治已病"，还要再往前一步积极"防未病""治未病"。

名山区检察院认真贯彻落实习近平总书记坚持把非诉纠纷解决机制挺在前面，从源头上减少诉讼增量重要指示精神，将检察职能向社会治理领域延伸，创新推行"法润民心"源头治理模式，把新时代"枫桥经验"融入履职办案全过程，构建起"法治宣传+法律监督+立法建议"工作模式，促成群众依法化解矛盾纠纷，并收集立法意见和建议。

"我们在13个镇（街道）设置检察职能介绍牌，由领导班子和检察官全覆盖结对联系，因地制宜开展检察服务。"名山区检察

◎ 组织召开听证会化解矛盾纠纷

院副检察长吴仕莉向记者介绍。据了解，该模式推行以来，名山区检察院先后推动化解矛盾纠纷246件，受理法律咨询数量大幅增加，故意伤害、盗窃、非法捕捞等轻微刑事案件呈现明显下降趋势。

名山区检察院在收集社情民意时了解到，1999年，苏某秀未婚先孕，因未办理结婚登记不符合当时的计划生育政策，为逃避缴纳罚款责任，遂冒用妹妹苏某英（三级智力残疾人）个人信息，于2000年3月与冯某办理了结婚登记，后续因冒名婚姻导致苏某英无法享受残疾人补助政策等一系列问题。

了解到相关情况后，名山区检察院通过详细询问当事人、实地走访当地村委会，向公安机关及婚姻登记机关了解情况，调取婚姻登记材料等调查核实程序，查明了案件事实。2023年4月，名山区检察院召开公开听证会，邀请市人大代表、人民监督员、婚姻登记部门人员参加。听证员讨论后，一致支持检察机关向婚姻登记机关制发检察建议，建议对冒名婚姻登记予以撤销。婚姻登记机关采纳了检察建议并撤销了婚姻登记。

践行新时代"枫桥经验"，不能坐在办公室等案，要走出去、沉下去。名山区检察院成立了三支检察官巡检队伍，每月至少下沉基层一次，以提供法律咨询意见的方式化解矛盾纠纷，平均每月化解矛盾纠纷10余件，有效减轻了群众的"诉累"。

检察官走进群众，也要让群众走近法治。名山区检察院研发上线"法润民心"便民服务平台，设置"立法意见"栏目，收集群众对法律法规的意见建议。近3年来，名山区检察院把群众的"群言群语"总结提炼为可供立法参考的"法言法语"25条，其中围绕刑法修正案（十一）、民事诉讼法修改提出的两条建议在立法时被采纳。

近年来，名山区检察院先后三次获评全国先进基层检察院、连续五次获评全国检察机关文明接待室，获全国维护妇女儿童权益先进集体、全国检察宣传先进单位、国家级节约型机关等荣誉。

"乡村治，百姓安，国家稳。作为社会运转的基层单元，乡村是国家治理的基石。名山区检察院立足地方实际，深入践行新时代'枫桥经验'，探索'法润民心'源头治理模式，切实把矛盾纠纷化解在萌芽、解决在基层，不断做实检察为民，厚植党的执政根基，相关做法得到社会各界一致认可。"全国人大代表、雅安市教育考试院院长庹庆明说。

乌江河畔守正义

贵州省沿河土家族自治县人民检察院

巍巍武陵，磅礴逶迤；涛涛乌江，奔流不息。

在地处武陵山腹地、贵州高原东部、铜仁市西北部、乌江之滨的小县城里，有这样一支检察铁军：他们胸怀国之大者，立检为公、司法为民，锻造本领，干净担当，在维护正义、法治扶贫、扫黑除恶、司法救助、生态守护、民生之本上惟勤惟行、聚力聚智、用心用情，奔赴充满光荣和梦想的远征。2023年11月24日，沿河自治县检察院被人社部、最高检授予"全国模范检察院"称号。

锤炼品质砺初心

学如弓弩，才如箭镞。

近年来，沿河自治县检察院始终把提升干部能力素质，强化思想理论武装作为重要任务。沿河自治县检察院按照政治过硬、业务过硬、责任过硬、纪律过硬、作风过硬要求，着力在坚定理想信念、提高职业素养、培育优良作风等方面下功夫，举办了思想政治、党性教育、廉政纪律、职业道德等专题培训班，切实推动检察干部提升思想政治意识、坚定理想信念，提升推动改革发展的能力。

沿河自治县曾是国家级深度贫困县，也是贵州省脱贫攻坚的主战场和最难啃下的"硬骨头",法治扶贫的任务十分繁重。沿河自治县检察院全员参与,主动作为,在全县23个乡镇(街道)创新成立法治扶贫和法治振兴站,用法治之治助

◎ 开展普法活动

力脱贫攻坚和乡村振兴,有力有效推动乡风文明和基层治理,该经验做法获铜仁市改革创新奖,在全省检察机关推广。

2020年,沿河自治县检察院被评为"全国先进基层检察院";2021年,被表彰为"全省依法治理创建活动先进单位"。

忠诚为民显情怀

立善法于天下,则天下治。

沿河自治县检察院以"人民满意"作为检察工作的出发点和落脚点,围绕"努力让人民群众在每一个司法案件中感受到公平正义"的目标,以检察工作现代化服务中国式现代化,通过新时代检察履职不断提升司法公信力、厚植党的执政根基。

沿河自治县检察院认真落实"一号检察建议",通过进校开展督导落实,促使县教育局对全县1万余名教职员工开展入职查询,有效排除侵害未成年人潜在危险。明确26名检察干警兼任全县69所中小学法治副校长,进校开展法治教育。同时,借助政法系统大走访,主动开展送法进乡村、进社区、进家庭,上门提供法律咨询,对未成年人开展自我保护宣传教育,有效守护孩子健康成长。2021年12月,沿河自治县检察院被全国

妇联表彰为"全国维护妇女儿童权益先进集体"。

扫黑除恶专项斗争期间，沿河自治县检察院被市委、市政府表彰为"扫黑除恶专项斗争先进集体"，1个办案组、3名干警受到省、市表彰奖励。近三年来，办理司法救助案件72件，发放司法救助金55.82万元。围绕拖欠农民工工资的突出问题，发挥督促履职、支持起诉等职能，帮助600多名农民工追回被拖欠工资900万余元。

官舟镇枣树村和泉坝镇水田村是沿河县的两个古老村落，两村相邻而居近百年。然而，"百年的邻居"却曾因水资源利用问题多次发生矛盾，甚至发生持械聚众斗殴事件。2020年，枣树村因脱贫攻坚之需，将水田村水槽口处的水源引至村里解决该村人居饮水，导致水田村部分村民的不满，认为该工程影响水田村的农田灌溉。同年4月，水田村村民范某召集本村村民砍断工程施工现场的水管，后被刑事拘留。

案发后，水田村部分村民情绪激动，直接用混凝土将争议水源封死，两个村的矛盾十分尖锐。沿河自治县检察院受理刑事案件后，迅速成立专案组，深入两村实地走访，将听证会开到老百姓的家门口，邀请该县水务局、两地村委会共商水源利用方案。最终，两村在检察机关的促成下达成水源利用共识，近百年纷争得到有效化解。

而今，巡回听证、上门听证已成为沿河自治县检察院探索乡村有效治理的一种常态化新举措。化解枣树村和水田村的水源之争只是沿河自治县检察院参与市域社会治理现代化的一个缩影。2020年12月，沿河自治县检察院被省委、省政府表彰为"全省文明单位"。2023年4月，被贵州省委、省人民政府表彰为贵州省"人民满意的公务员集体"。

守护公益担使命

去民之患，如除腹心所疾。

沿河自治县检察院充分发挥生态检察工作在守护生态环境中的积极作

用，依法打击各种刑事犯罪特别是危害生态环境、破坏自然资源的犯罪活动；对符合条件的生态保护公益诉讼案件依法提起公益诉讼，将生态环境与生态经济相融共促，将法律监督与行政执法有效衔接，将惩罚性措施与预防性建设统筹并举，把生态和法治理念融合贯穿生态检察工作全过程，坚持"办理一起案件，治理一个行业"的办案理念。办理的"在麻阳河国家级自然保护区内非法捕捞水产品案"，除追究当事人刑事责任以及附带民事诉讼惩罚赔偿外，还向县农业农村局、公安局、生态环境局等部门发出检察建议，综合运用"刑事打击+公益诉讼+综合治理"的方式，促进生态环境和资源保护领域社会综合治理。

贵州麻阳河国家级自然保护区是国家一级重点保护野生动物黑叶猴的栖息地，然而，近年来有村民在自然保护区内违法占用土地修建养殖场，

破坏保护区生态环境，对黑叶猴等野生动物栖息和繁殖产生不利影响，不利于生物多样性保护。沿河自治县检察院通过现场勘查、实地走访、查阅书证等方式开展调查，在查清违法事实后，依法向该县自然资源局提起行政公益诉讼，并督促县自然资源局联合麻阳河保护区管理局、县农业农村局等职能部门开展专项整治，确保了被破坏的野生黑叶猴栖息地生态环境得到有效地修复。该案成功入选最高检生物多样性保护检察公益诉讼典型案例。

沿河县夹石镇夹石中学及周边的生活污水直接排入乌江，对乌江水生态环境、下游饮用水源水质造成严重污染，产生的恶臭气体及蚊蝇严重影

响夹石中学3000多名师生及周边群众正常的工作和生活环境。沿河自治县检察院坚决向法院提起行政公益诉讼，判决生效后得到有效整改，确保了下游人民群众饮水安全，回应了人民群众对美好生态环境需求，该案成功入选最高检保护长江经济带典型案例。

接到县人大代表和部分群众反映县城中小学周边存在流动食品经营者在未依法办理食品经营相关手续的情况下，以车辆为餐饮作业工具，占道制售炒粉、油炸土豆、奶茶等食品，供周边中小学生食用。所售卖食品存在安全隐患，影响中小学生身体健康，同时占道经营行为严重影响交通安全和社会管理秩序。沿河自治县检察院通过向法院提起行政公益诉讼，督促相关行政机关正确全面履职，促成各部门齐抓共管形成有效治理整改。该案入选最高检指导性案例，检察长邱桢受央视邀请，登上央视12频道检察官说法栏目作案例讲述。

沿河自治县检察院始终牢记职责所系、民生之本，在新的征程上更加紧密地团结在以习近平同志为核心的党中央周围，逐梦星辰大海，劈波斩浪、踔厉奋发、勇毅前行，不断开创新时代检察工作新局面。

以高质量党建引领边疆基层检察跑出"加速度"

云南省临仓市临翔区人民检察院

"总书记回信到佤山,山笑水笑云潮涌;木鼓声声传情谊,古老边寨沐春风……"一首《阿佤人民幸福歌》诉说着边疆佤乡人民的感恩之情。

临沧市位于云南省西南部,西与缅甸交界,因澜沧江流经而得名。2021年8月19日,习近平总书记给这里边境村老支书们回信,勉励"继续发挥模范带头作用,引领乡亲们永远听党话、跟党走,建设好美丽家园,维护好民族团结,守护好神圣国土,唱响新时代阿佤人民的幸福之歌"。

"作为守护人民群众公平正义的坚强后盾,要以'我们都是收信人'的自觉,努力把习近平总书记的殷殷嘱托,落实到高质效检察履职办案中。"党组书记、检察长戴勇向记者介绍。临翔区检察院把习近平总书记的嘱托转化为推进工作的强大动力,以高质量党建引领,探索出"党建+检察"深度融合发展模式,建强过硬检察队伍,保障检察工作高质量发展。2021年,临翔区检察院党总支被中共中央授予"全国先进基层党组织"荣誉;2023年11月24日,临翔区检察院被评为"全国模范检察院"。

党员先锋冲在办案一线

2023年11月,李昌花检察官收到一个来自宁夏银川的"神秘"快递,拆开后,一面鲜红的锦旗上赫然写着"保护百姓权益、肩负社会正义"。

原来,寄送锦旗的是一起涉缅北电信诈骗被害人。

李昌花检察官2023年8月受理了一起涉缅北电信诈骗案,在犯罪嫌疑人纷繁复杂的银行交易明细中,她敏锐地发现其中一笔涉诈资金来源账号,与国家反诈大数据平台推送的一宁夏被害人报案信息来源账户相似,遂多方查询、认真核实,确认该笔资金确为宁夏被害人的被骗资金。在李昌花检察官耐心劝导和释法说理下,犯罪嫌疑人自愿认罪认罚并表示愿意退赔该笔涉诈资金。几经周折,李昌花与被害人取得联系,及时将该笔涉诈资金退回。被害人为表达感谢"千里"寄锦旗。

临沧与缅甸山水相连,边境线长290多千米。为有效打击电信网络诈骗犯罪,最大限度挽回被害人损失,临翔区检察院探索"1+1+N"(一个办案团队至少有一名党员先锋、一名党员先锋帮带多名办案骨干)党建与业务深度融合的办案模式。

作为该办案团队的党员先锋,李昌花凡事想在前、冲在前、干在前,团结带领办案骨干既讲政治、又讲法律,积极参与打击缅北电信网络诈骗专项行动,高质效办好每一个案件。2021年以来,该团队办理相关案件339件432人,依法起诉电信网络诈骗及其上下游产业链相关犯罪250人,帮助被害人追回被骗资金共计100万余元。他们针对涉缅北电信网络诈骗行业整治发出的检察建议,获评"2022年度全省检察机关优秀社会治理检察建议"。

"党员与业务骨干双向培养机制,不断增强了党组织的吸引力、凝聚力、向心力。"戴勇介绍,临翔区检察院党员在全院干警中占比逐年提高到 72.1%，一批党员检察干警在党建责任与检察业务中淬炼成长，涌现出"云南省三八红旗手""全省检察之星"等先进典型。近年来，13 名党员业务骨干获组织认可提拔。临翔区检察院党建品牌被最高检评为党建与业务深度融合"十佳案例"。

专业化团队打造特色品牌

全国人大代表、云南省临沧市临翔区圈内乡细博村党总支书记、村委会主任付娇一直关注临翔区检察院的工作：该院在各项业务建设中取得了优异的成绩，尤其是把检察工作有效融入促进边疆基层社会治理，做了大量卓有成效的工作。在我们代表提出"加强对农村社会治理易发多发领域加强普法宣传"的建议后，临翔区检察院及时行动，联合相关部门以巡回法庭、模拟法庭、法治小品等形式，为农村干部群众、学校师生及家长开展零距离现场普法，效果非常好，形成了自己特色鲜明的工作品牌。

临翔区因地理位置特殊，跨境、涉毒品等重大复杂的犯罪案件较多，"强边固防"的检察任务比较重。

2021 年 11 月，临翔区检察院第一检察部主任周晓远受理了一起跨境网络赌博案。当看到卷宗中"字花"两字时，她立马警觉起来。这种被边境老百姓称为"字花"的赌博游戏来自缅甸，曾一度在边境地区盛行，在我国的严厉惩治下本已销声匿迹，现又在网络社交媒体上"现身"。

随后，周晓远带领团队及时依法介入引导侦查，从微信群、群内实际参赌人员、群内参赌资金往来及金额等网络赌博犯罪的关键证据入手，形成完整证据链条，有效推动案件从严从快惩处，及时震慑和遏制该类案件滋生蔓延。

面对"字花"赌博的死灰复燃，周晓远及时带领办案团队到案发地回访了解社会治理问题，通过录制并发布普法短视频、进乡村以案释法等方式，向群众普及买卖"字花"行为涉嫌违法犯罪，有效减少和预防了该类

◎ 周晓远检察官在乡村集市上以案释法

案件的发生。

"每一个案件都要用心用情办好，因为它一头连接着当事人，一头连接着边境安定、人民期待。"周晓远说，"高质效"是不能就案办案，要主动担当社会治理责任，让公平正义可感受、能感受、感受到。

在"先锋典型与特色品牌双赢驱动"模式下，党员先锋李邦红带领"恒春未检"团队创新"四个三"未检工作法擦亮恒春未检品牌，获"全国最美志愿者"称号、获新华社授予"中国网事·年度网络感动人物"称号；党员先锋王婵娟带领公益诉讼办案团队成功探索办理云南省首批文物和传统村落保护公益诉讼案；党员先锋杨正玲带领12309办案团队践行新时代"枫桥经验"，实现群众信访矛盾化解率和群众满意率100%，获云南省委政法委、司法厅授予"云南省调解能手"称号，该团队连续5届蝉联"全国文明接待室"……

一名名党员先锋引领办案团队撑起了临翔区检察院高质量发展"脊梁"，多年来，该院检察业务连续保持全市前列。

廉洁忠诚擦亮亮丽名片

"今天的活动内容很丰富，通过学习廉政知识、接受警示教育，增强了我当好'廉内助'、做好家庭廉政监督员的责任感和使命感。"2024年3月28日，临翔区检察院组织开展"八个一"廉政文化进家庭暨家属检察开放日活动，一名干警家属参加活动后颇有感触。

"八个一"指的是学习一次纪律规定、发放一份家庭助廉倡议书、签订一份家庭助廉承诺书、聘请一名家庭廉政监督员、表彰一批"勤廉典型"和"廉内助"、同看一则家风故事、开展一次警示教育、参观一次廉政文化,这样的廉政文化进家庭活动已开展多年并成为临翔区检察院的一个文化品牌。

"请检察官注意,该案件办理时限临近,相关文书并未在系统上传,可能导致超期办案!""请部门负责人注意,您本月'三个规定'及重大事项情况还未填报!"……在检察履职中,干警们不时会收到相关办公办案环节中廉政监督员的廉政提醒。

临翔区检察院把落实"三个规定"、防止干警违规违纪、案件质效监管等党风廉政责任列入党建责任清单,通过党员先锋落细落实到每一个案件办理和每一项工作推进中,让干警在作出每一个决定前充分检视廉政风险。

"我院恢复重建40多年来一直保持零违纪违法,廉洁是我院的亮丽名片。"党组成员、政治部主任段雪娉介绍,临翔区检察院通过营造"每一次会议必讲廉政,每一项检察工作必管廉政,每一起案件每一个环节必提廉政"的清廉氛围,将检察忠诚底色融入检察血脉,把"廉"字刻进每个人的心坎。

◎ 表彰"八个一"廉政文化进家庭活动中的"勤廉典型"

持续地抓党建、带队伍、促业务，临翔区检察院党建与业务融合释放出 1+1>2 的效应。近三年，临翔区检察院在平安建设及综合考评均获区委考核"优秀"，考评分多次位列第一。"全国先进基层检察院""全国检察机关集体一等功"，连续两届"全国文明单位"……临翔区检察院集体和个人获区级以上表彰已达 146 项。

面对荣誉，戴勇表示，将以荣誉为新的起点，持续下好"政治强检、业务立检、素质兴检、规范建检、文化育检"五维同驱齐向发力的全盘棋，努力打造人民群众满意的边疆基层检察院。

充分发挥法律监督职能
高质效办好每一个案件

西藏自治区拉萨市达孜区人民检察院

2023年12月20日，在全国检察机关第十次"双先"表彰大会上，拉萨市达孜区检察院获得"全国模范检察院"这一殊荣。

"这份荣誉不仅是对我们工作的肯定，更是对我们所有人的鞭策和激励。"近日，达孜区检察院党组书记、检察长强巴卓玛在接受记者采访时说。

达孜区距拉萨市20千米，素有拉萨"东大门"之称。达孜区检察院在人员少、任务重等实际困难下，何以摘取这一殊荣？

忠诚担当履职　锻造新时代检察铁军

走进达孜区检察院"初心教育室"，记者看到厅内"党的百年历程"、"党对检察工作的领导"、"指导有力、工作有序"、"检察为民办实事"、荣誉墙及党建六大板块内容呈现于面前。

"创办'初心教育室'的用意在于提醒全体检察干警时刻不忘入党时的初心，从检时的初心，使干警能够更好地重温初心、感悟初心、践行初心。"跟着强巴卓玛的脚步，记者听她认真地介绍道。

为常态化、制度化开展"不忘初心、牢记使命"主题教育，创新党员干部教育平台，达孜区检察院于2022年6月创办"初心教育室"。

达孜区检察院把创建"初心""守心"党建品牌作为挖掘潜力的抓手，从思想上正本清源、固本培元，着力铸就忠诚之魂，不断增强执行力。每年通过开展经常性的反分裂斗争教育，切实把全体干警的思想认识统一到党中央的方针上来，不断增强政治鉴别力；通过开展各类主题教育，切实将全体干警的思想认识统一到检察工作上来，不断提高维护公平正义的能力；院党组坚持理论中心组学习制度，不断提高班子的政治素养、理论决策和议事能力水平。

同时，达孜区检察院打造了富有新内涵的检察文化走廊，创办了"检察之家"，开办了干警读书阅览室，改造完善了支部活动室，激励干警不忘初心、牢记使命。强化"三个自觉"，落实全面从严治党主体责任制、"三个规定"及重大事项报告制度，不断健全廉政风险防控机制，在原来制度的基础上修改和增补了20余项制度。

五年来，全院干警未出现违法违纪行为。

全面充分履职　推动"四大检察"不断提档升级

"努力让人民群众在每一个司法案件中感受到公平正义""高质效办好每一个案件"……

结合新时代人民群众对检察工作的新要求新期待，围绕《检察机关案件质量主要评价指标》，尤其是自2021年以来，达孜区检察院的整体案件数量和质量都呈上升趋势，2021年和2022年案件量比2020年分别上升22.62倍、18.06倍。

青藏高原生态环境极其脆弱，一旦破坏难以恢复。

2021年5月18日，丁某某、陈某某、赵某某、西某在禁渔期、禁渔区非法捕捞野生鱼1498条，共计717.81千克。

2021年11月10日，达孜区检察院向达孜区法院提起刑事附带民事公益诉讼，请求依法判令被告丁某某等4名被告共同承担生态修复费用

32301.45 元；判令 4 名被告通过县级以上媒体公开道歉。在庭审中，达孜区法院支持了检察机关的全部诉讼请求，丁某某等 4 名被告人受到相应处罚。

"通过办理刑事附带民事公益诉讼案件，既打击犯罪，又以专业评估确定生态修复方式，通过缴纳生态补偿金增殖放流的方式修复受损的生态环境，实现低成本、高效益、可执行的模式修复青藏高原区域水生态损害。"该案入选西藏自治区涉生态环境刑事犯罪典型案例，入选全国检察机关公益诉讼全面推开五周年"好案件"。

◎ 举办检察开放日活动

自 2021 年 6 月起，拉萨市某水泥有限公司因资金周转问题，导致拉某某等 225 户 878 人运输款未能支付。2022 年 4 月 25 日，拉某某等 878 人选出的村民代表向达孜区检察院 12309 检察服务中心申请支持起诉。经审查，符合支持起诉的条件，遂依法予以受理。

经过走访、询问双方当事人，达孜区检察院认为，水泥公司与拉某某等 878 人存在合同关系，积极组织双方诉前和解，通过沟通协调，双方同意诉前和解。

最终水泥公司负责人与村民代表在达孜区检察院主持下签订和解协议，并于当天支付了拖欠运输款 536 万元。该案被最高检评为全国典型案例。

以主动履行检察职责，以为民情怀办好民生案。

对刑事案件被害人开展司法救助。2023年，共救助3人11.5万元。依托"上下联动""府检联动"，对1起案件开展多元化救助，解决监护人工作，并将被害人纳入重点关爱对象，不定期对该家庭走访。

◎ 开展司法救助工作

落实未成年人刑事案件集中统一办理的规定，达孜区检察院共办理除城关区以外"五县两区"未成年人犯罪刑事案件32件35人，开展未成年人司法救助工作和"一站式"服务，创建了具有西藏特色、达孜特点的未检logo和未检卡通娃娃。

五年来，达孜区检察院共办理各类刑事案件129件171人、公益诉讼案件715件、未成年人保护公益诉讼案件31件，制发检察建议32份。5年来，检察官人均办案量为123.5件。

依法全面履职　延伸检察服务中心工作触角

"我们37名群众的运输款一直都拿不到，快过年了，大家没有钱置办年货。"2023年2月13日，强巴卓玛在章多乡开展大接访时，章多乡章多村村民扎某称，本村37名群众与某有限公司签订运输合同，承担该公司的砂石料运输，村民群众多次沟通，但公司均以经营效益不佳为由，一直拖欠运输款至今未支付。

"你们这样的情况,可以向检察机关申请支持起诉……"强巴卓玛耐心向扎某等人介绍相关法律知识,并告知检察机关的民事支持起诉职能。

收到支持起诉申请书后,为了解决群众燃眉之急,安"薪"过好藏历新年,达孜区检察院立即启动民事支持起诉程序,一方面迅速开展走访和摸排,对37名群众提供的证据予以梳理固定;另一方面同该公司法定代表人进行沟通协调、释法说理,最终促成双方达成和解,该公司于两日内将33万元运输款全额支付给群众。

近年来,达孜区检察院进一步改进作风狠抓落实,结合"清源正本、忠诚正道"和"饮水思源、感恩思进"积极开展领导干部下基层大接访办实事等活动。自2022年至今,入户159户宣讲各级会议精神、党的惠民政策并化解矛盾纠纷,对易致贫返贫监测户、建档立卡户和异地搬迁安置点进行帮扶慰问30余次,慰问金和慰问品折合人民币7万余元。深入村居、学校、军营、寺庙开展各类法治宣传60余场次,发放宣传册(品)35000余份。同时,达孜区检察院还全面落实党的民族政策,以"铸牢中华民族共同体意识"的新时代中华民族工作主线,构建了与村居、寺庙"民族团结一家亲"格局。

地处祖国边疆的前沿,达孜区检察院将维护社会稳定作为检察工作的首要政治任务和义不容辞的责任,全院干警在海拔4000多米的寺庙蹲点执

◎ 达孜区检察院召开军地检察联合听证会,依法维护军人军属权益

行值守、社会面巡查任务。

　　成绩属于过去，奋进正当其时。强巴卓玛表示，今后，达孜区检察院将继续保持谦虚谨慎的作风、廉洁自律，发扬老西藏精神、"两路精神"，实干苦干，充分发挥法律监督职能，扛起时代重任，发挥先锋模范作用，以功成不必在我但功成必定有我的决心和毅力，更好为大局服务、为人民司法、为法治担当。

忠于党、平如水、利于民
一个山区小院的"振兴"之路

陕西省平利县人民检察院

平利,"平安顺利",一个吉祥的名字,一个美丽的地方!

2020年4月21日,习近平总书记在平利县老县镇锦屏社区考察调研时说:"衷心希望,我们父老乡亲们的生活啊,真像我们城市的名字:安康、平利,平安顺利。"

在守护"平安顺利"的征途上,平利县检察院牢记殷殷嘱托,忠实践行"忠于党、平如水、利于民"职业理念,以忠诚坚守初心,用实干践行使命,先后获评"全国先进基层检察院""全省人民满意的公务员集体"。2023年11月24日,被授予"全国模范检察院"称号。

党建引领　筑牢政治高地

"平利县检察院党建工作有自己的根和魂。"2021年7月,陕西省检察院党组书记、检察长王旭光到平利调研,对平利县检察院党建工作印象深刻。

"要提炼平利县检察院'五化'党建模式,在全市检察机关推广运用,切实找准安康检察党建工作的地位、定位和方位。"2022年3月,安康市检察院刘惠生检察长到安康任职第二天就到平利县检察院调研,要求深化打造"五化"党建模式,并在全市推广。

近年来，平利县检察院始终坚持党对检察工作的绝对领导，深入推进政治与业务深度融合思想、话语、行为和评价"四个体系"，创新推出"主体责任具体化、组织生活规范化、活动阵地标准化、党建业务一体化、队伍建设专业化""五化"党建模式。《"三联三抓"打造"1+N"多元化司法救助模式》获评第一批全国检察机关党建业务深度融合"十佳案例"；团支部获评"陕西省五四红旗团支部"称号；党建业务融合经验做法在全省检察机关党建研讨会、党务干部培训班上交流。

该院党组书记、检察长鲁宏力坦言，之所以能够获评"全国模范检察院"殊荣，正是一以贯之抓党建、坚定不移抓实"四个体系"融合的结果，深感"尝到了融合的甜头"。

守正创新　打造品牌阵地

基础弱、底子薄、案件体量小是制约发展的客观因素，绕不开也避不过。平利县检察院党组一班人坚信唯有解放思想、改革创新，才能弯道超车、追赶超越。

◎"婷姐心语"进校园，讲好开学"第一课"

目标是航向，是灯塔。在2020年获评"全国先进基层检察院"基础上，平利县检察院加压奋进、接续奋斗，坚持择高处立、向模范看、往实处落，提出"一年固基保先进、两年挺进省一流、三年再创'国字号'"新目标，接好"接力棒"，跑好"接力赛"。

品牌是支撑，是抓手。平利县检察院持续深化有站位、有进步、有品牌"三有"争创活动，深入开展"一部一品"创建，把特点做成亮点，把品牌做成招牌，用"好品牌"撬动"大作为"。

"婷姐心语"未检品牌获评"全省未成年检察工作示范品牌"；青少年法治教育基地入选"省级青少年教育基地"；"12345"检察"双进"工作经验在全省系统会交流……串珠成链，积沙成塔，一个个品牌亮点的蓬勃发展，厚积出高质量发展的志气、骨气、底气。

"让平利成为更多检察业务工作标准的'原产地'，更多典型案例的'诞生地'，更多先进经验的'集散地'。"这是鲁宏力最操心的事。

依法履职　守护平安福地

近年来，一些黑恶势力开始隐藏、转型，从"网下"向"网上"，"显性"向"隐性"，"硬暴力"向"软暴力"，"传统领域"向"新兴行业"转变，发现和打击难度更大。

2022年6月，平利县检察院应邀提前介入一起涉网刑事案件，检察官办案敏锐发现该案有可能是一起有组织恶势力犯罪，第一时间提出取证意见并及时向上级院请示报告。在此案之后的办理中，省、市、县三级检察机关充分发挥检察一体优势，严格落实统一把关制度，对个罪进行精准研判，对恶势力定性进行充分论证，依法对任某某等7人涉网恶势力非法经营案提起刑事附带民事公益诉讼。2024年4月，全省检察机关45名负责扫黑除恶工作的检察干警齐聚平利，对该案法庭辩论环节进行观摩。

平利县检察院始终把"高质效办好每一个案件"作为检察履职办案的基本价值追求，将"三个善于"的核心要义贯穿业务工作全过程，紧贴党委政府中心工作，紧贴人民群众急难愁盼，紧贴社会治理堵点难点，深入推进"检察护企""检护民生"专项行动和虚假诉讼专项监督，重点办理了郭某某等 19 人开设赌场案、徐某等 4 人非法吸收公众存款案等一批重大影响案件。三年来，5 件案件分获全国、全省"典型案例""精品案件"；生态环境检察工作 3 次被《检察日报》报道，两次获评全省公益诉讼优秀联系院；涌现出"全省优秀办案团队""个人二等功""三秦最美检察人"等一批先进典型。

为民司法 拓宽服务领地

2023 年 3 月，平利县检察院在履职中发现，一未成年人被其父遗弃长达八年不管不顾，检察机关主动担当、监督立案，将公开听证会开到村组，是非对错群众评，法理人情大家论，通过支持起诉追讨抚养费 8.4 万元，并对其家庭进行司法救助，以检察履职促成父子"相认"、家庭团圆。

"谢谢检察官妈妈，你们就像一束光，为我们照亮了前方的路。"2023 年秋季开学前夕，平利县大贵镇广兴寨村 3 名学生如期拿到助学金，和往常一样，每人每年 1.2 万元，三年共救助 10.8 万元。

能有这样一笔不小的救助金，得益于"三进三解"参与社会治理机制和"1+N"多元化司法救助工作模式。

近年来，平利县检察院全力打造以进留守家庭督促履责、进单亲家庭情感补位、进困难家庭多元帮扶、凝聚合力解学校之难、精准施策解家长之忧、科学引导解学生之惑为内容的

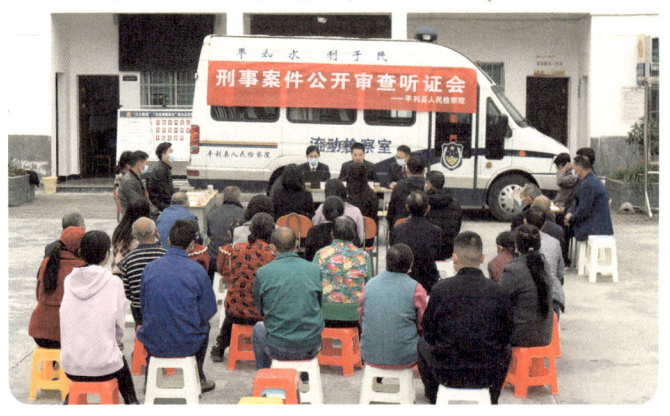

◎ 开到"家门口"的听证会

"三进三解"参与社会治理工作品牌,创新建立"1+N"多元化司法救助机制,先后走进239个家庭,解决26个实际问题,排除17个风险隐患,帮助42个孩子完成了"微心愿",办理司法救助案件89件,发放救助金120万余元。

"基层检察院离老百姓最近,是社会公平正义最后一道防线的最前沿,也是守护公平正义的第一线。我们办的不仅仅是一个案子,而是一个人的人生;维护的不仅仅是老百姓最朴素的情感期待,更是整个社会的公序良俗和风气导向。"鲁宏力在学习笔记中这样写道。

自律严防　坚守职业禁地

人才兴则检察兴。

在平利县委书记杨军看来,"平利检察这支队伍天赋不是一等、能力绝非一流。但他们有一股气,一股不言败、干就干好的志气;有一股劲,一股精益求精、争一流的拼劲;有一股风,一股求真务实、担当实干的过硬作风。正是这一股气、一股劲、一股风汇聚在一起,才会让平利检察分量更足、底色更重、亮色更显、发展更强。"

平利县检察院历届领导班子一贯重视队伍建设,检察大讲堂开办至今已有8个年头,检察之星评选延续了7个春秋,"每日一读、每周一谈、每月一评"从专项学习固化为制度……常态化的岗位练兵、业务竞赛等活动,让干警人岗相适,人尽其才,才尽其用。

注重专业团队建设,组建"平检知音"宣传团队、"黄姜糖葫芦"抖音创作团队,工作做法多次被《检察日报》《陕西日报》宣传报道。"平利检察"微博、头条号每月入围全省政法新媒体20强,微博获评"全省优秀微博账号""全国规范管理优秀账号",头条号获评"全省优秀政法新媒体账号"。

廉洁是最大的底线,持续开展"寻找平检好规矩"活动,定期开展

"慵懒散怠推"专项整治。连续7年在全县目标责任考核中获评"优秀"等次,被县委授予"党风廉政建设工作先进单位"。

"平利县检察院之所以奋发有为,得益于有一个团结的班子,有一支过硬的队伍,让群众放心,让人民满意。"陕西省人大代表陈芳对平利县检察院各项工作给予充分肯定。

牢记嘱托"忠于党",坚守初心"平如水",践行使命"利于民",平利县检察院将珍惜崇高荣誉,昂扬奋发,在检察工作现代化的道路上谱写更加绚丽多彩的新篇章。

奏响"梯田王国"的检察新篇章

甘肃省庄浪县人民检察院

季夏八月,走进位于甘肃省中东部、六盘山西麓的庄浪县,就被层层叠叠的梯田吸引,这里是名副其实的"梯田王国"。

从20世纪60年代初开始,40多万庄浪人发扬愚公精神修梯田,历时30多年,将陡峭、破碎的山地变成了百万亩平展梯田,建成了第一个"中国梯田化模范县",铸就了享誉全国的"庄浪精神"。

近年来,在"庄浪精神"的感召指引下,庄浪县检察院坚持以习近平法治思想为指导,奋辑争先,开拓创新,先后荣获全国先进基层检察院、全国科技强检示范院、省级文明单位、全省先进检察院……走出了一条西北偏远地区基层检察工作高质量发展的路子。

2023年11月24日,庄浪县检察院又荣获"全国模范检察院"称号。这家位于"梯田王国"的基层检察院,何以从众多基层院脱颖而出?近日,记者走进庄浪县检察院,了解荣誉背后的故事。

"检察蓝"与"苹果红"双向奔赴

习近平总书记在新时代推动西部大开发座谈会上强调,要坚持把发展特色优势产业作为主攻方向,因地制宜发展新兴产业,加快西部地区产业转型升级。

庄浪县是全国苹果优势产区，该县立足资源禀赋，把苹果产业作为富民强县的主导产业来抓，在百万亩梯田上大力发展苹果产业。

服务保障经济社会高质量发展是检察机关义不容辞的责任和使命。近年来，庄浪县检察院坚持"四大检察"一体发力，积极构建果农权益保护立体格局，建立维护果农权益维护"绿色通道"，与3家苹果企业、1家苹果产业链延伸企业、8个苹果种植大村村委会建立常态化联系。

同时成立了涉果农案件联合工作组，内部强化线索移交和协作配合；外部强化联动履职，联合行政部门会签文件，会同法院依托"果农纠纷联调中心"，开展一站式多元纠纷化解，寻求果农权益保护"最大化"。

2024年5月，正值苹果花期结束进入套袋期。盘安镇焦湾村的李女士找到正在苹果园里普法的检察干警。她说，近年来她所在村镇及周边苹果产业发展迅速，农闲时节，村里和她一样的妇女劳动力都会到苹果园里打零工，每天能挣100元左右，报酬当天结清。

李女士在邻村某苹果种植合作社给苹果套袋，苹果住上了安全屋，但她的钱包并没有发生变化，因为合作社负责人以各种理由拖欠其应得报酬。

◎ 检察官苹果园里普法

"苹果作为县域富民的首位产业，全县种植基地保持在65万亩左右，每年出产苹果70万吨以上，年产值达45亿元。当前苹果花期结束进入套袋期，预计临时用工10万人次。"

副检察长马红霞介绍，针对用工时长、工资报酬、妇女权益保护等问题，检察机关走进果园开展法治宣传，助力苹果产业红起来、农民钱袋子鼓起来。

掌握情况后，庄浪县检察院民事检察部门干警第一时间联系合作社所在乡镇干部，在了解合作社经营状况后，对合作社负责人以案释法、分析利弊，最终，合作社负责人当场支付了李女士临时用工报酬。

据了解，庄浪县检察院已经处理了类似李女士反映的问题20余件，帮助讨回劳动报酬8万余元。

护航马铃薯种业"芯片"

习近平总书记指出，保障粮食安全，要害是种子和耕地。

近年来，庄浪县依托境内百万亩水平梯田优势，把育种作为提升马铃薯品质重要抓手，在全省率先引进马铃薯原种"雾培法"生产技术，自主选育了"庄薯3、4、5、6、7号"5个新品种，马铃薯年产65万吨左右，真正实现了产业化、规模化种植，并申请注册了"庄薯""红眼窝"两个商标，获批国家农产品地理标志。

"我县成为全省优质马铃薯主产区的核心'密码'就是依托高品质的种子，通过大量走访调研，我们找到了检察机关守护马铃薯种子的契合点。"检察长刘小玲如是说。

◎ 开展送法进企业宣传活动

为了让这个"契合点"更有效，庄浪县检察院派员深入县农业农村局、农技中心及 18 个乡镇农技推广区域站、马铃薯脱毒种薯繁育中心等走访调研，掌握第一手资料，梳理马铃薯育种、生产、销售中存在的问题，制定出台服务保障实施意见，明确提出检护种"芯"10 项举措。

服务保障，阵地是关键。庄浪县检察院在县马铃薯脱毒种薯繁育中心设立检察官联络站，组建了由 8 名检察官组成的"检察官助企团"，定期深入该中心开展商标、专利及国家保护种子的法治宣传。

同时，庄浪县检察院对全县 100 亩以上的马铃薯种植大户进行了走访，确定 20 名干警为联络员，定期了解马铃薯销售中的涉法涉诉问题，对问题线索整理分类，按照职责分流至内设部门办理，为种植大户提供"套餐式"服务，受到种植大户的一致好评。

"有了检察院的帮助，我们在马铃薯选种育种、技术研发、生产销售等各环节的底气更足了，我们有信心培育更高品质的种薯，真正让'土豆豆'变成群众增收致富的'金豆豆'。"县马铃薯脱毒种薯繁育中心主任周爱爱说。

"小建议"助推"大治理"

"我们在司法办案中既'抓末端、治已病'，又'抓前端、治未病'，在刑事打击的同时，综合运用检察建议等方式促进行业、社会弥补管理中的漏洞。"副检察长李杰介绍。

2023 年初，庄浪县检察院办理了 3 起发生在县农商银行的破坏金融管理秩序类犯罪案件，直接经济损失上千万元。该 3 起案件严重破坏了金融管理秩序，造成了巨大经济损失和恶劣社会影响。

办案检察官王晓辉在审查犯罪事实和证据的同时，对该行破坏金融管理秩序类犯罪发生原因进行了深入分析，发现该行在贷款业务办理中存在贷款审查、审贷分离、分级审批等贷款法律法规制度流于形式；信贷人员岗位权责不清职、员工柜员系统管理账号乱用；管理粗放，员工普遍法治观念淡薄，责任意识不强等重大管理漏洞和金融风险。

为彻底解决问题，庄浪县检察院制发了检察建议书，提出开展行业内部整治、落实机构监管机制、加强从业人员管理3项措施。收到建议书后，该行召开专题会议安排落实建议内容，在全系统集中开展了一次贷款业务排查整治专项行动。

2024年2月，办案检察官深入县农商行各营业网点对检察建议书落实情况进行回访。

"我行按照检察建议梳理了贷款的关键操作环节和重要风险点，完善了贷款业务规范和流程监管，升级了业务软件，提升了安全处理和预警的技术含量，建立了风险业务培训和廉洁教育长效机制。真得感谢你们检察院……"该行行长柴鹏程说。

2020年以来，庄浪县检察院坚持"办理一案、治理一片"的履职理念，主动融入地方法治建设，以检察建议助力推动地方治理体系和治理能力现代化。针对金融管理、宾馆行业、校园管理、农资采购等领域不严格、不规范等易发犯罪问题，向发案单位或相关行政机关制发社会治理类检察建议36份，被建议单位均采纳并落实。

检察温度暖人心

"高质效办好每一个案件"，重在"高质效"，难在"每一个"，再小的案件对于当事人来说都是大事。

魏大爷的儿子与儿媳因家庭琐事发生争执，儿子因情绪激动，在争执过程中引燃汽油。儿媳经抢救无效死亡，小孙子多处体表烧伤。魏大爷的儿子因故意伤害罪被判刑，小孙子因此案致使胳膊、腿部伤残，住院6次，手术11次，共计花费100多万元。魏大爷老伴也因此患上了抑郁症，家庭重担只能落在魏大爷身上。

2024年4月，年近70的魏大爷带着14岁的大孙子来到庄浪县检察院请求司法救助。了解到魏大爷的情况后，庄浪县检察院立即开通"绿色通道"，查明属"关爱'一老一幼'促进和谐稳定"专项活动明确的帮扶情形，应当重点救助。遂启动国家司法救助程序，最终为魏大爷发放了司法救助金，解了燃眉之急。

为加大救助力度，更大程度解决缓解魏大爷家庭实际困难，庄浪县检察院积极协调有关职能部门开展多元救助、综合帮扶。

县妇联有针对性地对魏大爷的妻子开展心理疏导，将其确定为重点帮扶困难妇女，开展常态化走访慰问。县教育局将魏大爷的孙子纳入困难学生帮扶范围，免除二人学杂费、食宿费。当地村委会还自发组织村民帮助魏大爷一家耕种田地，营务苹果园。多方联动送来的温暖，让魏大爷一家人重拾生活的希望。

◎ 开展司法救助工作

五年来，庄浪县检察院办理司法救助案件41件44人，用实在的工作成效和鲜活的案例讲好"检察为民"故事，努力实现司法办案政治效果、法律效果和社会效果的统一。

努力打造高质效办案"样板"

青海省海东市乐都区人民检察院

2023年11月24日,青海省海东市乐都区检察院被授予"全国模范检察院"称号。这个坐落于悠悠湟水河畔,彩陶文化之乡的检察院,何以脱颖而出?近日,记者走进乐都区检察院一探究竟。

队伍建设带动提升办案质效

"班子活力不够、队伍精气神不足,是制约乐都区检察院的关键问题。我们聚焦短板不足,靶向施策攻坚。"乐都区检察院检察长谢美玲说。

乐都区检察院积极与区委组织部门沟通协调,统筹运用交流、提拔等举措组建新一届领导班子,班子年龄结构、学历层次、专业化水平显著提升。同时,注重培养青年骨干,选用80后年轻干部充实到中层岗位,用好不同年龄段干部,保证不同职务层级的干部在年龄上合理布局、形成梯次,建立中层干部"AB"岗机制,充分发挥绩效考核"指挥棒"作用,加大正向评价力度,激发干警干事创业激情,形成"要我干"变成"我要干"的积极局面。

队伍的工作效果"怎么样",还得靠办案质效来说话。乐都区检察院提出"以品牌建设推动检察工作质效"的工作思路,以品牌建设提升办案质效,服务保障中心大局。创建"乐都公益"公益诉讼工作品牌,推行

◎ 未检干警讨论"乐检童行"品牌创建工作

"刑事打击＋公益诉讼＋生态修复＋警示教育"办案模式，实现了惩罚犯罪、修复生态、社会治理的有机统一；创建"乐检童行"未检工作品牌，与区民政局构建"司法救助＋社会救助"多元救助格局，推动"六大保护"融合发力。办理的未成年违规骑行"小黄车"公益诉讼案，入选青海省未成年人司法保护典型案例；强化业务数据分析研判，推行"四个温馨提示"工作法，提出"消白、挖掘、提升"三步骤措施，补齐办案空白盲点，业务目标考核连续两年位列全市第一，办案质效持续向好。2023 年，乐都区检察院获得全市"六星级优秀基层检察院"，1 名干警连续两届被评为"全省检察机关民事检察业务标兵"，2 名干警提名全省"办案能手"，1 名干警在全省扫黑除恶工作中被授予"二等功"。

"大数据"提升监督质效

2023 年，乐都区检察院的"残疾人就业保障金征收"公益诉讼检察监督模型在全省大数据法律监督模型竞赛中获得一等奖。谢美玲和记者讲述了该模型的实效。

2022 年 4 月，海东市检察院下发《关于在全市开展残疾人就业保障金公益诉讼案件线索专项排查的通知》，乐都区检察院随即开展线索摸排工作，发现 15 家机关事业单位既没有按比例安排残疾人就业，也没有按期足额缴纳残保金,调查核实后迅速启动诉前程序,同年7月,向乐都区税务局、乐都区财政局发出检察建议,并召开圆桌会议交流沟通了乐都区残保金征收工作中存在的问题,督促机关事业单位缴纳欠缴的残保金58万元。

"通过办理该案,我院分析研判认为企业也可能存在欠缴残保金的问题,因企业数量多且排查困难,我们探索建立了'残疾人就业保障金征收'公益诉讼检察监督模型。"谢美玲介绍。

乐都区检察院与区税务局、区财政局、区残联召开联席会议并会签《海东市乐都区残疾人就业保障金征收工作协调机制》,打通相关行政部门间数据壁垒。通过数据筛查,共排查出问题线索117条,受理行政公益诉讼案件2件,制发社会治理类检察建议1件。立案后,乐都区检察院组织三家单位召开诉前磋商会议,明确整改责任和整改时限。会后,三家单位组织开展辖区企业安排残疾人就业和残保金缴纳情况清查活动,以督促缴纳、移送名单、警告催缴等方式协同征缴残保金,督促企业

◎ 案件当事人为乐都区检察院送来锦旗

缴纳2021年欠缴的残保金67.6万元,并召开全区"残保金征缴及按比例安置残疾人就业工作推进会",以残保金征收推动残疾人就业政策落实。

该模型陆续在全市推广应用,海东市共征收残保金524万元,与108位残疾人达成就业意向,实现"一域突破、全市共享"。同时,乐都区检察院还探索建立"土地行政执法活动监督""被剥夺政治权利人员脱漏管

监督""拒不支付劳动报酬案件立案监督""涉未成年人案件案发地行业监督"4个监督模型，通过推广应用，筛查出问题线索198条、监督立案6件，发现漏管案件2件，发出检察建议、纠正违法通知书11件，充分运用大数据内在价值，实现了类案化治理、源头治理，进一步提升了法律监督质效。

服务大局　回应期盼

乐都区检察院在办理一家矿业公司和一家石料公司非法采矿案中，发现两家公司越界开采，存在重大安全生产隐患，行政主管机关责令矿业公司停业并治理恢复矿山地址生态环境。治理恢复期间，两家公司都没有如期修复，其中该矿业公司拖欠第三方治理修复费227.26万元；而石料公司既不履行自行修复义务，也不缴纳生态修复保证金283万元，针对两公司消极履行修复治理责任，乐都区检察院提起刑事附带民事公益诉讼后，两公司积极履行治理责任缴纳生态修复金、保证金510.26万元，恢复林草地515.09亩。同时，为达到以案示警作用，乐都区检察院邀请部分行政机关、辖区大型工业企业召开了安全生产领域典型案例新闻发布会和警示教育大会，与相关行政监管部门签订安全生产领域监察监督和行政执法协作配合机制，全面推进最高检"八号检察建议"的落实。

近年来，乐都区检察院始终把贯彻总体国家安全观、维护社会安全稳定作为重点，依法严厉打击各类危害社

◎ 深入开展学习贯彻习近平新时代中国特色社会主义思想主题教育

会安全稳定犯罪，纵深推进扫黑除恶斗争，常态化开展扫黑除恶"回头看"工作，对纠正社区矫正、脱管漏管人员，及时发出检察建议予以纠正，助力平安建设。以检察建议重点整治行业乱点乱象，持续助力地域经济发展。以全面依法履职服务乐都生态建设，开展"公益诉讼助力乡村振兴"系列活动，促进宜业宜居和美乡村建设，扎实开展祁连山南麓乐都片区生态环境和资源保护专项活动，形成"刑事打击+公益诉讼+生态修复+警示教育"办案模式。优化营商环境，与消防部门联合开展消防安全专项督查，召开乐都区安全生产领域警示教育大会和典型案例新闻发布会，帮助企业堵塞漏洞、防控风险。

乐都区检察院始终践行司法为民的初心和使命，时刻把人民群众对美好生活的向往、对公平正义的期待放在心里，"以法之名"守护人民群众的"岁月静好"。五年来，办理群众关切的"医、食、住、行、信"等领域案件109件。开展农民工支持讨薪"检察蓝"专项行动，追回欠薪190万余元。坚决斩断伸向老年人的"黑手"，开展打击整治养老诈骗专项行动。起诉全省首例以销售保健品治病为由的养老诈骗案，邀请老年人、代表委员等各界人士旁听庭审，以案释法，守住养老钱。持续深化"乐检童行"未检检察品牌，做精做深未成年人综合司法保护，开展涉未成年人公益重点专项监督，办理的全市首例未成年人行政公益诉讼案入选青海省未成年人检察综合司法保护十大典型案例。牢固树立"办信就是办民生"理念，做细做实"群众信访件件有回复"工作，共受理信访200件。严格落实院领导带头接访、包案办理首次信访案件机制，有效化解矛盾纠纷。

不忘来时路，方知何向行。乐都区检察院将以更加奋进的姿态、更加澎湃的热情、更加务实的举措，持续擦亮"忠诚为民、公正廉洁"底色，努力打造高质效办案"样板"，绘就新时代检察工作宏伟蓝图，书写新时代检察工作新篇章！

初心如炬耀检徽

宁夏回族自治区吴忠市利通区人民检察院

弘检职，履检责；立检本，铸检魂。

在司法为民的道路上，吴忠市利通区检察院十年磨一剑，一朝试锋芒。

仅仅十年，吴忠市利通区检察院荣获 20 多项国家级殊荣，这是怎样的一份成绩单？这背后走出怎样的心路？

如今，这颗黄河之滨的璀璨明珠再添光彩。2023 年 11 月 24 日，利通区检察院被授予"全国模范检察院"称号。作为"全国文明单位""全国先进基层检察院""全国检察宣传先进单位"等荣获 20 项荣誉的先进集体。何以争当检察机关的"排头兵"？

利通区检察院深入学习贯彻党的二十大精神，集攻坚克难之智，汇团结奋进之力，把"高质效办好每一个案件"作为基本价值追求，坚持为大局服务、为人民司法，利检人初心如炬，担当如铁，用实际行动为利通区经济社会发展和法治建设保驾护航。

"党建 + 业务"　以品牌创矩阵　堂堂是大课

"如果将一个组织比作一棵大树，学习就是大树的根……学习力是一个组织的生命之根，根深才能叶茂。"利通区检察院负责人说。

2024年7月1日，利通区检察院举办庆祝建党103周年大会，改变以往党建活动模式，从共过政治生日、表彰先进典型、老中青三代党员讲微党课到党组书记讲专题党课，将党建

◎"五心"检察携手兰花芬芳绘出社区好"枫"景

与"检护民生"等专项行动有机结合，为全院检察人员、退休干部上了一堂内容生动丰富的"政治大课"。

"一直以来，我对检察机关的工作还是非常了解的，此次实地观摩更加坚定了我们进行党建共建的决心。""七一勋章"获得者王兰花说。

近年来，利通区检察院始终坚持党对检察工作的绝对领导这一核心，建立健全以"党组会专题学习、中心组交流学习、党支部主题学习、全院政治轮训学习、干警个人自学"为一体的"五学联动"机制，同上级检察机关和辖区政府部门、村（社区）、企业、医院等基层党组织实施党建联建共创活动，创建出以"红帆领航、蓝盾护民"为中心的"护未联盟""'益'路笃行""五心控申""利检向阳"等"融党建"品牌矩阵，增强党建和业务融合的原动力，全力写好为民司法检察答卷。工作经验被当地党委和自治区党委政法委、自治区检察院在全区推广宣传。党总支连续四年被评为五星级基层党组织，党建工作入选最高检新时代基层检察院建设典型事例。

法治惠民　以办案为"答卷"　卷卷写担当

"水鸟嬉戏、河岸边环境优美、绿树成荫……"这样如诗如画的生态，凝聚着利通区检察人的汗水和心血。

近日，走进青铜峡市峡口镇余桥村—秦汉渠分水闸，仿佛步入了一幅流动的画卷，翻滚的河水，带着岁月的沧桑和历史的厚重，向前奔腾不息……

◎ 利通区检察院深入开展"携手清'四乱'　保护母亲河"公益诉讼专项监督活动

习近平总书记在宁夏考察调研时指出"要打好黄河'几字弯'攻坚战"。利通区检察院坚定扛起黄河流域生态保护和高质量发展先行区建设使命任务，深入开展"携手清'四乱'保护母亲河"公益诉讼专项监督活动，构建"检察监督＋部门联动＋协同保护"工作模式，与宁夏秦汉渠管理处等单位签署《关于开展世界灌溉工程遗产保护专项监督活动的实施方案》，构建起"职责清晰、链条完整、运转高效、协同有力"的公益诉讼检察工作机制，有力破解了水行政执法中"单打独斗"和"执法软、执法难"的问题，推动古灌溉工程遗产协同保护落地见效。

利通区检察院紧紧围绕吴忠市农业灌溉、人畜饮水高度依赖秦汉渠的生产生活实际，通过一体履职、综合履职，在服务"三农"领域深耕细作，联合巡渠发现桥梁安全隐患、违法排污等问题线索45件，立案28

件，督促相关单位拆除危桥 14 座、加固桥梁 23 座、翻建 5 座，封堵排污口 86 处，治理整治渠道 52 千米，清理渠道内垃圾 2800 立方米，拆除违章建筑 600 余平方米，为灌良田、护安澜、兴产业提供有力法治保障。

"检护民生"　以服务为天职　处处护发展

民有所呼，我有所应。

"检察院通过召开公开听证会，在听证员的监督下，一起拖欠 34 人薪资的劳动纠纷圆满解决，为'打工人'吃下定心丸。"法律援助律师王亚洲说道。

利通区检察院始终践行司法为民宗旨，在扎实开展"检护民生"专项行动中，加强金融、网络、医保领域检察监督，严厉打击电信网络诈骗刑事犯罪，为人民群众挽回财产损失 1000 万余元，审慎办理医保诈骗等刑事案件中，为当事人挽回经济损失 500 万余元；维护劳动者合法权益，为农民工讨回薪资 550 万余元；加强服务"三农"检察监督，扎实开展耕地保护、助力高标准农田建设公益诉讼；释放"数字检察"效能，调取"12345"政务服务数据库 1000 余条群众投诉线索，办理违规抽取地下水公益诉讼案件 9 件，促使 30 余家洗车行全面整改，有力保护公共水资源；综合运用检察长主动约访、公开听证、司法救助、检察建议等全方位履职，抓牢"前端受理、中端办理、末端治理"三个关键环节，联合民政局、司法局等 6 家单位会签《关于建立完善国家司法救助与社会救助工作衔接机制的意见（试行）》，发放救助金 107.44 万元，共促社会治理。

"小白杨"品牌　以担当为己任　步步走在前

"检察官阿姨，我已经来学校报到，我以后要做一个对社会有用的人……"前不久，检察人员收到了小张的信息。

在检察官的帮助下,圆了小张的上学梦。

利通区检察院在强化未成年人综合司法保护和犯罪预防中,依托未检"小白杨"工作室,构建集"专业办案团队+'一站式'办案场所+青少年法治教育基地+政府各部门+第三方社工组织"为一体的"护未联盟"团队,不断完善"家庭、学校、社会、司法"帮助机制,促进"六大保护"相融与共、协同发力,及时启动"归航计划",为未成年人健康成长提供更加专业、有力的司法保障。近年来,29名涉罪未成年人经帮教后考上大学,复学55人,帮助就业119人。促进强制报告制度落实落地,通过多部门会签机制办理侵害未成年人案件10余件,办理涉未成年人行政公益诉讼案件11件,推动密切接触未成年人行业开展入职查询5000余人次。"小白杨"工作室品牌被确定为宁夏检察机关未成年人检察品牌,品牌和工作法在全区推广运行。

践行"枫桥经验" 以12309为平台 件件有回应

组织干警走进辖区乡镇,积极参与"三官一顾问+N"活动,从情理法多维度对矛盾纠纷进行细致分析,耐心劝导,现场化解。

◎"小白杨"宣讲团开展送法进校园活动

利通区检察院在践行新时代"枫桥经验"中,聚焦人民群众急难愁盼,进一步畅通和规范群众诉求表达、利益协调、权益保障通道,扎实推动检察信访工作法治化,认真落实群众信访件件有回复制度，以 12309 检察服务中心为检察服务输出口，创建"1+5+N"矛盾纠纷多元化解机制，建立"员额检察官+N"接访模式，通过拓展平台、完善机制、规范流程，不断推进检察信访工作受理环节的规范化、法治化，推动涉法涉诉矛盾纠纷源头防治，院领导包案办理首次信访案件化解率达 98%，经验被自治区党委政法委在全区政法机关推广。

征途漫漫，又踏层峰辟新天；

改革浩荡，又启征程入新境。

"全国模范检察院"的荣誉，既是鼓励和鞭策，更是责任和动力。利通区检察院将继续秉持司法为民初心使命，公平正义价值追求，高质效办好每一个案件，以更优的司法业绩回应党和人民的新期盼。

弘扬胡杨精神
打造法律监督"新高地"

新疆维吾尔自治区奎屯市人民检察院

新疆奎屯位于国家"一带一路"战略核心区的中心，素有"欧亚通衢第一埠"之称。在这样一座年轻的中国西部百强县市的热土上活跃着这样一支检察队伍，他们讲政治、顾大局、谋发展、重自强，做到心中有党，心中有责，心中有民；他们聚焦"务本、求实、提质、增效"，大力弘扬艰苦奋斗、自强不息、甘于奉献的胡杨精神；他们紧抓讲政治的坐标点、强监督的着力点、谋新篇的闪光点，以实干践行初心，用担当承载使命，努力打造法律监督"新高地"。

2023年11月，奎屯市检察院在全国检察机关队伍建设工作会议暨第十次"双先"表彰大会上荣获"全国模范检察院"称号，成为全国检察机关中的佼佼者。这一荣誉的获得，不仅是对奎屯市检察院全体检察人员辛勤付出的肯定，更是对其在司法公正、服务大局、民生保障等方面所取得突出成绩的认可。

今天，我们一起走进奎屯市检察院，看看这个位于祖国西部的基层检察院是如何脱颖而出摘得全国检察机关最高集体荣誉的。

用定位找准"坐标点" 实现为大局服务

从政治上着眼，自觉把讲政治摆在第一位，坚定不移坚持和捍卫党的绝对领导。从法治上着力，自觉坚持法治思想，紧紧扣住"依法"这个关键履行法律监督职责。坚持党建引领，打造"奎检样板"。牢牢把握"检察机关既是业务机关更是政治机关"的根本属性，坚持

◎ 2023年7月党风廉政教育日期间，奎屯市检察院组织全体检察人员开展"提素质、强本领、明方向"党组法规知识竞赛

以加强党的政治建设为统领，以常态化学习贯彻习近平新时代中国特色社会主义思想为主线，务实开展"不忘初心、牢记使命"主题教育、党史学习教育、政法队伍教育整顿、习近平新时代中国特色社会主义思想主题教育，创新搭建"摘星夺旗擂台"，推行党组授旗、支部立项、任务到人、进度督查、到期验收"五步工作法"，引导组织建设向办案一线拓展，党员管理在实战一线接续，先锋作用朝服务一线延伸，始终做到政治立场不移、政治方向不偏，进一步厚植党的执政根基，党建引领与业务融合工作位居全疆前列，以融合彰显政治底色。服务中心大局，彰显"奎检作为"。守住"依法"底线，严格落实"三同步"机制，让党建与业务比翼齐飞，2018年以来办理影响社会稳定、损害群众利益、破坏市场经济秩序等案件869件1877人，其中办理了全疆首例人数最多的"全能神"邪教组织小区级别的案件。探索从"治罪"向"治理"延伸，办理了伊犁州首批行刑反向衔接案件8件。班子成员注重发挥"头雁"作用，带头办理了环保部督办的范某某等27人非法采矿案、白某某等10人司法人员职务犯罪等一批有影响的大案要案，以履职尽责践行对党忠诚。2020年，奎屯

市检察院获评"全疆先进检察院",检察人员先后荣立个人二等功、荣获"全疆优秀公诉人"等称号。

用规划强化"着力点" 实现为人民司法

立足区位优势把为人民司法、让人民满意作为一切检察工作的出发点和落脚点,高质效办好每一个案件。牢记初心使命,释放"奎检温度"。坚持为大局服务、为人民司法、为法治担当,聚焦热点问题、关注群众期盼、回应社会需要,紧盯有案不立、压案不查、有罪不究等问题加强法律监督,健全完善侦查监督与协作配合机制,做优做好以刑事证据为核心的刑事指控体系,依法对许某某拒不执行判决裁定罪、东某某诈骗等145件案件开展监督,纠正漏捕漏诉26人,改变公安机关定性83人,两项监督工作质效居全疆前列。变"坐诊"为"出诊",大力开展"法治六进"、上门释法说理、"三官一律"进社区活动,推进更高层次源头治理。针对民事诉讼"假官司"乱象,开展全伊犁州首例虚假诉讼监督,赵某某等5人被追究刑事责任,让"假官司"无处遁形,保护了弱势群体合法权益,该案入选《新疆检察百佳案例汇编》。促进兵地发展,守护"奎检初心"。围绕"三地四方"一体化发展的中心大局,聚焦"强化党建引领,提升监督效能,助力'一带一路'高质量发展"主题,联合乌苏市、独山子区和兵团第七师检察机关共同打造"三地四方"融合圈。建立同上党课、同过党日、同评党建的"三同"机制,开展"政治理论联学""精品党课互讲""主题党日联过"等活动。借助"线上+线下""学习+实践"等模式,开展课堂教学、案例研讨、实操推演、圆桌讨论等。以共建为"媒",以履职为"要",联合开展区域生态环境保护、文物保护、奎屯河流域生态环境保护、粮油粮食安全等专项行动,助力市域社会治理现代化,打造兵地融合检察新样板。

用创新营造"闪光点"　实现为法治担当

文化凝聚人心、汇聚力量，把队伍文化与当前重点工作相结合，以春风化雨、细雨润物的方式不断凝聚队伍的向心力和战斗力，推动队伍展现新面貌、生成新活力。提升文化实力，唱响"奎检声音"。对应院训"厚德、崇法、持正、惟民"，找准纪律作风建设与检察业务的契合点，以院落文化、楼宇文化和阵地文化为主体，以检史陈列馆、党建活动室、警示教育基地为体系，以政治督查、检务督察、案管巡查为方法，通过旁听庭审案件、动态监测律师代理检察案件、适时跟进重点工作推进落实情况等方式，教育引导广大检察人员知敬畏、存戒惧、守底线，筑牢内部监督"防火墙"。8篇内部监督典型经验做法被自治区院及最高检内部刊物刊发。组建"奎播播"宣传团队，坚持每月一主题，在全疆率先开设《民法典》、未检、公益诉讼、防养老诈骗、"三个规定"等普法抖音直播，以海报、短视频、微电影等形式"趣说"检察办案故事，"奎检·为爱护航"抖音直播成为靓丽新名片，100余篇信息被《检察日报》等中央媒体采用，7篇典型案例入选自治区精品案例，4篇论文在"天山论检"获奖，新媒体应用案例获评"全国检察机关新媒体应用二十佳案例"。探索发展路径，打

◎ 2023年2月24日，奎屯市检察院联合市市场监督管理局、市卫生健康委员会开展普法宣传

造"奎检标杆"。争取党委支持,实现了内设机构正职享受正科级实职待遇,副职享受副科级实职待遇的岗位配备。大力培养选拔优秀年轻干部,近年来,11名检察人员得到提拔,10名检察人员光荣入党,职务职级晋升实现全覆盖。精心打造"五彩胡杨"未检品牌,成立全伊犁州首个家庭教育指导站,获评全国"青少年维权岗"。在全疆率先将妇女儿童保护的检察使命纳入全市平安建设体系与市域社会治理同步推进,从源头上预防和减少各类涉及妇女儿童及家庭的矛盾,连续五届蝉联"全国文明接待室"。率先探索"司法救助+社会救助"多元救助新模式,建立常态化回访机制,采取"实地走访+电话回访",及时了解救助对象生活现状及司法救助金使用情况,传递检察温暖,获群众好评。"奎检五心"为民办实事团队荣获"全国检察机关控告申诉检察部门接待窗口深化开展'为民办实事'实践活动表现优秀的团队"。

百舸争流千帆竞,乘风破浪正远航。奎屯市检察院将继续以习近平新时代中国特色社会主义思想为引领,以"让党满意,让人民满意"为目标,以高质效办好每一个案件为基本价值追求,努力打造一支既保"底色"更有"亮色"的大西北新时代基层检察队伍,充分履行法律监督职能,全力维护社会和谐稳定,奋力开创检察事业新时代!

在助力法治强军中书写检察答卷

广州军事检察院

珠江之畔，白云山下，有这样一支检察铁军，伴随着改革强军浪潮，他们乘势而上、创新求实，在服务主战、司法为军之路上惟勤惟行、用心用情。组建八年来，他们上高山、登海岛、进特区、出远洋，积极回应部队及官兵法治需求，步伐铿锵坚定。从"全军政法工作先进单位"到"全国先进基层检察院"，再到"全国模范检察院"……一项项"国字号""军字号"荣誉，讲述着军事检察机关助力法治强军的光荣足迹和责任担当。

以全面依法履职守护战斗力

空军某场站，一架战机加油续航后，在轰鸣声中直冲云霄，扑向一线海域执行任务。然而，就在不远处，为战机输送"血液"的输油管线，长期被村民、企业的建筑物非法占压，存在管线受损、油料泄露引发爆炸事故风险，严重危害军事设施安全。

压占点一日不除，输送"血液"的"大动脉"就随时可能被切断。为了推进问题稳慎解决，广州军事检察院咬定目标、主动出击，23次登门劝说同一家企业，8次召开军地联席会和公开听证会，协调当地政府解决村民30余个善后问题。仅用两个月时间，就通过诉前调解方式解决了困扰部队10余年的难题，村民及企业自发拆除32处违建点，军地联合办案"枫桥经验"入选最高检"百案评析"典型案例。

广州军事检察院致力纾解部队痛点堵点的消息迅速在辖区部队传开，一封封求助信纷至沓来，接连反映"违规养殖侵占演训海域""超高建筑影响战机飞行安全""军用土地错误确权致使军产流失"等涉法纠纷，每一个问题都与战斗力建设息息相关，每一个问题又都是难啃的"硬骨头"。

备战所指，就是检察所向。为攻克这些"硬堡垒"，军事检察官们奔走于广东各市县，晨曦未现，已踏上征程，夜幕降临，脚步仍未停歇。他们曾驱车400多千米来到某军港，实地考察航道受阻情况；他们曾顶着40多度高温步某人防工程，收集固定影像资料；他们曾走进云浮某村村委，与百余名村民促膝长谈、释法说理，调解军用土地历史纠纷。

◎ 开展"净海"领域军事设施保护专项监督行动

愚公移山，必有回响。广州军事检察院通过系列监督活动，先后为9个军用港口、机场、演训海域，260千米军用铁路、国防光缆、输油管线排除妨害，整治超高建筑440处，拔除渔排、蚝桩1500余张，收回军用土地500余亩，以检察履职支撑部队高质量备战。

以高质效办案确保内部纯洁

"你们关于刘某某贪污数额的认定比部队实际损失少了800多万元，必须补正。"一次关于某贪腐要案的军地联席磋商会上，广州军事检察院承办检察官王晓飞缜密核实、直陈要害。监委负责人面露难色："该案持续作案时间长达10余年,牵扯的同案犯多达23人,既有现役人员也有转业干部,监委调查取证难度非常大。"

千磨万击还坚劲,越是困难越向前。广州军事检察院安排人员仔细审查250余册卷宗后,向监委提出26条补正意见,积极引导调查取证;针对现役同案犯人员,多次赴湖南、河北、广东等羁押地开展讯问,巧用方法、各个击破,对分赃数额逐一甄别认定;协调审计中心对刘某某财产状况进行专题审计,准确摸清赃款去向。

历经军地间管辖权争议、量刑情节认定纠纷等波折,这起由最高法指定管辖、地方监委移送审查起诉的案件逐渐明晰。在强力指控和完整证据面前,涉案的刘某某最终交代了全部犯罪事实,庭审中认罪伏法、诉判一致。

"'院小业精'一直是我们的建设目标,虽然我院只有10名检察官,案多人少矛盾突出,得益于检察官办案组制度,让这起案件能够快速顺利办结。"赫卫华副检察长说道。地处驻军大省,"四大检察"常年高位运行,办案量稳居军事检察机关前列,广州军事检察院创造性推行检察官办案组制度,按照精干化、专业化原则编组办案力量,以老带新、以案代训,有效提升办案质效。

"高质效办案,尤其不能就案办案,而是要通过办理个案解决部队共性问题,减少同类案件反复发生。"王晓飞在办案体会中谈道。近年来,广州军事检察院积极联合部

◎ 案后治理工作图片入选"领航强军向复兴——新时代国防和军队建设成就展"

队开展酒驾醉驾、网赌网贷、重点领域贪腐等案后治理,通过邀请官兵观摩庭审、制发警示教育片、送达检察建议等举措,努力实现"办理一案、警示一片",工作成果入选"新时代国防和军队建设成就展"。

让法治之光温暖官兵心田

"感谢你们倾力相助,让我拿到了迟到18年的赔偿款!"海军某部战士王某的父亲在交通肇事案中身亡,肇事者通过隐匿财产、假离婚,拒不执行赔偿义务。广州军事检察院掌握情况后,联合地方检察机关,采取多种司法行政手段,促使法院加大执行力度,监督肇事者缴纳58万元赔偿款,硬是啃掉了困扰官兵多年的"执行难题"。

"广东不仅是经济发展的前沿阵地,在司法领域同样聚集了大量优质且丰富的法治资源,要尽可能让法治建设成果更多惠及部队官兵。"在"军地公共法律服务进军营"会议上,刘昭歆检察长强调道。

为提升服务质效,广州军事检察院建设全军首家12309检察服务中心,开通热线电话,安排专人值班,推行案件化办理检察服务事项机制,按照"一服务一工单"原则,对涉法问题实行全流程管理。一时间,军线12309号码被部队官兵熟知,检察服务中心铃声不断、人头攒动,一本本厚重的服务台账,记录的不仅是530余个涉法问题,更是广州军事检察院司法为兵、倾情服务的真实写照。

此外,广州军事检察院还在空军某旅尝试建设强军法律服务站,站点向上贯通检察服务中心、向下服务官兵一线,逐渐成为该旅开展法治教育、组织法律咨询、解决涉法问题的便捷平台。不到两年时间,33个服务站点在驻粤驻澳部队如雨后春笋般蓬勃涌现出来,快速搭建起服务辖区部队的桥梁和纽带。

升级"硬件网络"让官兵感受了检察服务的便捷,深入基层一线更让官兵感受到检察服务的温度。近年来,广州军事检察院先后携手地方检察机关，在辖区部队开展"百名检察官、百名律师进军营""送法下基层""法治护航海外维和"等专项法律服务，走近官兵身边，聆听涉法问题，面对面释法，提供专业意见，累计解决急难愁盼问题 260 余个，打通法律服务"最后一公里"。

争当创新发展的排头兵

珠三角、大湾区，这片充满活力与机遇的土地，向来以卓越的创新能力闪耀于时代前沿。坐落于此的广州军事检察院，在敢为人先"弄潮"精神滋养下，以创新打造品牌，以品牌助推创新，全面建设呈现蓬勃生机。

走进广州军事检察院，"尚法明德　覃思笃行"院训赫然映入眼帘；来到检察官之家，全院官兵正在"覃思书院"法治沙龙活动中激烈研讨；进入党建工作室，"向前奋进　实干圆梦"党建品牌成为了一道靓丽风景。创新先从文化起，文化兴则院兴，正是一个个品牌的不断淬炼，全院思想根基不断筑牢，发展潜力不断增大。

初步尝到创新甜头后，广州军事检察院并未就此止步，而是将目光瞄准大数据赋能法律监督，先后构建涉军食品安全、物资采购领域行刑反向衔接、悬挂军属光荣牌等法律监督模型，建设数据中台，汇总军地上百万条信息数据，运用 AI 模型唤醒盘活各类数据，发现问题线索 130 余个，立案监督 9 起，有效发挥大数据对法律监督的放大、叠加、倍增效应，逐步走开"个案办理—类案监督—系统治理"的新路子。

2024 年 5 月，全军检察机关基层院建设现场会在广州召开，检察长们争相走进广州院，探寻模范检察院的发展奥秘。"职能相同、编制相近，为何广州军事检察院能够走在全军前列？"这些疑问萦绕在检察长们心头。

参观见学后，检察长们似乎找到了答案：源于广州军检人能够始终锚定"走在前列"目标，上下同心、接续奋进，一棒接着一棒跑，一步一个台阶上，以功成不必在我、功成必定有我的奉献精神，扛起历史使命、谱写华丽篇章。

　　展望未来，他们依然坚守在法律监督的主战场，身影忙碌、精神饱满、一往无前；他们苦干实干巧干，创先创优创新，不断书写着助力法治强军的时代检察答卷。

擎老兵精神 铸"沙海检魂"

新疆生产建设兵团第十四师和田垦区（昆玉市）人民检察院

兵团和田垦区检察院是一个仅有12个编制的袖珍小院，虽地处偏远、环境恶劣、维稳任务艰巨，却秉承"老兵精神"，践行"高质效办好每一个案件"，以求真务实、担当实干的优良作风，走出了一条兵团特色检察之路。

勇做"小院也能大作为"的典范

兵团精神作为中国共产党人精神谱系的重要组成部分，是兵团检察机关的固有红色基因和鲜明精神烙印，而"老兵精神"是党的红色基因在十四师昆玉市的具体传承。和田垦区检察院充分发掘"老兵精神"的持续激励作用，让"老兵精神"与"检察文化"相融合，孕育产生了以"怀天下、守公正"为理念指引，以"扎根、奉献、守正、自强"为精神内核的"沙海检魂"文化品牌，助推该院整体工作全面进步，仅用1年时间，该院就脱掉了"全国薄弱基层检察院"的落后帽子，一举跃居兵团基层院考核前五名，连续两年蝉联"兵团先进基层检察院"，"沙海检魂"文化品牌跻身最高检第二届检察文化品牌展示"十佳"行列，入选最高检"党建理论学习特色案例"，并于2023年成功摘得"全国模范检察院"这颗检察机关集体荣誉皇冠上的明珠，成为全国检察系统"小院也有大作为"的典范。

这里最不应该缺少的就是精神

偏远的地理位置、恶劣的自然环境、闭塞的交通状况,曾让和田垦区检察院个别干警存在"坚守即是奉献""苦劳就是功劳""落后是常态、领先是意外"等消极思想。

"精神动力不足、奋斗意志不强、司法理念落后是我院被确定为全国相对薄弱基层院的根本原因。然而,这里最不应该缺少的就是精神!"和田垦区检察院检察长王俊召介绍说,这里有解放军徒步穿越"死亡之海"(指塔克拉玛干沙漠)进军和田的英雄壮举,还有"一道命令执行一生""扎根新疆、热爱新疆、屯垦戍边"的老兵精神。

和田垦区检察院组织干警走进党校拜访专家学者,精读《老兵精神研究》《沙海老兵口述史》等专门著作,重走老兵路、参观老兵纪念馆、拜谒老兵陵园,邀请专家讲解、开设专题党课,温故老兵历史,体悟奉献真谛,引导全院干警深刻领悟"老兵精神"的内涵和外延、挖掘"老兵精神"在兵团检察建设中的意义和作用,把"老兵精神"转化为检察干警胸怀祖国情系人民、维护社会公平正义的职业追求。和田垦区检察院不仅从中提炼出"怀天下、守公正"的院训,而且将沙海老兵们"一道命令执行一生"的忠诚、坚韧,在荒漠中白手起家、战风沙、开良田的吃苦耐劳和

◎ 检察干警重走老兵路

拼搏牺牲精神，与新时代检察工作总体要求相结合，形成"奉献、守正、自强"的昆玉检察精神，让红色基因在干警头脑中聚变融合，激发干警用奉献诠释生命意义，用守正见证职业追求，用自强书写检察人生的思想认同和行动自觉。

从没有勇气报名参赛到主动请缨出战

王远涛和杜晓静都是和田垦区检察院的业务新兵，他们一个是入职不久的新干警，一个是从综合部门调整到业务岗位的办案新手。2024年4月，两人刚参加了新疆生产建设兵团检察机关控申业务竞赛，这也是和田垦区检察院首次派人参加业务竞赛。尽管都没有取得名次，但是敢于报名参赛已经是开了先河，意义非凡。数月前，在新疆生产建设兵团检察机关未检业务竞赛中，因和田垦区检察院无人敢报名参赛，使十四师检察机关成为全兵团唯一缺席未检业务竞赛的单位。

"当时确实没有勇气参赛，如果时光倒流让我再选择一次，我一定报名参赛，至少是一次学习机会呀！"说到那次竞赛，从事未检业务的检察官助理、维吾尔族干警热孜宛古丽很后悔，她希望自己像沙海老兵那样不畏困难，在战斗中强大起来。如今的热孜宛古丽不再胆怯，面对和田垦区检察院缺少懂维吾尔语检察官的困难，她勇敢地担起了这份职责。在员额检察官带领下，热孜宛古丽办理了所有涉维吾尔族犯罪案件和涉未成年人犯罪案件。

◎ 开展检察官业务课堂，提升业务能力

从没有勇气报名参赛到主动请缨出战，从胆怯退避到成为办案主力，年轻干警正在快速成长。

"涛哥"是和田垦区检察院组建时招录的首批大学生，也是该院干警中屈指可数的全日制本科生之一。半年前，他还保持着该院唯一通过"法考"获得 A 证的记录，在十四师司法机关圈子里，算得上兼具理论知识和实践经验的"专家级"人物。然而，看着同批次被招录人员中有的辞职当了律师，赚得盆满钵满，有的已成为副团长、副政委，而自己只是个副科级，也时常冒出辞职的念头，甚至有时尥蹶子、耍脾气。

随着一次次参与"老兵精神"的学习研讨，一次次和大家总结检察文化的灵魂，"涛哥"干事创业的激情被激发出来，从那个两耳不闻窗外事、一心只办刑检案的"纯粹法律人"，成长为既研究业务知识又学习政策理论的多面手。

"与沙海老兵相比，我这点付出算不上啥。提高政治站位绝不是空话，传承弘扬'老兵精神'也不是喊口号，要落在检察办案上。"如今的"涛哥"已是和田垦区检察院副检察长。在提升素能方面，他不仅自己学习，还经常把所学所悟与大家分享，并带出了好几名像热孜宛古丽一样的后起之秀；办案中，他时刻牢记维稳戍边的职责使命，注重法、理、情相融合，坚持政治效果、法律效果、社会效果相统一。

手机里的爸爸、女儿和不回家的检察长

干警李江涛已经有 5 年没见过儿子，更没有抱过儿子了。这在交通发达的新时代让人难以置信，也令常人难以理解。

"如果不是经常视频通话，我不知道儿子是不是还能认识我。"李江涛笑着说，他在孩子 9 个月大的时候就把他送到湖南岳父母家，随后李江涛就成了"手机里的爸爸"。虽然每周都会和孩子视频通话，可年幼的儿子似乎对这个"手机里的爸爸"并不感兴趣，没说几句就跑开了。

"等今年把他接过来再收拾他。"李江涛开着玩笑对记者说。然而,内心的无奈和失落却难以掩饰,儿子对他与日俱增的陌生感、疏离感,让这个陕西汉子流露出几分苦涩。"今年一定把他接过来。"李江涛像是在自言自语,又像是对远方的儿子说。

李江涛是"手机里的爸爸",和田垦区检察院副检察长刘喜燕则是父母眼中"手机里的女儿"。13年前,刘喜燕受国家"西部计划"鼓舞来到南疆,后被招录到检察机关。让她没想到的是,母亲在2017年因病瘫痪在床,饮食起居全靠年迈的父亲照顾,这让刘喜燕格外内疚。身为女儿,她除了每年给家里汇点钱,抽时间与父母视频说说话外,根本无法在老人身边尽孝。5年来,她两次被母亲的病危通知书紧急召回,每次在病床前照看母亲,她都尽心竭力,尽可能多地陪伴在母亲的病床前,多看看母亲慈爱的脸庞。可是,母亲病情刚稳定,父母就会催着她返回工作岗位。

自2019年8月从内地选调到和田垦区检察院担任检察长至今,王俊召没有回过一次家。王俊召笑着说:"没有在新疆生产建设兵团基层检察院工作过的人可能想不通,一个基层'小院'的工作会有那么忙吗?忙到连回家的时间都没有?可是当你置身这里,担起该担的担子、扛起该扛的责任时,你就会发现,除非你对工作不管不顾,否则就真的很难抽出时间回家看看。"

和田垦区检察院现有10名干警,每年都要抽出2名或3名干警参加"访惠聚""边境值班"等中心工作,在岗干警都是身兼数职,人人都是"变形金刚"。十四师两级检察机关20多名干警中,大多是来自内地省份或新疆外地市。其中,夫妻长期两地分居的有3人,老人和孩子在工作单位百余公里外的还有10余人。

"让老兵甘愿扎根新疆的,是他们心中对祖国的热爱;让老兵爱上新疆的,是他们对这片土地的付出和收获;让老兵终身屯垦戍边的,是他们曾作为军人的职责与使命。新时代检察人要传承的就是他们基于热爱的奉献、基于忠诚的坚守和基于职责的奋斗。"不久前,和田垦区检察院举办了"传承红色基因弘扬老兵精神"主题演讲比赛,干警不仅道出了他们对老兵精神的理解,更诠释了新时代的检察使命。

"全国模范检察官（检察干部）"先进事迹

唯青春与热爱不可辜负

北京市人民检察院第四检察部副主任陈禹橦

在同事眼中,个头高、学历高、对办案和理论学习研究追求高的北京市检察院经济犯罪检察部副主任陈禹橦,不止是办理大要案经验丰富、专业素质极强的全国十佳公诉人、全国模范检察官,还是一个从检 14 年后仍对检察事业热忱不变、初心不改的追梦人。

近日,陈禹橦接受记者采访。当被问及如何评价自己从检以来取得的成绩时,她略微思忖,笑着回答:"都是因为热爱。"

◎ 陈禹橦

追梦法律　在双向奔赴中找到"那股劲儿"

陈禹橦出生、成长在内蒙古自治区的一个林业局,属于典型的"小镇女孩"。小大人人小"理"大,从记事起,她就爱和人讲道理,遇到"不平事",就要跟人说道说道。随着年龄的增长,陈禹橦那种与生俱来、非黑即白的朴素正义感越来越强,也越来越会"讲"。首先,其次,再次……讲起道理来头头是道。慢慢地，她知道了法律职业，并在高考中以优异成绩考入清华大学攻读法律。2010年，在清华大学读完本硕之后，陈禹橦面临律师、法治记者、法务工作等多个职业选择，但从小怀揣着公平正义理想的她，一直希望能学以致用。最终，她如愿考入北京市检察院第一分院工作，穿上了检服，并在从检十多年里一直坚守在办案一线。

陈禹橦至今记得，进检察院的第一天，带她的师傅就告诉她，好公诉人是拿案子"喂"出来的，关键你得有"那股劲儿"。对于刚走出学校大门、满脑子刑法理论的她来说，最初并不明白"那股劲儿"到底应该是什么。

她曾办理过一起对赌收购型合同诈骗案。案发前，主犯销毁了大量证据后潜逃国外，案件事实复杂、法律适用疑难，当时的疫情防控环境下也给侦查取证带来实际困难。"说算了很容易，以证据不足或者把它看成是一个合同纠纷，但要坚持走下去就会面临很多困难。"即便如此，陈禹橦和同事们并没有放弃，这个案子标的额达十几亿元，被害单位是一个上市企业，涉及的不仅是一个企业的利益，还有背后广大股民的利益，案件办不好，甚至会对整个收购市场的诚信造成影响。

"必须要办好它！"面对这块硬骨头，陈禹橦和办案组的同事们从头学起：不懂对赌交易架构每一步的意义，就恶补民商事知识；想搞清楚收购里审计工作有没有问题，就对着CPA、审计准则一点一点抠。最终，不仅这起案件成功起诉到法院获得有罪判决，检察机关

◎ 2020年7月，陈禹橦（右）受邀为北京市辖区上市公司财务负责人、审计机构负责人进行专题视频授课

还向监管部门制发了关于加强对上市公司收购、审计工作监管的检察建议，将检察工作真正融入保障经济社会发展的大局。

拿到检察建议时，监管部门的同志感叹："想不到搞法律的检察官对审计也这么专业！"案件办完后，陈禹橦还主动走进辖区行业协会，结合案例进行普法，为企业送去"及时雨"。

◎ 陈禹橦（右一）出庭支持公诉

十多年过去了，陈禹橦办过职务犯罪被告人"零口供"、用间接证据将案子成功起诉的难案，也参与办理过"e租宝"等具有全国影响力的大案……在一个个大要案的淬炼中，在每一次疑难复杂案件的挑战中，她开始慢慢找到了"那股劲儿"。

"我觉得就是对案件事实证据始终如履薄冰的态度和对办案质效始终精益求精的追求。"陈禹橦认真地说到。

追求专业　保持学习和思考成为"最大底气"

2023年，陈禹橦调到北京市检察院经济犯罪检察部门工作。从带领办案组同志办案，到调研、指导条线类案；从熟悉的经济犯罪领域，到更为广阔的网络犯罪、电诈犯罪、知识产权犯罪等新领域；从办案为主，到牵头专项、撰写各类综合调研报告等多头兼顾……新的转变带来了新的挑战。

当被问及"你是怎么调整状态的"，陈禹橦笑着说："就像我们办案，遇到新类型案件时，你就要学习新知识才能应对，只有人适应工作，没有工作适应人啊。"在她看来，"干完一个工作，要及时复盘，反向审视思考过程中有什么不足""凡事多想想为什么、怎么样能干得更好更有效率"。从检以来，这样的工作习惯，已经成为她办案的"底层逻辑"，也成为支撑她不断开拓新领域的"最大底气"。

来到北京市检察院一年多时间里，陈禹橦先后牵头或深度参与"检察护企"专项行动、打击治理新型网络传销、互联网企业商业腐败治罪治理、新型电信网络诈骗犯罪、网络空间治理等多个专项调研活动，并对北京市检察机关的一系列新型、疑难、复杂经济犯罪、网络犯罪案件给予指导，得到条线同事们的交口称赞。

与此同时，她还始终坚持对理论学习和实践探索的不断精进，成为名副其实的"学术达人"。在繁忙的工作之余，她笔耕不辍，先后参与《国家公诉人出庭指南（修订版）》等7部实务专业书籍的编撰，在《国家检察官学院学报》《人民检察》《检察日报》等多个刊物上发表30余篇文章，源源不断输出她对于检察实务的深入思考，在她热爱的检察事业中不断地追求理论和实践相融合。

因为热爱所以出色。在她看来，新时代检察工作需要每一名检察官既要做办案工匠，也要努力朝着实务专家的方向努力，要不断学习、勤于思考。"只有多输出，才能检验输入的有效性，也更能发挥理论对实践的指导作用。"此外，陈禹橦在个人成长的同时，还把自己对新型疑难复杂案件的办案经验，向更多人分享，打造经济犯罪检察专业品牌，她参与办理的多起案件被评为全国、全市精品案例、典型案例。

追问初心　在高质效办案中感悟"百分之百"

在陈禹橦看来，让人民群众感受到公平正义，除了具备对办案质效始终追求精益求精的专业性，还得有将心比心、为老百姓办实事的那份心。

她至今仍记得一个小案带给她的触动。还是在基层检察院交流锻炼时,她参与办理了一个交通肇事案件。案情很简单,犯罪嫌疑人交通违规造成一位老人重伤二级,构成交通肇事罪无疑。受案后,老人的三个子女多次打电话来询问案情,并表示想来当面沟通。当时正值年底,本来在电话里已经回应了他们的问题,但想到当时快过春节,老人还躺在医院里昏迷不醒,作为子女,他们的焦虑心情可想而知。考虑到这些,陈禹橦还是和老人的子女们当面解答了他们的疑虑困惑。

看到老人的子女们安心离开,陈禹橦感触良多:对检察官来说,这是一次最普通的接待,但对老人的子女们来说,因为她是检察干警,她的倾听和回应,就有了一些不同的意义,能够稍微抚平意外之灾带给他们的伤痛。这样一个小案,让她意识到背后有大民生。"这就像我们去医院时,无论病情轻重,总是希望得到医生最大的关注。每个案件只是日常办案的百分之一,但对当事人和他的家庭来说,却是百分之百。"

陈禹橦认为,检察官作为国家利益和社会公共利益的守护人,是要有责任与担当的。"既要通过履职办案实现公平正义,也要让公平正义更好更快地实现,还要让人民群众切实感受到公平正义!"最高检党组提出的这一要求时,她有着深刻的认同,也觉得使命重大。只有拿出对待任何一个案件都"百分之百"的重视,感同身受那"百分之百"的重量,才能真正高质效办好每一个案件。

以法为名　不负韶华

陈禹橦以奋斗诠释担当,用青春书写忠诚,在平凡的检察工作岗位上创造不平凡的业绩,在追求卓越、维护公平正义的道路上不断践行自己的初心使命。这样的她,是新时代首都青年检察人的一个缩影,不断书写着"唯青春与热爱不可辜负"的检察故事!

实干镌刻正义　担当铸就忠诚

天津市武清区人民检察院检察委员会委员、
第三检察部主任谢文凯

◎ 谢文凯

他始终秉持习近平新时代中国特色社会主义思想，以此凝心铸魂，以习近平法治思想引领检察实践，因业绩突出，于2022年8月被党中央国务院评为全国"人民满意的公务员"。他全心全意为大局服务、为人民司法、为法治担当，先后荣获"全国模范检察官""全国优秀公诉人""全国检察机关优秀办案团队""全国检察机关职务犯罪检察人才""天津市五一劳动奖章""天津市最美家庭""天津敬业奉献好人""天津市检察业务专家""天津市政法系统优秀共产党员""天津市政法系统人民满意的政法干警"等20余项国家及市级以上荣誉和称号。他办理的案件获评"全国十大法律监督案例"，讲授的课程获评"全国检察教育培训精品课程"。2021年当选为天津市武清区党代表，2022年当选为天津市人大代表。

敢啃"硬骨头"的检察尖兵

"从公安机关立案到检察机关批捕仅用6天,3个月提起公诉,1个月后开庭……"提起"权健案",谢文凯对每一个办案细节都历历在目。这起案件不仅是全国首例拥有直销牌照而被追究刑事责任的特大传销案件,而且在办案经验上可供借鉴的极为有限,法律关系错综复杂,涉案会员400多万人,涉案金额超过300亿元。这些因素都给案件的证据收集、法律适用以及社会稳定控制带来了前所未有的挑战。媒体对此案高度关注,其轰动效应遍及全国。

面对这些挑战,谢文凯不畏艰难,勇敢地承担起责任,带领他的团队深入挖掘、细致分析,深入研究了超过180册的案卷资料,撰写了长达70万字的详尽审查报告,成功啃下了这块"硬骨头"。在案件处理过程中,谢文凯及其团队展现了扎实的行动力、精准的法律监督、恰当的法律运用以及主动的履职成效。案件对全国范围内的传销犯罪产生了深远的震慑效应,并为处理类似案件提供了宝贵的参考价值。该案件荣获最高检评选的"全国十大法律监督案例",而由谢文凯领导的团队也被授予"全国优秀办案团队"的荣誉称号。

2023年,天津市检察院成立了以他名字命名的首批专业化办案团队——"谢文凯打击传销犯罪培训暨办案团队"。作为组长,谢文凯带领团队在专业领域内深入研究、办案和培训,形成《组织、领导传销活动罪办案指引》,并受邀在多个省市检察机关授课,为各地检察机关提供专业指导。他因此成为天津司法系统内广为人知的专家,受到了《检察日报》《方圆》等多家媒体的采访报道。凭借其深厚的法律专业知识、丰富的法律监督经验和突出的研究能力,谢文凯赢得了组织的高度认可。他多次被上级指派办理具有重大社会影响的疑难复杂案件,参与办理多起原省部级干部职务犯罪案件,实现了办案的政治效果、法律效果和社会效果的有机统一。

在十四年的检察工作中，谢文凯办理了1000余件刑事案件，涉案1400余人，审查逮捕和审查起诉的准确率均达到了100%。谢文凯始终坚信，只有平凡的岗位，没有平凡的工作，人民群众利益无小事，检察官办理的任何一件"小案"，对人民群众来说都是天大的事，干工作要始终站在人民群众的角度去考虑问题。

法治化营商环境的"践行者"

党的二十届三中全会明确提出构建高水平社会主义市场经济体制目标，强调坚持和落实"两个毫不动摇"。谢文凯及其团队深入贯彻党中央部署要求，全面依法履行职责，通过沟通协调，促成武清区检察院与北京市通州区检察院、河北省廊坊市检察院共同签署《建立"检察护企"协作机制 服务保障经济高质量发展框架协议》，更好服务保障三地经济社会高质量发展。在处理一起公司职务侵占案件时，谢文凯不仅积极追赃挽损，帮助企业挽回超过1000万元的损失，还对该企业近千名员工进行了法律宣讲，实现了"治罪"与"治理"的双重目标，赢得了企业的高度认可。相关做法得到人民网、天津电视台等主流媒体的广泛报道。

为更好发挥谢文凯办案团队引领示范作用，武清区检察院组建"凯歌"检察工作室，建成"检察服务企业发展法治基地"。在京津产业新城、区青年商会等地设立了9个"检察服务工作站"，依法开展法律监督工作。"凯歌"检察工作室总结办理案件的经验，编写了《企业刑事风险防范提示手册》，被天津市检察院推广。在高质效办案同时，谢文凯深入当地企业开展走访调研和法律宣讲，发放宣传册8500余份，帮助企业解决法律问题350余个。"凯歌"检察工作室被评为"天津市检察改革亮点项目"和"天津市检察机关优秀检察文化品牌"。

堪当时代重任的"领头雁"

谢文凯始终将对党绝对忠诚作为共产党员的生命线，进企业、进校园、进机关、进街（镇）、进军营开展党的二十大精神宣讲 50 余场，为学生讲授思政课，以实干担当彰显党员本色，以忠诚履职践行"两个维护"。作为部门负责人、党支部书记，推动建立"党建+"工作机制，实现党建与业务同向聚合、同频共振，他带领的第三检察部党支部荣获先进基层党组织，他被评为"党员先锋示范岗"，3 个案例入选天津市检察机关党建业务融合典型案例。

一名党员就是一面旗帜。在同事眼中，谢文凯是"行走的法律汇编"，"从检 14 年，他坚持苦练本领、司法为民、敢打硬仗、敢于担当，始终奋战在办案一线，是我们心中的榜样。"谢文凯始终将示范引领干警素能提升作为己任，探索人才培养新模式，依托"凯歌"检察工作室和"谢文凯打击传销犯罪培训暨办案团队"，统筹做好党建、业务、检察改革能力提升工作，引领团队党建与业务全面上水平。大力推行研讨式、案例式、模拟式、体验式教学模式，积极参与开展"京津冀联合培训"，团队成员先后荣获"天津市十佳公诉人""天津市扫黑除恶专项斗争先进工作者"等称号。以武清区检察院获评全市首批"重大职务犯罪案件办理基地"为契机，推动建立"培训+办案+研究"

◎ 谢文凯（右）主持刑事申诉案件公开听证会

机制，与天津大学法学院联合举办职务犯罪检察论坛，与南开大学法学院开展"检校共建"，提升团队专业素能和履职效果，形成检察"人才雁阵"效应，干事创业氛围浓厚。

铁肩担正义，忠诚铸检魂。十四载检察岁月，谢文凯始终用尽职尽责书写为民情怀，用实干担当向人民提交满意答卷！

这就是咱们老百姓心中检察官的样子

河北省石家庄市栾城区人民检察院副检察长裴丽艳

"这就是咱们老百姓心中检察官的样子。"一位 70 多岁的老人因为不懂法而非法种植毒品原植物,办案检察官将公开听证会搬到田间地头,依法对老人作出不起诉决定,积极向群众开展普法教育。现场,老人悔恨交加,握着检察官的手说出了这句掏心窝子的话。

这位办案检察官便是河北省石家庄市栾城区检察院党组副书记、副检察长裴丽艳。

◎ 裴丽艳

从检 20 余年,她从一名书记员做起,成长为办案检察官,如今担任院里领导职务,无论是在未检还是刑事检察岗位上,始终以饱满的工作热情和求真务实的工作态度,诠释着一名检察人的责任与担当。

因为热爱检察工作,她把碎片化的时间整合利用起来,走进乡村、社区、企业、学校等开展普法百余场。

因为肩负检察使命,她努力在彰显法律威严和释放法律温度中,找到案结事了的最佳"解决方案"。

因为专注于检察事业，她总能"脑洞大开"，不断推出创新小妙招、大动作，为检察工作带来不尽的活力。

她用检心擦亮检徽，在百姓心中树立起一名新时代检察官的新样子。2023年11月24日，裴丽艳被人社部、最高检授予"全国模范检察官"称号。

为法律赋温度
把公平正义落在百姓的口碑里

裴丽艳曾收到一封特殊的来信。信是从看守所寄来的。信里写道："您是一名正直善良的检察官，您的话语让我重新燃起了对生活的希望……"字里行间全是对裴丽艳的信任和感激。

这是一起普通刑事案件，但案件背后犯罪嫌疑人关某的家庭背景引起了裴丽艳的注意：外来务工人员、妻子被杀害长达数年未安葬、母亲病故、年幼女儿无人照料。"这样的人犯罪，很可能是有心结、有怨恨。"裴艳丽敏锐地觉察到。此后近一年的时间，裴艳丽用最大努力去开导感化他，用自己的"善"，让被告人放下心中的"恶"。关某服刑出狱后送给裴丽艳一面锦旗，上书"严济有爱　忠于国家"。

"假如我是当事人，我希望得到理解和尊重；假如我是当事人，我希望得到公平对待；假如我是当事人，我希望问题得到及时高效地解决……"办案中，裴艳丽常常换位思考、转换角色，赋予法律滚烫的温度，努力办好每一起案件，以实际行动回应群众对公正司法的殷切期盼。

她曾为16岁的犯罪嫌疑人魏某买来御寒衣物，在法庭上怒斥魏某父亲，要求积极履行监护职责，并在魏某出狱时，拉上魏父一块去接孩子回家。看到裴丽艳的那一刻，魏某眼含热泪说："检察官妈妈，我想抱抱你。"

她也曾为被撞成植物人的 12 岁男孩积极寻找肇事司机，提前介入，惩治犯罪嫌疑人，帮助申请司法救助金 5 万元。

……

法律的温度最根本地体现在公平正义上。裴丽艳注重提升办案能力和水平，与年轻干警一起学习法律知识，解锁办案技巧。坚持在规范的基础上优化办案过程，实现法律效果与社会效果的统一。在一场不公开听证会上，她运用高超的办案经验和办案技巧，让剑拔弩张的当事人消了火气，达成谅解，17 岁的当事人被依法不批准逮捕。在场的听证员们给予赞扬。

她注重办案实践理论成果的转化，撰写的关于职务犯罪和预防性侵的文章被河北省法学会相关研究会分别评为一、二等奖。其中，办理的一起涉恶案件被评为河北省第四届维护妇女儿童十大典型案例之一。

创新不止步
让未成年人保护司法体系更丰盈

在办案中，裴丽艳遇到了一位家境贫寒的未成年被害女孩，她多方联络，穷尽一切办法，为女孩申请帮扶和救助：联系医院提供免费体检；联系妇联提供法律援助；申请 3000 元救济金；联系慈善机构，给予临时生活性救助；向村委会送达检察建议，要求在政策允许的情况下给予更多关心和保护。

未成年人保护体系建设是一项系统工程，需要全社会参与。如何立足检察工作，引入更多力量参与到未成年人保护工作中？这是裴丽艳一直思考和探索的问题。

自 2013 年从事未检工作以来，围绕构建未成年人综合司法保护体系，裴丽艳的创新脚步从未停止：

她探索在全市建立了首家关护驿站——"新阳关护驿站"，为未成年犯罪嫌疑人、被害人提供心理疏导、亲职教育、行为矫治、困难救助、社会融入等专业服务，将办案专业化与社会化帮教深度融合。

她联合多部门在石家庄市第二强制隔离戒毒所建立栾城区青少年禁毒教育法治基地，打造具有特色的禁毒科普、法治教育、校外实践于一体的综合平台。

她联合区妇联在村镇建立特殊的家庭教育指导服务站，专门为留守儿童的爷爷奶奶讲如何隔辈带娃。

近年来，她又带头开启了"检察＋高校＋社工"的专业化合作，力促栾城区检察院与石家庄学院法学院签订战略合作协议，将高校社工系社工力量引入未成年人司法保护领域。

……

用创新汇聚力量、激发能量。在裴艳丽的坚持和努力下，未成年人社会支持体系力量不断得到充盈，构建起栾城区未成年人保护大格局。2023年1月，石家庄市栾城区成功创建为全国未成年人保护示范区。

擦亮公益普法品牌
让法律的力量直抵"童"心

2023年"六一"儿童节期间，裴丽艳创新普法方式，将普法教育与爱国教育相融合，以"行走的木兰"的方式，为困境儿童上了一堂"立体"的法治课。孩子们穿上制服模拟法庭体验庭审，到检察院的未检工作区通过沙盘游戏放松情绪，乘坐铛铛公交车参观石家庄解放纪念馆体会城市巨变，孩子们纷纷写下感想，法治的种子悄悄地生根发芽。

5年来，裴丽艳参与了公益普法课堂百余场，受众人数300万余人次。把法治的种子撒向了张家口、石家庄赞皇县等地的山区。

多年的实践和探索让她深切感受到，个人的力量是有限的，只有成立志愿团队，打造志愿品牌才能让微光成炬、凝成星河。

担任栾城区检察院第一联合总支部书记后,她将党建工作、检察业务和志愿服务有机整合,成立了法治护航小分队,打造和积极擦亮栾检普法志愿服务品牌。2022年以来,志愿团队开展进学校、

◎ 裴艳丽(右二)作为"木兰有约"法治宣讲团成员到栾城区第五中学讲授法治课

进乡村、进企业等各类普法讲座及宣传50余次。2023年11月以来,小分队就先后走进省委网信办主办的"保护个人信息 护航数据安全"学习讲堂,全省小学生同步在线收听收看7万人次;走进河北新媒体"冀云"录制现场,录制普法节目,一天多的点阅量就达到了50万人次;走进河北交通频道教育时间,以木兰有约形式,宣讲青少年网络保护条例,为未成年人撑起网络"保护伞"……法治护航小分队通过多形式、多渠道为群众答疑解惑、以案释法,以实际行动扛起推进石家庄法治建设的责任使命。

2024年1月,以裴丽艳领衔的"木兰花开"组合,由最初的三名女检察官、女法官、女律师同台讲课,发展成为一支拥有三十多名女法律工作者参加的木兰花开法治宣讲团。2024年上半年,宣讲团队深入学校、企业、社区、乡村等开展形式多样的法治宣讲十余场,形成了一套完整的法治宣传、教育与合作机制,实现了普法教育与实践相结合,法治宣传广泛覆盖;女检察官、女法官、女公安干警、女律师同台宣讲,形成强大合力,实现了多部门联合协作,增强了法治教育的实效性和权威性。

用检心擦亮检徽,这颗"心"便是对检察事业的初心。初心如磐,使命如炬。"面对党和检察事业的更高要求、人民群众的更高期盼,我今后将一如既往、脚踏实地,办好手中的每一件案件,用脚步丈量司法与群众的距离,真正让老百姓在家门口就能感受到司法的温暖。"裴丽艳说。

用公平正义托起他人人生

河北省邢台市人民检察院第二检察部副主任温可红

今年春节档,最火的电影莫过于《第二十条》,讨论最多的一个词莫过于"正当防卫"。我们走进电影院,遇见为了家人奋起反抗的王永强,认识挺身而出制止恶行的张贵生,见到秉持正义慷慨陈词的韩明,而坐在银幕前的温可红却好像看见了自己,时间又好似回到了2018年。

◎ 温可红

"董民刚案"泛起正义的涟漪

2018年8月,河北省邢台市检察院检察官温可红受理了一起不同寻常的故意杀人案。董民刚(化名)是邢台市一村村民,2018年5月20日,刁某(与董民刚妻子李某长期存在不正当男女关系)深夜翻墙进入董民刚家中,对董民刚持续进行侮辱、恐吓、殴打,持汽车钥匙戳扎董民刚的头面部。董民刚不敢反抗,按照刁某的要求跪地求饶,签写离婚协议书,刁某仍不罢休,声称当晚就是要"整死"董民刚,持续对董民刚进行殴打,董民刚欲逃出家门,又被刁某拽回,董民刚在极度恐慌的情况下,随手拿起茶几上的剪刀，在相互缠斗中将持续行凶的刁某致死。

董民刚的行为属于正当防卫，还是防卫过当？这是温可红接手该案后脑中一直盘旋的问题。命案依据一般防卫的规定对正当防卫作出认定的在全国尚没有先例，公安机关以董民刚涉嫌故意杀人罪移送检察机关，死者一方家属的诉求，员额检察官的办案责任制等，让温可红在办理该案过程中压力重重。

"曾经有人建议，为了稳妥起见，还是起诉到法院吧。法院判个缓刑，对于死者一方也有个交代，被告人一方也不会说什么。"温可红坦言。

但是，翻看案卷，她凭借着自身的法律知识储备、丰富的办案经验和设身处地的思维方式，理性而坚定地认为，董民刚的行为属于正当防卫。

她两次退回公安机关补充侦查，又自行补充侦查，与其他检察官到案发地复勘现场、到董民刚和死者刁某所在村走访村民、调取新的证人证言、复核相关证据，严格证据标准，突破传统的办案逻辑束缚，不惧承担各方压力，依法提出董民刚的行为是正当防卫，应当作出不起诉的意见。

"法律不会强人所难，如果我们站在董民刚的角度换位思考，我们普通人都做不到的理性、克制，凭什么让一个受到不法侵害的人在高度紧张、恐惧的情况下像'圣人'一样克制呢？为了保护不法侵害人的利益，而要牺牲正当防卫人的利益，这个逻辑显然是讲不通的。"温可红在案件研讨会上，依法有据地陈述了自己对董民刚案的看法，终于说服了在场的其他检察官。正当防卫的意见得到院领导的大力支持，经检委会决定，邢台市检察院依法作出对董民刚不起诉的决定。

"邢台市检察院依法对你作出不起诉决定，今天依法向你公开宣布，决定将你释放。"2019年2月18日，温可红向董民刚宣布不起诉决定。

平静宣布的背后，是温可红对公平正义的坚守，让董民刚开启新的人生。一石激起千层浪，该决定宣布后收到了良好的法律效果和社会效果，该案被写进最高检2020年工作报告，赢得全国两会代表的肯定，给法治中国画上浓墨重彩的一笔。

"7·28"涉毒大案彰显法律的威严

"作为办理重罪案件的检察官,作出的每一个决定都关系到案件的公平正义和当事人的人生,每起案件都需要反复推敲,细致、审慎办理,不容半点差错。"温可红说。

她虽然办案十余载,但却没有被繁复磨平耐心,反而愈加专业而求精微,谨慎判断每一起案件事实,审查每一份案件证据。她办理的王某某等人贩卖、运输、制造毒品的"7·28"专案,犯罪事实50余起,案情纷繁复杂,涉及五省九市,法律适用疑难,涉案人员众多,时间跨度大,交易隐蔽,特别是很多"资深"的贩毒犯罪嫌疑人还有很强的反侦查意识。

当这起案件交到温可红手里时,她的内心属实震动了一下。眼前码起来一人高的卷宗,加之海量电子数据让她一时不知所措。公安机关前期侦查移交的犯罪事实体量庞大,足够定案、判刑,但细心的温可红发现移送起诉的犯罪事实并不全面,只是揭开了毒贩疯狂贩卖毒品的冰山一角。

受理案件后,温可红便开启"超能模式"。她连续加班加点,从一处处细节入手,从一笔笔支付宝交易记录排查,核对一起起犯罪事实。面对繁复的聊天记录和银行交易记录,不放过任何疑点,察微析疑,抽丝剥茧,深挖犯罪事实,制作出90页补充侦查提纲和40

◎ 查阅卷宗

万余字审查报告。在对21名被告人提起公诉后,她又追诉公安机关未移送的33起犯罪事实,确保案件质量,严厉打击了毒品犯罪。

从检 19 年来，温可红先后在邢台市检察院公诉处、第二检察部工作，一直奋斗在重罪业务办案一线，办理数百起各类重罪刑事案件。聊起办理过的案子，她总是滔滔不绝，并清楚地记得每起案件的具体情节和办案过程。

正是她以高度的责任感，严把案件事实关、证据关、法律适用关，以精益求精的工匠精神，把办理的近千起案件都办成经得起考验的铁案，取得良好的政治效果、法律效果和社会效果。

"百草枯投毒杀人案"见证检察的温度

说起这么多大案要案，有一起案件让温可红动容良久。

案情并不复杂。2021 年底，威县 18 岁女孩萌萌（化名）在喝过姐夫递上的两杯"感冒药"后出现严重中毒症状，该事件引发舆论关注。事后，这两杯"感冒药"被确认是经过稀释的百草枯。这起案件的起因仅仅是犯罪嫌疑人陈某觉得其岳父一家人"瞧不起自己"遂产生报复念头。

住在重症监护室的萌萌牵动着网友的心，也扣动着办案检察官温可红的心。

她提前介入案件，引导公安机关侦查取证，夯实证据基础；她细化庭前准备，制作了长达 8000 余字的公诉意见书；她打破传统按照证据类别分类证明方式，制作 PPT 直观展现证据链条。在法庭公诉席上，她讯问重点突出、直击要害，示证分组科学、逻辑清晰，公诉意见鞭辟入里、震撼人心，使被告人当庭落泪、转变认罪态度，取得了良好的庭审效果。

温可红不单单专注案件本身，她了解到被害人的家庭无力承担数十万元的救治费用，到被害人家中进行看望，积极向控申部门移送司法救助线索，在邢台市县两级检察院党组的关注下，经过多方助力，依法为萌萌申请到 5 万元司法救助金。

在办案当中，温可红还注意到，百草枯水剂早在 2016 年就被国家明令禁止在境内销售,此案中的百草枯就是当事人从农村小卖部购买,为什么国家明令禁止销售的百草枯在农村能轻易购买到呢?

"如果不对农资市场进行有效规范,'百草枯们'仍有可能害人。"温可红说,"既然发现了问题,就不能熟视无睹,为社会长治久安负责,更要多走一步。指控犯罪是检察官的职责,但绝不是办案的终点"。

于是,在案件尘埃落定后,温可红对在办理案件中暴露的农药管理漏洞,开展了大量调研。她深入农村社会,实地走访农药经营的商户,主动联系相关行政执法部门召开座谈会,依法向农药管理部门制发了说理充分、数据翔实的检察建议。检察建议得到邢台市农资管理部门积极回应,启动专项行动并完善了地方农药管理规范。

"我们不是办案的工具人,而是人民的检察官。"拥有强烈社会责任感的温可红,在繁重的工作之余积极参加邢台市检察官协会组织的"木兰有约"法治宣讲公益活动,深入社区乡村、企事业单位、大专院校等场所开展普法讲座,诠释法律精神,增强公众的法律维权意识。

电影落幕,原型之一的董民刚一家回归了平凡又幸福的生活;"7·28"专案历经8天庭审,涉案

◎ 温可红(右)出庭对被告人陈某故意杀人案支持公诉

人员全部得到了法律的严惩;萌萌双肺移植成功,重拾对生活的信心……温可红又拿起新的案卷,走进扑朔迷离的案发地,站在熟悉的公诉席,继续奔跑在追求公平正义的路上。

碧血丹心深耕检察热土
奔竞不息淬炼忠诚担当

河北省易县人民检察院检察委员会专职委员赵宝德

◎ 赵宝德

从检那年,他曾立下鸿志,要做法治天空中一颗明亮的星,照亮公平正义的道路。

18年来,他在执法办案中更新司法理念,高质效办好每一个案件,把人民群众满意作为一切工作的初心和使命。

他坚持用学习武装头脑,从满头青丝到四十出头鬓染微霜,是对检察工作的满腔热爱和倾心付出。

他甘做"铁人",面对工作勇于担当,面对多名患病至亲,惟愿忠孝两全。

他,就是长期奋战在民事、行政、公益诉讼检察工作一线的河北省保定市易县检察院检察委员会专职委员赵宝德。

荣誉背后的不懈追求

赵宝德的名字,伴随着诸多殊荣。从企业会计到一名检察官,从公诉部门调任民行部门,无论在哪个领域,他身上都有一种"一竿子插到底"的执着劲头。他坚守初心,勤耕不辍,敬业笃行,九次荣立个人三等功,两次获评全省检察机关"争做人民满意的公务员"先进个人,被评为"全国模范检察官""全国检察公益诉讼好人物""河北好人""河北省模范检察官""新时代燕赵政法楷模""河北省十大法治人物",并作为行业杰出代表参加 2022 年北京冬奥会火炬传递工作。在他的带领下,易县检察院民行部门在全市评比中连续十年名列第一、四次荣立集体三等功,被最高检、河北省检察院和保定市检察院评为先进集体。

捍卫正义中的铁血担当

作为检察官,要用忠诚和担当为良法善治的时代贡献自身力量。

2017 年 7 月,公益诉讼制度在全国铺开,检察官作为公共利益的代表,肩负着重要责任,也面临着新的挑战。"简单说,我们要主动发现问题、解决问题,不让国家利益和社会公共利益受到侵害。"赵宝德说。

说起来简单做起来难。2021 年,经巡查发现,易县紫荆关长城左侧有一个大型石料厂,占用了紫荆关长城保护范围和控制地带,开采加工已有七年之久,造成周围大面积林地裸露空化,对古长城遗址及周边生态环境造成严重损害。有人劝他,这个案件涉及关系比较复杂,办理起来一定要慎重,处理不好会"引火烧身"。他却回答道:"我们维护的是国家利益和社会公共利益,这

◎ 三地检察官讨论长城保护事宜(中:赵宝德)

是职责所在。"但该案之所以说难,就难在是全国首例,如何将生态环境保护和文物保护结合起来办成高质效案件,没有任何先例可循。赵宝德和他的同事们翻阅大量资料,与全国十余家鉴定机构和三名文物专家反复沟通,最终取得了集生态环境与文物保护于一体的科学、权威的鉴定意见。该案在保定市中级法院公开审理并当庭宣判,检察机关诉讼请求全部得到支持,涉案企业价值2500万元的厂房及设备全部拆除,长城周边生态环境得到有效修复,一举开创了全国长城保护民事公益诉讼案的先河。

"只要秉持公平正义,依法依规办案,最终都能获得涉案单位或企业的理解和支持。"赵宝德说。从事公益诉讼检察工作以来,赵宝德先后向20余个具有行政管理职能的机关发出检察建议200余份,提起民事公益诉讼100余件,累计挽回经济损失数千万元。他创下了多个之"最",全国首例长城保护民事公益诉讼案、全国索赔金额最大的非法经营药品民事公益诉讼案、全市首例环境民事公益诉讼案……

为民司法中的侠骨柔情

"检察工作的目的和出发点都在于人民,工作的好与坏评判也在于人民。民生无小事,只有常怀为民之心,常做为民之事,才无愧于检察官这个光荣称号。"赵宝德说。在他眼里,只要涉及人民群众的利益,就都是"大案要案"。

2012年初,易县、定兴两地24名农民工因为工资问题不服法院判决,怨言颇多。得到案件线索后,赵宝德挨家挨户给农民工做工作,引导他们按照法律程序解决问题,并多次到定兴、北京等地调查取证。为了帮助农民工讨回工资,他多方奔走协调,向法院发出再审检察建议,终于让农民兄弟拿到了属于自己的血汗钱。

2016年,他在办案中敏锐地发现了24件以房抵债类调解案件可能涉嫌虚假诉讼的线索。为了查清案情,他组织干警调查取证,经过持续深入挖掘，发现这些案件审理程序不符合法律规定，案件事实不存在，依据所在地最低计税价格计算，过户过程中少缴纳税款及土地综合收益数百万元。在提出再审检察建议后，易县法院全部裁定再审并依法改判，有力挽回国家损失，维护了司法公正与威严。

2020年，易县实施雨污分流工程，大量窨井盖破损丢失，群众出行面临安全风险，不少人通过新媒体平台反映问题。群众的呼声就是赵宝德行动的哨声。他带队徒步察看了易县县城三级路街共130条，采用拍照、摄像等手段，收集固定证据，并向相关单位制发检察建议。但因权责不清，问题没有得到解决。于是，检察机关就该案依法提起行政公益诉讼。诉讼结束后，相关职能部门对所有井盖进行排查整改，后更换井盖600余个，并建立了长效监管机制。

"小小的井盖，看似微不足道，却关乎民心。作为检察官，我们没有理由漠视群众的安全和冷暖。"赵宝德说。他用实际行动回应着群众的合理诉求，捍卫着群众的合法权益，把群众的满意作为对自己最好的褒奖。

服务大局中的倾情奉献

入职那年，赵宝德父亲因糖尿病并发症双目失明。2015年，其父亲又罹患重病，陪父亲就诊、手术、复查，在工作和家庭间，他忘我付出，惟愿忠孝两全。那两年，陪父亲就诊的路上，病床旁边，深夜灯下，留下了他挤时间办理案件的身影，在他的努力下，工作不仅没有耽误，仅2015年，他就办理人防领域非诉执行监督案件16件，监督生效裁判错误案件2件，获法院改判，为国家挽回经济损失上千万元。2016年，易县检察院民行案件首次突破百件，赵宝德个人获得全省检察机关民行业务竞赛办案能手荣誉称号。

2017年3月，他的好搭档、从事民行工作十几年的老同志被查出肺癌，他独自撑起了科室的全部工作。为了工作，他将刚满五个月大的女儿送到吉林白城交由岳父母照料。谁料屋漏偏逢连阴雨，同年 4 月，他的姐姐和岳父也相继被确诊为癌症。他顶着重重压力，带领易县检察院民行部门率先完成司法改革，工作经验被全省推广。

三年时间，三位亲人、一位搭档罹患重症。三年时间，既有亲情友情的牵绊，又有繁重工作的压力，面对心力和体力的透支，他唯有咬牙坚持。"每当看到群众因为自身权益得到保护而露出笑容，每当看到公共利益得到维护，每当感受到行政部门履职更加合法合规，我就充满了成就感和喜悦感，再苦再累都值了。"赵宝德说。

碧血丹心深耕检察热土，奔竞不息淬炼忠诚担当。赵宝德始终坚守在平凡的岗位上，在办案实践中彰显检察官的精湛水平，用满腔热忱诠释对检察事业的无比忠诚与热爱。

牢记初心追光而行　守望正义刚柔并济

山西省忻州市人民检察院第一检察部副主任谢金娜

心中有光，素履以往。对于谢金娜来说，从检的梦想就是最闪亮的启明星，指引着她的人生方向。1984年，谢金娜出生于山西省万荣县，在大学毕业后，成为一名师范院校的老师，但始终保持着学习法律知识的热情。2013年，谢金娜通过公务员考试成为一名检察官，从三尺讲台转战三尺公诉席，后又成长为山西省忻州市检察院第一检察部副主任、一级检察官。

◎ 谢金娜

11年来，谢金娜扎根一线，将经办的每一个案件当作"磨刀石"，以"如我在诉"的精神践行着"守护公平正义"的初心。先后获得"全国优秀公诉人""全省优秀共产党员"等称号，入选最高人民检察院普通犯罪人才库。2023年11月24日，被人社部、最高检联合表彰为"全国模范检察官"。

笃志前行　心之所向不负热爱

"获评'全国模范检察官'对我而言是一种肯定，更是责任与使命。"谢金娜笑着说，"唯有做得比过去更好，才能对得起这份荣誉"。

唯有热爱，可抵岁月漫长。年近三十从头开始，对谢金娜来说并不容易。但脚踏实地的努力和纯粹的热爱却帮助她在成长之路上走得更扎实、更稳当。刚来单位时，新加入检察队伍的几个"小将"一起在办公室畅聊着"铁肩担道义"的检察梦想。其间，谢金娜捧着厚厚的三大本司考教辅材料，跟大家交流着"要约和承诺"的定义和区别。"司考复习之路，她才刚开始，我不由为她三个月之后的'战斗考核'担忧。"与谢金娜一起成长的检察"小将"杨阳说。然而，11月份成绩揭晓时，谢金娜以优异成绩成为那一届的忻州司考状元。惊叹之余，大家对她心生敬佩。"近百日闷热难熬的夜里，汗水浸湿的书本以及深夜凌晨的灯光都是她今天收获成功的见证。"谢金娜家人说。

从第一份审查报告、第一份起诉书、第一份退回补充侦查提纲到第一份公诉意见书，从文书字体到办案思路、办案理念、办案方法，她从不敢轻慢任何一项工作，就这样一步一个脚印地走了过来。"在我的心目中，检察工作是非常神圣的，我的文书连一个字都不敢出错，我起草的起诉书常常要念给完全不知道案件事实的同志听，看别人听了能不能明白我在指控谁做了什么事情，确保无一字不精，无一句不准。"她笑着说，"我喜欢'死磕'，喜欢埋头研究案子，我觉得把一个案件从证据、事实、法律适用和情理法等问题都搞清楚是一件非常有成就感的事情。"2017年，谢金娜办理的一起案件，涉及审计报告与鉴定意见相冲突，以及建筑材料定额与市场价格等问题，都是完全陌生的领域，她迎难而上，不断学习相关知识，多次前往审计部门、住建部门请教专业人士。"其实，当你热爱一项工作的时候，是感觉不到苦的。"

铿锵玫瑰　坚定守护公平正义

大家常说，好的公诉人，是案子"喂"出来的。繁杂琐碎、接连不断的办案工作，将谢金娜练就成了一个坚忍不拔的"铁娘子"。

2019年，在孩子还不满1岁的时候，谢金娜参与某涉黑案件的办理，连续3个月加班加点，针对40余名犯罪嫌疑人30余起违法犯罪事实提出近200条补充侦查意见，整理审查报告1000余页，最终案件事实清楚、证据扎实，高质量办结。

在谢金娜经手的一起1995年的故意伤害致人死亡案件中，由于年代久远，案件证据情况较差，公安机关将犯罪嫌疑人抓捕归案后，检察机关未批准逮捕，而是

◎ 谢金娜（右一）参与某涉黑案件的办理

采取了监视居住的强制措施，这让被害人家属难以接受。因为案件涉及追诉时效问题，在报请核准追诉的时候，谢金娜对犯罪嫌疑人家属和被害人近亲属做了民事调解工作，最初，双方当事人的近亲属都在偷偷录音，表现出对办案单位的强烈不信任。被害人近亲属更是明确质疑："明明是他把我家人捅死了，他跑了这么多年，好不容易抓回来了，检察机关不逮捕，把人放出去了，是不是就不追究责任了？我们的人是不是就白死了？你们是公正的吗？"犯罪嫌疑人的家属则来到谢金娜的办公室，恐吓她说："我们知道这案子证据不行，你赶快放人，你要还不做不起诉，我们就去告你。"谢金娜不断给被害人近亲属释法说理，后来，被害人近亲属

对她说:"谢检察官,我们能为你做什么?"她说:"信任,请你们信任我,无论社会如何传言,都请你们信任检察机关。"在办案过程中,她逐一核实案件的关键证人,并通过自行补充侦查,重新调取关键证据,排除合理怀疑,最终案件提起公诉,被告人被定罪判刑。收到判决后,被害人家属打来电话说:"谢检察官,我们刚开始是不相信你的,但现在,我们坚信你们检察机关就是为我们老百姓作主的!"

◎ 谢金娜(右一)出席某二审案件法庭进行法庭讯问

作为一名检察官,谢金娜始终坚信"吏不畏吾严而畏吾廉,民不服吾能而服吾公",将维护公平正义作为自己的神圣职责,一步一个脚印,啃下了一个又一个的"硬骨头"。

心系群众 让司法有力量有温度

"时代变了,党和人民群众对司法工作的要求越来越高了,过去'一诉了之'的思想行不通了,如何做好不起诉案件的后半篇文章,如何利用数字检察做好法律监督工作,如何更好实现源头治理,为中国式现代化贡献检察力量,这都是时代给予检察人的课题,我们唯有更加努力,才能更好地交上优异答卷。"这是谢金娜最直接的感受。经过十几年的工作历练,她已然从一名检察新人成长为领导和同事们眼中的骨干。然而,谢金娜却说:"越来越难了,以前,同事跟我探讨案件,我还可以说'我认为',现在我必须更加严谨、认真,有理有据地说出自己的观点,否则,怕对不起同志们的信任。"

"办案过程中,会遇到各种各样的当事人,或让我感动,或让我同情,也或者让我憎恶,但是,作为司法者,应当尽自己所能让司法充满温度。"法律是冰冷的,但司法者是有温度的,刚柔并济、有亲和力是谢金娜工作的一大特点,她始终认为司法工作是"人"的工作,要体现人文关怀。

法要正义,亦有温情。因为工作原因,谢金娜常常面对着遭遇犯罪侵害的社会弱势群体,每每此时,女检察官的侠肝义胆便会化作满腔柔情。2016年,她办理了一起故意杀人案件,被害人死亡后,留下84岁的老母亲、一个精神不太正常的妻子和3个未成年子女,家庭生活十分困难。而犯罪嫌疑人家庭同样困难,没有任何赔偿能力,在听取被害人近亲属意见时,被害人84岁的老母亲哭着对谢金娜说:"我儿子死了,他用了我的棺材,我连个棺材都买不起,死后怎么办呢?"老母亲悲戚的话语重重地砸在了她的心上。回单位后,她及时与控申部门联系,为老人争取了司法救助,帮助受害人家庭渡过难关。

"我们办的不仅是案子,也是别人的人生,更是我们自己的人生。要让群众从检察办案中获得更多安全感和幸福感,对公平正义有更多的获得感。"谢金娜说:"今年召开的全国检察长会议指出,要紧紧围绕推进中国式现代化这个最大的政治加快推进检察工作现代化。这要求我们检察人员的思想理念、工作作风和工作方法都应该随之调整。我将按照检察工作的新理念、新要求不断学习、提升自己,

◎ 谢金娜(右二)针对某轻伤害拟不批准逮捕案召开听证会

并且把在工作中形成的好经验、好办法传导给身边更多的年轻干警。一枝独秀不是春，百花齐放春满园。让我们大家共同努力，为检察工作现代化贡献自己的青春力量！"

坚守正义　一心为民

山西省岚县人民检察院检察委员会委员、第二检察部主任曹月兰

自 1998 年起，曹月兰始终坚守在基层一线，至今已在岚县检察院默默耕耘了 25 个春秋。她深深扎根于偏远山区，用青春和汗水书写着对检察事业的无限忠诚与热爱，以高度的责任心和使命感投入到工作中，用实际行动为人民群众排忧解难。

扎根一线　彰显情怀担当

◎ 曹月兰

岚县，这个曾经的国家级贫困县，于 2019 年 4 月脱贫摘帽，但部分特殊群体仍未摆脱贫困的生活。2021 年 6 月，曹月兰接手了一宗特殊的案件，李某因家庭变故，申请撤销其儿子与儿媳的监护人资格并寻求法律支持。在这个案件中，李某的丈夫因病离世，儿子入狱，儿媳离家并再婚，对监护责任置若罔闻，留下非婚生子小龙（化名）独自面对生活的风雨。

在了解并核实案情后，曹月兰多次奔波于各相关单位之间，为李某申请法律援助，确保小龙的基本生活和教育得到保障。同时，她还积极联系

寄宿制学校解决小龙的上学问题，促使相关部门为其解决户口、学籍等问题，并将其纳入低保范围，为其争取到山西省青少年发展基金会"希望工程 1+1"捐款。她的不懈努力让李某和小龙的生活有了基本保障，让他们深切感受到了社会的关爱与温暖。

为寻得小龙的母亲杨某某，曹月兰从岚县公安局派出所户籍登记信息着手查起，深入杨某某娘家所在村子打听情况。在得知杨某某与其父母在工地干活这一情况后，又历经周折找到杨某某，向她耐心地讲述小龙的生活处境，播放小龙的视频和照片，最终成功唤醒杨某某的良知，杨某某承诺将承担起作为母亲的责任，每月给小龙生活费及衣物等生活用品。至今，杨某某仍与曹月兰保持着微信联系，关心着小龙的学习和生活。

◎ 曹月兰（右一）就农民工追索劳动报酬民事支持起诉案与县法院承办法官沟通

治理拖欠农民工工资问题，向来是曹月兰关注的重点。多年来，每当岁末年初农民工讨薪高峰期，她总是挺身而出，积极查阅相关资料、实地深入调查、核实用工情况、协助收集证据、引入法律援助力量，与相关部门共同发力，维护农民工兄弟合法权益。对于能够诉前调解的案件，全力促成调解，帮助农民工尽快拿到辛苦挣来的血汗钱；对于进入诉讼程序的案件，持续跟踪问效，主动协调法院先予执行先行给付。先后为农民工累计追回工资款 600 万余元，在司法办案中真正做到了民有所呼、我必有所应。

践行使命　做实司法为民

"始终坚持一切以人民为中心，这是共产党人永恒的初心。"习近平总书记的这句深情话语，如同一盏明灯，深深映照在曹月兰的心底，成为她在检察工作中砥砺前行的坚定指引。

在2023年3月吕梁市"两会"期间，有市人大代表向岚县检察院反映岚县某校未成年学生小燕（化名）自残事件。对此，院党组高度重视，并迅速作出反应，指派曹月兰深入调查此事件。

在调查过程中，曹月兰严谨细致、一丝不苟，成功发现了隐藏在事件背后的多条复杂案件线索，包括当地农药市场存在的无证经营乱象，以及校园周边商户违规向未成年人销售电子烟等严重问题。她果断采取法律行动，迅速启动了公益诉讼立案程序，并积极与相关行政机关沟通协调，通过诉前磋商和不公开听证等方式，有效化解了各方分歧，促使相关职能部门联合出台联动执法机制，为推动实现全面治理、保障未成年人健康成长奠定了坚实基础。

此外，曹月兰还深入关注小燕的特殊情况，多次与其耐心交流，了解其家庭状况，并为她提供了全方位的法律援助和支持。她协助小燕申请法律援助律师，坚定支持她提起民事侵权和追索抚养费两

◎ 曹月兰（右）针对岚县某校学生服用农药自杀事件中暴露的农药管理、电子烟问题，向相关行政职能部门公开送达检察建议书

项诉讼，成功引导侵权人与小燕自行和解，赔偿了部分医疗费用。同时，曹月兰还全程跟进小燕追索生父抚养费纠纷支持起诉案，最终法院判决生父支付小燕抚养费43500元。这一案件因其综合履职、融合监督的突出表现，被《今日说法》栏目播出，赢得了广泛的社会关注和赞誉。

回溯至2017年，公益诉讼检察制度在全国全面铺开之际，曹月兰便勇敢地挑起了这一重任。她接手的全省生态环境领域首例行政公益诉讼案中，某煤矿向汾河排放未达标废水，严重威胁太原市300多万人口的生活用水安全。作为案件承办人，曹月兰深知责任重大，她刻苦钻研试点省份的成功案例，汲取宝贵经验，同时，积极探索创新，寻找有效的调查取证方法：与办案组共同努力，克服重重困难，精心完善证据链条、制作出庭预案，反复进行法庭模拟演练，并用心撰写了3万余字的法律文书。最终，在她的不懈努力下，成功督促负有法定监管职责的两个行政职能部门依法履职，检察院最终胜诉。该案的成功办理不仅促使其他沿河企业达标排放废水，更从源头上保障了下游城市的用水安全，实现了政治效果、法律效果和社会效果的有机统一。2020年，该案被最高人民法院评选为"黄河流域生态环境司法保护典型案例"之一。

奋楫笃行　细微处见知著

说起曹月兰，同事们总会为她敏锐的判断力点赞。"她有着一双火眼金睛，审查案卷看得细、看得准，别人发现不了的问题，她总能一眼发现端倪。"曹月兰的同事说道。

在一起看似寻常的民间借贷纠纷案件中，刘某持一张署名为王某的15万元借款借条和转账27万元的农行回单，以许某的委托代理人（一般代理）身份向岚县法院提起诉讼。岚县法院依法缺席审判，判决书公告送达王某。在执行过程中，王某向岚县检察院提出监督申请。

在与申请人交谈中，曹月兰敏锐地发现，这或许是一起典型的虚假诉讼案件。她认真地对该案执行依据进行了全面地审查，并立即向检察长汇报了情况，对"借条"依法鉴定，结论为借条笔迹系摹仿伪造形成。于是，岚县检察院向岚县法院发出再审检察

◎ 审查案卷

建议书，建议依法再审，并将许某和刘某涉嫌虚假诉讼犯罪线索移送公安机关查处。最终，岚县法院裁定再审本案，撤销原判决，驳回被申诉人的诉讼请求。

之后，曹月兰又在办理股权转让纠纷再审检察建议一案中，发现并办理了虚假诉讼案，得到改判。连续几个案子办下来，曹月兰成了院里的"新闻人物"。"哪有什么火眼金睛，不过是多看几遍案卷，多梳理几个问题线索，多问自己几个为什么。"面对同事们的赞扬，曹月兰说道。

曹月兰不仅在检察岗位上勤勉尽责，展现出不凡的拼搏精神，同时也能够兼顾家庭、顾全大局。自1998年6月踏入岚县检察院的大门以来，曹月兰便以检察事业为己任，毅然决然地将个人情感置于大局之后，在自己的岗位上默默奉献。每一项荣誉背后，都凝聚着她日复一日的不懈努力与家属年复一年的无私支持。

曹月兰的检察之路，是一条忠于职守与无私奉献之路。秉持"为大局服务、为人民司法、为法治担当"的崇高初心，怀揣着对法律的敬畏之心，对检察事业的深厚情感，她始终以饱满的精神风貌和卓越的工作品质，深耕细作于民事、行政、未成年人检察等多个关键领域，将个人的青

春韶华与满腔热忱,无私地倾注于崇高的检察事业之中。她就像是一颗璀璨的法治之星,在广袤的法律天空中熠熠生辉,照亮着前行的道路,传递着正义的力量。

在案结事了中释放检察温情

内蒙古自治区鄂尔多斯市人民检察院 检察委员会专职委员杨丽琴

从检三十年来，杨丽琴始终坚守在司法办案第一线，勤奋敬业、实绩突出，曾获得全国巾帼建功标兵、全区优秀公诉人、全区北疆最美女检察官、全区民族团结进步模范个人、全市先进工作者等称号，2018年被最高检荣记个人一等功，2022年当选内蒙古自治区十四届人大代表，2023年11月24日获评"全国模范检察官"。

◎ 杨丽琴

心有情怀　用实干让梦想照进现实

杨丽琴的父亲是一名法官，在她小的时候，她经常看到父亲头上戴着大盖帽，身着肩章的制服，那帽子上的国徽熠熠生辉，特别庄严、神圣。20世纪80年代，在严厉打击刑事犯罪斗争时期，杨丽琴的父亲作为审判长公开宣判一起恶性案件，身着法官制服的父亲表情威严庄重，声音铿锵有力，宣判被告人有罪判处重刑。宣判后，被害人亲友们围着父亲表示感谢，那一刻，杨丽琴感觉特别骄傲自豪。那一幕就像一颗正义的种子，悄悄在她心里生根，她向往着，未来有一天自己也能够像父亲这样。

1994年，她跨进了检察院的大门，看到单位门前鲜明耀眼的国徽，她心情激动，倍感荣幸。她还记得第一次到法庭当书记员时，她需要把法官、检察官、被告人、辩护人在庭上所讲的都记录下来，她一开始觉得这根本不可能，但她的父亲却说："只要想做，就没有不可能！"于是杨丽琴像承办检察官一样阅卷、看起诉书、深入了解案情，开庭时聚精会神，来不及写的就标注关键词，回头赶紧补充。就这样，她几乎能做到把开庭情况全部原汁原味记录下来。因为在记录中熟悉了案情和证据，在法庭辩论时，她和承办检察官能够互相交流、共同应对。看到被告人在事实和证据面前百口莫辩，杨丽琴心里有种说不出的喜悦。

为了弥补非法律专业的短板，她主动向科长申请协助办理案件，作记录、提审、开庭、外出调查、制作阅卷笔录、尝试去说理分析案件，在案件中学习、在学习中办案，1999年，她通过初任检察官考试，成为一名独立办理案件的检察人员。

之后的二十多年，杨丽琴从基层院到市院，从公诉处助理检察员、检察员，再到公诉处负责人、部门主任、检委会专职委员，始终战斗在公诉一线，在办理一件件重大复杂疑难案件中学习成长、历练收获。

心有大局　在除恶治腐中履好检察之责

杨丽琴深究法理，埋头钻研，承办和审批的近千件案件无一错案，为实现办案政治效果、法律效果、社会效果的有机统一，付出自己最大的努力。

2016年至2019年，杨丽琴办理了鄂尔多斯市首起组织领导参加黑社会性质组织案——"M氏兄弟"涉黑案。为掌握第一手资料，杨丽琴与办案团队一同深入基层调研、引导侦查机关，收集了上百名不同阶层的证人证言。围绕黑社会性质组织犯罪构成的四个特征，结合具体的案件

"全国模范检察官（检察干部）"先进事迹

事实证据及法律适用，杨丽琴与团队成员逐一进行反复研讨。面对16名被告、19名辩护律师出庭的严峻局势，杨丽琴与办案团队扎实做好庭前预案、庭审场控、庭后研讨，撰写了80多页4万多字

◎ 案件办理过程中，杨丽琴（中）与专案组成员共同讨论案情

的检察意见书。最终二审抗诉成功，该案入选全区扫黑除恶典型案例。她对黑恶势力犯罪敢于亮剑，坚持以法律为准绳，严厉打击各类黑恶势力违法犯罪行为，将黑恶势力彻底扼杀在摇篮里。

在办理锡盟副盟长莘某某受贿、巨额财产来源不明一案时，为了达到事实清楚、证据充分，杨丽琴在第一次阅卷时用50张表格将10多册案卷中的每一起犯罪事实及证据进行罗列分析，在第二次阅卷时结合表格形成了200多页的文字审查报告、出庭举证计划，经过反复计算，将犯罪数额精确到以角、分，法院判决书对起诉书指控的犯罪数额丝毫未改变，并全部没收上缴国库。

在第三检察部任职期间，杨丽琴先后办理了10余名处级以上干部的职务犯罪案件，累计涉案金额达1亿余元。这些犯罪行为侵犯了国家工作人员的职务廉洁性，影响了执政公信力，杨丽琴用扎实的证据和完整的证据链将犯罪分子绳之以法，增强了人民群众对司法公正的信心。

心有民意　在案结事了中释放检察温情

◎ 耐心接待来访群众

作为一名检察官，杨丽琴始终用为民服务的真心接待来访群众，耐心地为他们释法说理、排忧解惑、化解矛盾，用自己的实际行动诠释着为民执法的职业操守，用一件件小事诠释着心系人民的情怀。

在办理一起诈骗案时，因案件涉及民刑交叉问题，被害人、担保人多次来访，杨丽琴在每一次接待时，都对相关法律进行详尽解释，并为他们指明救济渠道，消除大家心中的疑虑，也平息了他们不安愤怒的情绪。

在办理潘某等人合同诈骗一案中，杨丽琴发现案件涉及经济纠纷而非刑事犯罪，如果处理不当必然会造成企业巨额财产损失，进而影响企业生产经营。为了说服潘某，她多次找潘某及其爱人谈话，有针对性地进行疏导、化解、纠错、释法、说理、言情，最终潘某主动退款，为受害企业挽回了经济损失900万余元。

办理的被告人赵某等三人对熟人实施抢劫一案时，三人作案后将被害人尸体焚烧，尸体检验报告中所述被害人的死亡原因和具体作案人均不明晰，需要结合尸体检验照片、现场勘查照片进行分析认定。现场照片和尸体检验照片惨不忍睹，杨丽琴却反复翻阅查看，哪怕看到不舒服、不想吃饭，做噩梦被惊醒。最后，她结合现场照片和尸体检验照片及被告人供述认定被害人的死亡原因是被其中的两名被告人用绳子勒和用手掐脖子致死，该案主犯被判处死刑。

每一个案件影响的都是当事人的人生，杨丽琴始终以"如我在诉"的情怀办案，真正让人民群众在每一个司法案件中看到、听到、感受到公平正义，用检察温情化解社会矛盾。

心有责任　在融合贯通中彰显检察力量

疫情期间，作为打击违法犯罪、维护疫情防控秩序和社会稳定的主力军，杨丽琴深知司法公正是社会的底线，她主动研究与疫情相关的案件，制定标准，严格执法，严厉打击妨害疫情防控的违法犯罪行为，以司法公正维护抗疫秩序和社会稳定。

杨丽琴带领团队研究全国疫情期间典型案例、摸排全市两级院与疫情相关刑事案件情况，第一时间汇编下发法律文件，并与公安机关、法院多次沟通，为全市涉疫情刑事案件的侦查、审查和审判提供规范标准，为打击妨碍疫情防控犯罪提供了有力武器。

随着电子货币的发展，微信、支付宝等逐渐成为毒品犯罪交易行为的新作案平台，隐蔽性越来越强。杨丽琴在办理毒品犯罪案件中，与时俱进，不断更新办案理念。在2023年6月办理一起多名被告人贩卖毒品犯罪抗诉案件中，她运用数据思维，强化证据分析，通过转账明细与行车轨迹碰撞出被告人贩毒事实，打破毒品毒资证据已不存在以及被告人零口供、翻供的办案困境，成功抗诉，被告人孙某刑期增加1年、郭某刑期增加6年、梁某刑期增加1年。杨丽琴的大胆探索，为今后毒品犯罪证据指控提供了新的思路和方向。

时光如白驹过隙，从一名检察新兵到公诉业务能手，杨丽琴三十年如一日，以严谨细致、为民务实的工作作风坚守办案第一线。公诉席上，她同被告人、辩护人唇枪舌剑、慷慨陈词指控犯罪；公诉席下，她耐心释法说理、排忧解惑，化解矛盾。曾收到过当事人的热泪感激，也受到过被告人及家属的无端责难。她踏着前辈的足迹向光而行，也见证一批批后浪风华正茂。未来她将继续埋首案卷，砥砺前行，如祖国北疆高原上迎风向雨的劲松一般，深深扎根在检察战线上。

敢打敢拼的办案急先锋

内蒙古自治区巴彦淖尔市人民检察院第一检察部主任孙凯

孙凯，现任内蒙古自治区巴彦淖尔市乌拉特后旗检察院检察长。从检20年来，她始终战斗在祖国北疆办案第一线，敢打硬仗，勇担重任，跑现场、提讯、出庭……经历一个个大案、要案、专案的"洗礼"，从展现"个案智慧"到凝结"类案经验"，在不断学习、积累、成长中磨炼成检察机关办案的行家里手，办理的1000余件案件无一错诉、漏诉。

◎ 孙　凯

她曾获得"全国扫黑除恶先进工作者""全区十佳公诉人""全区优秀办案检察官""全区检察机关先进个人"等称号，荣立个人二等功2次、个人三等功8次。2023年11月24日获"全国模范检察官"荣誉称号。

攻下金融"硬骨头"

孙凯常说，"作为一名人民的检察官，必须要有为大局服务、为人民司法、为法治担当的坚定信念"。她也正是基于这种坚定，不断厚植对党忠诚的政治"底色",不停冲锋,攻下了一个又一个"钉子案""骨头案"。

2021年,一则重磅消息在当地引发震动,曾经是中国银行百强企业的某银行因严重资不抵债,宣告破产。该案案发的原因是部分高管人员为了一己私欲,先后实施了违法发放贷款、非国家工作人员受贿、职务侵占等多项违法犯罪,涉案总金额高达千亿元。该银行客户约400多万户,遍布全国,一旦债务无法偿付,将对金融市场稳定造成严重影响。孙凯敏锐地认识到,办案不再是惩治犯罪那么简单,避免社会恐慌,引发群体事件,帮助该银行被顺利接管,并尽最大努力为储户挽回损失也是办案必须要考虑的重要因素,这不仅是对检察官专业能力的考验,也是以检察之力服务大局、防范化解社会风险的责任体现。

接到这一办案任务后,孙凯和办案组成员克服异地工作的困难,迅速提前介入,引导侦查,密切关注该案造成的金融风险和社会隐患,认真听取人民银行、纪委监委、审计、税务、证监会等部门的意见,并多次与这些部门召开联席会议,商讨资产和负债处置方案,推进处置进程,最终推进该银行顺利被其他金融机构收购接管。

由于该案犯罪过程持续十几年,涉及罪名多,多起事实涉及电子证据取证、司法会计鉴定,且多数被告人为银行内部员工,犯罪手段专业、隐蔽,侦查取证工作面临巨大挑战。"越是难啃的骨头,越要啃!"面对错综复杂的数字、堆成小山的案卷,孙凯和办案组经过40多个日日夜夜挑灯夜战,用耐心和细心,一步一步把看似极难攻克的天堑"填平",清晰地梳理出了涉案资金的流向脉络,为储户挽回巨大损失,最终给广大储户吃下了"定心丸",以高质效回应了各方关切。

直面黑恶扬正气

"面对犯罪分子或黑恶势力,孙凯不仅具有坚韧的品格,还有刚毅的决心,她勇于亮剑,敢打硬仗,用坚毅实干挺起正义的'脊梁',把每一个案件办成了铁案,每一个案件都经得起法律、历史和人民的检验。"孙凯的同事胡冰这么评价她。

在三年的扫黑除恶专项斗争中,孙凯参与办理了一起重大涉黑案件。该案案卷500余册、涉及15个罪名、30余起犯罪事实、46名被告人。"这是我20年工作生涯中经历的最艰难的庭审,面对了前所未有的挑战。"孙凯坦言。

该案中的黑社会组织在当地横行几十年,黑白通吃,小弟成群,"保护伞"成批,网络上称其为"黑帮教父"。涉足建筑工程、金融放贷、酒店经营等多个领域,谋取经济利益高达几十亿元,严重破坏了当地百姓的正常生产生活秩序。

在历时22天的庭审中,每天开庭近10个小时,黑老大频繁辩解"与我无关""我不知道";不少黑社会成员由于惧怕黑老大,当庭不敢说话,甚至翻供。孙凯和办案团队与80余名辩护人展开了较量。每一个辩护人无论是对证据还是法律适用都提出数条甚至几十条意见。孙凯作为主办检察官,不仅要对自己负责的出庭举证了然于胸、应对自如,还要对全案质证答辩做足功课,随时临场应变。每天庭审之后,孙凯还要再对当天的庭审焦点总结归纳、再准备。孙凯全程精神高度集中,从涉黑组织的四个特征、组织成员的认定、罪与非罪、组织犯罪还是个人犯罪、量刑及财产处置等方面与辩护人进行交锋。虽说每一天都一波三折,每一天都难中求进,但凭借过硬的政治素质和检察业务,孙凯始终做到"任凭风浪起,稳坐公诉席",展现了检察官的硬核"气场"。

在法庭辩论阶段,孙凯和办案团队利用各被告人在侦查期间的有罪供述和其他有力证据,针对各被告人的辩解及辩护意见,逐一条分缕析,有力反驳,发表了12000余字、说理透彻、重点突出、宽严相济的公诉意见,最终,39人当庭认罪认罚,这一黑社会组织被彻底攻破瓦解,打击了犯罪分子的嚣张气焰,扫出朗朗乾坤、盈盈正气,还百姓一片安宁。后来该办案团队被评为全区扫黑除恶先进集体。

"严准细实"办铁案

孙凯常常和其办案团队强调,"没有简单的案件,只有简单的办案人,在办案过程中,要把功夫下在'精准'上"。

薛某某受贿、利用影响力受贿案是孙凯承办的首例中管干部职务犯罪案件。虽然她之前也办理过一些重大职务犯罪案件,但是办理省部级案件,无论是从提前介入,还是审查起诉及庭审,都有着极高的标准和要求。

在提前介入时,要在三天内精准地拿出审查意见和补证意见。孙凯与办案团队赴外地办案当天,迅速分工,认领任务,三天里,大家每天休息三四个小时,紧紧围绕事实证据、定性处理、程序规范三条底线,夜以继日,如拼命三郎,完成了对338册案卷的审查,通过反复讨论修改,提出了有理有据且翔实的审查意见和补证意见,并被国家监委全部采纳。后来,大家都说,真得不敢相信,能在三天内完成看似根本无法完成的任务。

审查起诉阶段,撰写起诉书要精准。精准到职务便利的哪个职务在前,哪个职务在后,每个职务便利及收受贿赂的起止时间,涉案时间精确到月还是日,每笔数额精确到小数点后几位,数额前需不需要加人民币,用元还是万元表述等,甚至标点符号都要做到非常精准。孙凯对该案的起诉书反复打磨,修改11次,最终定稿。

庭审阶段,要精准到利用多媒体示证的方式,在两小时内将全部证据出示完毕,这就需要公诉人不仅不能遗漏证据,还要把控好举证质证提纲的详略程度,要将PPT上展示的证据和举证质证提纲内容吻合且同步进行,此外,还需考虑到被告人认罪怎么出示,不认罪又怎么出示,为了达到万无一失,孙凯和办案组庭审模拟演练10次,修改举质证提纲及PPT

13次。最后,精准且出色地完成了出庭任务。

从检20年,孙凯无时无刻不感到自己肩负的使命光荣,责任重大。无论是有影响的黑社会组织案,还是一个简单的盗窃案,案大案小,老百姓摊上了,就是天大的事,每一起案件都

◎ 孙凯(中)对薛某受贿、利用影响力受贿案出庭支持公诉

承载着他们对公平正义的渴求,在她看来,必须做到不以案小而小看,不以案小而轻为,用心用情做到应勇检察长提出的"三个善于""高质效办好每一个案件",才能彰显司法温度。她将立足检察职能,进一步找准服务大局的着力点和切入点,继续发扬敢打硬仗、勇于冲锋、直面黑恶的作风,以实干担当守护祖国北疆绿水青山,筑牢祖国北疆安全稳定屏障,以更优的检察履职交出让党和人民满意的答卷!

一句誓言　一生坚守

辽宁省辽阳市人民检察院第二检察部主任屈欣

◎ 屈　欣

夜幕已深，辽阳市检察院还有一个身影埋头在案卷中，"屈作家，著作还没完成吗？"同事调侃道，第二检察部主任屈欣从卷山文海中抬起头，笑而不语。

明明是检察官为什么被叫成作家呢？原来是因为屈欣作为省内重罪检察专家，经常承办急难险重的大案要案，每次结案时形成的审查报告常常有几十万字。因此，同事们亲切地称他为"屈作家"。

屈欣是一位当之无愧的高产"作家"，从检16年以来，他先后承办和指导各类案件千余件，其中十余件为国家级"著作"，在办案过程中，他追诉被告40余人，为国家和人民挽回经济损失近亿元，协助纪检、公安机关追缴赃款9亿余元。所办案件先后被评为"国家公诉共和国70年典型案例""全国检察机关优秀刑事抗诉案件""全国检察机关依法惩治和预防毒品犯罪典型案例""全国检察机关认罪认罚精品案例"等。

忠于职责　坚守初心的刑检"战士"

"为人民服务、为人民司法，保卫人民利益，努力让人民群众在每一起司法案件中感受到公平正义，就是我作为一名检察官坚守的初心和使命。"从身着检服、佩戴检徽的那一刻起，屈欣便时时刻刻按照党章来要求自己，始终以更高标准、更严要求加强革命性锻造，对党忠诚、对检察事业忠诚。

2023年1月，因工作需要，屈欣同志在组织的安排下，参与辽宁省监察委员会调查的系列专案提前介入工作，在工作期间，屈欣同志先后参与了12名厅局官员贪腐专案和一起涉省部级官员特大行贿案的监检衔接工作。案情复杂、涉案人员级别高、作案手段隐蔽，面对如此艰巨的任务，屈欣感受到很大的压力。重任在肩，是压力，是信任，更是责任，他以高度的政治自觉、法治自觉、检察自觉开展工作，带领办案团队先后审阅卷宗900余册，证据材料12000余份，形成补充调查意见300余条。

冬日的绿皮火车上，多了一位"格格不入"的常客，喧闹的车厢里，旅客们或闭目休息或闲聊家长里短，只有他抱着法律书籍眉头紧锁，时而又在电话里激烈讨论。在提前介入期间，屈欣所负责的部门同步受理了多起有重大影响的经济案件和职务犯罪案件，为兼顾两方工作，屈欣开启了每天早7点乘火车前往沈阳办案基地，下午乘车赶回单位处理本部门工作至深夜的超常规办案模式，省监委的领导、同志戏称他是"走读式办案"。

在每天超过12小时的巨大工作强度下，屈欣旧有的腰脱复发，只能靠墙站着审阅材料，同事们问他，都已经获得国家级功勋荣誉了，干嘛还那么拼。可他回答，荣誉是耀眼的光芒，更是激励前行的动力，既然组织信任我，我就要不负党、不负人民。2023年1月至今，他所在部门先后受理省监委移送案件12件，红通人员案件1件，案值过亿元的经济类案件4件，其他各类案件100余件，在他带领的团队连续奋战下，上述专案在移送辽阳检察机关后，相关犯罪嫌疑人均认罪认罚，其余案件均取得"三个效果"的有机统一。

全面依法履职　经济发展的"护航者"

如何在打击犯罪和服务经济发展之间寻求平衡？如何充分运用法治之力更好地维护市场秩序，推动经济高质量发展？这是屈欣一直在思考的问题。

2020年1月，屈欣主办了"8·28"特大虚开增值税专用发票案。该案涉及16家上市公司、各类经济主体千余家，系以园区模式为主的虚开增值税专用发票案，案件的成功办理打掉了专门从事再生资源领域涉税犯罪的职业虚开团伙，为国家挽回巨额税款损失。案件办结后，屈欣也从未停止思考。"为什么再生资源领域的企业会铤而走险？"深刻反思案件发生的原因并结合案件办理过程，屈欣总结撰写了"再生资源领域涉税犯罪打击要点"等工作方法。此后，财政部、税务总局于2021年12月30日出台《关于完善资源综合利用增值税政策的公告》，数十万再生资源领域企业因此受益。

◎ 屈欣（中）与同事研判一起重大职务犯罪案件证据

2023年初，屈欣通过分析涉税犯罪新形势、新特点，总结近年来与税务、公安等相关部门协作配合的经验，推动行政执法与刑事司法有序衔接，进一步提高涉税案件办理质效。在辽阳地区建立了具有辽阳特色的"税警检"联合办案机制。通过与税务、公安联合成立打击虚开骗税专项行动领导小组，健全联席会议及合作共享机制，在统筹协调、信息共享、情报研判等方面积极开展合作，加强行刑衔接，凝聚打击涉税犯罪合力。共召开联席会议42次，研究案件40余件次。通过依法提前介入引导侦查，并对案件事实认定、法律适用等问题提出意见建议，夯实案件事实证据基础。如在提前介入某水产有限公司出口骗税专案中，针对跨省市取证难题，依托税务机关对涉案企业票流、物流、资金流实施核查，并积极引导公安机关侦查取证，会同公安机关追缴非法所得100万元。在机制的推动下，辽阳地区涉税领域犯罪的预防和打击均取得新突破，屈欣所在部门干警荣获最高检等七部委授予的"全国打击骗取留抵退税违法犯罪工作成绩突出个人"，两起案件收到最高检等部门发来的贺信。

践行司法为民　用心用情的"人民卫士"

"检察官不仅要做办好案的工匠，还要努力成为司法检察政策把握运用的大家。把案子办好，更要让群众感受到法律的温度，让每一个案件当事人都能感受到法律的公平正义。"这些话屈欣常挂嘴边、铭记于心。

"民生无小事，枝叶总关情"，屈欣深知民心就是最大的政治。在办理案件时，他把以人民为中心的发展思想融入司法办案的全过程，用心、用情办好群众身边的每一起案件，做到了让法律更有温度，让司法更有力量。

"检察官叔叔，谢谢你对我的帮助，谢谢你挽救了我们一家。"一颗温暖的种子埋藏在19岁女大学生李某的心底。屈欣曾办理了这样一起案件。该案的当事人是一对夫妻。因生活琐事，丈夫李某强持刀砍向妻子，致其经抢救无效死亡。母亲被害身亡，父亲涉罪被羁押，大二在读的女儿李某生活没有了经济来源。因为亲眼目睹了母亲被杀害的过程，李某的心中蒙上了难以驱散的阴影。

如何化解这一家人的困境？屈欣多次走访受害家庭，了解其家庭成员的具体情况，联系相关部门争取必要的帮助，经过努力，为这个家庭申请了5万元司法救助金，为李某安排了心理咨询，有效帮助其打开了心结，李某表示愿意谅解父亲的行为。屈欣在与被害人的父亲谈心时，其多次提及平日里李某强对自己的孝顺，屈欣向其转述了李某强在看守所内的忏悔和歉意，最终被害人的父亲选择了宽恕李某强。李某强在庭审时痛哭流涕，表示一定要尽早回归社会替妻子尽孝，照顾好老人，重新做好一个儿子和父亲的责任。

"司法为民就是在办理具体案件时，为当事人实实在在地解决一些问题，提供力所能及的帮助，让人民群众感受到公平正义和司法温度。"这是屈欣对司法为民朴实的理解，也是他践行"努力让人民群众在每一个司法案件中感受到公平正义"的价值遵循。

"忠于国家、忠于人民、忠于宪法和法律，忠实履行法律监督职责，恪守检察职业道德，维护公平正义，维护法治统一。"这是检察官的誓言，更是屈欣一生的坚守。

向下扎根　向上生长
一名"90后"检察官的"蝶变"
辽宁省丹东市人民检察院第一检察部三级检察官逄燕妮

逄燕妮，1990年12月生人，法学硕士，现任辽宁省丹东市检察院第一检察部二级检察官、未检工作负责人。

从检11年，逄燕妮在多个检察岗位上历练，多重身份的转变带给她更多挑战自我的机会。全国模范检察官、全国青年岗位能手、全国检察机关未成年人检察业务竞赛能手、辽宁五一劳动奖章获得者……这位"90后"检察官在厚积薄发中实现"蝶变"，用扎扎实实的履职践行为民初心、扛起使命担当。

◎ 逄燕妮

"一行行，行行行！"同事眼中的逄燕妮就是这样，对人笑意盈盈，亲和力十足，无论在哪个岗位，她都会认真、用心、负责地完成工作。当走进她的日常、了解她的故事，便能感受到她年轻身体里的那份成熟与担当，以及骨子里的那份坚毅与执着。

以敬畏之心做事

在逄燕妮的字典里,没有"糊弄"二字。每一个案件、每一项任务、每一次活动,在她看来,都是"大事"。入职基层检察院的八年间,逄燕妮曾在自侦、政工、公诉、公益诉讼等部门历练,无论院里如何安排,她的表现永远都是——服从!做好!

在政工岗位期间,她身兼数职,被同事称为"最强大脑",组织、人事、党建、团建、工资……各类数据信息熟稔于心,无须查阅材料便能脱口而出,各类档案资料整齐规范,总是让人眼前一亮。

为了学习法律知识,非法学本科的她利用业余时间深学苦学,先后通过国家司法考试、获得法学硕士学位。而后,她被安排到公诉部门,开始办理刑事案件。她一边向前辈学习请教,一边废寝忘食地查阅资料,一猛子扎进"卷山案海"。不久后,逄燕妮不仅办案水平突飞猛进,还结合所办案件深挖个案、总结类案,制作了可复制、可借鉴的高效工作表格。在公诉部门期间,她先后参与办理刑事案件120余件,为国家挽回经济损失2000万余元。

公益诉讼检察部门成立后,逄燕妮又被委以重任。"监督不是高人一等,而要技高一筹。"逄燕妮努力学习各项法律法规,切实维护食品药品安全、守护生态环境、保护国有财产。办理了辖区首例刑事附带民事公益诉讼案,针对不同类型的侵害自然资源情况,提出精准监督诉讼请求,确定损害赔偿数额,为全地区办理此类案件提供典范。

"她总是不用扬鞭自奋蹄,总是自我加压。"每次岗位变化,逄燕妮都能很快适应,并形成一套自己的工作模式或办案体系,而背后所付出的努力也不言而喻。几年前,她因为意外受伤,右臂骨折、神经受损,术后还没恢复,但她为了不耽误工作,硬是坚持返岗,坚持只用左手打字也要完成工作。

博观而约取，厚积而薄发。多年来，逄燕妮始终秉持着一颗敬畏之心，在平凡中孕育不凡的法治追梦历程，在点滴积累中实现了"遇案能办、遇事能干、提笔能写、开口能讲"的复合型成长，绽放青春微光，照亮前行之路。

以公正之心办案

2021年，逄燕妮进入丹东市检察院从事未检工作。在这个光荣的集体中，先后涌现出两位全国党代表、十余人次获得国家级荣誉，传承之光，代代相续。逄燕妮更是加入了由党的二十大代表、全国先进工作者、全国模范检察官苏凤琴带领的"金牌团队"，在沐光而行的路上，她不断追寻前辈的足迹，学习榜样的精神，汲取奋进的力量，以更高、更快、更强的标准严格要求自己。

短短三年，她不负众望，再次交出了一份亮眼的成绩单。她通过扎扎实实的努力，以第一名的优异成绩在辽宁省检察机关未检业务竞赛中脱颖而出，并代表辽宁参加全国比赛入围20强，获得"全国检察机关未成年人检察竞赛业务能手"称号。工作中，从"银杏树"未检工作品牌成立到办案功能区建设，从单纯办理未成年人刑事检察案件到未成年人"四大检察"综合履职，从社会支持体系建设到助推"六大保护"形成合力……逄燕妮始终冲锋在最前线，由"年轻战士"快速成长为"业务尖兵"。

"高质效办案就是要把案件办得'有灵魂'，把工作做得'有温度'。我们办理的不仅是一起起案件，更是一个个孩子的人生。"逄燕妮愈发有感触。

小晴（化名）是一起强奸案的被害人，案发后她变得自卑敏感，开始厌学逃学。在母亲的反复追问下，小晴终于说出了被张某强奸的实情。因事发已久，直接证据灭失，张某又矢口否认、极力辩解，在案只有小晴的陈述，无法证明存在强奸的事实。"我们随即提前介入，引导侦查。"办案组反复还原案发现场、深挖每个细节、广泛走访摸排。在一次次毫无头绪中咬紧牙关，全面补充间接证据，排除张某不在场证明，并且发现事发当日，张某用手机查询过强奸罪的判例，种种细节更加印证了此前推测。在讯问张某时，逄燕妮通过策略发问，让张某在逻辑上自相矛盾、露出破绽，最终形成完整的证据链。丹东市检察院提起公诉后，法院也据此认定张某构成强奸罪。

为了帮助小晴重拾自信，逄燕妮多次去看望她，与其谈心，让她相信这不是她的错，并邀请心理专家为她进行心理疏导。同时，逄燕妮积极奔走，联合多部门合力救助小晴家庭，为小晴家庭申请了3万元司法救助金，帮助小晴转学复学、申请补助。"燕妮姐姐就像温暖的太阳，在我陷入黑暗的时候照亮了我。"半年后，小晴顺利走出了阴霾。

"当我看到未成年人违法犯罪，我会怒其不争；当我看到受侵害的孩子惶恐的眼神，我会感到揪心的痛。"这更激发了她强烈的责任心和责任感，为了更好地帮助"迷途少年"回归社会，逄燕妮利用业余时间考取了国家二级心理咨询师和家庭教育指导师资格证书。

在开展精准帮教与多元救助的同时，她还牵头全地区开展未成年人禁文身、禁烟禁酒、校园配餐、校园周边环境等多个专项治理工作，制发检察建议近百份，与各部门会签制度十余个，共同营造未成年人友好社会环境；牵头成立未成年人司法社会服务中心、家庭教育指导基地，主动融入家庭、学校、社会、网络、政府"五大保护"，全面守护未成年人健康成长。

当通过建基地、结对子，听到曾经犯错的孩子改过自新；当通过解心结、暖心房，看到受伤的孩子走出阴霾……她说："再忙再累的付出都是值得的。"

以阳光之心播种

除了检察业务工作，逢燕妮还承担了大量综合性工作，演讲、宣讲、解说、主持……处处都有她的身影。"让法治的阳光照亮更多阴暗之隅，让法治的种子播撒进每个人的心田。"逢燕妮说。

新媒体兴起之初，逢燕妮虽然在业务部门，也开始尝试运用"两微一端"发布系列普法音视频作品，逐渐打造"线上+线下"全方位的法治宣传阵地。线上，

◎ 逢燕妮走进学生中，开展普法问答

她策划录制《丹东检谈》《萌芽微课堂》等法治栏目，内容涉及刑法修正案、未成年人保护、检察公益诉讼等内容；线下，她全力打造"丹东市银杏树法治教育实践基地"，将法治教育与红色教育、英模教育相结合，构建了集参观游学、模拟法庭、团体帮教等功能为一体的法治教育模式。

"预防是最好的保护。"她坚持再忙也要开展普法工作，作为丹东"八五"普法讲师，逢燕妮常年开展"检察开放日""法治进校园""法治进乡村"等活动，深入校园、社区、乡村等地开展法治宣讲130余场，惠及10万余人，以实际行动推动形成尊法守法学法用法良好氛围。

"她常常为了完成一份材料，打磨至深夜；为了推动一项制度，奔走于各个部门；为了开展一个专项，往返于各个县区。办公室里、出差的高铁上、下基层的车上、会议的间隙，经常会看到她面对电脑工作的场景，加班加点对她来说是常态。"同事眼中的逢燕妮永远都是大忙人，而她却

说:"年轻人就应该多体验、多积累,向下扎根、向上生长。"

蝶变,破茧而出,羽化成蝶。逄燕妮在一个个挑战中完成一次次蝶变,每一次都是重生,每一次都是跨越。在奔赴未来的时光长廊中,相信她仍会迎风展翅、向光而行。

用心用力守护公平正义

吉林省延边朝鲜族自治州人民检察院第二检察部主任姚远来

在祖国东北边陲小城延吉市，有一支"牢记初心使命、忠诚干净担当"的检察队伍，他们胸佩熠熠生辉的检徽，身着检察蓝，心系老百姓，在依法治国第一线砥砺前行，这支队伍的"领头雁"就是延吉市检察院检察长姚远来。他从检19年，先后在延边州检察院和延吉市检察院工作，以扎实的专业功底、深厚的法律素养和对党对人民对检察事业的热爱，对社会公平

◎ 姚远来

正义的执着追求，在边疆民族地区留了下一串串坚实而闪亮的足迹。他不仅入选全国检察机关职务犯罪检察人才库、全国检察机关经济犯罪检察人才库，而且先后荣获"全国侦查监督业务能手""吉林省政法系统先进工作者""吉林省检察业务专家"等称号，2023年11月24日获"全国模范检察官"荣誉称号。

"办案子,就要把案子办成铁案"

2005年,大学毕业的姚远来考入检察机关工作,从那时起,他立志捍卫法律尊严、维护社会稳定、守护人民幸福。人生目标一旦确立,他就在实现目标的道路上勇往直前、孜孜以求、从未动摇过。入职之后,刻苦钻研、快速成长,努力成为办案的"行家里手"。

2010年,一个检验业务能力的机会来了。一起犯罪嫌疑人多达43人的涉黑案件落到了姚远来的手上。看着一米多高的卷宗、迫在眉睫的审查起诉时限、成分复杂的涉案人员,一起办案的同事不禁有些为难。这么大的案子,就算有丰富经验的老检察官来办都不容易,咱们两个人,行吗?姚远来的回答掷地有声:"这是一场实战,不是演习,办案子,就要把案子办成铁案!"

姚远来展现出自己的智慧与担当。提前分配好阅卷、提讯、起诉等各项工作,有针对性地拟好讯问提纲,对涉案人员分级分类处理……严谨规划、合理分工、适时调整思路,往返行程上千公里,分别提讯羁押在7个看守所的犯罪嫌疑人,有的还要反复讯问核实,向侦查机关提出补查建议200余条,还与公安机关及时沟通,统一完善证据规格。形成审结报告40万余字,对涉案人员精准作出提起公诉或不起诉处理。接下来长达7天的庭审过程中,每天庭审后坚持复盘,凭借扎实的庭前准备和充分的庭审预案,沉着应对16名辩护人的"唇枪舌剑",最终让所

◎ 姚远来(右)出庭宣读起诉书

有被告人当庭认罪服法，法院判决认定了全部指控事实和罪名、情节。这个案件不仅办成了铁案，也成为当地扫黑除恶斗争的"样板案"，让人民群众对法律公正和社会稳定充满了信心。

类似的办案经历还有很多，不论是抢劫杀人灭门案，还是公安部督办的跨国走私贩卖毒品案，或者是监察体制改革后的第一例受贿案，姚远来对每一个案件都一丝不苟，确保每一个案件都依法有据，其中许多案件作为案例在全省乃至全国检察系统交流。"办案没有捷径可循，没有妙计可用，卷宗要一遍一遍的翻看审阅，文书要一字一句的推敲琢磨。"姚远来说得朴实，也做得扎实。

"检察蓝，就要把人民的冷暖放在心上"

"我穿上这身'检察蓝'，就要对得起人民的信任，就要把人民的冷暖放在心上。"这是姚远来挂在嘴边、放在心上的"大事"。

2014年，姚远来着力破解法律监督难题，在敢于监督和善于监督上做文章，抓住空白领域和薄弱环节，主动回应人民群众对"选择性执法"和"同事不同罚"的关切，创新开展危险驾驶罪专项立案监督活动，效果显著。吉林省检察院在延边州召开立案监督工作现场会，他撰写的经验材料在会议上交流，提出解决侦查监督工作中出现的规模不大、质量不高、权威不强、成效不长等问题的办法，得到一致赞同。延边州检察机关侦查监督工作经验得到省检察院肯定，并转发全省各级院参考借鉴。

2019年，姚远来负责职务和经济犯罪检察部门工作。随着各类新型经济犯罪、网络犯罪案件的不断出现，如何准确适用法律成为办案常见的难题。当时"断卡"行动刚刚开展，延边州发生了多起涉及出售信用卡犯罪案件，当时在讨论案件定性时，有人倾向于"非法提供信用卡信息罪"。姚远来经过缜密分析，找专家探讨研究，认定其为"帮助信息网络犯罪活动罪"。他的这一意见后来得到了"两高一部"有关部门的认可，也促进了在办理该类案件上统一法律适用标准。

2022年，为了服务和保障延边州经济社会发展，维护企业合法权益，姚远来依照相关工作职责，组织召开了企业家座谈会，与工商联等部门会签相关文件，出台《延边州检察机关优化营商环境惠企利企"十条措施"》；开展"六稳""六保"主题开放日活动，邀请人大代表、政协委员、企业家走进检察机关观摩公开听证会，提升检察公信力；落实最高检"三号检察建议"，制定《非法集资案件证据指引》，多维深入开展打击非法集资专项行动，守护人民群众"钱袋子"。部署开展全州检察机关惩治洗钱犯罪专项工作，对全州洗钱罪上游犯罪建立台账，实行"一案双查"。延边州检察院向州人大专题报告金融检察工作，得到人大代表充分肯定。他还在全省率先提议，并主动与监察机关沟通，起草制定监检衔接规范，有效解决了强制措施执行流程、退回补充调查换押、案件信息通报等问题。

姚远来的这些工作实绩，大都是"前无来者"的创新之举。"检察为民"是他铭记心间的铮铮誓言，他曾说，让法律的阳光照亮人民群众的美好生活，是我工作的最大动力。正是在这一动力的驱使下，姚远来不断积累，练就本事。在2020年他被选为吉林省检察业务专家，有4门主讲课程被评选为全省检察教育培训精品课程。他入选吉林检察智力援疆讲师团，先后两次到新疆为干警进行专题授课；他还多次在监察机关、公安机关、军事检察机关等部门开展培训。姚远来深知教学相长，学无止境，所以孜孜不倦、乐此不疲，在每一堂课开篇都会讲，"希望这堂课能够转变理念，激发思考，引起共鸣，大家一起进步，就实现了课程目标"。

"带队伍，就要带出信仰坚定忠诚履职的检察队伍"

2024年1月，经延吉市第十九届人民代表大会第三次会议选举，并经州人大常委会批准，姚远来担任延吉市检察院检察长。刚过不惑之年的姚远来深知身上担子沉重，锐智而儒雅的眉宇间多了几分凝重，但他前行的脚步依然坚实有力。

要想事业兴旺，必须队伍过硬。上任伊始，姚远来坚持从政治上着眼、从法治上着力，带领延吉市检察院队伍坚定拥护"两个确立"、坚决做到"两个维护"，进一步擦亮延吉检察队伍鲜明的政治底色。他提出从更新理念、强化意识、振奋精神，到务实担当、履职作为、提质增效，再到廉洁奉公、提高能力、德才兼备，为全院的发展和检察工作的推进明确了方向。

在姚远来的带领下，谋定而后动，一系列"选准小切口，做好大文章"的鲜活举措相继落实。2024年4月，亲自办理古城墙保护公益诉讼案，以办案推进"长城保护公益行动"；5月，由延吉市检察院积极推动的吉林省首家

◎ 在首家轻微刑事案件"一站式"办理中心成立仪式上讲话

轻微刑事案件"一站式"办理中心在延吉市公安局执法办案管理中心挂牌成立；6月，延吉市检察院率先制定和实施行刑反向衔接告知机制；8月，延吉市检察院研发的大数据法律监督模型在全州推广……在法治社会的进程中，延吉市检察院宛如一座正义的灯塔，在全市社会综合治理中闪耀着法治的光芒。

展望未来，姚远来信心满满，他说："检察事业一程接着一程向前推进，需要一代又一代检察人接续奋斗、接力奔跑，我接过了这枚接力棒，甘愿用自己的一生，去守护公平正义！"

为群众办实事容不得半点含糊

吉林省延边铁路运输检察院机关党委专职副书记魏来

◎ 魏 来

魏来，1985年8月出生，中共党员，现任延边铁路运输检察院党总支专职副书记。先后荣立个人二等功2次，被省委、省政府授予"脱贫攻坚奖·贡献奖"，被省委宣传部授予"敬业奉献吉林好人"称号，被省人社厅、省总工会授予"全省五一劳动奖章"，被省委政法委评为（2017—2021）"政法先进工作者"，被省直机关工委授予"优秀党务工作者"称号，被最高检、人社部授予"全国模范检察干部"称号，工作事迹先后被《人民日报》、新华社、《中国组织人事报》和吉林卫视等媒体报道16次。

2017年以来，魏来参加吉林省检察院驻村工作队，历任龙井市老头沟镇大箕村、奋斗村和泗水村第一书记，工作足迹走遍了吉林省检察院的每一个包保村。在长达7年的驻村帮扶工作中，他心系民情冷暖，与村民同吃、同住、同劳动，一心一意带领村民致富，被村民们亲切地称为"眼镜书记"。

主动挑起扶贫重担

2017年,从延边刚选调到吉林省检察院铁路运输分院工作一年的魏来,在得知省院驻村工作队亟需热爱基层、熟悉情况的年轻骨干时,按照省检察院党组工作安排,主动找到领导:"我在延边州龙井市检察院工作时就负责联系脱贫攻坚,有一定经验,让我去!"就这样,魏来到龙井市老头沟镇泗水村开展扶贫工作。白天行走在田间地头、夜晚在农家小院倾听群众心声,村头巷尾,随处可见魏来的身影。"为群众办一些实实在在的事,容不得半点含糊。"这句话成了他的初心,更是他的担当。

泗水村由四个村合并而成,南北长达18公里,好多村民要到村办公室办点事,来回都要走上好几公里路,一旦遇上雨雪天气,极易发生摔伤。"如果村民足不出户,就能把想办的事办好,那该有多好!"魏来多次沟通有关部门,迅速协调落实云视频通讯平台的引进工作。至此,村民们通过互联网就能直接联系上村干部,省去了办一点小事就要跑几公里路的麻烦。

"小魏啊,我是孙

◎ 参加展会推介本村产品

阿姨，我要开个证明，老了下不了地了，你们啥时候有空给办一下啊？"泗水村六组的孙老太是云视频通讯平台的第一位用户。看到手机里魏来的影像，想到自己不用出门就能把事办了，孙老太喜悦之情溢于言表。

针对包保村空巢老人多、留守儿童多的问题。魏来组织开展学龄儿童助学专项活动，每天晚间为学生进行义务补课；为延边铁路运输检察院和老头沟镇学校搭建协作平台，以检校共建护航未成年人健康成长。经常利用休息时间陪村里孤寡老人就医，为患病村民筹集医药费，让空巢患病老人倍感温暖，"家"的感觉更加强烈。

当上富民强村的"领头羊"

2018 年 3 月，魏来成为大箕村第一书记。"村民富不富，关键看支部；村子强不强，要看领头羊。"上任后，魏来深知村集体的长远发展离不开一个敢于担当作为的领导班子，为此，他在深入走访党员群众、广泛征求意见后，重新组建了一个素质高、能力强的"两委"班子。村班子"基石"打牢了，接下来就是如何发展产业项目。魏来动脑筋、想办法，为村里量身定制了以种植苹果、梨、李子为基础的品牌 + 品质"双品工程"。在他的引领下，村里建起了合作社、注册了品牌商标，还联系电商平台将产品放到网络销售，让大箕村水果远销至全国 25 个省、自治区和直辖市。同年，大箕村被评选为吉林省电子商务示范村，其"电子商务 + 农特产品"的销售模式，也为其他村的发展提供了更多经验和可能。果农们的心里也都乐开了花，他们不仅看到了自己的钱袋子鼓了起来，还看到了"眼镜书记"为方便村民出行协调有关部门建起的桥梁、由原村部改造的活动室、修缮的道路等基础设施。

紧盯村民硬件设施改善，反复出入各职能部门，积极协调各方面支持，累计争取资金 2000 万余元用于基础设施建设，包保村道路、路灯、绿化面积得到持续优化，修建了具有远程连线诊疗功能的高科技卫生所和设施完备的健身房、文化广场,村民居住环境、文化生活全面提升。

聚焦"互联网+",搭建协作平台。在省检察院、省商务厅和当地党委政府支持下,大箕村同时为"双品工程"争取绿色、有机食品认证全额补贴,打通京东、建行等网络销售平台,改过去上门推销为如今"线上"操作,"互联网+"经济模式在基层开花结果。"省级电商村"工作模式入选《中国管理案例共享中心案例库》,成为全国MBA课程经典案例。

在全省范围内率先开展"党组织领班合作社联合社"和"跨镇联村"共同发展工作模式。以泗水村优质的农产品和成熟的销售渠道为主,激活周边行政村包保单位的采购份额,以"消费帮扶"

◎ 魏来(中)带领村合作社负责人回馈贫困村民

为依托带动周边村屯乃至周边乡镇、县市共同致富,实现"村富不算富,村村都富才可行"的美好工作愿景。党中央推进"消费帮扶"工作模式以来,在吉林省检察院大力支持下、吉林省铁检分院党组坚强领导下,魏来按照中央提出的"两不愁三保障"要求在大箕村全面落地,村集体经济实现跨步增长,村民收入连年提升,大箕村也顺利通过了国家脱贫"摘帽"验收。

走上乡村振兴新战场

2021年7月,魏来被吉林省检察院派驻到奋斗村担任第一书记,带领村民走好乡村振兴之路。新征程,就要有新作为。深入落实铁检分院"党建基础年""党建提升年""党建跃升年"三年规划工作部署,组织开展集体观影、文化交流系列活动,面向全体党员承诺,带头严于律己,主动接受监督,以"三不"(不迟到、不早退、不推诿扯皮)为抓手,倒逼班子成员履职尽责,村党支部领导力、执行力和战斗力显著提升,顺利通过了省委组织部"五星级"党组织验收;引入韩联食品厂和龙井市服装产业园项目,有效盘活村集体闲置工业用地,提升村集体经济收入能力,吸引村民返乡就业,带动奋斗村"第三产业"高质量发展,稳步迈向"百万级行政村"行列。

"以前,我们的水果卖不上价,一年辛辛苦苦只挣几万元。如今,在'眼镜书记'和驻村工作队的帮助下,我们与省内多家重要企业签订销售合同,去年我们一家就卖了十几万元。"经营果园20多年的村民迟景云开心地说道。2023年8月,魏来毅然选择继续坚守乡村振兴工作一线,转任泗水村第一书记。到任之初,恰逢泗水村鲜食粘玉米生产加工,他就和驻村工作队到加工厂参与劳动,直观了解这一产业项目。在此基础上,他迅速厘清该村产业发展中存在的问题,将工作重点放在企业化管理、正规化运营、顺应市场需求提升产品质量等方面,并积极筹措资金,引入全套鲜食粘玉米真空加工设备,以满足鲜食粘玉米市场的消费需求。

在村里,魏来在工作中盯住化解村民矛盾这块"硬骨头",带领村干部挨家走访,以群众来访"件件有回复"为目标,着力拉近干群距离。面对村民诉求,应由村班子解决的立查立改,事关有关部门的反复沟通,村民自身有负面情绪的调动亲朋好友"唠家常""说土嗑"争取理解。八年来,走访村民千余次,"有事找魏书记管用""村支部靠谱"成为村民共识。泗水村和奋斗村先后获评省级"精神文明村镇"。

前行路上，放眼望去，魏来似乎已经看到泗水村乡村振兴的美好愿景，在丰收的田野里变成了现实。他把全心全意为人民服务牢记心头，以苦干赢信任，成了地地道道的百姓的知心人，时刻把村民的事放在心上，全力解决群众急难愁盼问题，带领村民不断谱写美好生活新篇章。

真情缱绻寒日暖　傲立冰霜绽清芬

黑龙江省牡丹江市人民检察院第七检察部主任付冬梅

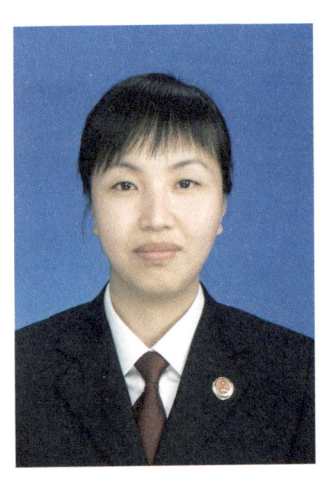

◎ 付冬梅

　　付冬梅，牡丹江市检察院第七检察部主任、四级高级检察官。从检17年来，她以春风化雨的温情、润物无声的奉献，挽救了一批又一批失足少年，化解了一个又一个家庭矛盾。先后获评全国维护妇女儿童权益先进个人、黑龙江省劳动模范、全省检察院机关先进个人、个人二等功、个人三等功……以其名字命名的"冬梅姐姐"未检团队成为全国五个未成年人检察工作优秀团队之一，2017年被写入最高检工作报告，2023年获评"全国模范检察官"。

　　一路走来，尽管荣誉等身，她仍含和守素，笃行如初，内心对未检事业的爱一直澄澈、炽热……

做孩子最好的帮扶者　让保护烙印在每一起司法案件

　　"法是威严的，情是温暖的。"从事未成年人检察工作以来，付冬梅始终以"最有利于未成年人"为原则办案,谈起这样的信念缘起,她觉得这无论如何也绕不过她刚从事未检工作时办理的一个案子。

2012年寒冬,牡丹江市东安区某派出所接到辖区司机张某的报案,称自己被乘客"持刀"抢劫了。作为此案的承办检察官,付冬梅在看守所看到抢劫者小文(化名)时,心里一惊,这个14岁的孩子异常瘦弱,看起来只有10岁左右。

"我是来找妈妈的……"在付冬梅的安抚下,小文慢慢放下戒备,讲出了抢劫背后的隐情。原来,小文从哈尔滨的姥姥家出发,只身来到牡丹江找母亲,可坐火车时把身上仅有的一点钱给弄丢了。到达目的地后,他没有钱又联系不上母亲,在走投无路之际,小文冒出了抢劫的想法。

借打车之机,小文把一根冰棍杆伪装成刀具,抵在出租车司机腰间,实施抢劫,最终抢得100多元钱。案发后不到一个小时,小文就被抓获,后被移送起诉。

鉴于小文无前科劣迹,当案件提起公诉时,付冬梅建议适用缓刑,但法院的一审判决却是有期徒刑1年6个月。付冬梅坚持抗诉。她坚信,给失足孩子一个改过自新的机会,挽救一个孩子的同时,也挽救一个家庭。最终,法院考虑到小文抢劫金额不大且真心悔过,改判有期徒刑1年6个月,缓刑2年,并处罚金5000元,退赔被害人100元。

案件到此似乎可以画上句号,但付冬梅看到小文迷茫无助的眼神时,便开始忧心这孩子该何去何从。她了解到,小文是非婚生子,一直没有身份证明与户籍信息。父母分别组成家庭后,小文就被寄养在姥姥家里。

"关于孩子的问题必须坐下来好好沟通,我也是一个孩子的母亲……把孩子生下来就该对孩子负责,小文还是未成年人,没有钱,他怎么上学生活啊?"为了使小文真正地回归家庭,付冬梅记不清打了多少通电话,才争取到让母亲把小文接到身边抚养,并让父亲支付抚养费。

付冬梅还为小文户口的事进行了多方沟通协调,在2015年,小文得知自己符合落户条件后,一句"冬梅姐,你真是我的亲人",让她眼里瞬间盈满泪水。再后来,小文给她来电话说,自己在新疆创业经营羊肉串店,付冬梅感到欣慰的同时,嘱咐小文要与人为善、遇事冷静。

未检人的责任和担当该是什么?付冬梅从未停止思考,但内心的声音越来越坚定:就案办案、一诉了之绝不是未检人办案的方式,只有用心办案,尽最大努力帮助孩子们迷途知返、重启人生,才算尽职尽责。

随着案件办理的深入,把法治教育引入家庭的想法也在她心中越来越清晰。"对未成年人的普法教育不应局限于学校与职能部门,作为'第一任老师'的家长,更应担起孩子普法教育的重任。"基于这样的思考,在教育部门、妇联部门的支持下,2022年5月,家庭教育指导中心在牡丹江市检察院揭牌成立,实现了对辖区涉案未成年人家庭教育全覆盖、预防未成年人犯罪家庭教育精准指导全覆盖。

做孩子最好的守护者　让温暖根植于每一个孩子内心

2024年已经是付冬梅从事未检工作的第12个年头,她见证了种种悲欢离合,时常感到五味杂陈。2020年3月,东宁市检察院受理了一起特殊的故意伤害案,年仅4岁的小飞(化名)因腿部骨折被送至医院。医生发现小飞满身伤痕后,及时向公安机关进行了报告。原来小飞的母亲高某和同居男友郑某经常体罚、殴打小飞。案发当天,因为琐事小飞被他们用皮带抽、用垃圾桶砸,他们还拿塑料袋扣住小飞的头部,直到发现孩子状况危急,才把孩子送到了医院。最终,法院以故意伤害罪判处高某、郑某有期徒刑3年。

"这样的母亲,可恶可恨,根本没有监护能力。"检察机关依法提起公诉后,付冬梅跟进指导东宁市检察院支持撤销小飞母亲的监护权起诉,法院当庭判决撤销小飞母亲的监护人资格,指定小飞的姥爷为其监护人。

由于小飞受伤害后还需要二次手术,而姥爷家境贫困,付冬梅又指导东宁市检察院主动帮小飞申请了3万元司法救助金。当把钱送到小飞和姥爷的手中时,姥爷露出久违的笑容,并向检察官表示感谢。

"孩子的伤,是全社会的痛。"付冬梅说。案件办结了,但小飞的遭遇和他身上

◎ 付冬梅(左)联合社区开展未成年人帮教活动

那些"伤痕"时常会浮现在付冬梅脑海里,怎样做才能让隐形的伤害被及时发现?让更多的"知情者""吹哨发声"?

在付冬梅看来,只有推动全社会厚植未成年人司法保护的理念,才能真正做好孩子的守护者。付冬梅参与了一次又一次的送法进校园、检察开放日、走访交流等活动,她欣喜地发现,未成年人社会化保护的观念逐渐深入人心。

近年来,他们联合辖区多家中小学校,先后开展"护蕾行动""检爱同行 共护未来""保护少年的你"等法治宣传活动,形成检校共建平安校园的强大合力;推动建立牡丹江市首家未成年被害人"一站式"关护中心,会签《牡丹江市未成年人"一站式"关护中心实施办法》,避免对被害人造成"二次伤害";联合团市委会签《关于构建牡丹江市未成年人检察工作社会支持体系的三方合作框架协议》,为未成年人权益全面综合保护提供制度保障;联合教育部门、公安部门、市场监管部门、卫健部门等单位开展入职查询、旅店业整治、未成年人文身治理、校园周边食品安全、强制报告宣传等专项行动,为未成年人保护营造法治化的社会氛围。

做孩子最好的引导者　让法治照亮城市的每一个角落

事后的补救，抵不过事前的预防。在付冬梅看来，孩子就像含苞待放的花朵，只有精心呵护才能向阳而生。因此，加强对未成年人的法治教育十分重要。

付冬梅始终坚持履行未成年人法治教育的社会责任，积极参与送法进校园活动。2020 年，成立了由付冬梅领衔、23 名检察干警组成的"冬梅姐姐"法治宣讲团，研发出 10 多个主题课程，制作了 8 部微课视频，以法治讲座、开学第一课等形式送法进校园，覆盖辖区师生 6.8 万余人，发放宣传手册逾万份。同时，打造建立的集知识性、趣味性、参与性、互动性为一体的牡丹江市检察院青少年法治教育基地和推出的系列"冬梅姐姐对你说"空中法治小课堂，有效地提高了法治宣传教育的深刻性与感染力。2020 年，法治宣讲工作被最高检通报表扬为全国"法治进校园"表现突出单位，2022 年付冬梅个人获评全国青少年普法教育优秀辅导员。

不负热爱、不负期待，无论是孩子们口中的"冬梅姐姐"还是人民心中的检察官，付冬梅始终以高标准严格要求自己，用自己的实际行动践行了一名未检检察官不忘初心，不辱使命的责任与担当。她立足法律监督岗位，积极进取，开拓创新，用自己的实际行动擦亮了牡丹江未检工作品牌，使牡丹江市的未成年人检察工作走在了全省乃至全国的前列。

初心永续正义路　守望同江日月明

黑龙江省同江市人民检察院副检察长李明

忠诚、公正、坚守为民情怀，是李明检察履职的优秀品格，热忱、坚韧、毫不懈怠，更是她面临新挑战、担当新职责的智慧和力量源泉。自检察公益诉讼制度确立以来，沉稳细致又深具创新意识的李明，在助力保护碧水蓝天黑土间，在创新特色公益诉讼的路上，一步一个脚印踏实前行，匠心打造"赫哲故里·同检织彩"亮点品牌，用心用情守护群众美好生活，以高质效检察履职织就赫哲家园多彩新画卷。

◎李　明

守护"非遗"文化　绽放时代芳华

同江市位于松花江和黑龙江交汇处，与俄罗斯隔江相望，这里生活着我国北方古老的渔猎民族—赫哲族，素有"赫哲故里　百年口岸"之称。赫哲人有语言、无文字，在长期历史进程中形成了别具特色的渔猎文化，赫哲族拥有"鱼皮制作技艺""伊玛勘说唱"等国家级、省级、佳木斯市级非物质文化遗产100余项，这些民族特色文化是中华文化的瑰宝，而饱含红色历史的英雄事迹和革命遗址，是赫哲红色文化重要组成部分。

2018年，李明在全国基层检察机关率先聘请全国人大代表为特约监督员，作为"检察公益宣传形象大使"，为公益保护代言，广泛提升公益诉讼影响力和知晓度。

2019年，在李明的努力下，同江市检察院与同江市非遗保护中心合作建立"保护赫哲族传统文化"公益诉讼宣教基地，广泛开展公益诉讼普法宣传，成为公益诉讼工作的新阵地、密切检群联系的新窗口、加强公益保护的新平台。如今，她积极走访传承人、传习所，着力探索传统文化合理利用与创新传承的平衡点，启动赫哲文创版权保护工作，围绕研究普查、数字化保护、实体库建设、传承人队伍培养等内容，形成一体化保护机制。"我们将把赫哲族IP、非遗文创保护工作纳入'赫哲故里·同检织彩'文化品牌中，在尊重历史、尊重民族情感的基础上，提升传承人文化创意、设计版权等法律意识，促进非遗传承传播，让赫哲传统文化'活'起来、'传'下去，绽放时代芳华。"李明坚定地表示。

2020年，为进一步传承红色文化，李明带领办案组共同开展"抗联英烈权益及纪念设施公益保护"专项监督，查阅史料、寻访专家，实地踏查街津口抗日根据地遗址、八岔苏联红军对日作战登陆地遗址、图斯克赫哲村战斗遗址等，针对部分遗址濒临湮灭情况。他们深入走访地方党史专家、文物保护中心，以磋商会议推动红色资源抢救性保护。通过圆桌会议，以诉前磋商程序督促履职，现已全部设立保护标识，划定保护范围。检察公益诉讼助力赫哲红色文化基因传承，高度契合最高检向文物和文化遗产保护等新领域拓展公益诉讼的工作部署，经验做法被《检察日报》刊发并在全国推广。

保护最"美"生态　织密监督屏障

松花江下游是鱼类产卵繁殖和觅食越冬场所以及洄游通道，具有极高的生态价值、经济价值和科研价值，被黑龙江省政府列为常年禁渔区加以保护。

但由于历史原因，这里违法捕捞屡禁不止，河道上泥草窝棚、彩钢房、砖瓦房随处可见，甚至有人在这里养殖鸡鸭，渔业资源遭受破坏，水岸环境污染日益严重，这一度成为历史遗留难题。

李明连续几天蹲点调查取证，以"河湖长+检察长"协同联动的方式，成功实现了渔业资源保护和河道综合治理。河道内47栋、3530平方米违章建筑全部拆除，河道残留垃圾全部清运，打鱼滩地全部平整，补植复绿，纳入国家湿地公园保护范围，有效保护生物多样性，形成"专业性监督+公益损害修复"的生态检察监督模式。

这是黑龙江省首例渔业资源保护公益诉讼案件，检察建议书被评为全省优秀说理法律文书。最高检调研组、黑龙江省检察院调研组、交叉检查组，以及黑龙江省人大代表团都先后到同江市检察院现场调研，对该院通过公益诉讼，致力保护渔业资源、河道安全和水生态环境的做法，给予了高度评价和一致认可。

2021年以来，李明借力网格员横向到边纵向到底的优势，主动把公益

◎ 李明（右）与同江市文史专家一同实地踏查图斯克战斗遗址，做好赫哲红色遗产保护工作

诉讼检察融入网格治理，打出黑龙江和松花江"两江流域"生态保护的"组合拳"，相继办理了国家重点公益林生态修复、非法狩猎损害公益等公益诉讼案件37件，督促补植复绿、保护生物多样性，挽回生态资源损失40万余元，增殖放流160万余尾，提请当地人大常委会审议通过《关于加强检察机关公益诉讼工作的决定》，为赫哲家园的勃勃生机、赫哲文化的永续传承织密公益监督屏障。

关注"舌尖"安全　践行司法为民宗旨

为大局服务、为人民司法、为法治担当，是李明始终不变的履职目标与追求。

食品安全一直是人民群众关注的热点，维护百姓"舌尖"安全是检察公益监督重中之重。网络订餐方便快捷，但配送过程中存在的安全隐患却让消费者忧心忡忡，也成了代表们的关注热点。

2022年，同江市检察院在一次与人大代表座谈时，代表们对外卖送餐安全提出了担忧和建议。

◎ 李明（中）与公益诉讼检察办案组成员一同研究案情

"食品安全一直是检察公益诉讼监督重点领域，请大家放心，我们马上进行调查，保证让咱们的外卖食品全流程安全可控。"时任公益诉讼部门负责人的李明，向在座代表们郑重做出了承诺。

于是，以保障外卖食品配送安全为目标的"外卖食品包装"专项监督在同江市迅速开展。李明带领办案组实地走访外卖商家、送餐骑手、当地网络餐饮平台经营者时，受访者普遍反映希望能有好办法保证送餐安全。

回到办公室，李明一头扎进了书籍和资料堆里，埋头研究起食品安全相关的法律法规。经过查询和了解，李明发现国家食品药品监管总局颁布的《网络餐饮服务食品安全监督管理办法》中明确规定：入网餐饮服务提供者应当对餐饮食品进行包装，避免送餐人员直接接触食品。

黑龙江省人大常委会颁布的《黑龙江省食品安全条例》也有相关规定：餐饮配送应当通过加贴封签或者其他方式，避免送餐人员直接接触食品。但通过李明和办案组成员的深入调查分析，上述规定在具体的实行过程中并没有落地生根，网络餐饮配送存在安全隐患，食品安全问题刻不容缓。

针对这种情况，一份督促监督网络订餐平台和入网餐饮商家主动履行食品安全主体责任的检察建议书很快送达给职能部门。为及时解决实际操作中存在的难题，李明再次与职能部门进行沟通，共同研究用最小成本保障消费者食品安全的方法。

最后，他们将目光锁定在"一次性封签"上。这种小封签成本低使用方便，经营者将食品打包后加贴在外包装上，在配送过程中如果被人为拆启或意外损坏，无法恢复原状，能有效防止送餐员直接接触食品，降低食品在配送过程中受到二次污染的风险。

一个小小的"封签"，守住了食品安全"最后一公里"，同时也激活了《黑龙江省食品安全条例》和《网络餐饮服务食品安全监督管理办法》相关规定，案件的法律效果、社会效果和监督效果明显，深受经营者、外卖员和消费者的肯定。围绕百姓切身利益，李明还办理了水源地保护、二次供水、校园周边食品安全等系列公益诉讼监督案件。"总有人要为了公共利益勇往直前，只要我把工作做得扎实，我相信，无论是家乡的蓝天碧水还是百姓舌尖上的安全，都会越来越好"。李明如是说。

以赤子之心守护万家灯火、遍地繁花

上海市静安区人民检察院副检察长马玮玮

◎ 马玮玮

从检 21 年，马玮玮从重案公诉一线到深耕金融检察，再到基层院副检察长，改变的是岗位，不变的是一身检察蓝、拳拳赤子心。曾获 2023 年度法治人物、全国模范检察官、全国三八红旗手、上海市优秀共产党员、上海市先进工作者、上海市青年五四奖章等多项荣誉，荣立个人二等功 2 次、三等功 3 次。

"没有从天而降的英雄，只有千锤百炼的凡人。"这是马玮玮从检生涯的真实写照。一路走来，她始终怀揣良善初心，守望着欣欣向荣的商业繁花，守护着安居乐业的万家灯火，守卫着公平正义的法治追求。

为全国金融检察提供办案范本

"将检察工作与党和国家事业发展紧密结合，这是每个检察人的政治责任、法治责任。"马玮玮一直将这份责任看得很重。

随着金融领域的犯罪手法不断翻新,国家金融安全面临着诸多风险。2019年,马玮玮办理了全国首例"虚假申报型"操纵证券市场案,被告人是用层层身份掩护的"最牛散户"唐氏三兄弟,卷宗材料中遍布专业术语和繁杂的交易单量。如何从纷繁复杂的法律事实中准确把握实质法律关系?如何攻破无先例可循的案件?如何让每一条指控、每一个罪名都站得住脚?"只有成为对证据最熟悉的那个人,才能更好地完成公诉工作",马玮玮带领团队进入了"白加黑""5+2"的节奏:潜心学习40余部证券法律法规,对数千条个人账户的MAC、IP地址进行查证比对,穿透层层身份掩护锁定实际行为人……最终,该案首次确认了以虚假申报手段实施的操纵证券市场犯罪行为应当追究刑事责任,并入选了"两高"发布的证券期货犯罪典型案例,而后新修订的《证券法》第55条对此也予以明确。但马玮玮没有止步,她积极促推检察机关与证券监管机关的行刑双向衔接,共促资本市场法治化建设,从"办理一案"到"治理一片",为全国证券检察提供了"上海样本"。

这只是马玮玮办理众多案件的一个缩影。每办一个案子,她就把自己"融"进去。在办理上海首起数额过百亿的"大大宝"集资诈骗案期间,白天,她"泡"在看守所,逐一审讯犯罪嫌疑人,夜深人静时,她同时打开四五个Excel表格,一笔笔复核资金……最终她从海量数据中找到关键证据,并总结出"穿透式审查、实质

◎ 马玮玮(右二)对一起涉众型案件出庭支持公诉

性判断"的指控逻辑体系,为同类案件办理提供了范本,相关做法也为最高检制发"三号检察建议"提供了参考。

面对荣誉,马玮玮始终谦逊:"回看来时路,我深知自己之所以能攻克一个又一个难题,离不开优秀前辈的指点和专业团队的支撑,是集体的努力承托起个人的荣光,我会继续追光而行,也做照亮他人的微芒。"

讲好知产检察的中国故事

上海是我国改革开放的前沿阵地,静安区总部经济、外向型经济发达。站在更好统筹国内国际两个大局的高度,马玮玮带领团队投身检察涉外法治工作这片"蓝海",办理了一批涉外知识产权案件,彰显了检察机关保护知识产权的鲜明态度。她说:"妥善办理涉外知识产权案件、依法平等保护各类经营主体合法权益,是我们检察官服务大局的职责所在。"

网店购买的"LACOSTE"服装疑似假货,消费者愤而报案。公安机关追根溯源找到了销假仓库,当场抓获4名犯罪嫌疑人。这起涉案金额600万余元、涉及假冒"Tommyhilfiger""LACOSTE"等多个国外知名品牌的销售假冒注册商标的商品案移送静安区检察院后,面对犯罪嫌疑人反复翻供、电子证据不充分的棘手情况,马玮玮带领团队定下"攻坚"路径:从海量聊天记录中搜寻梳理可能存在的销假网店,针对供词破绽对犯罪嫌疑人讯问"攻心",引导公安人员补充关键证据……最终,销假网店从10家上升到50家,售假金额高达3680万余元,2名在逃主犯被追诉。对犯罪嫌疑人为提升店铺信誉采取的"刷单"不正当竞争行为,团队主动拓展办案路径,向相关行政部门移送行政处罚案件线索,制发检察建议"靶向治疗",协力维护公平公正营商环境。

办案是"治已病",综合治理更能"治未病"。马玮玮总是想得更多,看得更远。在办理侵犯"芭比娃娃""小黄人""汪汪队"玩具著作权、注册商标等类案后,她和团队总结梳理、分析研判,向境外权利人、涉案公司及公司担任理事的行业协会先后制发3份检察建议，帮助被害企业堵漏建制，帮助涉案公司重回正轨，更协同推进玩具行业自治升级。从个案的"抽丝剥茧"到类案监督再到系统治理，3份检察建议书，接力完成了护好一企、促治一片、惠及一方的使命，其中，侵犯"芭比娃娃"著作权一案成为美泰公司刑事维权的全球首案，被中国外商投资企业协会品牌保护委员会评为全国"十佳案例"。

"每个案件都是营商环境，每个办案人员都是营商环境。"马玮玮始终践行以法治力量护航创新驱动发展，以实际行动履行新时代检察干警"为大局服务"的使命担当。2024年4月22日，在高朋满座

◎ 担任张园法治副园长，发布双语版《检察守护"海上第一名园"三年规划》

的张园"检察护企工作站"，她作为首任"法治副园长"，发布了双语版《检察守护"海上第一名园"三年规划》，送上量身定制的护企"服务包"，郑重担起了"百年张园"高质量发展的法治保障重任。

把公平正义落在百姓的口碑里

"新时代的公诉人不该是咄咄逼人的机关枪，而要做有血有肉的守护者、情理兼修的倾听者。"铁拳出击的铮铮侠骨中，有着女性检察官与生俱来的温婉柔情。

一个个妥善办理的重大疑难复杂经济金融案件，成为她身上看不见的

功勋章。这些案件一头连着发展稳定，一头连着民心民利。"检察官帮帮我，这是我们老两口全部的积蓄。"面对案件当事人和家属的各种诉求，马玮玮都会耐心地倾听、安抚。她也不会只停留在宽慰上，总是尽全力会同公安机关追赃挽损，累计为当事人追回损失10多亿元，守住了老百姓的"钱袋子"。

到基层检察院工作后，马玮玮从办理大案要案到群众身边"小案"，但"小案"不"小办"，如何让人民群众更有获得感、幸福感、安全感？如何传递引领社会法治风尚？这成了时刻盘旋在她脑海中的问题。

以人民为中心，是出发点，也是落脚点；是价值观，也是方法论。马玮玮认为，"很多小案都关乎群众切身利益，案小事不小，更需要我们坚持治罪与治理并重，让群众生活更舒心"。静安区检察院老年人检察办案团队办理了一批医保诈骗案件，马玮玮牵头追赃挽损工作，实现已判决案件百分百退赃。一如既往，她并没有就此止步，而是深挖案件背后医保基金监管漏洞，联合相关部门堵漏建制，构建起大数据监督模型，挽回医保基金100万余元，守住了老人"看病钱""救命钱"。

2023年12月，马玮玮被聘为市西初级中学法治副校长。面对这一新身份，她深感责任在肩。如何护航青少年成长，让他们增强对法治的尊崇和信仰？马玮玮牵头未成年人检察办案团队深化综合履职，发布了"静心未你"检察品牌，还与相关部门会签工作意见，推动落实侵害未成年人案件强制报告制度，健全未检工作与街镇未保站协作联动机制，实现"法治副校长""法治副站长"全覆盖，为未成年人撑起一片法治蓝天。

同为2023年度法治人物的全国人大代表方燕律师应邀参加静安区检察院举办的"涉老涉未"检察沙龙后，予以肯定："作为最高检特约监督员，我有幸见证了很多'检察时刻'，感受到了人民城市建设里的司法温度。静安区检察院'一老一小'工作之所以深受老百姓信赖，是因为检察履职抓住了大家心中最柔软的部分，这正是检察机关能动履职的价值所在。"

2024年6月初，在静安区政法领导干部政治轮训暨政法讲堂上，马玮玮为参会的760余名政法干警作了《忠诚履职、担当作为，高质效办好每一个案件》报告，于她而言，依法办案，办的是别人的人生，也是在塑造自己的人生。肩上的责任越来越重，马玮玮前行的步伐也越来越坚定。通过每一个案件的办理、每一项工作的开展，更好满足人民群众在民主、法治、公平、正义、安全、环境等方面的新需求、新期待，这是法律赋予检察官的神圣使命，更是她的拳拳赤子心。

在追求公平正义道路上迎风前行

江苏省南京市人民检察院第三检察部主任余枫霜

◎ 余枫霜

博士公诉人、检察业务专家、全国优秀公诉人、全国模范检察官……从检18年,她身上的标签越来越亮丽,而她前行的步伐更加稳健踏实。她说,"我的检察之路是从一腔热爱开始的,但我知道,徒有热爱、远远不够。18年来,我一直全力以赴,在追求公平正义的道路上迎风前行"。

她叫余枫霜,江苏省南京市人民检察院第三检察部主任、三级高级检察官,2023年11月24日荣获"全国模范检察官"称号。

"尽管我不认罪,但你对这个行业的了解让我佩服"

"选择做一名检察官,便选择了一条永不停歇、迎难而上之路。刚开始办理各种命案,胆小的我不敢看分尸照片,甚至在临场监督执行死刑时掉眼泪。为了给被害人讨回公道,我逼自己拿出勇气、战胜怯懦。"后来,当她开始办理各种经济犯罪案件,她才知道这比普通刑事案件还"烧脑",

出口退税、信用证诈骗、内幕交易……这些难题反而激起了余枫霜不服输的劲头,她觉得越是困难的案件,越能提升公诉人的专业素能,她暗下决心,要做善专善研的公诉人。

她办理过一件偷逃税款 1.2 亿元的走私案,被告人将原产于美国的多晶硅在台湾更换包装后进口,以逃避反倾销税。辩护人说,除非公诉人能去台湾,证明台湾的原产地证明是假的,否则,本案无罪。

为了破解不去台湾取证就无法认定事实的悖论,那段时间,余枫霜把市面上的免洗多晶硅研究了个遍。从德国瓦克、韩国 OCI 到美国 REC,发现了 REC4021 型多晶硅具有独特的原产包装:八角纸箱、木质托盘、土黄色瓦楞纸、圆形颗粒料……当在法庭上结合这些特征进行讯问时,一直不认罪的被告人当庭承认多晶硅原产于美国,但又提出在台湾进行了加工,台湾也是原产地的辩解。

好在余枫霜"功课"做得足够扎实,面对被告人的辩解,她立足原产地定义中的"完成实质性改变的地区"标准,结合提单下每一托货物从运到台湾、到驶离台湾,重量没有丝毫变化的细节,进行有力的驳斥。最终,10 名被告人均受到法律的制裁。

办一件案件,就成为该案涉及行业领域的专家,余枫霜就有这样神奇的"魔法"。曾在办理一件出口退税案时,一名证人对余枫霜说,真想不到,检察官具有这么扎实的外贸知识,对

◎ 在办案新闻发布会上接受媒体采访

B/L、P/L、自营、代理等专业贸易术语如此精通。提审该案的被告人时，他也对余枫霜说，"尽管我不认罪，但你对这个行业的了解让我佩服"。

开庭之前，只有全案事实证据和法律规定都烂熟于心，她才安心；参加辩论赛，一定要把辩题涉及的全部争议点和相关理论吃透，她才踏实；起草规范性文件，她翻阅资料、四处请教，只为了找到那一句最精准的表达；制作专案多媒体示证PPT，她一丝不苟、反复斟酌，只为了一个五秒钟的动画效果……

"事实也许会被暂时掩藏，但只要我们不放过任何一个细节，从卷宗中走出来，从办公室中走出来，钻研相关行业领域的规则及状况，亲历性审查每一份证据，终将挖掘出真相，听到正义的回响。"余枫霜说。

"没有人天生优秀，所有成功都来自于不懈耕耘"

2018年，江苏开始监察体制改革，余枫霜调入新成立的职务犯罪检察处。这一年，余枫霜承办了某地级市市委原常委、宣传部原部长童某受贿案。这是监察体制改革后南京市检察院办理的第一起职务犯罪案件。由于当时刑事诉讼法尚未修改，监察调查程序和刑事诉讼程序如何顺畅衔接，成为办理案件的最大难点。

"很多细节问题让我们伤脑筋。"余枫霜介绍，"例如，强制措施的衔接、提前介入的流程、先行拘留的执行主体，都没有可以借鉴的先例，也缺乏具体规定"。余枫霜住在了办案点，每天工作到凌晨，5天时间高质高效完成了提前介入工作，提出的补证意见被全部采纳。为了保证监检有序衔接，她还做了大量的协调沟通工作。

2019年4月，南京市中级人民法院以受贿罪判处童某有期徒刑10年，并处罚金人民币60万元。

结案后，余枫霜团队成立了课题组，就监检衔接问题进一步研究，课题成果发表在《中国检察官》杂志。余枫霜带领团队开发的大要案示证模板，得到上级院的高度认可，她也被选拔参编全国检察机关十大业务教材《职务犯罪检察业务》。

在基层院工作了10年，办理了近千起案件，也曾获得"全省检察机关侦查监督业务标兵"的谈磊，2022年经遴选进入南京市检察院第三检察部，他对余枫霜十分钦佩。余枫霜和他共同办理一件零口供职务犯罪案件时，谈磊觉得被告人既然坚持零口供，法庭讯问就是走走过场。但余枫霜告诉她，越是"零口供"，越要问到他开口。"案件开庭前，余主任围绕被告人辩解、授权真假、交易异常等细节，精心设计了300多个问题。庭审持续了整整两天，她提问逻辑严密、回应有礼有节，甚至答辩时全程脱稿，将事实证据烂熟于心，让我真切地感受到她对公诉职业发自内心的热爱。"

谈磊说，从那一件案子的办理，让他深刻理解了一句话："没有人天生优秀，所有成功都来自不懈耕耘。"

余枫霜走上职检部门负责人岗位后，在她的带领下，一个个"出彩"的案例层出不穷：一起挪用公款案获评最高检指导性案例、一起洗钱案获评最高检典型案例、一件事例被评为2022年度全国职务犯罪检察十大事例，还指导办理江苏省首例"自洗钱"案、江苏省首例虚拟货币受贿案、江苏省反腐败追逃追赃第一案，带领的职务犯罪检察团队被评为全省十佳办案团队、全国优秀办案团队。

"不能仅从个案考虑，要从推动法治进步的角度去努力"

余枫霜曾办理过一起原始股受贿案。利用职权突击购买拟上市公司原始股获得巨额利益，该如何评价？当时，司法解释没有规定，可以参考的案例也少之又少。余枫霜便带领团队从法理上进行深入研究，坚持犯罪实质论、分情形探讨，提出了认定行为性质及犯罪数额的思路。案件办完后，她撰写的《涉原始股受贿相关问题研究》在首届全国职务犯罪检察论坛中获奖。

"学无止境。"采访中,余枫霜反复强调学习的重要性:"一方面,无论有多少年的办案经验,都必须保持谦虚学习的态度;另一方面,要相信自己,只要用心,没有啃不下来的硬骨头。"

余枫霜身上有种不攻下来不罢休的韧劲。

◎ 深入社区接待来访群众

2020年,余枫霜被最高检选拔参与编写全国职务犯罪检察教材;在省检察院第四检察部挂职期间,她负责起草服务保障企业健康发展的相关文件,得到社会各界的高度认可。

2022年5月,余枫霜走上南京市检察院第三检察部主任的岗位,她肩上的担子更重了。这是一支平均年龄不到35岁的队伍,在带领大家实干的同时,她组织开展的讲座、辩论、观摩、研学等培训活动,成为年轻干警成长的一个个阶梯。

也是在那一年,余枫霜遇到了一个棘手的问题:互涉案件审查起诉期限如何起算?为了解决这一问题,余枫霜在全市范围内就互涉案件疑难问题进行调研,最终在调查研究、充分论证的基础上,提出从"后案受理之日起算"的意见,并通过省院请示最高检,最终推动出台批复,获评2022年全国职务犯罪检察十大事例。"这是困扰职务犯罪检察实践的一个难题,不能仅从个案考虑,还要开阔视野,从推动法治进步的角度去尝试、去努力。"

在余枫霜的带领下，一批年轻干警脱颖而出，重大职务犯罪办案团队先后被评为"全省十佳办案团队""全国检察机关优秀办案团队"。2023年，南京市检察院第三检察部被最高检授予"全国首批职务犯罪案件办理基地"。

"志不求易，事不避难，唯有发自心底的热爱，让我们觉得一切付出都值得。"2023年，余枫霜荣获"全国模范检察官"荣誉称号，她说她对检察事业的爱，始终澄澈、炽热，荣誉的获得让她觉得肩上的担子更重，但心中的抱负更远。她将以实干担当诠释"高质效办好每一个案件"的价值追求，让公平正义更加可感可触可见。

致公守正义　明法亦有情
江苏省徐州市人民检察院第四检察部主任饶本东

◎ 饶本东

如果将法律比喻为利剑，饶本东就是手握这把利剑的"执剑人"。面对穷凶极恶的黑恶分子、老奸巨猾的贪腐人员，他都决绝果断、冲锋在前；面对"事实孤儿"、因案失独的老人，他又时刻挂念，温情守护。从检19年，饶本东用心用情办理经手的每一起案件，用实际行动守护公平正义。先后获评全国优秀公诉人、江苏省"人民满意的政法干警"、江苏"最美法治人物"，2023年11月24日荣获"全国模范检察官"称号。

勇办大案　当公平正义的守护者

一起抢劫杀人案，被告人拒不认罪，从证据薄弱到罪证如山，饶本东付出了很多努力。开庭前，他收到一条短信："你这样办案会付出代价的，你再考虑考虑！"但饶本东仍然坚持。法庭上，他义正词严控诉犯罪，被告人最终被依法判处死刑。

"不能因为有代价,而不去做正确的事情。"这是饶本东的座右铭。也正是这种事不畏难、行不避艰的坚定勇毅,让他把难啃的"骨头案"办成了"样板案"。

疾驰的摩托艇、心怀叵测的掌舵人、四面临水的环境,平静的湖面下暗流涌动……饶本东对这起重大疑难案件的调查取证现场记忆犹新。

2018年,在对一起量刑畸轻的非法采砂案进行抗诉时,饶本东敏锐地发现了案卷中的一个细节——渔民老刘将赖以生存的几十亩鱼塘以3万元的低价"自愿"出售给非法采砂案被告人孟某,约定的违约金却高达60万元。

饶本东带领专案组在调阅关联案件的过程中发现,这种情况并非个例。许多证人证言和犯罪嫌疑人供述都指向孟某等人组成的犯罪团伙以"强买强卖鱼塘""争夺地盘"为目的实施

◎ 饶本东(右二)与同事讨论案件

暴力斗殴犯罪,竟有10余起这样的线索并未被查处。为了不打草惊蛇,饶本东和同事以办理抗诉案为名,和一名侦查人员乘坐摩托艇赶赴岛上取证。

途中,这名侦查人员反应异常,不时向专案组打探案件相关情况。饶本东心中一紧,面不改色地岔开话题。取证过程中,饶本东还留意到该名侦查人员面对作证的渔民反应异常,而渔民也在看到这名侦查人员后面有异色,欲言又止。于是,他决定兵分两路,一路调虎离山,另一路则抓紧

找被害渔民调查取证。

经过艰苦调查，饶本东和同事取得了相关报警记录、伤情鉴定、被害群众证言等证据。而那名侦查人员，最后被证实正是孟某团伙的"保护伞"之一。

锁定证据、除恶务尽。抗诉、立案监督、破网打伞……一套组合拳下来，这起案件28名涉黑人员、5名"保护伞"被提起公诉。案件被最高检扫黑办领导评价为"检察机关法律监督的集大成之作"，获评全国检察机关侦查活动监督十大案例、刑事抗诉指导性案例。对此，饶本东说："越是不好办的案子越要用心办，不能因为难、危险就不去办。当看到公平正义在一桩桩案件中实现，那种属于检察官的幸福感是任何东西都无法替代的。"

迎难而上　成为办理疑难案"专业户"

相较于扫黑除恶的"霹雳手段"，对一些错综复杂的案件事实，饶本东也有"水磨工夫"。

2018年1月，一起棘手的职务犯罪案件交到了饶本东手上。一家国有公司的董事长王某除挪用公款、受贿外，还违规将国有资金以"债转股"的方式出借，造成20多亿元国有资产的重大损失，涉嫌国有公司人员滥用职权罪。然而，该案件事实刑民交叉、异常复杂，法定审查起诉时间比较紧，而退回补充侦查困难重重。如果案件办不下去，这笔巨款将难以追回。

100多册卷宗、20多亿元资金流水、数百份合同、预付款保函，饶本东把自己封闭在办公室里，将国际船舶代理业务、公司法、国有资产管理法等十多部专业书籍和法律法规，逐一研究了遍；把卷宗逐一看"薄"了又看"厚"了，画出了清晰的资金关系图；国有公司的母公司、合同相对人、破产管理人、国资委，他跑了个遍，并请教专业人士全面掌握船舶加工贸易的流程、法规以及行业生态……

通过逐项研究国有资金监管规定，比对借款合同与担保合同、付款额度与生产进度，饶本东终于查清本案的关键事实："债转股"的背后是以投资为名掩盖违规出借公款的事实，还存在超进度付款、抵押不足额、担保无效等问题，王某根本没有采取审慎措施确保出借资金安全。

庭审中，面对饶本东出示的证据和讯问，王某无从反驳，沉默不语。最终，王某数罪并罚，被执行有期徒刑18年。

对于刑事案件，饶本东也耐得下心、坐得下身、沉得住气，又见疑质疑、见疑不放，把细心细致植入办案全过程。

在饶本东承办的一起李某涉嫌故意杀人案中，案情似乎很简单，李某某在捉奸过程中将妻子和情夫杀死，犯罪嫌疑人对自己的所作所为供认不讳。

然而，饶本东在仔细审查证据时却发现，李某一直声称自己是持刀行凶，而男性死者后大腿根部却出现了钝器伤。此外，李某的4个叔伯兄弟住址离案发地较远，却第一时间出现在现场，且案发前后李某与4个久不联系的叔伯兄弟通话频繁。

饶本东迅速引导办案民警侦查取证。终于查实，案发时李某与4个叔伯兄弟共同捉奸，5人均系此案的犯罪嫌疑人。最终，李某因犯故意杀人罪被判处无期徒刑，4名同案犯被追诉后，分别被判处3年到12年不等的有期徒刑。

守护民生　做有温度的检察人

一枝一叶总关情，小小鹦鹉却牵动着大民生。

2020年9月，河南商丘的王某为了挣钱给女儿看病，将30只费氏牡丹鹦鹉卖给当地鸟店经营者，随后这批鹦鹉在徐州汽车站被警方查获。经鉴定，这些鹦鹉属于濒危野生动物、国家二级保护动物，依照法律规定，非法交易 10 只，法定刑为 10 年以上有期徒刑。同年 12 月，王某等 3 人涉嫌危害珍贵、濒危野生动物案被移送至徐州铁路运输检察院审查起诉。

"这种鹦鹉已经人工繁育多少代了，一对几十元，在我们那儿到处都是，也算珍贵、濒危野生动物吗？"在讯问中，王某声泪俱下，十分不解地发问。

案件层报至徐州市检察院后，在江苏省检察院的指导下，饶本东与同事赴商丘调查取证。在当地，饶本东发现，该市有全国最大的小型观赏鹦鹉人工繁育和销售基地，鹦鹉养殖已成为当地的富民产业。王某等人买卖人工繁育的费氏鹦鹉不具有社会危害性，不宜作为刑事犯罪予以打击。最终，检察机关依法对王某等 3 人作出不起诉决定。

案件办结了，但饶本东和同事们的脚步没有停下。2021 年 12 月，徐州市检察院向商丘市自然资源和规划局制发检察建议，建议规范当地鹦鹉养殖产业的销售、管理。在该案的推动下，2022 年 4 月，最高人民法院、最高人民检察院出台《关于办理破坏野生动物资源刑事案件适用法律若干问题的解释》，其中规定，涉案动物人工繁育技术成熟、已成规模，作为宠物买卖、运输的，案件一般不作为犯罪处理；需要追究刑事责任的，应当依法从宽处理。

"法律的权威来自老百姓最朴素的情感期待。"饶本东感慨地说，"检察履职不限于司法办案。秉持司法为民的初心，依法履职，才能更好地诠释法律的威严和温度。"

◎ 饶本东（右）在 12309 检察服务中心接待上访群众

一起刑事案件，3岁孩子成为事实孤儿，跟随80多岁的外公外婆一起生活，家中没有经济来源，生活十分悲苦。饶本东始终惦记着这个不幸的家庭，主动向领导汇报，对被害人一家开展司法救助，并协助办理低保帮助孩子和老人渡过了难关。

一起重大"套路贷"案件刚刚开完庭，饶本东又把精力放在追赃挽损上。为了让受害企业的几百名职工早一些交上社保，他和同事们在银行、企业、法院之间来回奔波，反复沟通。

......

勇任天下之事，常怀公正之心。在维护公平正义的道路上，饶本东从未停止过脚步，他肩负公平正义使命，心中装着对当事人的关怀，深入践行"三个善于"，坚持高质效办好每一个案件，守护着一方百姓的平安幸福，也照亮和引领着身边检察干警的前行之路。

以法之力　筑起未成年人爱的港湾

江苏省连云港市赣榆区人民检察院第四检察部主任杨红萍

◎ 杨红萍

"每个孩子不但是希望，是种子，也是未来。未成年人检察工作，需要带着一颗'红心'去做。"这是杨红萍从事未检工作的初心。在她看来，检察官要做好未成年人的"保护伞、金手指"，必须用爱心为孩子们撑起一片蓝天，让迷途少年重拾信心、点亮梦想。

从事未检工作十余年来，杨红萍全力以赴做未成年人的坚定守护者，始终恪守"教育、感化、挽救"的工作方针，成立"红榆伞·护未来"法治先锋队，先后帮助322名涉罪未成年人回归社会，其中38人考入大学。她创建"未成年人一站式保护体系"，是用爱心浇灌受伤花蕾的"红萍姐姐"，也是为困境儿童雪中送炭的"爱心妈妈"。

"能够挽救更多行走在犯罪边缘的青少年，让每一名青少年知法、懂法、守法，这就是我工作的最大意义。"杨红萍践行着一名新时代检察官的责任与担当，先后获评全国未成年人思想道德建设工作先进工作者、全国青少年普法教育优秀辅导员、江苏"最美法治人物"、江苏省三八红旗手，2023年荣获"全国模范检察官"称号。

双向保护　撑起未成年人的蓝天

2004年夏天，杨红萍被选调到赣榆区检察院工作，"看到误入歧途的孩子渴求重新再造的那种眼神，我想，我们不能简单地就案办案，一定要全面准确落实宽严相济刑事政策，最大限度地教育、挽救、引导未成年人"。

2020年9月，杨红萍办理了一起未成年人寻衅滋事案。年仅16岁的小宁（化名）受不良思想影响，多次在网络上发表不实言论并辱骂他人，造成恶劣影响，涉嫌寻衅滋事犯罪。归案后，小宁如实供述了自己的犯罪事实，认识到自身行为的错误和社会危害性，自愿认罪认罚。

"未成年人法律意识淡薄，但认罪态度很好，基本具备帮教条件。"杨红萍没有简单地就案办案，而是依法对小宁作出附条件不起诉决定，并设置了8个月的考验期。

她多次与小宁父亲沟通，将小宁送到未成年人观护基地接受教育。经过精准细心的帮教，小宁逐渐树立了正确的世界观、人生观和价值观。

"挽救涉罪未成年人是未检工作的应有之义，保护未成年被害人同样也是未检不能忽视的工作，这就是双向保护。"杨红萍带领团队一起建立"未成年人一站式保护体系"，成功为72名未成年被害人提供法律援助、心理疏导、司法救助、协助转学、帮助就业等综合司法保护，有效维护了未成年被害人合法权益。

2019年12月，杨红萍办理了一起女童遭遇家暴案件。原来，月月（化名）的父亲朱某某和同居女友因为家庭琐事和学习问题，经常用指拧、抽打等方式虐待月月，致使年仅9岁的月月身体多处不同程度受伤，并长期缺课。为防止月月继续被侵害，杨红萍建议并支持赣榆区妇联向法院申请对月月的人身安全保护令，获得法院支持。同时，她还为月月申请了 1.8 万元的司法救助金，解除其医治费用的后顾之忧。2021 年，该案获评最高检、全国妇联、中国关工委"关于在办理涉未成年人案件中全面开展家庭教育指导工作典型案例"。

"不抛弃、不放弃，让每一个孩子都能感受到司法的善意和温度。"这是杨红萍办案的初衷。

创新模式　帮助涉罪少年回归社会

通过多年工作经验积累，杨红萍创建了"指点思想、指点家长、指点维权、指点关爱、指点共建"为内容的"金手指"帮教模式，从心理健康、思想悔过、遵纪守法、自我维权和回报社会等五方面对涉案未成年人言传身教、指点迷津，达到"点石成金"的良好效果。

2013 年以来，通过该帮教模式，共对 322 名不捕、不诉、判处非监禁刑未成年人跟踪帮教，帮助回归社会。"金手指"帮教模式被评为连云港市"十佳特色青少年维权工作项目"、全市政法系统"优秀工作法"。

2018 年春节期间，16 岁的吴某某、17 岁的张某某被另一名未成年人杨某某纠集，至赣榆区沙河镇帮助杨某某父亲索要债务。其间发生斗殴行为，致两名受害人轻伤。

杨红萍仔细翻阅案件卷宗发现，吴某某、张某某作案时尚未成年，且系初犯，认罪态度良好，可以酌情从轻处罚；两人均为山东人，杨红萍利用苏鲁跨省域边界检务合作平台，向山东省临沭县检察院发送《异地协作委托函》，委托该院对吴某某、张某某开展为期 8 个月的考察帮教。由于二人遵守考察规定，顺利通过考察期，赣榆区检察院依法决定对吴某某、张某某作出不起诉处理决定。

杨红萍坚持以预防青少年犯罪为导向，以高度的责任感参与基层社会治理。2016 年底，赣榆区公安局移送起诉一起 12 名未成年人夜市聚众斗殴案件。办案期间，杨红萍的内心久久不能平静。

"本该是坐在教室里一心读书的学生，为什么会走上犯罪的道路呢？"带着疑惑，杨红萍对赣榆区检察院近十年来办理的所有在校学生犯罪进行统计分析，发现在校生犯罪率呈向逐年增长的趋势。对未成年人最大的保护，就是让他们遵纪守法、健康成长。于是，杨红萍立即向区教育局发出了类案分析检察建议书，建议加强中小学生法治教育，获得教育局全部采纳并整改落实。之后，她带领团队与赣榆区教育局联合开展"法治进校园"未成年人法治宣传教育。2017年，赣榆区在校生犯罪比率同比下降66.7%；2018年，该区在校学生犯罪率再降70%。同时，该区率先在全市实现中小学校法治副校长全覆盖。普法教育看似婆婆妈妈，但只要其中有一句话孩子们听进去了，知道什么行为是违法犯罪，杨红萍认为这就是有意义的事情。

把每一件简单的事做好就是不简单，把每一件平凡的事做好就是不平凡。杨红萍用心制作的这份检察建议书入选2018年度最高检"优秀说理检察法律文书"、江苏省未成年人保护十大事件，被《人民日报》《检察日报》等多家省级以上媒体报道。

检爱护苗　让留守儿童感受温暖

赣榆区地处苏北，不少青壮年常年外出打工，留守儿童成为社会普遍关注的问题。"红萍工作室"依托团区委的"青少年之家"，在留守儿童较多的黑林、石桥、班庄、墩尚四个镇建立"红萍工作站"，利用社会力量共同关爱留守儿童，帮助孩子健康成长。

2017年，杨红萍在办案中了解到，犯罪嫌疑人郭某因犯合同诈骗罪被判处有期徒刑8年，其妻改嫁，郭某上小学二年级的女儿乐乐与六十多岁的奶奶靠捡垃圾维持生活。得知这一情况后，杨红萍立即向院党组汇报并得到支持，全院干警为祖孙俩捐款、捐物，为乐乐制定了长期关爱计

◎ 为留守儿童作专题法治讲座

划,帮助乐乐完成九年制义务教育。

在关爱留守儿童的路上,她从未停止过步伐。杨红萍依托院里的新时代文明实践"五百"工程(赶百集、走百村、进百企、帮百童、调百案),重点开展检察官"帮百童"系列活动。通过检察官进网格、进学校、进留守儿童基地,积极开展"榆你寻梦""检爱暖冬"等"帮百童"系列活动,让留守儿童不再孤单、感受温暖。在赣榆区"青少年发展支持中心"成立"红榆伞护未来工作站",带领"红榆伞·护未来"法治先锋队成员定期开展法治与安全教育,利用周末时间陪伴中心的孤儿、困境儿童学习、游戏,同时组织全院干警为孩子们捐款捐物,带去春天般的温暖,助力其健康成长。

普法是最好的预防,预防就是最好的保护。截至目前,杨红萍在赣榆区开展"法治进校园"及"安全自护教育"活动800余场次,接受家长法律咨询1000余次。举办"检察开放日""法治与道德宣传大蓬车"活动200余次,建立法治教育基地4个。为提高法治宣传覆盖面,她带领团队录制"红萍说法"短视频30余期,其中拍摄的反映家庭教育主题微电影《听心》获评亚洲微电影艺术节剧情片单元优秀作品奖,反映强制报告的微电影《她的房子》获省院优秀办案故事二等奖。她办理的2起案件登上中央电视台《守护明天》普法栏目,未检部门获评网络领域省级青少年维权岗。

初心不改,使命如山。新征程上,杨红萍将以党的二十大、二十届二中、三中全会精神为指引,秉持"如我孩子""如我在管"的理念,高质效办好每个涉未案件,用真心、爱心、细心为青春护航,以法治大爱守护孩子们茁壮成长!

做一个有温度、有力度、有态度的检察官

浙江省宁波市鄞州区人民检察院第一检察部主任陈祺

◎ 陈　祺

"读书时，我最喜欢看法律剧，尤其是看到检察官在法庭上条理清晰地指控犯罪、伸张正义，我觉得特别酷。"她忠诚使命、敢于担当，她业务精湛、严谨细致。从检17年，她先后在民事行政检察、刑事检察和未成年人检察等多个部门任职，怀着对检察工作的无限热爱和对公平正义的初心，用匠心办理案件，以温度体察人情。

她就是宁波市鄞州区检察院党组成员、副检察长陈祺。在埋头苦干和仰望思索之间，她积聚着无限的力量，先后获得"全国模范检察官""全国未检业务标兵""全国巾帼建功标兵""浙江省人民满意的公务员"等国家级、省级荣誉10余项，荣立个人二等功1次、个人三等功2次。

有温度：用爱呵护未成年人健康成长

"心中有爱，方能致远。"作为一个母亲，同时又是一名检察官，陈祺

始终认为,自己办的不仅是案子,更是别人的人生。在未成年人检察部工作期间,她最常说的一句话就是:"孩子还小,未来的路还长,我们得再想想办法。"

2017年,陈祺办理了一起未成年人盗窃案,案件的主人公小杨(化名)是一名云南彝族少年,有过盗窃前科,此次通过拉车门的方式多次盗窃。陈祺经过社会调查,觉得小杨本质不坏,有挽救的可能,最终对小杨作了附条件不起诉。作出决定前,她联系了十几家企业,为小杨找到了一家可以学习职业技能的帮教单位。陈祺尤记得,去看守所向小杨宣布附条件不起诉决定,并为他找到了帮厨工作时,小杨哭得稀里哗啦,只会反复地说"对不起""对不起"。

考察期间,小杨不仅学习了厨艺技能,还积极参加志愿活动,主动加入了反扒志愿者团队,实现了从"盗窃者"到"反扒者"的质变。陈祺说:"考察期结束后,鉴于小杨表现良好,

◎ 举办"六一"检察开放日活动

我们对他作出了不起诉的决定。现在,小杨已经是一家知名餐饮行业的厨师。通过这个案件,我才真正理解了'人生重启',我觉得未检工作非常有意义。"

陈祺常常在思考,除了依法办案,还能为那些需要帮助的人做些什么?因此,她对待每一个案件,都孜孜寻求办案高质效,为民最优解。在办理一起交通"碰瓷"诈骗案时,陈祺发现小金(化名)的父母为了骗钱

竟然逼迫儿子跳车,为保护小金免受再次伤害,陈祺带领团队率先探索监护侵害案件"刑民一体化"办理机制,依法支持撤销小金父亲的监护人资格,并往返多地帮助申请救助金、联系复学、提供心理治疗,小金从此步入人生正轨;在办理一起弃婴案时,陈祺和团队做了大量工作后,说服母亲和外婆,重新接纳婴儿,挽救了一个孩子和家庭;为了让被性侵的少女走出阴影,陈祺联系心理咨询师对其跟踪帮扶3年,用爱和温柔帮助女孩考入理想的高中……

"我希望我办理的每一个案件都不只是为了一个结果,而是要去关注案件背后的人,真正为他们解决问题,让他们切实感受到公平正义就在身边。"陈祺的话语铿锵有力、温柔坚定。

有力度:聚力创新纾解群众"急难愁盼"

有一起案件一直是陈祺心中的一块石头。案件中的小女孩被多次性侵,因案发后要做笔录,小女孩被反复询问事情经过。小女孩的母亲几近崩溃:"孩子每说一次就像在我心中剜了一刀。"

看着受伤的孩子,陈祺深思,除了运用法律武器将犯罪分子绳之于法,怎样才能更好地保护受到伤害的未成年被害人呢?2017年,陈祺带领团队在全国首创了"检医合作、检警一体"的未成年被害人"一站式"办案救助机制。该"一站式"询问场所位

◎ 开展心理咨询

于鄞州区第二医院，由询问室、身体检查室、休息等候区等三个功能区块组成，可以对未成年被害人一次性开展案件询问、身体检查、心理疏导、医疗救助、证据提取等工作，为孩子们提供细密周全的保护，最大限度地减少了多次询问给未成年被害人造成的"二次伤害"。该机制现已在全国推广。

从一线办案检察官逐步成长为部门负责人，再到副检察长，陈祺更加明白，要解决群众"急难愁盼"，凡事就要多想一步、多做一点，用改革的思路、创新的力度谋划推动工作。

负责刑事检察工作时，她针对基层轻刑案件多、矛盾易累积的特点，探索引入人民调解员力量，带领部门创新推行"轻微刑事案件在线和解一件事"模式，集成公、检、法各阶段调解信息，对轻微刑事案件开展接力式、递进式的调解，实现矛盾化解与司法办案同步推进，该数字化项目获评浙江省数字法治好应用。

分管未检部门时，她持续推进"一站式"办案救助机制建设，在之前已出台《关于建立未成年被害人询问规则的若干意见》等相关文件12份的基础上，积极与最高检未检研究中心何挺教授团队合作，细化性侵未成年人询问笔录模板，扩充监护侵害、监护人履职等询问内容，制定分年龄阶段询问规则，有效解决被害人不肯说、不会说、说不全的问题。

分管公益诉讼部门时，她针对辖区非法捕捞鳗鱼案件多发，指导公益诉讼部门向违法行为人提起民事公益诉讼，追缴生态资源损害赔偿费用9万余元。协同区法院、咸祥镇共建宁波首个海洋生态环境行政司法保护与修复基地，积极实践增殖放流替代性修复方式，为保护海洋渔业资源公益监督模式提供新思路。

有态度：精益求精匠心筑梦

在陈祺的办公室窗台上有个小书架，是她用来摆书或资料的。每天早上,她都习惯提前到办公室站着看会书。陈祺说,法律工作,就像刀尖上的舞蹈,百分之一的疏忽也会带来百分之百的不公;要成为一名优秀的检察官,必须掌握海量的信息和专业的知识。

"笃行致知,明德崇法。"2007年于华东政法大学硕士研究生毕业后,陈祺在工作中始终铭记并践行着华东政法大学的校训,处处能学、时时在学。

刚开始在刑事检察部门办案时,陈祺面临的最大困难,是如何理清纷繁复杂的法律和司法解释。为了汇总、厘清这些司法解释、文件,她利用办案间隙和休息时间一点一点地啃,将日常遇到的常用解释、观点和案例整理归类并汇编成册,慢慢建立起了属于自己的法律法规和案例库。现在,这个略显枯燥的习惯已从一项工作变成了一大乐趣。这个不起眼的小习惯,也极大提高了她的办案质量和效率,还被同事称为"行走中的法条"。

通过这么多年的磨炼,陈祺觉得检察官办案也像一名手中拿着工具、心中自有乾坤的工匠,既要融进去,抓住细节,确保精准,不枉不纵,又要跳出来,全面把握,防止一叶障目不见泰山。

陈祺办理的案件中,不乏有案情复杂、涉案人员众多、证据错综复杂的疑难案件,但是面对这些难啃的"硬骨头",她不仅主动承办,还乐在其中。陈祺曾承办过宁波市首例P2P集资诈骗案,该案涉案金额达1亿余元,1700多名被害人遍及全国18个省、自治区、直辖市,犯罪嫌疑人又始终辩解称自己是合法经营。面对100多本案卷,10000多条银行流水记录,她白天一丝不苟审查案卷,夜里挑灯学习金融知识,制作整理资金流向,计算出了准确的涉案金额,最终让被告人认罪服法,让被害人认可满意。

除了日常的知识积累,以赛代练也是提升专业能力的重要途径之一。这些年她先后参与大小比赛20余场,最终在2018年斩获了全国未检业务竞赛第三的好成绩,并入选全省未成年人检察专业人才库。

一枝独秀不是春,百花齐放春满园。陈祺不仅对自己严要求,更积极传承检察薪火,乐于分享新的办案理念和专业见解。在她的带领下,部门3名同志先后荣获全省、全市十佳业务标兵、能手,为检察系统人才培养作出贡献,赢得了同事们的赞誉。

从青春年华的法治追梦,到不惑之年的执着坚守,陈祺始终用"温度"护航青春之路,用"力度"弘扬公平正义,用"态度"守护法律信仰,在检察逐梦征途上实现着自己的人生价值。

铁腕柔情的女检察官：
办案一把好手　护民一脉温情

浙江省湖州市吴兴区人民检察院副检察长沈璋

◎ 沈　璋

全国模范检察官、浙江省万名好党员、浙江省政法系统先进个人，先后被荣记个人二等功两次、个人三等功四次……她是沈璋，浙江省湖州市吴兴区检察院党组副书记、副检察长。

璋者，玉制利器也。从检17年，这名80后女检察官始终奋战在基层检察一线，书写着刚毅果敢又温润如玉的初心故事，就像她的名字一样。

在大案要案中守望正义

近百名犯罪嫌疑人实施了电信诈骗，部分人员由于犯罪事实难以查证，未被绳之以法。

这是一起特大跨境电信网络诈骗案，全国150余名被害人共被骗走4100万余元。狡猾的犯罪分子躲在国外作案，手机、电脑等作案工具全都就地销毁。警方虽然抓到了人，但大部分犯罪嫌疑人都对作案事实矢口否认。

"按照当时的法律规定和案件条件，要将这些嫌疑人定罪，必须准确认定他们各自的诈骗金额。"共同参与办理此案的检察官冯瑶回忆，为尽快追赃挽损，沈璋带着专案组提前介入，引导公安机关侦查取证。400 多份笔录，1 万多页卷宗……从诈骗集团总管、大组长、小组长再到组员，最终厘清了诈骗集团的组织框架和人员分工。可受诸多客观因素所限，仍有 2/3 的涉案嫌疑人真实身份和具体诈骗金额难以查证。

想到被骗光血汗钱的被害人，沈璋不甘心。"既然参与了犯罪，就不能让他们逍遥法外！"她查阅资料、请教专家，坚持寻找可以将犯罪分子绳之于法的路径。终于，在中止侦查半年后，最高法、最高检、公安部联合发布的《关于办理电信网络诈骗等刑事案件适用法律若干问题的意见（二）》（以下简称《意见》）进一步完善了跨境电信网络诈骗犯罪的认定。《意见》规定，诈骗数额难以查证，但一年内赴境外诈骗犯罪窝点累计时间 30 日以上或多次出境赴诈骗窝点的，应当以诈骗罪追究刑事责任。

"这无疑是一场及时雨！"《意见》实施后，沈璋马上联系公安机关继续侦查，最终在全国率先适用电信网络诈骗最新司法解释条款，对丁某某等 63 名同案人员立案。该诈骗集团的犯罪分子被一网打尽。

类似的大案，沈璋办了不少。在担任扫黑办负责人期间，她带头攻坚重大涉黑涉恶案件，一举摧毁当地特大涉黑组织，带领团队获评全国检察机关扫黑除恶先进集体。2017 年，"1995·11·29"织里晟舍特大抢劫杀人案两名案犯被抓获，正在休产假的沈璋主动请缨，一头扎进连轴转的办案工作，提出详尽的取证方向和补证提纲，仅用时两天就对两名犯罪嫌疑人批准逮捕，同时层报最高检对两人核准追诉。最终，湖州市中级人民法院以抢劫罪判处两名被告人死刑。沈璋用法律赋予的职责，孜孜以求推敲案件证据，以换取对两名被告人公正的审判，以告慰一代人漫漫二十二年的追凶之路。

在法与情之间寻找平衡

2021年10月,吴兴区检察院对一起开设赌场案件召开了一次公开听证。这次听证的对象很特殊,是来自山东、湖北等多地高校的15名大学生,他们当中既有知名大学的在读生,也有被抓时还不知道自己已经被重点大学录取的准大学生。本是灿烂的年纪,光明的前程,但他们为了赚快钱,帮助赌博网站投放互联网广告,构成了开设赌场罪的共犯,而这次听证会的结果,关乎是否要对这15名大学生提起公诉。

"含辛茹苦了半辈子的父母,声泪俱下地向我们哭诉,恳求我们能给孩子一个机会。一边是令人深恶痛绝的犯罪,而另一边是15个学生未来的人生,诉或不诉,需要我们在情与法之间寻找到平衡。"沈璋回忆道。

办案中,沈璋提出对犯罪成因进行深入调查,随后办案组成员发现涉案学生们大多家境贫寒,普遍为了减轻家庭负担,才会误入歧途。多名学生在提审时,因为觉得对不起父母痛哭流涕。这些年轻人主观恶性都不大,又是初次犯罪,具有行为矫正的可能。惩罚不是刑法的最终目的,"如何为他们拨正人生航向"才是沈璋觉得更为重要的事。

◎ 向涉案困难家庭发放司法救助金(左二:沈璋)

通过耐心释法说理,沈璋带领办案组积极促成所有学生认罪认罚、退赃退赔,并开展案外帮扶教育工作,为每个人定制考察期,跟踪学习和就业动向,并悉心引导他们的亲属做好家庭教育,15名大学生都表现良好。

听证会上，由人大代表、大学教师、律师等组成的听证员团队最终达成一致的评议意见，可以给这些学生一个重新开始的机会。会后，15名年轻人被正式作出了不起诉决定。

通过案后回访，沈璋得知当初误入歧途的这些年轻人，有的考上了研究生、有的找到了心仪的工作、有的开始投身公益、有的以身说法告诫身边人远离犯罪。"复盘整个案件，如果走起诉程序，这个案件应该很快就可以画上一个句号。"沈璋说。"但我们选择用另一种方式让迷途少年知返，让贫苦家庭重拾希望。法律从不是冷冰冰的，它也有温度，而让'法'与'情'交融，正是我们的职责所在。"

在数字蓝海中奔涌前行

新时代新征程，检察工作欣逢最好发展时期，也面临更高的履职要求。2021年，数字浪潮扑面而来，沈璋开始分管数字检察业务。面对新领域新挑战，她带领团队边学边干，建立数字专班、建强专业队伍、会商监督模型、研发监督应用，朝着数字检察"蓝海"进发。

根据多年办理毒品案件的经验，沈璋发现，互联网平台逐渐成为涉毒活动聚集地，犯罪分子通过网络发布涉毒信息，使用绰号、暗语进行交易，采用数字货币支付毒资，犯罪分子真实身份往往较难查清。但毒品案件里的一个绰号就是一条监督线索。能不能构建一个涉毒人员数据库？沈璋与团队成员立即行动，一同将设想付诸于实践。通过梳理毒品案件要素信息，他们从个案解析入手，成功探索出了"数字画像"毒品类案监督模型。"从早期的安排专人追踪、每案必录，建立涉毒人员数据库，到后来搭建数字模型、设置规律性参数和提炼监督规则，在沈检的组织指导下，我们抓住了毒品类案监督的关键点，在'数字画像'技术上取得了实质性突破。"团队成员徐秋燕说。

"数字画像"应用逐渐从个案办理、漏罪漏犯追诉扩展到查办洗钱、渎职犯罪等领域，实现了刑事监督向禁毒的社会治理迈进。2022年，该应用经全省推广后，到目前已发现各类涉毒监督线索1422条，立案监督和追诉案件97件。以"数字画像"开展毒品犯罪法律监督被评为最高检"依法严惩毒品犯罪，强化禁毒综合治理"典型案事例，相关监督模型在全国检察机关大数据法律监督模型竞赛中获一等奖。

从获得全省推广的"黄赌毒"案件司法工作人员渎职类案监督模型、国有商铺租赁权网拍监督类案模型，再到入选全省数字检察S4一本帐的"民需检应·线索分析系统"，沈璋将努力打造"一库数据共享、一端融合治理、一体贯通履职"的三维工作体系作为目标，聚焦穿透个案、赋能治理，以多方联动推进相关治理问题预防预警。

在沈璋的大力推动下，吴兴数字检察硕果累累、成效显著。2个数字化项目入选浙江省数字法治系统"一本账"，3项数字专项监督入选浙江省检察机关数字检察"一本账"，4个办案模型入选《数字检察监督办案指引》，吴兴区检察院获评"全省数字检察示范院"。

从青涩懵懂的法律新人到业务精湛的检察官，沈璋把"高质效办好每一个案件""努力让人民群众在每一个司法案件中感受到公平正义"的理念深深地烙在心头。于她而言，一旦穿上那身庄严而又神圣的检察制服，她必将步履不停，向着心中的正义之光不断前行。

如琢如磨　高质效办好每一个案件

安徽省芜湖市镜湖区人民检察院副检察长、第五检察部主任汤恒明

20世纪90年代，中专毕业的汤恒明成为一名乡镇农技员，那时候，成为一名检察官是他从未想过的事。

然而，20岁出头，正是敢想敢为的大好年华，出于对法律的热爱，他利用业余时间自学考试，获得了法律大专学历；2007年，他通过公务员考试，成为芜湖市镜湖区检察院的一名司法警察。起初，他从事的还只是内勤工作，看着身边同事身着检服、庄严神气的样子，他的心中充满了羡慕。自那以后，他挤出时间一口气完成在职法律硕士学习，并通过司法考试。

◎ 汤恒明

现场要走一次才能对案情有更直观、深刻的理解；走上公诉席前，必须要做好充足的准备，要诉得对、诉得好、诉得实……从检16年，汤恒明先后在公诉、民行、公益诉讼等岗位上历练，凭着一腔热爱和如切如磋、如琢如磨的韧劲，练就了一身好本领。

勇挑公益诉讼"破冰"重担

2015年,汤恒明被委以重任,挑起了公益诉讼的"破冰"重担。

彼时,正处在公益诉讼的探索阶段,所有人都在摸着石头过河,汤恒明也不例外,但他却毫不畏难。

在未取得采砂许可证的情况下,在禁采区盗采江砂,破坏长江生态环境……2019年1月下旬,杨某某父子为谋取非法利益,伙同董某某,多次在长江河道禁采区长江铜陵段230—231号红浮标水域非法采砂共计7000吨。此外,董某某、马某某也在未取得采砂许可证的情况下分别在上述区域非法采砂500吨、4520吨。

"非法采砂造成的生态环境损害评估难、鉴定贵,动辄需要近20万元的评估费用。"办理该案件的过程中,汤恒明犯了难,生态领域的公益诉讼最终目的是修复,而这首先就需要精准评估损害和修复费用,然而高昂的评估费用和较长的评估周期成为摆在面前的两座大山。

为了解决这一问题,汤恒明多次向安徽师范大学的专家请教,并委托专家对案发现场实地勘察,出具专业评估意见,费用也由20万元降至1万元。庭审中,检察机关申请安徽师范大学专家出庭对评估意见全面分析阐述,证实了非法采砂行为对长江生态环境造成的损害及生态环境修复费用计算的科学性、合理性,得到了法院和当事人的认可。庭审期间,杨某某等人对检察机关诉请的赔偿费用不持异议,并赔偿了全部生态环境损害、鉴定费用38万余元。

"鉴定费用的大幅下降为我们案件办理节省了成本,也为生态修复提供了更大空间。"委托专家出具评估意见的形式,解决了长江非法采砂案件生态环境损害评估难题,也为全省检察机关办理类案提供了借鉴参考。

把老百姓的冷暖放心中

公益诉讼的定位主要不在于在法庭上争输赢,而在于公共利益最终是否得到有效维护。在汤恒明看来,评价案件办理质效有很多个维度,"群众获得感"尤为重要。

在镜湖区方村街道王埂村,耄耋老人周某的情况一直牵动着汤恒明的心。2022年7月,镜湖区检察院收到街道移交的线索——周某长期居住在危房中,存在较大安全隐患。得知该线索后,汤恒明与同事第一时间来到现场查看。

"当时我们看见一个瘦弱的老人独自居住在约15平方米的简易铁皮房里,没有通风口,电线是私拉的,生活用水要翻过附近的大埂去河里取,十分不便。"见到眼前的场景,汤恒明的心中不免一酸。

经查,周某有三个儿子,2014年,其原有房屋因水利工程建设被征收,补偿款被其中两个儿子领走,此后他便一直居住在这处铁皮屋里。虽经多方协调,但其儿子均以各种理由拖延安置。在沟通中,老人担心影响儿子的声誉,也不愿通过起诉的方式解决问题。

孝老敬亲的传统美德不能背弃。老年人权益保护属于公益诉讼的"等外"领域,为此,镜湖区检察院经过公开听证,对此案以民事公益诉讼立案并公告。为妥善化解家庭矛盾,汤恒明多次与老人的三个儿子沟通,说明利害关系,寻求调解结案。经过耐心细致地说理,兄弟三人因房屋征收款分配不均而产生的怨气逐渐消散。2022年10月,周某终于搬离了居住8年之久的简易房,住进了儿子们安排的舒适小家。

越是硬骨头越要啃下来

"汤恒明骨子里就有一股敢打敢拼的闯劲,既肯干、能干,还会干、苦干。"镜湖区检察院检察长李光菊如此评价,"遇到难题,交给他我放心"。

以房地产和建筑工程为依托攫取经济利益，以黑社会性质组织暴力为后盾推进拆迁工程……在南陵县，以刘某、杨某荣为首的黑社会性质组织为非作歹、称霸一方。2022年7月，省扫黑办将该线索交办芜湖市公安局，芜湖市检察院和镜湖区检察院成立联合专案组，提前介入案件。汤恒明和其余4位业务骨干接下这个重任，成为专案组成员，这也是他分管刑事检察工作后办理的第一个大要案。

检察官的忠诚与担当不是无形的，而是可感可触、体现在每一个案件中。

"专案组第一次介入后，即判断该案是一起黑社会性质组织犯罪案件，但是在组织特征、经济特征方面证据都非常薄弱，事实、人员、结构都不清晰。"镜湖区检察院第一检察部主任朱赟便是专案组成员之一，据他回忆，该案件社会影响大、关注度高，大家压力都很大，关键时刻，汤恒明挑起大梁，主动承担了涉黑罪名审查和涉黑财产处置这两块最难啃的"硬骨头"。

面对巨额财产的性质划分，如何突破难点？汤恒明从梳理资金流向开始，带领办案组成员加班加点精细化审查卷宗、调取分析账目报表和银行流水，在海量的信息中抽丝剥茧，最终锁定关键证据，为涉黑财产的定性打下坚实基础。

◎ 汤恒明（右一）出席某黑社会性质组织犯罪案庭审

"那时候我们几乎都泡在这个案子里了，

加班是常态，尽管汤检的儿子正面临高考，但他也没有缺席过一次，始终和我们并肩作战。"

2023年9月4日至8日、11月14日，该案分两次开庭审理，整个庭审历时6天。公诉席上，汤恒明义正词严、字字铿锵，而这背后，离不开专案组长达一年多的孜孜以求和审慎推敲。

矢志不渝追求办案质效

在检察工作中，政治效果、法律效果与社会效果有机统一是检察机关必须秉持的重要理念之一，也是对司法活动进行评价的重要标准。高质效办好每一个案件是每一个检察人员矢志不渝地追求，对汤恒明而言亦然。

2020年9月，芜湖市检察院将皖江中学堂暨省立五中旧址保护不力的线索交由镜湖区检察院办理。接到线索后，汤恒明和同事们现场走访调查发现，该旧址由于年久失修，部分木结构腐朽断裂，墙体墙面破损倾斜，藤蔓植物也爬上了屋顶，随时有倒塌的危险。

◎ 联合芜湖市文化和旅游局调查省级文物"皖江中学堂"管理不善等问题（右一：汤恒明）

历史文化是城市的灵魂。该旧址在2019年被确定为省级文物保护单位，为加强文物保护，镜湖区检察院依法向市、区两级文物保护部门发出检察建议，建议两单位依法履行文物保护监督管理职责，指导、督促责任主体启动文物修缮工作，消除安全隐患，并多次与产权单位安徽师范大学沟通，积极帮助、联系解决修缮过程中的资金、专业修复等难题。

2022年底，该处文物修缮工作全部完成。如今这处文物旧址古朴、典雅，房屋的顶棚、墙面等得到加固、修复，环境也变得干净整洁。"汤检并没有止步于此，而是持续关注该处文物的保护和活化利用，通过制发检察建议等让推动革命文物保护好、利用好、传承好，为我们的工作助力。"芜湖市文物保护中心副主任石保友这样说。

在芜湖市检察院副检察长奚要武眼中，汤恒明身上有一股锲而不舍、日雕月琢的执着劲。近年来，他主办或主管的10起案件先后入选全国、全省典型案例，这些"典型"背后体现的都是他对"高质效办好每一个案件"的价值追求。

2023年11月24日，汤恒明被人社部、最高检授予"全国模范检察官"称号，面对大家的夸赞与祝贺，他只是腼腆一笑，"我做的都是一些平凡的小事"。然而，熟悉他的人都知道，即使是这些小事，他也必定精益求精，在他心中，从事检察工作，是一份责任，更是一份担当。

手执利剑守正义

安徽省宿州市人民检察院第三检察部一级检察官陈磊

每当提起陈磊，同事们都会竖起大拇指。专注、严谨、好学……是大家对他的一致评价。参加工作以来，陈磊一直保持对工作的热忱，秉公司法，无私奉献，以赤胆忠心彰显了新时代人民检察官的忠诚与担当。由于工作成绩突出，先后获评"全国检察机关扫黑除恶专项斗争优秀个人""安徽省检察业务专家""安徽省优秀办案检察官"等。

◎ 陈 磊

潜心苦读实现检察梦想

1984年，陈磊出生在埇桥区蒿沟镇一个普通农民家庭。在那个物质世界和精神生活还不甚充盈的年代，电视便成了陈磊接触外界、获取信息的最大窗口。见多了电视剧里的法律精英，他幻想着有一天自己也能手执"利剑"，主持公道。一颗小小的"法律"种子在少年心间萌芽。

作为农民的儿子，陈磊看到过乡亲们真诚朴实的笑脸，也见识过他们因法律知识缺乏、难以维权的满面愁容。在他内心深处，始终有一种对弱者的同情和悲悯——见不得乡亲们受委屈、被欺负。由此，守护公平、伸张正义的决心愈加坚定。为了心中的崇高理想，陈磊锚定目标，发奋读书。2005 年高考结束后，他毫不犹豫填报了法律专业，并顺利被石河子大学录取。大学期间，他心无旁骛，勤奋刻苦，抓住一切学习机会，从书本中、从社会实践中获取知识、汲取养分，打牢基本功。四年里，陈磊的成绩始终名列前茅。

2009 年，陈磊考入宿州市检察院，实现从法学生到"检察蓝"的身份转变。他多听、多看、多记录，常思、常问、常请教，一点一滴学习办案流程和技巧。经过几年的磨砺，本就聪明优秀的陈磊业务水平突飞猛进。2012 年，他调入刑事检察部门，正式开启刑事检察职业生涯。

罪当其罚精准惩治犯罪

"好的狙击手，是子弹喂出来的；好的公诉人，是案子喂出来的。"这句话用在陈磊身上一点也不为过。

从普通的刑事案件，到涉黑涉恶大案要案，在刑事检察战线的 10 余年，陈磊办理了千余起案件，其中有 9 件入选全国典型案件、刑事审判参考、全省典型案件。

在一起飙车致人死亡案件中，一

◎ 陈磊（右）回访案件当事人家属

审法院以危险方法危害公共安全罪判处被告人戚某某有期徒刑 10 年 6 个月。戚某某不服，提起上诉。阅卷后，陈磊第一时间提审戚某某，详细了解案件经过：戚某某与尉某某（另案处理）在饭桌上相约飙车，案发当日零时 52 分，两人来到约定地点，并邀请共同的朋友张某某站在路中间当裁判，戚某某以超出最高限速 1 倍的速度进行飙车，结果将张某某撞倒。张某某经抢救无效后死亡。

了解案件的前因后果后，陈磊心头涌上一丝疑虑：戚某某的行为是故意还是过失？一审法院认定其是故意犯罪是否妥当？带着疑问，陈磊在与案发时的相同时间点来到现场，详细记录过往车辆和行人数量、频次。经过梳理，陈磊心中渐渐有了答案。

"故意和过失，这两种完全不同的定性，对当事人的量刑有很大影响。"陈磊认为，此案与常规的以危险方法危害公共安全罪有所区别，结合该案的事发地点和时间，戚某某在公共道路上的飙车行为虽侵害到不特定多数人的人身和重大公共财产安全，但其主观上对结果的发生既无希望亦无放任，而是具有过失，主观恶性小。

然而，改判过失犯罪的建议能否取得良好的社会效果，光有这些还远远不够，还要取得被害人亲属的谅解。陈磊多次前往被害人家中做民事赔偿调解，从法理、情理角度耐心详细解释有关规定。"定性不同，戚某某所承担的刑罚就不同。准确定性，是公诉人最基本的职责。"陈磊说，调解并不仅仅是为了减轻他的刑罚，对被害人家属来说也是有利的，如果以故意犯罪判处，保险公司有理由拒绝赔偿。陈磊耐心疏导当事人情绪，"背靠背"释法明理，在多次沟通调解下，终于达成民事赔偿协议并实际履行，戚某某也拿到了谅解书。

二审法院在审理时采纳了陈磊的建议，并充分考虑了这一调解情况，改判戚某某犯过失以危险方法危害公共安全罪，判处有期徒刑 5 年。被害人亲属也通过诉讼途径取得保险公司原本明确拒绝赔偿的死亡赔偿金。

法律最大的公平正义就是罪当其罚，这是陈磊一直秉承的司法理念。办案中，陈磊严把案件事实关、证据关、程序关和法律适用关，精准惩治犯罪，既不让一个犯罪分子逃脱法律的惩罚，也决不让一位无辜者蒙冤。

"火眼金睛"强化法律监督

扫黑除恶专项斗争期间，作为市检察院扫黑除恶办案组核心成员，陈磊办理的涉黑涉恶案件数量多、难度大，涉案人员关系错综复杂，时间跨度长，犯罪行为多，社会关注度高，无论是对政治素质、业务能力还是责任意识都是严峻的考验。

面对如山的卷宗，陈磊严之又严、细之又细、慎之又慎。为固定证据，他数进看守所，详细提审、讯问；为提升公诉能力，他一遍遍模拟演练，做到胸有成竹；为惩治犯罪，庭审现场他有理有力有节，寸步不让。专项斗争期间，陈磊共审查卷宗材料累计500余册、高近10米，撰写审查报告250多万字。正是这一点一滴的努力，才使他在办案时从容不迫，将每一起案件都办成经得起历史检验的铁案。

以丁某某为组织者、领导者的黑社会组织盘踞当地30余年，社会关系盘根错节，民愤民怨深。一审法院对丁某某等10余人涉黑案进行一审公开宣判，丁某某因犯组织、领导黑社会性质组织罪、寻衅滋事罪、聚众斗殴罪、敲诈勒索罪等，数罪并罚，被判处有期徒刑20年。

一审宣判后，丁某某等人不服，向宿州市中级人民法院提起上诉。该案涉及罪名多，且因时间久远，有多名受害人无法进行伤残鉴定。为了赢得这个案件，丁某某专门从上海请来律师。

一审判决卷宗材料达60余册、每册200多页，这些材料必须在一个月内审查完，且要制作阅卷笔录，形成审查报告。面对这简直不可能完成的任务，陈磊没有畏难，他详细制订阅卷计划，常常加班至深夜，周末也全扑在案件上，始终保持着每天看2至3本卷宗的速度，梳理犯罪集团组织架构，厘清犯罪事实和法律关系，仔细核对罪名，复核案件定性的法律依据，审查影响定性量刑的关键性证据，不漏掉任何一处细节。

在多次严密审查时，一处罚金刑

◎ 陈磊（右）出庭支持公诉

引起了他的注意。丁某某伪造国家机关证件的行为发生在 2009 年 7 月，但《刑法修正案（九）》2015 年 11 月才在该罪法定刑中增加了罚金刑，按照《刑法》有关规定，对丁某某进行处罚时不应适用罚金刑。陈磊立即将审查出的问题向领导汇报，并与市中级人民法院沟通，后经市中院审判委员会讨论并请示省高院后，最终采纳了市检察院的改判意见。

近年来，陈磊依法纠正漏捕漏诉 18 人，成功办理重罪轻判抗诉案件 78 件，5 件入选、获评全国检察机关地方抗诉案例指导库、全省精品抗诉案件、全省优秀典型案件等。

"修炼内功"成就业内翘楚

陈磊善于思考，勤于总结，每办理一起疑难复杂案件，他都会第一时间把对办案中的思考、法律适用、存在的疑问撰写成典型案例和理论文章。近年来，他在《人民检察》《中国检察官》《检察工作》等期刊发表文章近 20 篇，较好地服务于检察实践。

这一切都源于他的最大爱好——学习。在陈磊的办公桌上，《刑法学》《刑事诉讼法修改与司法适用疑难解析》《实务刑法评注》《犯罪研究》《人民司法》等书籍和期刊是他最亲密的伙伴,里面的每一篇文章他都仔细研读,标记重点。"在办理同类型案件时就会找出来看一看,学习借鉴一下,往往会有很大启发。"在陈磊的手机微信收藏中,保存的都是典型案例分析和专业理论知识,方便随时随地学习。每天早上5点多,陈磊就起床扎进书房,日复一日,逐渐把自己"修炼"成一部"行走的法条"。同事遇有不懂的问题,都喜欢请教他,每一次他都能准确说出出处和规定。

　　检察工作承载着太多责任和使命,唯有热爱,才能长久。陈磊把兴趣变成事业,倾注了满腔热血,与法律相伴,甘之如饴,生动诠释了一名检察官最深情的告白……

回应民之所盼　笃行法之所向

福建省晋江市人民检察院检察委员会委员、第一检察部主任吴雅芳

"作为一名新时代的人民检察官，需要有一颗温暖的心，关注人民群众对美好生活的向往，对人民群众的烦心事、操心事、揪心事产生共鸣；需要有一颗较真的心，面对涉及公共利益的小事杂事斤斤计较，面对损害国家利益和社会利益的行为寸步不让。"自从把检徽佩在胸前的那刻起，吴雅芳一路披荆斩棘脚步坚定，在泉州晋江这片热土，书写爱拼敢赢的检察故事。

◎ 吴雅芳

担架上敲开法治梦想大门

"从小我就很坚定，从事法律职业是我唯一的梦想。"吴雅芳回忆道，她的父亲曾经是一名法官，儿时常趴在法庭的窗外看父亲开庭，那时起"崇尚法治、守护公平正义"的种子便在她心中悄然生根发芽。

中考时，吴雅芳意外被录取到漳州农校，学习园艺专业。但内心对

法治的热爱，驱使她同时报考了自考法律大专。可毕业实习的路上，一场车祸撞断了她的大腿。周边的人都劝吴雅芳弃考安心休养，但她不甘心放弃，卧床半年坚持自学。最后，吴雅芳的父母用担架抬着她四进考场并完成考试，吴雅芳成功拿到大专文凭。正是这张文凭，让她参加国家公务员考试，顺利敲开了晋江市检察院的大门。

"刚进检察院时，我被分配在大家看来最苦最累的公诉科，那时公诉科有5名女性，另外4个姐姐已分别是副科长、主诉检察官和业务骨干。我以她们为榜样，学着把社会责任感融入办案始终，细致入微、依法履职。"吴雅芳表示，非专业出身，本领恐慌催促她白天抓紧办案，晚上充电学习，积极参加各种岗位练兵，渐渐地，她也成长为业务骨干、优秀公诉人、检察业务专家，她们5个人被称为晋江市检察院的"五朵金花"。

履职中提升公益诉讼温度

2014年，吴雅芳负责组建晋江市检察院生态资源检察科。2019年，她又接手了生态公益诉讼检察部。面对一个个陌生的领域、一次次全新的挑战，她只能摸着石头过河。

当时，最高检将无障碍环境建设作为拓展公益诉讼案件范围的民生项目、民心工程之一。工作探索中，1名10岁的小女孩走进了吴雅芳的视线。女孩四年前因跳舞发生意外导致高位截瘫，面对检察官的来访，女孩乐观地说："虽然我长大后不能成为舞蹈家了，但我要努力当一名作家！"对于6岁就遭遇重大变故的孩子来说，这份坚强和勇气让吴雅芳十分动容，然而，对于行动只能依靠轮椅的女孩来说，每次上下楼都是巨大的负担，出门求学成了一种奢望。

"我不停地思考着，我能为她做点什么？公益诉讼还能为残疾人朋友们做点什么？"这个小女孩对美好生活的强烈渴望，深深触动了吴雅芳。

为此，吴雅芳带领团队深入开展无障碍建设专项监督行动，积极推进家庭无障碍改造。在这个过程中，小女孩家顺利安装了电梯，完成了全屋智能家居改造。小女孩的病情得到了很好的康复治疗，随

◎ 吴雅芳（右）带领团队开展无障碍环境公益诉讼检察工作

后其出门就学，成了一名乐观向上、品学兼优的学生。接下来，吴雅芳带领团队继续从城市商超、道路的盲道畅通，公共停车位的信息无障碍建设、盲人按摩行业规范管理等方面入手，全方位推动残疾人权益保障落实到位。

有了成功经验的积累，晋江市检察院的公益诉讼工作也稳步推进。三年时间内，生态公益诉讼检察部在文物和文化遗产、红色资源、生物多样性、涉侨权益保护等领域全面开花，拿下了7个国家级典型案例，4个省级典型案例。

小案中守护大民生

2022年，吴雅芳回到刑检一线担任第一检察部主任，承担起普通犯罪的检察工作。

2024年7月，经考察合格后晋江市检察院对李某作出相对不起诉决定。"这段时间我感觉自己重获新生，我真正认识到了自己的错误，也很珍惜现在拥有的一切。"拿到相对不起诉决定书的李某语气平和、思路清

晰，很难想象她曾被认定为一名精神病人。

2023年2月，家住晋江的李某因邻里纠纷，与柯某等人发生纠纷，随后李某用水果刀划伤柯某腿部。后经法医鉴定，柯某伤情达到轻伤二级。吴雅芳在全面审查案卷及询问侦查人员后，发现李某在该案中表现性格偏激，且其亲属中有两名患有精神残疾。吴雅芳心中产生了一个想法：李某会不会也是精神病人？同时，她想到晋江市检察院的特邀检察官助理中，有一位是当地精神医疗机构的医生。为了验证自己的猜想，吴雅芳便邀请这位医生陪同提审李某。

正是这次提审，让吴雅芳有了新发现。提审李某时，李某情绪容易激动，自说自话，前言不搭后语，行为异常。医生当面会诊后，也认为李某存在明显精神病性症状，并建议精神专科住院治疗。随后，吴雅芳又实地走访了李某所在的社区及住所，了解到李某和被害人柯某系亲戚和邻里关系，双方平时并无过节，且李某在案发后及时赔偿了柯某部分损失。

"这是一起因民间邻里纠纷引发的轻伤害案件，也是精神残疾人实施的轻微犯罪，如果简单地'一捕了之'，只会让双方矛盾深化，而且如果没有及时对李某进行治疗，仍然会有潜在的风险隐患。"考虑到李某的精神状况，吴雅芳积极与当地的精神医疗机构协调，在征得李某及其家属同意后，安排李某进入精神医疗机构接受专业治疗，并从事简易工作劳动，还和当地残联沟通，帮助李某申请办理

◎ 吴雅芳（第二排左三）与同事走访涉案精神残疾人所在医院

残疾证，有效保障其作为残疾人的合法权益。与此同时，吴雅芳也没有忽视双方矛盾的化解。她走访了李某所在社区、派出所、社会贤达，共同组织双方当事人及家属进行调解。最终，双方达成调解协议，握手言和，矛盾就此化解。

"小案虽小，却关乎大民生。我们全面准确落实宽严相济政策，用心用情办好人民群众身边的'小案'，努力让公平正义可感可触。"经过该案，吴雅芳深入开展调查研究和实践探索，并联合市卫健部门、残联建立涉案精神残疾人就业帮扶机制，将涉案精神残疾人安排在精神医疗机构接受治疗，一方面推动精神残疾人通过就业所得赔偿被害人损失，促进矛盾化解；另一方面与相关部门、企业联合行动，帮助精神残疾人提高劳动技能，改善精神状况，降低肇事肇祸风险。

真情里诠释检察为民情怀

随着我国社会发展和法治进程的推进，人民群众对良法善治、个案正义的期望值不断提高。为了应对这一新形势、新变化，吴雅芳带领团队坚持治罪与治理并重，全力为构建中国特色社会治理体系贡献检察方案。

为深入贯彻"两高两部"《关于办理醉酒危险驾驶刑事案件的意见》，从源头上预防和减少醉驾行为发生，不断提升群众交通出行安全感，吴雅芳全力协调联合多部门开展醉驾治理系列活动，并带领团队走进多家单位进行宣讲。

2024年初，晋江市检察院联合相关部门在全市范围内推行醉驾治理"十举措"，通过智慧停车系统设置语音提醒、设置宣传海报、放置提醒桌牌、结账时推送短信提醒等方式，实现经营场所从进到出全程提醒。推动涉酒经营场所与代驾公司合作，提升代驾服务。将"酒后禁驾"宣传融入团市委、青商会的宣传活动，充分发挥网格员在重要时间节点、宴会聚集活动时现场提醒，进一步减少醉驾案件发生。2023年3—7月，晋江市检察院审查起诉危险驾驶案件675件，2024年3—7月受理266件，同比下降60.59%。

"成为一名检察官，是我一生中最美的相遇。"如今，身为晋江市检察院党组成员，她将不断对自己"加压"，时时提醒自己"充电"，一如既往地用真情诠释为民情怀，用细致和沉稳铺好检察事业的基石，为晋江奋力打造中国式现代化县域示范贡献自己全部的力量。

将"法"进行到底的检察人

福建省古田县人民检察院第一检察部主任吴传忠

十三年如一日,他行走在闽东山区小城的检察一线,坚守信念与担当,捍卫公平与正义。

日复一日的积累沉淀,他成了同事眼中问不倒的"活法典",群众心中不缺席的"检察蓝"。

面对枯燥无味的法条,错综复杂的案卷,他说,时光漫漫,热爱可挡;检路迢迢,温柔可抵。

◎ 吴传忠

他是吴传忠,现任福建省古田县检察院党组成员、副检察长。因为这份"逐梦检察"的赤诚之心,2023年,他在全国检察机关第十次"双先"表彰中荣获"全国模范检察官"。

担当,刻在骨子里的"座右铭"

"紧张得不行,一个字都不敢错,手心都出汗了。"回忆第一次出庭时的感受,吴传忠仍记忆犹新。那时的他初出茅庐,对检察工作的第一印象是"审查案件、指控犯罪"。

而今,褪去初入检时的青涩,吴传忠有着担当大任的成稳,在一件件成功办理的案件中不断锤炼自我,成为业务精湛的中流砥柱。

2020年,吴传忠在办理李某等人组织、领导、参会黑社会性质组织案时,守住"是黑恶犯罪一个不放过"的底线,与专案组成员历时4个月,反复推敲160余册案卷、40余起违法犯罪事实,先后7次共提出近200条继续侦查取证意见,书写了72万余字的审查报告,准备了40万余字的法庭讯问、举证质证等庭审材料,精准指控犯罪,最终法院采纳检察机关全部指控意见。

◎ 吴传忠(右)与同事研讨案件

"公诉不单是为了诉讼,要坚持融情理法于一体,注重政治效果、法律效果、社会效果的有机统一。"励志当好党和人民的"检察卫士",吴传忠先后办理了刘某某等9人非法采矿、重大责任事故、掩饰、隐瞒犯罪所得系列案,涉案数额达上亿元的非法吸收公众存款案等大小案件900余件。

收获掌声的同时,吴传忠依然在提升办案能力的征途上砥砺前行,不遗余力。他充分利用业余时间为自己"充电",案头上常年摆着厚厚的政治理论、法律政策等书,边缘处微微上翘,已不知被翻阅了多少次。

"已经成了我的一个爱好,不做这些心里就不踏实。"选择为"检察"而活,吴传忠乐在其中。

温情，让公诉没有"遗憾"

每办结一个案件，吴传忠都会在自己的工作日志上认真总结，在他看来："公诉是门遗憾的艺术，但希望遗憾越来越少。"

"让每一个童年不被伤害，让每一个青春充满阳光"，这是吴传忠在办理每一起涉未成年人案件时恪守的理念。2022年，他在办理一起未成年人受害案中，要求对落实强制报告制度情况开展案件倒查。

倒查过程中，吴传忠发现部分民营医院、私人诊所对强制报告制度毫无知晓，医护人员对相关义务与责任缺乏认识的问题。对此，他立即制发检察建议，多方沟通联系，促成在全县范围内建立网格化线索发现通报机制，将民营医院、私人诊所、乡镇卫生所全部纳入监督网格，实现监督管理全覆盖。

值得一提的是，该案入选最高检和国家卫健委落实强制报告制度典型案例。

成为国家公诉人的那一刻起，吴传忠深知每一桩案件的背后，都隐藏着一个个的人生，以及与他们血肉相连的一个个家庭，凡事要多从当事人角度思考，办案也是办人生。

2022年，在办理一起普通的交通肇事案中，吴传忠依法起诉了交通肇事者，并使其得到了应有的惩罚。看似一件普通又简单的案子，但在他心里却还没到结束的时候。

原来，吴传忠在办案中了解到受害者离世后，留下一个年幼的孩子和老迈的父母，而孩子的母亲在此前就已离婚远嫁外地，肇事者也因经济困难无力赔偿，种种困境把原本不幸的家庭几乎推向深渊。

因此，吴传忠多次联系受害者的父母，上门告知司法救助政策，帮助收集有关材料，并提请宁德市检察院开展联合救助，同年春节前夕，顺利将12.29万元司法救助金送到受害者的父母手上。在他的推动下，这个家庭成为古田县检察院的固定帮扶对象，帮助他们申请廉租房、安排合适工作，对孩子进行教育帮扶，并且减免学杂费，终于使这个家庭重新点燃"希望之光"。

"晚上十点，亮着灯的办公室肯定有一个是他的。"古田县检察院的年轻检察干警们对吴传忠的印象不谋而合。"每个案件都不可以拖延，要尽快处理，给当事人一个交待。"雷厉风行的吴传忠如是说，而无论在什么时候，他总惦记着那些"棘手"的案件，十三年来从未改变。

守正，铸就"检察初心"

"到检察院找吴传忠，肯定不会白跑一趟！"在古田，"吴传忠"成了"事事有回应"的保证，登门的当事人不约而同，都愿意让他解决问题。

回顾过往，吴传忠曾接访过因长期受滋扰陷入生活困难的女性叶某。他不厌其烦跟踪办理，最终不仅从严惩治了滋扰的罪犯，还为叶某提供法律帮助、申请司法救助，让她的生活重回正常。事后，叶某专程为古田县检察院赠送锦旗致谢。该案入选全省检察机关优秀案例，所在的部门被评为全国维护妇女儿童权益先进集体。

接待来访的群众，吴传忠毫无一丝懈怠，尽管这项工作占用了大量时间和精力，他却始终态度温和，耐心听取当事人的意见，更没有"门难进、脸难看、话难听、事难办"的摆谱作

◎ 吴传忠（右）与同事接待信访人

风。以入情入理的言语，他让群众相信法律、相信正义、相信检察机关。

这份耐心也是源于他深耕普法工作的热情。

公诉席外，吴传忠是青年干警的模范带头人，自发组织创建"临水之光·志愿服务队"，常态化进乡村、进学校、进企业、进社区开展政治理论宣传、法律咨询、政策解读、矛盾化解等活动，让法治信念薪火相传，让法治精神落地生根。

同时，吴传忠积极参与宣传品牌创建，发挥团队合力，通过新媒体平台推出了《古检君说"法"》《古检君说"画"》等宣传品牌，发布漫画作品、趣味视频等普法作品510多篇，形成了范围广、效果佳的法治影响力。该团队荣获省级"青年文明号"、市级"五四青年奖章集体"、"三八红旗集体"等称号，吴传忠个人也获得市级"五四青年奖章"。

这背后还是一场"检察蓝"的接力。

在古田县检察院，历来都有导师带新人的优良传统，始终积极开展"检心传承、培育人才、共创一流"传帮带活动。这是一种情怀，更是一种责任传承与担当。

作为导师，吴传忠的方式有点"费功夫"。他坚持让年轻干警先自行梳理案情，列好审查重点，而后耐心地指导其找准审查案件方向，再提示遗漏的细枝末节，逐字逐句地修改润色文书材料。

"我们都清楚，捕与不捕、诉与不诉，检察办案人员手中每一桩、每一件都是大案、要案，作出的每一个决定都要尤为慎重。"这是他常挂在嘴边的一句话。

牢记"公正是法治的生命线"，在办案中不放过任何蛛丝马迹，已然是他和年轻干警之间的默契。"这不过是从前辈手中接过传承的接力棒，承担起该自己承担的责任。"原来，在刚进古田县检察院的那些年，吴传忠的前辈们也是如此对他"传"知识、"帮"工作、"带"成长。他深谙，"薪火"只有代代相传才能熠熠生辉。

13个春夏秋冬已过去,吴传忠的检察人生还在继续。而每一次荣誉都是他的又一次蓄势待发,做一名有温度、有底线、有担当的法律守护者;信守对党和国家、社会、人民的庄严承诺,他还是那个怀抱检察初心的追梦人。

"琴心"植红土 "剑胆"为人民

江西省赣州市人民检察院第三检察部主任钟致雅

钟致雅，她是全国职务犯罪检察人才库成员，江西省检察业务专家，赣州市检察院检察官。从检14年，她办理了一系列职务犯罪大要案和重大疑难复杂案件，获"全国模范检官""全国巾帼建功标兵""全省先进工作者"等荣誉。

初见时，或许可以用"温文尔雅"来形容钟致雅。但当你真正了解她，在法庭上持正义之剑捍卫法律的英姿

◎ 钟致雅

飒爽，在审查案件、面对犯罪嫌疑人时的沉着冷静，在追求梦想过程中的坚毅与执着，你就能切身体会到她对法治的信仰和将检察职业的职责感、使命感深深融入血液中的检察担当。

重大案件"冲"得上去

"我受人民检察院的指派，以国家公诉人身份，出席法庭支持公诉，并依法履行法律监督职能……"钟致雅庄严陈述。每次在法庭上宣读公诉

人共同的宣言时，她都感到热血沸腾。她要将青春沉淀于每一起办理的案件之中，书写一篇篇正义的诗行。她是这样说的，更是这样做的。

她出色办理了一系列重大职务犯罪的大要案。她还办理了赣州市首例劫夺在押人员涉黑案件的被告人谭某某等27人组织领导参加黑社会性质组织案，最高检、公安部挂牌督办的廖某等72人电信诈骗案，群众高度关注、社会影响恶劣的明某某故意杀人案等案件，均取得了很好的政治效果、法律效果和社会效果。

2018年，全国开展为期三年的扫黑除恶专项斗争。作为市检察院涉黑恶案件专项承办人，钟致雅参与办理、挂牌督办、指导涉黑恶案件30余件。她办理的一起涉黑案件，以谭某某为首的27人犯罪集团，盘踞县城及周边乡镇多年，称霸一方，为非作恶，欺压残害百姓，严重危害了人民群众生命财产安全，严重破坏了社会和谐稳定和当地的经济秩序。面对案情复杂、案件材料多、涉案人数多等重重挑战，她带领专案组成员阅卷300余册，提出补充侦查意见200余条，制作阅卷笔录近40万字。审查不留死角，精准指控犯罪。

对钟致雅来说，审查起诉既是时间和经验的挑战，历时5天的庭审，更是体力和脑力的双重考验。

开庭前，钟致雅做了大量的庭前准备工作，对案件的关键证据、人员关系、犯罪情节等内容整理图表，充分预判。为了有效指控犯罪，针对被告人及辩护人可能提出异议的事实与情节进行了反复的分析与探讨，精心准备了长达500余页的庭审预案。在法庭辩论阶段，当庭发表了近万字的公诉意见。针对被告人及辩护人称该组织不是黑社会性质组织的意见，她沉着应对，抽丝剥茧，详细陈述了该组织的发展过程，论证了该涉黑组织环环相扣的四大特征，取得了良好的指控效果。最终，审判机关支持了检察机关的全部指控意见。

对钟致雅来说，加班加点、出差办案是工作中的常态。高压高强度的工作，虽说辛苦，但付出的辛劳和汗水都成为浇灌内心法治信仰、增强历练本领的最好养分。

用专业和严谨高质效办好每一个案件

从检以来，钟致雅办理、指导案件上千件，无一错漏案件，始终将对细节的追求贯穿于办理的每一起案件中，以"三个善于"做实高质效办好每一个案件。

对于多年前办理的一起故意杀人案，钟致雅感触颇多。她非常理解被害人家属要求严惩凶手的心情，但她更知道惩罚犯罪一定要靠法律和证据。在这个案件中，作案工具已被丢弃，被害人的尸体已被处理。面对证据锁链不易形成的难题，她反复研究案情，从细节入手指导侦查机关补充侦查。对焚尸现场的骨碎片来源和部位等进行鉴定，通过补强证据，完善证据体系，最终钟致雅有力地指控了犯罪。结案后，被害人年迈的父亲颤抖着手给钟致雅打电话，"钟检察官，我儿子终于可以安息了，谢谢你！"

钟致雅说，作为一名刑事检察官，我们既要用法律的标准评断罪与非罪、此罪与彼罪，也要用普通人的思维感受每个案件背后的是是非非、人间冷暖。一线办案经历让她深刻感受到"公平正义"的真正含义，更加牢固树立起社会主义法治信仰。

2022年，钟致雅转到了职务和经济犯罪检察部门，陆续办理了上百起新型贿赂、经济和网络犯罪案件。她说，告别老岗位，迎来新任务，既忐忑又兴奋，自己身上的担子又重了起来。当同事问钟致雅办理新类型案件的心得体会时，她最大的体会就是要"不断地学习和钻研"。她谈到，"如何在法律规定滞后的情况下，面对层出不穷的新问题，准确适用法律，这是办理经济和网络犯罪案件检察官需要面临的挑战。这就要求我们司法工作人员要不断精进自己的业务能力和理论水平。"

在办理一起内幕交易犯罪案件过程中，钟致雅不仅把刑法规定、司法解释反复研读，还把证券法、证券公司监督管理条例等相关行政法规进行梳理学习，对证据体系构建和法律适用进行反复论证，虚心向各方请教。这只是其中一个办案缩影，她在办理每一个案件中都是这样的严谨细致。

向当事人传递司法温暖

坚持法理情相融合，在办案时考虑社会效果，"如我在诉"是钟致雅在办案中始终贯彻的理念。她说，这不仅仅是个案公正的需要，也是法治进步的需要。

钟致雅办理了一起妨害公务案。当事人宋某是一名50多岁的女性，因儿子在公司车间维修轧绞牵引机时受伤，带着家人到公司协商。在协商过程中，由于宋某情绪过于激动，公司作报警处理。在民警执法时，宋某对民警拉扯、踢踹、撕咬，致使一民警受轻微伤及财物损失后果。后来，宋某主动赔偿民警损失，并赔礼道歉，取得了民警同志谅解。钟致雅认为，一位母亲因儿子受伤而维权，在维权过程中，虽然实施了过激行为，触犯了刑法，但事后真诚悔罪，这样的行为并不是非得用严厉的刑事手段来处罚。从法理情融合角度，钟致雅对宋某作出不起诉决定，既挽救了当事人，也挽救了当事人的家庭。

在办案中，钟致雅坚守司法公平正义，既有力指控犯罪，又传递春风润心扉的温暖，积极为生活困难的被害人亲属寻求司法救助。近年来，她主动移送司法救助线索20余条，10余名因案致贫的当事人因此获得司法救助资金，解决了燃眉之急。

在精益求精中历练本领

从检14年，钟致雅审查案卷、提审犯罪嫌疑人、核实证据、制作法律文书、出庭公诉，日复一日，年复一年。而陪伴她八小时之外的，往往是长长的走廊、厚厚的卷宗、熟悉的法条……也正因如此，才有了法庭上游刃有余的精准指控。

钟致雅办理的第一个案件，是一起运输、贩卖毒品案。初次办案，她如履薄冰，认真细

◎ 钟致雅（右）与同事研讨案情

致审查案卷材料，反复演练开庭场景。但庭审时被告人突然翻供，仍然让她慌了手脚。虽然最终没有影响案件办理，但首次出庭"失利"，让钟致雅有些许沮丧。她意识到，要做好一名公诉人，只有满腔热情远远不够，实践的磨砺和丰富的知识必不可少。她下定决心，要加倍努力，成为一名优秀的公诉人。

钟致雅爱好学习。潜心阅读业务书籍、撰写办案心得已经成为她生活中不可缺少的重要内容。同事们称她是"办案一本通"，常常找她答疑解惑。她勤于思考钻研，对于学习、办案中遇到的问题，锲而不舍查找资料，直至学懂弄通。她笔耕不辍，撰写了《毒品犯罪办理情况年度分析报告》《交通肇事后找人顶包行为的司法认定》《近三年赣州市森林失火犯罪案件分析报告》等调研文章，多篇被省、市级刊物采用，制发的森林失火社会治理类检察建议被评为全省优秀检察建议。

凭着执着与坚持，钟致雅从一个青涩的公诉新兵，成长为一名睿智干练的公诉人、一名全省检察业务专家、一名全国模范检察官。同事夸奖她为"获奖专业户"，荣誉的背后，是钟致雅不舍昼夜的勤奋探索和孜孜不倦的辛劳付出。

心怀"三有" 挥舞着法治的翅膀
江西省人民检察院第一检察部一级检察官助理詹文成

◎ 詹文成

詹文成，在基层检察院工作10年，在省检察院工作7年，始终坚守在刑事检察工作一线，荣获全国模范检察干部、全国公诉标兵、全国检察机关扫黑除恶专项斗争优秀个人、江西省扫黑除恶专项斗争先进工作者、江西省最美公务员。

从检17年，他直接办理、协助办理各类案件400余件，业务指导大要案100余件，参与督办案件10余件，践行"不让一个罪犯漏网、不让一个好人蒙冤"精神，守护着法律的公平与正义。

从检17年，他通过电话、微信等方式与一线办案人员保持密切联系，协助研究法律适用疑义、矛盾化解方案等疑难问题千余次，被同事称为"线下检答网"。

心中有信仰　维护法律的公平正义

从开第一张批准逮捕决定书时会连续填错三四份，第一次在法庭上宣读起诉书时是声音发颤手发抖的公诉新兵，转变为积极参与疑难复杂案件指导的业务专家，詹文成始终坚持指控犯罪、保护人权的法律信仰。

近年来，詹文成的身影出现在多起全国、全省有重大影响案件办理现场，参与指导打击黑恶势力、医保诈骗、网络谣言等领域的重大疑难犯罪百余件。在指导办理一起黑社会性质组织犯罪案件过程中，为实现"是黑恶犯罪一个不放纵，不是黑恶犯罪一个不凑数"的目标，他与办案组的同事一起研究案情，商谈需要补充完善的证据、认罪认罚工作的开展、出庭支持公诉的方案等内容，提出引导侦查意见近500条，形成补充侦查卷宗130卷，有力地惩处了盘踞一方的黑恶势力，并将该案办成全国精品案件。在一起二十年前成立的黑社会性质组织案件办理过程中，面临涉案财产来源复杂，相关证据因时过境迁无法获取的困难，他查微析疑，抽丝剥茧，按照《反有组织犯罪法》的相关规定对涉案证据进行了详细的梳理。对有确实充分证据证明属于违法犯罪所得的财产，依法建议直接追缴、没收；对有证据证明在犯罪期间获得的财产，高度可能来源于违法犯罪所得的，在被告人不能说明合法来源的情况下，依法建议追缴、没收，实现了对涉案财产不枉不纵的处置。

詹文成始终坚持检察官的客观公正义务，不仅重视犯罪嫌疑人有罪的情节，也格外重视犯罪嫌疑人罪轻辩解、无罪辩解。在指导办理一起涉嫌交通肇事逃逸的案件中，虽然肇事司机具有驾车离开现场的行为，但考虑到驾驶的是一辆满载货物的重型货车、被追尾形成的刮碰痕迹轻微、离开现场后正常驾驶并进入服务区休息等情节，他觉得肇事司机辩解主观上不知道发生了被人追尾的事故具有合理性，建议不认定具有为逃避法律追究而逃离现场的逃逸情节，保障无辜者不受诉累。

心中有柔情　传递法律的温度

刑法，是关涉人身自由的、最严厉的、最冷峻的法律。但刑事案件的办理，面对的不仅仅是一个个冰冷的案件，还是一段段他人鲜活的人生。减少案件办理带来的司空见惯的麻木，带着感情尽量做好每一个环节的工作，不伤法意、不绝人情，是詹文成工作的目标。

詹文成经常会念叨一个给他传递温度的老人。老人叫杨紫满，是一名犯罪嫌疑人的父亲，也是一位年逾古稀的 20 世纪 80 年代的先进工作者。老人那微薄的退休金，连孙女想吃颗糖都不舍。却坚持每个月为儿子归还 1000 多元的银行贷款，只因为老人内心时刻记着国家的债不能赖，欠公家的钱不能不还的信念。老人用自己的行动诠释着一个共产党员、一个银行工作者的初心，也传递着一个先进工作者的温度。指控犯罪是公诉人的职责，但关注细节、关注人性，通过个案的办理向社会传递法治理念更是公诉人的使命。

后来，詹文成时刻告诫着自己，温度是有力量的，需要带着感情、带着温度去从事刑事检察工作。有的案子在讯问完犯罪嫌疑人之后，他会主动联系看守所为犯罪嫌疑人和家庭通个电话，听一听孩子奶凶奶凶地问"爸爸，你什么时候回来"。有的案子证人白天需要从事农活劳作，不愿来检察机关协助核实案情的，他会迈开腿，一次次在天黑之

◎ 送法下乡，释法说理（右：詹文成）

后上门和证人烤着火促膝长谈，完成取证。有的案子在发表公诉意见、出庭意见时，他并未一味地对被告人进行批评指责，而是帮他们一起回忆走上犯罪的心路历程，指出他们行为的恶，也肯定他们内心深处的善。

詹文成采用"有理、有利、有度"的公诉群众工作方法，尽量传递着法律的温度。"有理"指的是先倾听，了解群众的诉求，再分析，确定群众不满意的焦点所在，最后说理，讲清法律原理，讲清人情道理。"有利"指的是既文明执法、依法办案，也注重维护当事人合法权益，设身处地的为被害人、犯罪嫌疑人、证人着想，在法律和政策释法说理上坦诚相待，在程序上提供诉讼便利。"有度"指的是对犯罪嫌疑人的批评教育有度，既看到犯罪的偶然性，也看到犯罪的必然性，采取批评与鼓励相结合的方法，不能一味责备，对被害人的帮助有度，注重区分公诉人与被害人诉讼代理人的不同职责，帮助而不包办。

心中有梦想　做一名更优秀的公诉人

优秀的公诉人，既是一个仰望星空，能通过案件办理向社会传递法治理念，参与社会治理、重塑社会规则的人，也是能低头办案，在每一个案件中做到天理、国法、人情相融合的人。从基层院到省级院，从一个个具体的案件直接办理到一类案件的把关指导，改变的是工作内容，不变的是心中追诉优秀公诉人的梦想。

2018年《刑事诉讼法》确定了认罪认罚从宽制度，这是党和国家在法治领域推进国家治理体系和治理能力现代化的重大举措。詹文成认真研究认罪认罚从宽制度适用的难点和堵点，参与制定江西省检察机关《认罪认罚具结流程》《认罪认罚释法说理参考指南》等规范性文件，与省法院共同制定江西省《关于常见犯罪的量刑指导意见的事实细则》，推动建立听取意见同步录音录像保管系统，指导认罪认罚从宽制度规范适用，提升这项制度在化解社会戾气、减少社会对抗、追赃挽损、促进生态环境保护与修复等方面的积极效果。

江西省检察院为基层院开通了扫黑除恶咨询热线、检答网等服务途径后，高质效为基层院提供有理论支撑的疑难问题解决方案，就是詹文成心中最大的追求。他几乎每天都会接到基层院办案人员的咨询电话，有的是案件审查中碰到的疑惑，有的是案件讨论中产生的分歧，有的是寻找证据收集的方法，有的是明晰政策把握的边界。他经常下班的路上在打电话，吃饭的时候在打电话，孩子写作业的时候在打电话，家人休息了还在客厅里和办案人员热火朝天地讨论案件。对于一时难以解决的难题，他将问题一一记录下来，搜集资料进行研究论证，为实践提供参考。"只要向詹文成咨询问题，他一定会钻研透了再解答，绝不敷衍了事。有次我问了他一句话，他回复了上千字，从法理到情理分析得清清楚楚。"赣州市检察院第一检察部副主任任为群说道。

詹文成积极总结办案经验，开展政策法律界限研究，服务基层办案需求。在最高检组织下参与撰写《普通犯罪检察业务》《国家公诉》，与他人合著《扫黑除恶办案指南》《刑事庭审攻防答辩要点》等书籍，指导刑事办案实践。参与撰写《恶势力犯罪认定若干法律问题研究》，及时回应法律适用疑义，获得江西省经济社会发展智库项目优秀论文。撰写《车辆担保贷款中"套路贷"认定》《澳大利亚认罪协商制度的经验与借鉴》《单位意志视野下的私分国有资产与共同贪污之辨别》等论文，为实践办案提供参考。

将初心镌刻在维护公益之路上

山东省滕州市人民检察院副检察长刘玲

有这样一位检察官,她总是步履匆匆,脚步却铿锵有力;她看似弱不禁风,办起案来却雷厉风行、毫不含糊。"在办公室等不来案子,公益检察官需要主动出击",这是她常说的一句话。从检22年来,她始终奋战在基层检察一线,敢于迎难而上,惯于创新求变,勇于争创一流,她,就是山东省滕州市检察院党组成员、副检察长、全国模范检察官刘玲。

◎ 刘 玲

破冰突围的"探路人"

2017年,检察公益诉讼制度确定,此时已有15年从检经历的刘玲成为一名公益诉讼检察官。"首批公益诉讼检察官,我们开启的是破冰之旅,如何起步,是摆在面前的第一道难题。"在刚负责公益诉讼检察工作时,刘玲常这样说。

"村西的大厂,经常往外排水,白色,满是泡沫。这事检察院能管吗?" 2018年3月,一村民来到检察院,进门就问。检察公益诉讼正值初创时期,案子办得好与坏,直接影响群众信任度。当天,刘玲带领同事就赶了过去。

然而,企业排污具有隐蔽性,往往都在夜晚、雨天等特殊时候,调查取证难上加难。"一次不行就两次,白天没发现那就夜里来个突袭。"先后十余次,刘玲带领团队进行现场勘查,多次走访周边村民。"公益保护没有捷径,需要检察官搭上时间精力,用心才能一点点磨出来。"刘玲说道。

功夫不负有心人。经调查发现,企业确实存在违法排污行为,行政机关未依法履行监管职责。滕州市检察院依法向相关行政机关发出诉前检察建议。后行政机关回函称,已对该企业排污行为进行了行政处罚,并督促企业完成了整改。

2018年7月的一天,村民又来了,"夜里、下雨照样偷排,你们不能不管呀?"刘玲把手机号给了他,"有情况随时联系,手机24小时为你开机"。

2018年8月19日深夜,刘玲收到村民的信息,该企业正在趁下雨偷排污水。她带领同事第一时间赶至现场,发现之前的排污口并未封堵,大量污水直接排入到厂门口的沟渠。采集水样,拍照、录像、固定证据……一系列工作完成后,满身泥泞返回时已是凌晨两点。经检测,企业外排废水多项指标超标。滕州市检察院遂依法提起行政公益诉讼。

"正是雨天提取的水样最终证实企业超标排放,案件才得以顺利起诉。"刘玲说。2019年6月,法院支持检察机关全部诉讼请求。在行政机关督促下,涉案企业制定了整改方案,彻底封堵了排污口。

"刘玲外表柔弱,可一旦工作起来,有一股男同志都比不上的拼劲。"这是同事们对她的一致评价。"经济发展不能以牺牲环境为代价,公益诉讼检察官在守护环境的同时,守的更是百姓的心。"刘玲这样认为,也是这样做的。几年下来,她办理公益诉讼案件350余件,通过办案持续督促追缴国有土地使用权出让金 6000 万余元，整治被污染破坏的耕地 2000 余平方米，追偿修复生态、治理环境费用 4000 万余元，让违法者为恢复受损公益"买单"。

敢于冲锋的"擎旗手"

南四湖是国家南水北调东线工程，涉及 4 省 34 个县市，"交叉管""多头管"，因严重污染，南四湖一度成为群众口中的"酱油湖"。2021 年 3 月，刘玲被确定为最高检南四湖专案组成员。"借大势、办大案，解决一批'硬骨头'案件，是专案中必须要做的。"为做好这项工作，刘玲立下誓言。

立案之初，如何快速摸排出一批高质量的案件线索是首要解决的难题。南四湖水质污染根源在水，刘玲遂将目光放在了河湖污染上。滕州是南四湖流域的一个节点城市，但辖区内五条主干河流沿线 167 千米，大部分不通车，怎么办？"办法总比困难多。"两个月的时间，刘玲和同事骑着自行车、步行去巡河，筛查了 167 千米河岸线，查看了 24 个排污口，936 家养殖户……在大量细致的工作之下，线索逐渐浮出水面。

滕州辖区内 15 家煤矿，外排废水硫酸盐全盐量长期超标，这些废水通过河流最终汇入南四湖。但煤炭产业作为滕州的支柱产业，关乎经济发展和社会稳定。

"法律要遵守，

◎ 刘玲为"南四湖专案"在湖面上调取证据

环境要治理，企业要生存。如何多赢？"新的难题又摆在面前。为此，刘玲先后10余次深入企业调研，与行政机关开展座谈，15家煤矿，规模有大有小，除污工艺各不相同，一个念头在她脑中产生，工艺不同除盐方式是否也可以不同？敢想敢干、说干就干，这是刘玲一直以来的做事风格。她立刻开始尝试：查遍所有除盐资料，5次邀请专家开展论证，最终确立了"一企一策"个性化治理方案。整改后，企业最终全部实现达标排放。

污染虽然停止了，但刘玲的工作并未停止。她督促行政机关依法行使生态环境损害赔偿权利，委托环境规划院制定修复方案，先后5次推动召开磋商会议，经过15个月的不懈努力，2631万余元生态环境损害赔偿金全部交至专项账户，并全部用于流域环境修复治理。案件顺利办结后，该院被山东省检察院荣记集体二等功，案件被生态环境部评为"生态环境损害赔偿十大典型案例"；被山东依法治省委员会评为"山东省法治为民十件实事"。

民生为怀的"细心人"

"检察公益诉讼制度，从无到有、从萌芽到完善，我们走的是一条没人走过的路，没有路，我们就闯出一条路，没有经验，我们就总结创制经验。"这是她常说的一句话。

2020年，被告人张某非法占用农用地案被依法提起刑事附带民事公益诉讼。然而，由于被告人在押，如何复垦成了一个难题。

"被告人的行为可能被判处3年以下有期徒刑，甚至适用缓刑，何不建议对其变更强制措施为取保候审，为复垦提供便利，同时将修复结果作为量刑的依据？"一个大胆的想法在刘玲脑海中产生。

刘玲及时向检察长作了汇报。滕州市检察院和法院进行沟通，最终达成一致意见：同意变更强制措施为取保候审，并限定复垦期限为两个月。两个月后，相关部门成立了联合工作组，对土地复垦情况组织验收，最终认定，涉案地块基本具备耕种条件。

案件虽然办结了，但刘玲仍在反复分析论证，针对办案中存在的问题，她提出建立"一体化"办案机制的想法，将刑事案件和公益诉讼作为一个有机整体，由一个部门办理；设定修复磋商程序，采取"事先约谈，督促修复，组织验收，兑现政策"四步走工作措施和"修复从宽，拒修复从严"的案件处理政策，最大限度鼓励当事人修复被损害的公益。这一创新做法被山东省检察院评为创新成果二等奖，并入选山东省基层检察院建设典型事例。

"没有等出来的辉煌，只有干出来的精彩。"为增强系统治理、提升监督质效，首创"小专项"监督"滕检模式"；为破解刑附民公益诉讼办案瓶颈，率先提出"一

◎ 刘玲（左三）与同事商议工作思路

体化"办案新模式；为促进"四大检察"一体履职，探索"四检合一"审查新机制；针对安全生产领域专业问题发现难，成立"安全管家"辅助办案，将专业的人办专业的事理念引入公益诉讼检察工作……6年间，建立8项机制，11起案件被评为省"典型案例"、3份检察建议被评为全省"十佳"建议，9次点名受到省市领导批示肯定。

回顾7年来的公益诉讼检察实践，刘玲始终践行着检察为民的初心和使命，默默坚守、踏实付出。正是这份执着与担当，在公益诉讼检察工作推进历程中见证了她成长的每一步足迹。作为检察公益诉讼的实践者、见证者，她自豪的是，可以迎难而上，用这一身"检察蓝"去守护"青山

绿"；她欣喜的是，人不负青山青山定不负人，山峦层林尽染就在眼前；她感动的是，检察公益诉讼守护下的美好生活，是食安家国，更是百姓安居乐业的笑颜。"绿水青山就是金山银山，群众对美好生活的向往就是公益诉讼检察官的奋斗目标。为了绿水青山，再重的担子也要勇于挑，再硬的'骨头'也要敢于啃。"刘玲坚定地说道。

做新时代检察事业的"冲锋者"
山东省潍坊市人民检察院第三检察部主任谷红艳

很难想到一个看似柔弱的检察官，会通过办案赢得各种"评价"。涉黑案件庭审结束后，被告辩护律师向她竖起大拇指说道："服了！"多起贩毒零口供案件庭审中，被告人看着她说道："认了！"太多的案件中，被害人家属拉着她的手不停说道："谢谢！"

在采访中，谷红艳缓缓地诉说着这些评价和背后的案件。也很难想到脸上始终挂着浅笑、说话温文尔雅的

◎ 谷红艳

谷红艳，从检22年来，主办案件1500余起、大要案230余起，从普通重大犯罪检察到经济犯罪检察，她始终冲锋在办案一线，敢办"棘手案"、爱啃"硬骨头"，用高质效办案诠释着对党的忠诚、对人民的忠诚和对公平正义的热爱。

没有先例可循　那就办出个"样板案"

"关键时刻冲得上去、紧急关头豁得出去。"这是同事们对谷红艳的一

致评价。

2018年,党中央作出重大决策,在全国开展扫黑除恶专项斗争。公安部挂牌督办的曹某某涉黑案,打响了潍坊市扫黑除恶"第一枪"。该案是全省首个"套路贷"涉黑案,犯罪团伙聘用专业人员对犯罪手法进行包装,以看似合法的手段攫取被害群众巨额财产,从行为定性、罪名甄别到证据标准把握,无明确司法解释适用,亦无先例可循。

为此,谷红艳带领5名干警组成办案团队,一头扎进成山的卷宗材料,开启了6个月的连续作战模式。谷红艳仍清晰地记着,在专案组办公室一米八高的铁皮柜内,叠放着240册卷宗和近500张讯问录像光盘。

"论证能不能立得住脚,证据能否支撑论证,哪里还有待考证……"正值三伏天,办案团队每天加班到深夜,会议室里时常传来他们对法律适用及理解的讨论声。尽管困难重重,但办案团队成员还是按照时间表的规定节点,遵循对事实、证据、法律适用严格把关的要求,有条不紊地完成了阅卷、提审、复核等一系列工作。

"作为团队里唯一的女同志,谷姐比我们还拼!每天带领大家对事实证据进行汇总后,她总会多加一会儿班,梳理有无遗漏问题,确保第二天工作顺利开展。"办案团队成员王新宇说。

经过6个月的连续奋战,办案团队最终引导公安机关补充证据263项,形成了长达135万字的审查报告。"看着厚厚的一摞审查报告,觉得很不可思议又很欣慰,顿时觉得所有付出都是值得的。"谷红艳说。

经过短暂的休整,办案团队又开始了紧张的出庭准备工作。为确保出庭工作万无一失,谷红艳从每一个细节入手,周密预测庭审焦点,带领团队成员全力投入出庭预案的起草完善工作,最终形成了完备的出庭预案。在庭审现场,谷红艳所在的公诉团队讯问、举证、质证、答辩环环相扣,用完备的证据体系有力回击了18名被告人和27名辩护人的无罪辩解。最终,该案的被告人均受到了法律制裁。

庭审结束后，侦查人员、被告辩护律师纷纷向谷红艳团队竖起了大拇指："证据确实充分，论证扎实有力！"

不久后，关于套路贷的司法解释出台了，再一次印证了谷红艳办案团队当初对案件定性的理解和认定是正确的，该案被评为全省典型案例，也为今后全省"套路贷"案件的办理提供了"样板"。连续三天的庭审，全程网络直播，点击量破20万，人民群众纷纷留言点赞。

全国扫黑办挂牌督办的山东省首例网络"套路贷"、"3·15"涉恶案……"一个不放过，一个不凑数"，谷红艳又先后参与办理和指导了涉黑涉恶疑难复杂案件41起。在这场为党打牢执政根基、为党赢得民心的战争中，她贡献出全部力量。

工作上的敢于碰硬、越战越勇，得益于谷红艳扎实的专业功底，走进她的办公室，满满都是各类法律专业书籍。从检22年，从普通和重大犯罪检察工作再到现在的经济犯罪检察工作，变的是工作岗位，不变的是她守护公平正义的初心。

高质效办好每一个案件是我的本分

一位老人的一跪让谷红艳终身难忘。

多年前，一起绑架案被移送到她手中，一名13岁的男孩被两人绑架杀害，案发后，一人被抓判刑，另一人10年后才落网。

接手案子的第二天，孩子父母就来到谷红艳办公室。孩子母亲把孩子的照片紧紧地贴在胸口，哽咽得说不出话来。孩子父亲沙哑着嗓子说："我们40多岁才有的这个孩子，就这样说没就没了……"

10年了，孩子母亲天天以泪洗面，精神已近失常。孩子父亲四处追凶，已经家徒四壁。面对两位痛失独子的老人，谷红艳暗下决心：一定要让凶手得到应有的惩罚！

提审时，犯罪嫌疑人矢口否认参与绑架。案发现场早已不复存在，除

◎ 谷红艳（中）与案件当事人沟通交流

同案犯供述外，锁定犯罪嫌疑人的直接证据不足。但是谷红艳心里憋着一股劲，一遍遍反复看卷宗，反复研究证据。

她把审查重点放到现场勘查照片上，拿着放大镜一遍遍查看已经泛黄的照片。在不断地排查分析中，有一个细节引起了她的注意：缠封孩子口鼻的透明胶带上有疑似指纹的痕迹。

经过比对鉴定，确定就是犯罪嫌疑人右手拇指指纹，这个关键证据牢牢地锁定了真凶，凶手依法被判处死刑。宣判的第二天，孩子父亲又来到谷红艳办公室，"孩子的事多亏了你，你是我们家的恩人！"说完便扑通跪下了。

老人这一跪，让谷红艳心里猛然一颤。在扶起老人的时候，她反复说："这都是我应该做的。"

熟知谷红艳的人都知道，为了办案，不知道有多少次去外地调取关键证据，回家后只能看到孩子熟睡的身影；为了办案，那年冬天下着大雪，提审回来的路上，车辆打滑，差点儿掉到深沟里；为了办案，在外地的母亲偶尔来看她，十有八九会扑空。但是在谷红艳看来，这些都是作为一名人民的检察官"应该做的"。

因为在谷红艳看来，"人人是检察形象，案案是公正载体"，每一起案件都连着政治、连着民心。所以她始终保持满格状态，始终保持司法为民的"初心"和止于至善的"匠心"，把每一个案子都办成"好案""铁案"，以身作桥，让公平正义走进群众的心坎里。

创新履职　永远在路上

"一个难题就是一个阶梯，迈上去了就会发现一片新天地"。在一次创新工作交流会上，谷红艳深有感触地说。

如何实现高质效办好每一个案件，是谷红艳经常思考的问题。她根据22年的办案经验，研究构建出"一案百问"办案机制，对在办案程序、实体、效果等方面多发易发的问题，实施即时提醒和"背书"管理，大幅提升了全市刑事案件办理质效，也为其他检察业务提供了有益借鉴，相关做法获评山东省检察机关创新成果奖，被《检察日报》头版头条报道。

在办理某类企业系列涉税案件时，谷红艳发现该行业可能存在监管漏洞。为此，她用一个多月时间，跑遍80余家相关企业和职能部门，分析梳理出该行业财税风险问题28个，积极引导行业协会进行合规建设，并制发检察建议督促税务机关加强监管，办理了一个案子，规范了一个行业，该企业涉税案件办理工作做法被最高检转发。

如何更好地应对经济犯罪检察、知识产权检察工作的新要求、新挑战，谷红艳创新学、思、用"三位一体"常态化理论研讨模式，每月召开一次研讨会，集思广益、群策群力，大家的工作大家谋，大家的工作大家干，在智慧碰撞中、在办案实践中实现了"个个是办案能手"。2023年，她带领的经济犯罪检察条线1人荣获全省业务竞赛第一名，3人获评全省十佳（优秀）公诉人，2起案件入选全国典型案例，7项创新做法被最高检转发。

而她自身也荣获了"全国模范检察官""全国检察机关扫黑除恶专项斗争优秀个人"等36项荣誉，被省委、省政府授予山东省"人民满意的公务员"称号，当选山东省第十二次党代会代表。"党和人民给予我的太多了。"在谷红艳看来，她将在检察工作最需要的地方，继续保持时刻冲锋的劲头，在检察事业现代化的火热实践中绽放着人民检察官的绚丽风采。

坚守法治信仰　为百姓贡献一片"绿荫"

山东省兰陵县人民检察院检察委员会专职委员宋炎炎

◎ 宋炎炎

"今日事今日毕、明日事今日谋"是她常年积累的习惯;"耐心对待每一名当事人"是她的理念;"让每一个涉罪未成年人重归正途,让每一个受害未成年人重现笑颜"是她的目标。她就是兰陵县人民检察院党组成员、检委会专职委员宋炎炎。

从检17年,她高质效办理每一个案件,从最高检、公安部挂牌督办案件,到家长里短的邻里纠纷,几乎涵盖了刑事案件的所有类别,被称为院里的"活法典"。她将法治理念内化于心,将沂蒙精神融入血脉,将为大局服务、为人民司法、为法治担当的检察实践外化于行,以新时代检察官的骨气和底气,涵养忠诚使命、廉洁自律的浩然正气。

多一点同理心　办案就多一些耐心

"宋姐,来了二十几个当事人要找你,你抓紧来一趟。"2021年5月的一天，刚开完庭回到院里的宋炎炎还没来得及坐下喝口水，就接到控告申诉大厅工作人员打来的电话。

这是一起非法吸收公众存款的案件，犯罪嫌疑人张某成立蔬菜合作社，雇用代办员，对外许诺高息存款，向900多名菜农非法揽储5000万余元，因资金链断裂、无法兑付，众多菜农面临高额经济损失。当时，该案刚进入审查批捕环节。

宋炎炎一踏入控告申诉大厅，就被二十几个人围住。

"还钱，让张某还钱。""政府为什么还不把钱追回来？""求求你了，这是我的棺材本呀。"二十几个人你一言我一语，群情激奋、吵闹声不断。

"大家别急，你们这样同时讲，我也听不清楚。今天大家是来反映问题、解决问题的，情况基本类似，咱们选出3名代表和我到隔壁房间，其他同志先坐下喝茶，好不好？"在宋炎炎的一番劝说之下，众人才慢慢平复心情，选出了3名代表。

"检察官，我的钱都被张某骗走了，你得帮我把钱要回来呀！这都是我起早贪黑种大棚赚的钱。"询问室里，60多岁的陈大姐带着哭腔说道。

"夏天大棚里高温40多度，我没日没夜地干活，就想攒钱给儿子娶媳妇。张某说把钱存他那里利息高，结果我才领了几个月的利息，他就不给钱了……"50多岁的杜大哥唉声叹气。

"大哥、大姐，你们的心情我理解，存到合作社的是你们大半辈子的辛苦钱。案件刚到我们这里，我得先了解公安机关有没有扣押到赃款赃物，如果扣押到赃款会按比例返还给你们的。"宋炎炎耐心地解释道。

"那要是没扣到钱，就不管了吗？"代表们立刻发问。

"法律有规定，因参与非法吸收公众存款、非法集资活动受到的损失，由参与者自行承担。如果没有扣押到赃款赃物，张某和那些代办员也没有可供执行的财产，那损失只能由你们自行承担。"宋炎炎刚说完，陈大姐就哭出了声。

"但这只是最坏的情况，咱们还是先梳理张某名下财产、资金去向，尽最大努力帮大家挽回损失。如果大家有这方面的线索也可以提供给我。你们选个代表，以后案件的进展情况我会及时告诉你们。不到最后一刻，我们都不要放弃。"宋炎炎承诺道。二十几名群众在宋炎炎的耐心劝说下先行离开了。

兰陵被誉为"中国蔬菜之乡"，群众70%的收入来自蔬菜产业，卖菜钱可以说是群众生活最重要的经济来源。这起案件定性很简单，不简单的是如何帮百姓追回更多钱款。在对张某作出批准逮捕决定后，宋炎炎列明继续侦查提纲，引导侦查人员全面排查张某、合作社名下的财产及资金往来记录，对涉案财物及时查封、扣押、冻结。在后续侦查中，宋炎炎每周对接侦查人员，了解涉案财物排查情况，同时向参与集资的群众告知案件进展情况，做好释法说理工作。

公安机关经侦查发现，涉案合作社已向多人出借集资款。对此，宋炎炎提出，借款到期的，让债务人归还合作社，公安机关再行扣押；对于未到期的，尽最大努力做债务人工作，让他们尽早偿还；对犯罪嫌疑人张某名下一家正常经营的小超市，让张某家人继续经营，经营所得扣除成本、维持经营等费用后，对属于张某的盈利部分予以扣押。通过不懈努力，依法查封、扣押张某及合作社共计价值2000万余元的财物。

2021年8月，兰陵县检察院对案件依法提起公诉。2022年10月，法院以非法吸收公众存款罪判处张某有期徒刑7年，并处罚金150万元，责令张某退赔集资人经济损失。判决生效后，扣押的2000万余元财物均按比例返还了集资人。

"还以为一分钱都要不回来了，多亏了检察官，尝尝我家的蒜薹！"拿到钱的陈大姐提着一袋鲜蒜薹来到兰陵县检察院表示感谢。宋炎炎没有收，还给了她一份反集资诈骗宣传单，并结合此次案件向她讲解反诈知识。

如何守好老百姓的钱袋子？宋炎炎对此类案件综合分析后发现，一些农村合作社成立后不开展社员互助合作，却以吸收存款为主业，这进一步加大了金融风险。据此，兰陵县检察

◎ 向老年人发放防诈骗宣传资料，进行普法宣传

院向有关部门制发检察建议，建议其加强对合作社的监督管理。现在，兰陵合作社的经营越来越规范，兰陵蔬菜的知名度越来越高，老百姓的钱袋子也鼓了起来。

多一点同理心　办案就多一片爱心

"祝你生日快乐，祝你生日快乐……"兰陵县检察院未成年人一站式办案中心，传来阵阵歌声。原来今天是被附条件不起诉的小明（化名），在过18岁的生日。宋炎炎在和小明一起唱生日快乐歌。

宋炎炎说："当我办理未成年人案件，看到每一张稚嫩的脸庞时，我总会想，如果我是孩子，我希望检察官为我做些什么？如果我是妈妈，我希望检察官为我的孩子做些什么？"

小明，16岁时，因盗窃少量财物被治安处罚；17岁时，领着弟弟入户盗窃被移送起诉。

为什么会连续盗窃？为什么他的脸上全是不在乎？带着疑问，宋炎炎对小明开展社会调查，终于了解到他坎坷的童年：10岁那年，母亲因病去世；父亲伤了腿，靠打零工维持生计。父亲将生活的压力发泄到小明身

上，让他吃尽生活的苦，却没有扶他走好人生的路。

综合全案，宋炎炎对小明依法作出附条件不起诉的决定。请心理咨询师为他进行疏导，帮他打开心结；对他父亲进行家庭教育指导，改善亲子关系。此外，宋炎炎还联合村委会成员、志愿者组成帮教小组，带他参加公益活动。

在小明18岁生日那天，宋炎炎为小明唱起了生日祝福歌。小明眼含泪花，说道"阿姨，我已经好多年没过生日了；已经好多年没人给我唱《生日快乐》了"。

无微不至的爱和关切，温暖了一个孩子的心。6个月后，小明顺利通过考察，性格逐渐开朗，与父亲关系得到改善，成为一名自食其力的学徒工，也成为弟弟心目中的好大哥！宣布不起诉决定那天，小明紧紧拉着我的手，哽咽的说："阿姨，有你，真好！"

宋炎炎一直说："只要对孩子好，做多少都值。"为了让全社会都来关心、呵护未成年人成长，她和同事们共同努力，与社会各界一起，携手构建共建共治共享的社会治理大格局。

对内，宋炎炎牵头全院女干警组成的"检察官春蕾团队"，突出一体化办案优势，全链条做实司法保护；践行司法为民理念，全方位做实综合保护；最大限度凝聚合力，全流程促推"六大保护"。2023

◎ 宋炎炎牵头成立"检察官春蕾团队"，关爱少年守护花开

年,"检察官春蕾团队"获评第二届山东省检察机关十佳文化品牌。对外,宋炎炎联系县未成年人保护中心、孤困儿童志愿团落户检察院,打造"检察院主导+部门协同联动+公益力量支持+社会组织参与"的工作模式,有8名孩子经帮教后考上大学,所有被帮教的孩子没有一例再次违法犯罪。在她的带领下,兰陵县检察院未检团队被最高检表彰为"对未检工作做出贡献的集体",兰陵县检察院获评"全省未检示范基层院";1起事例入选最高检未成年人司法保护典型事例,2起案例入选山东省检察院典型案例,1堂法治课入选山东省检察院精品课件库。

宋炎炎始终坚信:人生只有一次,要认真对待自己的人生,更要认真对待当事人的人生。多一点同理心、办案多上一点心,世界就会充满更多的爱。

她用真情传递温暖与正义

河南省卢氏县人民检察院检察委员会委员、第三检察部副主任马玲玲

◎ 马玲玲

卢氏是豫西一座山城，始建于西汉时期。秦岭横贯，洛水潺潺。在这里，厚重的历史人文孕育了大教育家曹靖华。在这里，巍峨的铁索雄关造就了红二十五军从豫入陕的红色传奇。

近年来，卢氏县检察院在传承中发展，继13年前闫咏雪被表彰为"全国模范检察官"之后，这里又走出了一位"全国模范检察官"马玲玲。

刻苦学习　用执着点燃成长火焰

"努力过的人生不会后悔。我觉得自己很幸运，在成长的道路上，遇到了一个又一个领路人，得到了一次又一次机会。"马玲玲把这些归功于"幸运"。那这样的"幸运"背后又是什么呢？从一名普通干警成长为全国模范检察官，荣誉等身，这绝非偶然。

"学习的过程很艰辛，但是越学越有劲，既然碰到机会就要努力一把！"谈起2010年备考全国司法考试的那段日子，马玲玲感慨不已。租

住在培训班附近不到 10 平方米的房间，伴着简单的一床一柜一桌一椅，炎炎酷暑里每天都是汗湿衣衫，每每顺着筒子楼的台阶向上爬，看着楼梯上空的一线天，她都会在心底默默告诫自己：坚持，再坚持！经过两个多月足不出户的学习，她于当年的 9 月份一次性通过国家司法考试取得 A 证。2012 年参加河南省检察机关检察官统一招录，以全市笔试面试双第一的成绩取得公务员身份。一步一个脚印，马玲玲心中始终有着笃定的理想信念和精神支撑。

"学无止境是玲姐的口头禅，温暖是她给我的深刻印象。"马玲玲的同事说："她总是把细心、爱心、耐心和热心给予身边的人，倾注在挚爱的检察工作中。"让未成年犯罪嫌疑人真正吸取教训改过自新，让未成年被害人正视问题、把每一次经历都当作成长的机会，帮助每一个迷途的孩子找到回家的路，是马玲玲在心里给自己设定的工作目标。为了这一目标，她利用业余时间，先后考取国家二级心理咨询师、家庭教育指导师、中级社会工作师等资格证。

马玲玲从政治部到公诉科再到未检部门，改变的是岗位，不变的是初心，曾经"非科班出身"的标签不断地被她用孜孜不倦的勤奋学习和自我加压的办案锤炼刷新着。她在实践中学习、在学习中成长，硬是把自己从一只"菜鸟"变为"行家里手"。她将心理学融入法治教育，用心理学知识反哺未检工作，总结一次次心理咨询实践创新未检工作思路。她的奋斗得到了历任检察长的充分肯定，也成了干警学习的榜样。

精准办案　为百姓守护公平正义

马玲玲对侵害未成年人案件有较真精神，精益求精，不枉不纵。

某宾馆老板赵某，多次对未成年人周某进行猥亵。虽然其在第一次作出了有罪供述，但因为有罪供述没有同步录音录像，法院仅对其容留、介绍卖淫一罪判处有期徒刑 1 年 10 个月。收到判决书后，马玲玲敏锐意识到这样的法律认识存在问题：性侵案件比较特殊，证据往往就是一对一。法律只对无期徒刑以上要求同步，其他并没有相关规定。只因犯罪嫌疑人的供述没有同步录音录像，就不予采信，这个认识是站不住脚的。

法定职责必须为。于是，马玲玲调来全部案卷，逐字逐句仔细审核，再次梳理在案证据，不放过任何蛛丝马迹。她从性侵犯罪的特殊性分析，结合事实证据，充分论证在案证据，形成了完整的证据体系，并第一时间提出抗诉意见，积极向上级汇报。经卢氏县检察院提请抗诉，三门峡市检察院抗诉，2021年4月，三门峡市中级人民法院以强制猥亵罪对被告人李某判处有期徒刑2年，与原容留、介绍卖淫罪数罪并罚合并执行有期徒刑3年，彰显了法律的威严。

2019年7月，针对性侵未成年人案件现状，马玲玲向检察长提交了一份内容详尽的《性侵未成年人案件情况反映与分析》类案分析报告，囊括了案件情况、存在问题和对策等历时一年的实践和思考，促成了卢氏县检察院会同县纪委监委、政法委等13家单位、全县所有住宿学校落实"一号检察建议"工作推进会，当年性侵未成年人案件数量大幅下降。后推动该县检察院与县教体局会签加强未成年人保护工作文件，协调政法委召集卫健委等11家单位落实强制报告制度、开展全县雇佣童工、考点食品安全专项检查，助推主管部门纠正男教师管理女生宿舍问题，一系列行动紧锣密鼓，密织一张社会多方参与

◎ 向学生宣传法律知识

维护未成年人合法权益的"防护墙"。

入职查询是指密切接触未成年人的单位招聘工作人员时,应当向相关部门查询应聘者是否有可能危害未成年人的违法犯罪记录。

在马玲玲的坚持和推动下,各部门积极协同,坚持"入职全查,新招必查"的原则,三年来先后查询全县教育从业人员4800多人,免去1名培训校长职务,解除2份校园人员供货合同,清退20名临聘人员,从准入上严格把好第一关,确保无一名有性侵犯罪前科人员进入与未成年人密切接触行业,筑牢校园安全防火墙、隔离墙,净化了未成年人成长环境。

从事未检工作4年,对未成年犯罪嫌疑人附条件不起诉24人,相对不起诉20人,追捕、追诉6人,抗诉改判2件3人,发出检察建议23次,书面纠正违法29次。枯燥冰冷的数字背后,却藏着她精准办案实现对正义守护跋涉的汗水。

践行公益 以真情传递检察温度

在检察履职之余,她积极投身公益,彰显了一个检察人的社会责任与使命担当。

在卢氏县某高中,马玲玲利用自己所学到的心理咨询知识,只要不加班,她每周有时间就利用学生晚自习的时间,义务接受学生的咨询,解答他们的困惑,排解他们的压力。她记不清帮助了多少个孩子,每次看到孩子们"哭丧着脸"进来,高高兴兴地离去,她都开心地笑了。这一坚持就是3年,她被同学们亲切地称为"马老师"!

也正是这位马老师,还做了许多让人"匪夷所思"的事。新冠肺炎疫情防控期间,因防控需要,许多人出不了门,遇到一些心理和法律问题求助无门,马玲玲知道后就在网上开通了直播,她用心讲解如何防性侵、防校园欺凌和自我解压等,她的讲解如春风化雨滋润了网友的心田。官坡和东明小学缺乏文学读物,她自掏腰包购买了300余册图书送到了学校,她还协调爱心人士为五里川小学义务捐赠1000多册图书、文具和文化用品等。

多年来,她利用周末时间往返卢氏、郑州、三门峡做心理健康志愿服务;曾经参加设在郑州的"希望24热线生命危机干预接线员",一干就是一年多。一次,天降大雪,路面非常滑。丈夫劝她与其他公益人换班,她没回答就联系了拼车,收拾了行李和洗漱用品就出发了。到官道口路段,汽车打滑,无法爬坡前行。他们几个乘车人,冒着凛冽的寒风,在雪夜推车上坡……一路上,坐一截推一段地勉强到了三门峡,然后坐上绿皮火车,待到了郑州已是凌晨一点多……那时的她心里只有一个念头,不能让求助者失望。

参加公益活动如此,看到需要帮助的更是伸出援手。

一组数字这样记载:3年来,马玲玲为未成年人心理测评、心理疏导100余次,21名未成年人经过帮教改过自新,14人考上中专、大学。

河南省人大代表张闪烁称赞她"益"心为公,"未"爱而行,为未成年人健康事业而护航。在这个繁华的世界中,有人追求名利,有人渴望成功,而马玲玲则在默默奉献,她用公益和善良的心为这个世界带来了爱和温暖,用自己的行动诠释了生命的价值和意义。

坚守为民初心

河南省固始县人民检察院检察委员会委员、第二检察部副主任宋喜东

从检19年来,他始终践行为民宗旨,忠诚履行职责,先后荣获"全国模范检察官""首批全国知识产权检察人才库成员""全省人民满意的公务员""全省检察业务专家""全省十佳公诉人"等40多个荣誉称号,8次荣立个人三等功,连续5年公务员年度考核为"优秀"。

他,就是河南省固始县人民检察院第二检察部主任——宋喜东。

◎ 宋喜东

办好每一个民生实事

"白日不到处,青春恰自来。苔花如米小,也学牡丹开。"这是清朝诗人袁枚的一首诗。苔藓虽如米粒般微小,可它依然像高贵的牡丹一样热烈绽放;宋喜东就是这样一个平凡的人,作为一名最基层的检察官,他在平凡岗位上奉献自己,芳香别人。

在一个雨后初晴的下午,宋喜东和同事顶着烈日来到五保户张某某家

◎ 送法下乡（右：宋喜东）

中，他是一起故意伤害案的被害人。该案的犯罪嫌疑人杨某某也是五保户，已年过七旬。二人因为生活琐事发生厮打，造成了轻伤后果，杨某某被公安局移送至固始县检察院审查逮捕。批准逮捕，看似符合法律的规定，可检察的温度在哪里？经过宋喜东反复做工作，杨某某的一位侄子自愿拿出了3000元作为赔偿，杨某某也认罪悔罪，取得了被害人谅解，检察机关依法作出不予批捕的决定。获释的杨某某含着泪水，反复说着两个字：谢谢，谢谢！

坚持人民至上，办好为民实事，这是宋喜东的座右铭。"民心是最大的政治。"他常说，司法为民是我们必须坚守的初心和使命。

"检察官，我们被骗了。"2021年4月初的一天，宋喜东在乡下走访时，一小卖部陈老板向他反映了一桩案件。原来不久前，某商贸公司业务员小张告诉陈老板，现在某品牌白酒在做促销活动，先交预付款，就可以拿到比平时进货价更便宜的酒。

该品牌的白酒销量一直不错，小张也是熟人，陈老板立即交了6900元的预付款。几天过去，等到需要送货时，陈老板却发现对方联系不上了，经询问商贸公司后才得知小张带钱跑路了。随后，小张被公安机关抓获归案。同年7月，公安机关将该案移送至固始县检察院审查起诉，宋喜东办理此案。

"只要赔偿我的损失，对小张的行为，我可以谅解。"陈老板说。

"赔偿到位的话，我们的声誉才能挽回。"公司负责人也表达了同样想法。

考虑小张认罪悔罪，是家里的顶梁柱，为达到最佳办案效果，宋喜东在依法办案的同时，积极说服小张主动退赔赃款。经过释法说理，小张家属筹集资金，积极退赃退赔。此外，为了降低企业负面影响，宋喜东积极展开化解工作，小卖部负责人与商贸公司达成和解，表示愿意继续合作，商户对小张的行为也表示了谅解。最终，小张被检察机关作相对不诉处理。

多问问老百姓满意不满意

法治是最好的营商环境。"检察护企"就是"护"经济社会高质量发展。

2020年，信阳市检察机关组建知识产权专业化办案团队，宋喜东作为团队一员，潜心钻研新业务、积极探索新领域。

2023年，公安机关受理了"东方雨虹"防水技术股份有限公司举报的固始某工地使用假冒"东方雨虹"注册商标防水材料的案件。因《刑法修正案（十一）》对销售假冒注册商标的商品罪进行了修改，但对应的立案追诉标准尚未出台，加之该案的法律关系复杂，公安机关受理后感到办理难度很大。

宋喜东应邀提前介入案件，指导侦查。他同办案民警深入调查，针对案件难点，引导公安办案人员找准取证切入点，最终案件顺利侦破，吴某某等4人被判处刑罚。该案的成功办理，准确打击了犯罪，保护了知识产权，维护了企业的合法权益，取得了良好的社会效果。2023年1月，宋喜东入选首批全国知识产权检察人才库。

"通过专项排查整改，先后排查出5001名16岁至59岁参保人员未纳入系统，目前已进行了补缴补录，96 人冒领的养老金已全部追回。"2022 年 8 月底，宋喜东收到了该县人社局落实检察建议的情况。

事情要从宋喜东办理的一起挪用公款案说起。

这是一起由该县监察委员会调查终结并移送起诉的案件，当事人王某是一名人社局协管员，由县人社局聘用，负责代收村民养老保险金。从 2012 年至 2020 年，王某利用职务便利，先后挪用本村村民养老保险金共 20 万元用于个人使用，后因无力补缴，最终被发现。案发后，王某主动到监察机关投案。固始县检察院以挪用公款罪对王某提起公诉，最终王某被判处刑罚。

"这仅仅是个案吗？养老金管理是否存在漏洞？"在走访调查后，宋喜东向该县人社局送达检察建议书，要求其协调相关部门建立完善协管员日常监管制度，对全县协管员代收养老保险金情况进行排查，查明是否存在收取后未按时足额上缴情况。

收到检察建议后，该县人社局立即开展了自查自纠活动，在全县范围内开展为期 9 个月的专项整改，保障了群众的切身利益。

他办案中制发的养老保险金监管问题检察建议，被评为"全省十佳社会治理检察建议"。之后，他还办理了陈某某非法吸收公众存款案，为 1700 余名群众挽回损失。

成功没有奇迹只有轨迹

2023 年 12 月 29 日，在全省检察机关"双先"表彰先进典型座谈会上，宋喜东围绕如何做表率，从忠诚、执着、朴实三个方面进行了交流发言。

在单位领导和同事们的眼中，宋喜东是一面旗帜，他始终以"勤学不辍"的精神在业务钻研、比武竞赛中勇攀高峰；他始终以"如我在诉"的理念在案件办理、释法说理中务求质效。"喜东面前无困难，困难面前有喜东。"早已成为固始县检察院所有干警的共识。他的电脑键盘已经被磨平，看不清字母，办公桌上永远堆着厚厚的资料，他办公室的灯光经常彻夜长明，像夜空中最亮的星，守护着这座城市的安宁。

◎ 在办理一起电信网络诈骗案时，宋喜东（左一）通过仔细阅卷分析取证方向，引导侦查人员侦查取证

他的家庭是首届信阳市"最美家庭"，但面对家人，有时却让人似乎觉得他有点儿"不近人情"，有一次他妻子在外地住院做手术，他因工作忙未能在医院照顾，承诺在妻子出院时到医院去接，结果那天在他处理完手头的工作准备请假去车站时，刚好有一个案件需要讨论。等他匆匆忙忙地赶到火车站时，他的妻子顶着寒风坐在车站门前的台阶上，已经等候了很久，行李是其他乘客帮忙提出来的。

2024年5月22日，宋喜东被推荐参加最高检新闻办、中央广播电视总台《今日说法》、河南省检察院联合开展的"走近一线检察官"直播活动。此次直播以"大别山里上春山"为题，探访信阳检察机关开展"检护民生"专项行动，守护山水茶乡的故事。宋喜东也成为信阳检察系统走进央视直播第一人。

"成功没有奇迹、只有轨迹。检察工作让我成长，赋予我梦想，我要始终坚持把'高质效办好每一个案件'作为检察履职办案的基本价值追求。"2024年"七一"前夕，固始县在县委礼堂举行向"全国模范检察官""河南省人民满意的公务员"宋喜东同志学习报告会。

报告会上，宋喜东用真诚质朴的语言，讲述了自己从一个普通的农村孩子在党的教育下成长为全国模范检察官的心路历程。他说："人生有限，但奉献无止境。只要在岗位上，为人民服务一刻也不能停止。"

固始县法院刑事审判庭副庭长史明慧说："我们办的不仅是案件，也是别人的人生，这是宋喜东同志多年来始终在践行的座右铭。"

固始县公安局经侦大队涉众中队副中队长丁蕊说："在宋喜东榜样的影响下，我的政治素养和专业能力方面有了明显提升。"

"要深入学习宋喜东同志先进事迹，大力营造'学先进、争先进、当先进'的浓厚氛围，全力为固始经济社会发展提供更加优质的法治产品，不断谱写固始政法事业新篇章。"固始县委常委、政法委书记陈刚对全县政法干警提出要求。

执实干之笔、挥法治之墨、答为民之卷。宋喜东，像一棵高大的向日葵，颗粒饱满，挺直胸膛，无畏风雨，向阳而生。他更像是一朵信念坚定的苔花，虽然默默无闻，却也像牡丹那样绚丽盛开！

在精准监督中践行为民初心

河南省人民检察院第六检察部副主任冯海宽

"路虽远行则将至,事虽难做则必成。"在冯海宽的笔记本扉页上书写着这句话,端正隽秀的小楷记录着这位他对法律的热爱和对公平正义的追求。他说,民事检察是和人民群众切身利益联系最紧密、最全面、最充分的一项司法检察业务,要高质效办好每一个案件,努力实现办案质量、效率与效果的有机统一。

◎ 冯海宽

精准监督 "打不赢"的官司抗诉成功

民事检察工作连着两头:一头是人民群众,一头是法院。面对着人民群众的揪心事、烦心事,检察机关如何通过办案去增进群众的法治获得感?在民事诉讼监督中,检察机关如何发挥政治智慧、法律智慧和监督智慧,实现最佳办案效果?做好这两个必答题,冯海宽用一个个扎扎实实的案件给出了答案。

在最高检盘点的2021年民事检察8个暖心瞬间中,记录下了冯海宽办理的一起长达 12 年的诉讼案件。

2004 年至 2005 年，新密市有名的企业家魏某某先后 4 次共借给某耐火材料公司实际经营者王某某 140 万元。借款到期后，经魏某某本人及其女儿等人先后催讨，均未收回借款。魏某某去世后，王某某拿出一张有魏某某签名的字据证明，称她已在魏某某生前还清了 140 万元欠款。2007 年 6 月，魏某某的家人一纸诉状告到法院，要求王某某偿还欠款 140 万元及利息。

原被告之间"针尖对麦芒"，究竟谁真谁假、谁对谁错，还得要靠证据来说话。"案子的关键证据是一张 5 厘米宽、上下边缘剪裁整齐、巴掌大小的钱据两讫的字据。"冯海宽一边比划着一边说，该案件经一审、二审、再审，字据历经 5 次鉴定，对字据是否系魏某某本人所写意见不一。魏某某家人不服法院驳回诉讼请求的裁定和判决，向河南省检察院申请监督。2013 年 10 月，河南省检察院决定受理此案。

"王某某在提交法院前，自行委托鉴定机构采取溶解检验这种破坏性的手段对该字据进行鉴定，导致后期无法对字据落款签名及书写时间进行鉴定。且案件审理过程中，鉴定机构出具的鉴定意见均有瑕疵，不能单独作为认定案件事实的证据。对于偿还借款所需款项的来源问题，却未能充分举证。"冯海宽告诉记者，经过充分研究，该案被提请最高检抗诉。经最高检向最高法抗诉后，2019 年 3 月 25 日，最高人民法院全部采纳了检察机关的抗诉意见，判决王某某偿还 140 万元欠款及利息。

民事检察监督及时亮剑，为群众的烦恼按下了"终止键"。这张 5 厘米宽的小纸条所引发的诉讼，耗时 12 年之久，经历了现行制度内的所有诉讼程序，终于落下帷幕，取得了良好的政治效果、法律效果和社会效果。

该案的成功办理得到上级检察机关和社会广泛认可，成功入选最高检第三十八批指导性案例，并先后获评全国民事检察"八大民生案件""2021 年度十大法律监督案件"。

"我所做的就是精准把握案件事实证据，恰当准确用足用好法律政策，客观公正地作出处理决定，维护当事人的合法权益。"冯海宽说。

冯海宽因优秀的办案能力和高超的业务水平，先后荣立个人二等功 3 次、三等功 2 次，被最高检评为首届"全国民事检察业务标兵""2020 年度优秀办案检察官"，2021 年 3 月入选全国检察机关民事检察人才库，2023 年 1 月被评为第五批全省检察业务专家，2023 年 11 月 24 日被授予"全国模范检察官"称号。

用心用情　办好群众身边"小案"

"民事检察涉及的案件证据材料多、案件事实和法律关系比较复杂，时间跨度长，与老百姓的人身、财产权益息息相关。"18 年民事检察工作生涯，让冯海宽对公平正义的认知更加深刻。他说，公平正义不在法条里、不在书本里，而在群众与司法机关打交道的每一个细节里，办理的每一起案件里。"只有用心用情才能提升百姓的法治获得感"。

冯海宽向记者讲述了他多年前办理的一件"小案"。

刘某和陈某都是博爱县小底村人。刘某在该村承包了一处果园，由于地处山区，水利条件较差，为了储水浇灌果园，他在邻近的沙眼河河道里挖了一个大坑用来蓄水，并把挖出的砂石就近堆积在了河道里。2016 年夏天，当地连下了几天大雨，山洪将堆积在河道内的砂石等杂物冲进了陈某承包的土地，造成 1.8 亩耕地里的庄稼绝收。

为此，陈某多次找到刘某交涉，让其赔偿损失、恢复土地原状，并将河道清理干净。交涉无果后，陈某将刘某诉至法院。法院经一审、二审、再审，均认为刘某造成河道堵塞的行为构成侵权，应当赔偿陈某的损失，但因河流管理权限问题，未支持陈某诉请刘某清理河道的诉求。

此后，陈某向焦作市检察院申请监督。焦作市检察院经审查，认为此

◎ 冯海宽（左一）与同事交流案件审查思路、审查重点及法律适用等问题

案符合抗诉条件，遂提请河南省检察院向河南省高级法院提出抗诉。

该案的争议焦点在于陈某诉请刘某清理河道的诉求是否于法有据。为全面查清事实，承办该案后，冯海宽与同事赶赴博爱县，与该县检察院检察官来到现场实地查看、听取当地村委会意见，并到河道管理部门了解河道管理的情况。最终查明，沙眼河为自然形成的河沟，不属于河道管理部门管辖，刘某作为侵权人应当承担清理河道的民事责任。

"这里是山地，交通条件差，即使法院改判了，清理河道的成本也会很高，执行起来有很大困难……"在案发地，冯海宽站在布满乱石的河道上，做陈某的思想工作。

"我不跟他和解，就是要争这口气！"陈某坚持要求检察机关对原审判决进行监督。

由于该案符合监督条件，河南省检察院依法向河南省高级法院提出抗诉。

"要使矛盾真正化解，最好还是促成双方和解。"检察机关依法提出抗诉后，冯海宽又主动与河南省高级法院的主办法官联系，希望共同促成案结事了人和。

冯海宽的意见得到了主办法官的赞同。与主办法官一起，他第三次来到博爱县。但是，法检联手调解的过程并不顺利。陈某因不服气，始终坚持自己的诉求，致使调解工作一度陷入僵局。

结合双方的实际情况，冯海宽与主办法官研究提出了三种调解方案，其中之一是将陈某的该块土地与侵权人刘某的承包地进行置换。

经过多次沟通，陈某终于被检察官的付出所打动，原本强硬的态度开始有所松动。

2021年5月，双方当事人就置换土地的调解方案达成和解。此后，在河南省检察院、博爱县检察院和河南省高级法院办案人员的共同见证下，双方签订了和解协议。

"这个结果我很满意！"和解协议达成后，陈某向办案人员表示感谢。刘某也主动疏浚了河道，并将洪水冲毁的耕地修复至可耕种状态，曾被抛荒的土地重新焕发生机。

笔耕不辍　在学习与实践中成长

"我们如何用好指导性案例，提高案件审查质效？""在司法办案过程中，如何选好、培育更多典型案例……"2023年5月，冯海宽作为省检察院"送训巡讲团"的一员，结合办案实践，以《指导性案例解读与案件审查》为题，给干警们上了一堂民事检察业务课。

作为全国民事行政检察业务标兵、全省检察业务专家，冯海宽在办案之余，注重理论研究，多次组织参与全省民事检察调研活动，撰写《民事审判深层次违法监督问题专项报告》《全省民事审判人员违法行为监督工作情况分析报告》等多篇调研报告，多篇文章在《法治日报》《检察日报》发表，参与的《河南省检察机关监督审查民间借贷纠纷案的实证研究》被评为优秀课题，参与编撰的《执行监督论》由中国检察出版社出版。

"民事法律涉及面较广，我们需要不断地学习，不断吸收新知识。"冯海宽笑谈，学习是民事检察官每天的必修课。

"现在别的业务部门的同志遇到涉及民事专业方面的问题，大都是来找海宽帮忙'把关号脉'。"冯海宽的同事这样评价他的专业能力。

以我之名 护"法"前行

湖北省黄石市人民检察院副检察长刘亮

◎ 刘 亮

2024年1月29日,一起轰动全国的重大职务犯罪案件在湖北黄石开庭审理,当公诉人温和而坚定地发表完公诉意见,一直沉默不语的被告人潸然泪下,在向法庭作最后陈述时,哽咽着向公诉人致谢。

是什么让固守心理防线的被告人如此触动?也许是公诉人兼具法理情的公诉意见直击他内心深处,也许是公诉人精准有力的公诉能力让他心服口服,更可能的是公诉人在提审时一次次释法说理让他逐渐卸下了思想包袱……

那声饱含悔恨的感谢在法庭上空回荡,显得格外震撼,法律的权威在这一刻展现得淋漓尽致。

受到这一声致谢的公诉人便是刘亮。刘亮的"头衔"很多,"党的二十大代表""全国先进工作者""全国模范检察官""湖北省人民满意的公务员""湖北省五一劳动奖章",然而这些荣誉每每被她连同奖章一起小心珍藏，从未轻易展示于人前。

从她本心而言，她最朴实、最直接、最简单的身份一直都是"检察人"。

刚柔并济　温和坚定诠释司法之力

齐耳短发，干净利落，面容温和，眼神清亮……只要是和刘亮接触过的人，总能被她的一脸从容所打动，任谁也无法忽视那份平静下的坚定力量。

这是17年从检经历在她身上镌刻下的印记。

这些年，刘亮"身经百战"，先后办理了一批有一定影响的大案要案。2018年，扫黑除恶专项斗争打响，刘亮作为黄石市检察院扫黑除恶专项斗争领导小组办公室主任，牵头负责办理黄石首起涉黑案。两天的庭审，面对19名被告人、22名辩护律师，她和办案团队从容应对，有力指控犯罪。

"她工作有韧劲，对自己有狠劲，急难险重的任务和重大疑难案件她都能迎刃而解。她的语言有温度，把法理和情理相融合，让当事人心服口服。"刘亮多年的战友、黄石市下陆区检察院党组副书记、副检察长袁泉精准评价她。

刘亮就是这样，坚韧却不失温度，她心思细腻，也因为这份细腻，刘亮总能捕捉到一些别人容易忽略的细节。

犯罪嫌疑人纷乱情绪下的只言片语、成摞卷宗里出现过两次的相同名字、数据报表中一行不太对得上的数据，甚至是一个眼神、一声叹息，刘亮总能从中发现些什么，再反馈出去，往往于微末之处击中犯罪嫌疑人的内心。

在工作的第二年，刘亮办理了一起持刀抢劫致人死亡案，提审时犯罪嫌疑人随口说了一句年龄与户籍证明并不相符，被刘亮精准地捕捉到。即使后面犯罪嫌疑人抱着破罐子破摔的态度拒不配合也再不愿开口,刘亮仍坚持追着细小的线索不放松,最终敲定犯罪嫌疑人年龄"17岁",为量刑提供准确依据的同时,也融化了犯罪嫌疑人冰封的心,不仅当庭认罪认罚,且最后还向被害人家属深深鞠躬。

曾有人问刘亮,作为公诉人,职业价值是什么?刘亮回答,以高质效办案引领社会公正,这是每一个检察人最美好的时刻,也是守护公平正义的价值所在。每每这样的时刻总会让刘亮感到"值得"。

精益求精　把每个案子办成"铁案"

2023年9月,收到法院对一个涉毒案件改判的二审判决书后,刘亮悬着的心终于平静了,她袒露心声:"该案一审宣判时,我在法庭上如坐针毡……"

一句"如坐针毡"把刘亮的办案原则态度展露无遗。她坚持一分一厘皆正义,执着笃行,绝不马虎,经她办理的案件,也总是在抽丝剥茧间让人充分感受细节的力量。

2020年,刘亮在办理一起故意伤害致人死亡案时,犯罪嫌疑人刘甲(化名)的名字一出现在卷宗里,就一下子吸引了她的目光,犯罪嫌疑人的曾用名非常的眼熟,和之前办理的一起聚众斗殴致人死亡案里的犯罪嫌疑人刘乙相同。

◎ 刘亮(右一)出庭支持公诉

同一个曾用

名,又都是陈年旧案,会不会是同一个人?职业敏感让刘亮意识到案件有蹊跷,但是这两起案件年代久远,当年的证据中仅有犯罪嫌疑人自报的姓名,没有身份证号码、照片以及详细的家庭住址,身份核对困难重重。

当时的情况是,如果找不到确凿的证据,聚众斗殴致人死亡案已过追诉时效,即将依法对犯罪嫌疑人作不起诉处理,这很可能让一个隐藏近20年的犯罪分子逍遥法外。当晚,刘亮和同事通宵反复比对20多本案卷,终于找到了一个线索:刘甲和刘乙的母亲姓名相同,一名证人提到刘乙的住所正是刘甲的曾住地。

天一亮,刘亮立即联系公安机关引导取证,并奔赴看守所再次提审。当刘亮问起那件20年前的故意伤害案时,刘甲惊慌失措,喃喃自语"这么多年了,那个案件我都没用自己的真实名字,你们怎么翻出来了?"最终,背负两条人命的刘甲从准备释放到被判无期徒刑。

"这就是正义的味道。"办完这个案件后,刘亮说办案过程过山车般的惊天逆转,既有辗转反侧、如履薄冰的紧张,更有发现隐蔽真相、将狡猾罪犯绳之以法的激动。

为了办案,刘亮总有一股使不完得劲儿,她可以利用周末时间,带着助手,冒着零下四五度的严寒,前往江西被害人家中调查取证,哪怕严重晕车,哪怕呕吐难受;她可以连续加班加点1个多月,多次深入看守所、案发现场、被害人家中讯问犯罪嫌疑人、询问证人、察看现场,只为复核每一份证据材料;她可以独自站在公诉台上,面对7名被告人、10名律师,依然沉着冷静,始终条理清楚,有的放矢……

在刘亮看来,办理案件就像走钢丝,百分之一的疏忽会带来百分之百的不公正。检察官必须穷尽最后一次努力,排除最后一点怀疑,让有罪的人难逃法网,让无罪的人不受追究,这就是司法的底线。刘亮说:"办案就要办铁案!"

最严"班长"　　培养高素质专业化队伍

如今的刘亮已经是黄石市检察院党组成员、副检察长，但在全院青年干警的心中，刘亮还有个更为亲切的身份"班长"。

2022 年，一向重人才、强培育的黄石检察机关开办了"青年干警先锋班"，时任政治部副主任的刘亮将自己的心力倾注其中。

在黄石市检察院党组的指导和支持下，她以"多领域涉猎、全方位考评"为原则，制订了详细的培养机制、课程设置、导师选配方案，力求不断拓宽青年干警的知识层面，提升综合素能。

"人才培养的方向非常明确，就是着力强化政治素质、业务素能、职业道德素养。"刘亮说，以高质效检察履职服务保障高质量发展，离不开一支忠诚干净担当的新时代检察铁军。

在这样的指导思想下，黄石检察机关"教、学、练、战"一体化的培训模式逐渐成型，青年干警迅速成长起来，逐渐从"新兵"成长为业务上的"能手"。

仅仅两年时间里，黄石检察机关办理的近 40 起案件入选全国或全省指导性案例、典型案例，60 余个集体和个人获省级以上表彰，1 名干警获评全国优秀公诉人，5 名干警获评全省检察机关业务标兵能手，4 名干警获评全省检察业务专家，29 名干警入选全国或全省检察业务人才库。

刘亮却没有放松分毫，她认为检察工作是政治性极强的业务工作，也是业务性极强的政治工作，二者融为一体、互促互进。

而她自己也依然站在办案前线，她带领的办案团队走到哪里都给人留下深刻印象。在那起轰动全国的重大职务犯罪案件办理中，刘亮带领办案团队从提前介入，到审查起诉，再至庭审准备，办案组案牍上那 80 万余字的审查报告、修改打磨 30 余次的起诉书、3 个版本 1500 余页的 PPT 无不见证着办案团队在这场"战役"中的精心准备。

这场"战役"不仅仅是反腐败战争的胜利，也让黄石市检察院公诉团队收获不少。参与该案办理的检察官助理沈宏宇，在该案结案后不久便投入到湖北省检察机关十佳公诉人、优秀公诉人业务竞赛中，经过多轮比拼，他脱颖而出，荣获"全省十佳公诉人"称号。

◎ 刘亮（左二）与办案组成员讨论案件

"办理这个案子，我收获太多，不仅学到了补充证据星级标注法、引导调查三步法等实用方法，更重要的是体悟到了刘亮'班长'的办案思路，感受着她的办案激情。"在"青年干警先锋班"的经验分享交流会上，沈宏宇表示，他将继续追光而行，努力成为光。

刘亮就是这样，宛如一个"小太阳"，不仅自己闪耀，还将这份能量带给身边人，用坚定的信念，守护人民群众的公平正义，一路向阳而行。

铿锵玫瑰绽放在守望公平正义的基层一线

湖北省潜江市人民检察院第一检察部主任何娅茜

◎ 何娅茜

从检 13 年，矢志从检的初心不变，一心为民的情怀未减。"全国人民满意的公务员""全国模范检察官"何娅茜曾先后在潜江市检察院侦查监督、未成年人检察、案件管理、刑事检察等多部门工作，办理和指导办理的刑事犯罪案件 1000 余件，所办案件先后被评为湖北省检察机关保护知识产权典型案例、侦查活动监督典型案例、保护公民人格权典型案例，以零错案、零差错的业绩践行着让人民满意的铮铮誓言。

何娅茜说，检察官作为"公益代表人"和"法律守护人"，应当以追求法治下的公平正义、让人民满意为目标和使命。她如是说，亦如是行。

愿为灯塔　温暖护航

情同此心，如我在诉，她用法律温情温暖了很多人。

2018 年夏天，刚到未检部门工作不久，何娅茜就接到了一起教师猥亵儿童案。这样的"狼师"让何娅茜愤怒了。"办未检案件，我总是感受到身为检察官和身为人母的双重使命。"

彼时，《刑法修正案（九）》刚刚增加关于"从业禁止"的相关规定，汉江

◎ 何娅茜参加法治宣讲

地区还没有判处"从业禁止"的案例。本着最有利于未成年人原则，就案件量刑情况，她积极向上级院请示，与承办法官多次沟通，在发表公诉意见时，提出"从业禁止"的意见，被潜江市法院采纳。该案成为汉江首例判处"从业禁止"的案件。

事后的补救抵不过事前的预防。在何娅茜从事未检工作的一年多时间里，在她的倡导和主持下，潜江市检察院设计建设了未成年人法治教育基地，并于2024年被评为省级法治文化建设示范点。

普法宣传不仅要"请进来"，还要"走出去"。为了让更多的孩子学会保护自己，何娅茜研发了防范性侵、杜绝校园欺凌等一系列让孩子们听得懂、记得住的法治课。她的热情也感染了青年干警，潜江市检察院法治巡讲团应运而生，包含院领导在内的43名优秀干警陆续加入，实现"法治进校园"学区全覆盖，为20余万名未成年人送去成长自护秘籍。

需要帮助的弱势群体不仅仅是未成年人，到刑事检察部门工作后，何娅茜重点关注拖欠农民工工资问题，为农民工追回血汗钱100万余元；向网络造谣者亮剑，监督一起侵害妇女人格权案件由自诉转为公诉；面对因刑事案件陷入困境的当事人，协调相关部门为20余名生活困难的刑事被

害人申请并落实了司法救助金 40 万余元。

愿为利剑　严惩犯罪

专办大案、要案，是何娅茜的标签。越是涉案人数多、案情疑难复杂的案件，越是能够看到她的身影，听到她的声音。

2018 年，为期三年的扫黑除恶专项斗争在全国开展，何娅茜担任扫黑办主任，承担起全院 2/3 涉黑涉恶案件审查办理工作，先后参与办理汉江地区首例黑社会性质组织犯罪团伙案、"8·22"专案等，起诉黑恶势力犯罪分子上百名，引导公安机关查扣涉案财物 1 亿余元，发出社会治理类检察建议 9 份，潜江市检察院被评为全省扫黑除恶专项斗争先进单位。

在办理李某某等 30 余人涉黑社会性质组织一案中，她迎难而上，注重串并研判，强化诉前引导，攻克了涉案人数多、犯罪事实多、涉嫌罪名多和调查取证难、证据固定难、案件定性难等"三多三难"问题。历经三个月的日夜奋战，她和专案组成员共制作了 50 万余字的审查报告、4 万余字的起诉书，成功将这个有 60 多笔犯罪事实、社会影响极大的犯罪集团绳之以法，人民群众拍手称快。因扫黑除恶工作成效显著，2020 年以来，群众安全感和满意度持续提升。

"不遗漏任何一起犯罪事实和任何一个犯罪分子，对于模糊的案件事实，哪怕是挖地三尺也要查清楚。"这是她忠诚履职的检察担当。

一起口角纠纷，引发多人肢体冲突，造成多人受伤的故意伤害案被移送起诉。事实看似一目了然，但何娅茜在部门讨论研判时提出了一个疑问：事件中被伤害人有明显过错，犯罪嫌疑人是否存在为保护家人及自身安全而拿起刀自卫的情形呢？如果真是这样，那显然可以适用正当防卫的条款。通过自行补充侦查、询问现场目击者，最终她准确界定该案为正当防卫，并向涉案人员家属释法说理，化解社会矛盾，捍卫了"法不能向不法让步"的法治精神。

愿为雨露　润泽一方

在办案过程中，何娅茜积累了十多本笔记本，里面记录了"强化三个效果有机统一的五同步审查""涉营商环境案件办理提示函"等一个个提升监督质效、践行司法为民的新举措，这是她牵头负责工作连续多年在全省名列前茅的密钥，也见证了她高质效办案的智慧和担当。

"感谢检察官这么多次耐心调解，我们终于收到了全部赔偿。"2024年5月，一起交通肇事案的被害人家属专程给何娅茜送来一面写有"理性与柔情并重　尽心努力暖人心"字样的锦旗，当面表达感谢和敬意。

这起交通肇事案当事双方的主要矛盾是对于赔偿金额未能达成一致，最大难点则在于被害人及其家属对自身权益内容不明，造成双方矛盾难以化解。为此，何娅茜开展上门听证、释法说理，邀请诉讼代理人参与审前社会调查，向被害人家属陈述真实情况，帮助双方就各自诉求重新寻找新的契合点，尽力修复受损的社会关系。近年来，像这样的调解，何娅茜已经记不清组织了多少次。

迈进群众的门槛容易，走进群众的心坎不易。为了实现案结事了人和，何娅茜做了许多努力。针对交通事故容易导致社会矛盾问题，她推动在交通事故处理中心设立检察官办公室，依托道路交通事故处理"一站式"服务中心，组织当事人双方、公安干警、人民监督员进行调解听证，在多方的共同见证下，

◎ 何娅茜（右二）在办案中走访群众了解情况

双方快速达成和解并签字确认。2018年以来，她共参与400余件交通事故案件调解工作，全部达成和解，当事人双方无一人反悔或上访。

让矛盾化解在基层一线，让检察智慧为社会治理现代化加速是她依法履职的缩影。

近年来，部分果农为避免果实被野生动物侵食架设粘网，导致多只"三有保护"野生动物被粘网缠住并死亡，这类破坏环境资源案件引起了她的关注。

"去年果子被鸟吃了一大半，一年投入基本都打了水漂，我们知道用粘网会对鸟类造成伤害，但是没办法，不用粘网果子又会被鸟吃完……"何娅茜多次深入田间地头与果农深入交流，耐心地听着果农"诉苦"。

如果只是简单把案件作不起诉处理，问题得不到根本解决。为了实现保护果农利益与维护生态环境"双赢"的局面，她到有关部门负责同志听取意见建议。经过前期充分的调研论证，潜江市检察院制发了检察建议，建议有关部门加大对果农驱鸟的技术培训支持力度，强化对果农私拉粘网行为的巡查，广泛宣传野生动物保护法律法规。一个月后，何娅茜再次来到果园开展"回头看"，驱鸟设施改良了，看着满园丰收的景象，她心里甜滋滋的。

她辛勤的雨露播撒在检察事业中，同时也滋养了单位的青年干警。2024年，何娅茜牵头并担任"班主任"的刑事检察业务内训班培育出了全省十佳公诉人等一批年轻业务骨干，潜江市检察院人才队伍实现了从"一枝独秀"到"春色满园"。

育人即育己。工作以来，何娅茜先后被评为"全国人民满意的公务员""平安中国建设先进个人""荆楚楷模"，记个人三等功3次，成为全省最年轻的检察业务专家。

行动是检察青春最有效的磨砺，奋斗是检察青春最亮丽的底色。新的征程上，何娅茜正用青春和汗水书写人民检察为人民的新时代答卷。

越是硬骨头　越要啃下来

湖南省醴陵市人民检察院副检察长何秋花

何秋花，现任湖南省醴陵市人民检察院党组成员、副检察长，先后获评全国平安英雄、湖南省优秀女检察官、湖南省巾帼建功标兵、湖南省检察机关扫黑除恶专项斗争先进个人、湖南省刑事检察优秀办案人员等称号，入选全国检察机关职务犯罪检察人才库、全国检察机关重罪检察人才库。2023年11月24日，获评"全国模范检察官"称号。

◎ 何秋花

"她敬业、勤勉、细致。"这是同事们对何秋花的评价。工作中，何秋花不怕苦，不怕累，无论是办理大案要案还是民生小案，她都冲锋在前，将经办的每一个案件当作"磨刀石"，践行着"守护公平正义"的初心。

攻克疑难案件　守护公平正义

"办理涉黑恶案件，界定需要非常谨慎。该案中，25名被告人涉及多个罪名、多起犯罪事实，法律关系复杂，要根据各涉案人员的犯罪行为特点，精准适用罪名，是一大挑战。"谈起她办理的许某某、吴某某等人黑社会性质组织案，何秋花记忆犹新。

该案系湖南省扫黑办挂牌督办案件，自2004年起，以许某某、吴某某为首的该团伙为非作恶，称霸一方，先后造成50余人受伤，攫取巨额非法经济利润40多亿元。

2021年，醴陵市检察院承办了许某某、吴某某黑社会性质组织案。面对该案涉案人员众多、涉案事实复杂、证据庞杂且时间紧迫等重重困难，何秋花挺身而出，带领团队深入细致阅卷审查，层层剖析案件。在她的引导下，警方进一步深入侦查，增加了20余本线索案卷和补充证据案卷，精准区分了违法与犯罪界限，为全案黑社会性质组织犯罪行为特征的审查夯实了基础。

回顾此案，何秋花坦言："当时的确很有压力，但越是硬骨头，越要啃下来，要把案件办'铁'、办'实'。"她言出必行，以实际行动践行承诺。

在长达8天的庭审期间，25名被告人的30余位辩护律师针对被告人供述的合法性问题、被害人和证人证言的真实性等问题，与公诉人展开了激烈论辩。

◎ 何秋花（右）讯问犯罪嫌疑人

"被告人的供述只是证据的一种，重要的是全案证据和事实的相互印证和相互吻合。"

"关键问题是有没有纠集保安去现场、现场是否持有凶器、有没有赔偿等关键事实，时隔数十年，被害人、证人、被告人记忆的内容在细节上存在部分差异，符合实际情况，恰恰证明了被告人供述、被害人陈述和证人证言的真实性。"何秋花在公诉席上与辩护团队唇枪舌剑，用严谨的举证和精准的论述顺利地化解了辩护团队的众多"招数"。

2021年7月21日，醴陵市法院一审判决，许某民、吴某明犯组织、领导黑社会性质组织罪等19项罪名，许某民被判处有期徒刑24年，吴某明被判处有期徒刑25年。由何秋花撰写的该案的公诉意见书，被评为湖南省检察机关优秀法律文书。

小案不小办　温情司法解心结

"我也想赔钱，可我有癌症，常年借钱看病吃药，家里现在所有的钱加起来不到1万块呀！"何秋花回忆起初见邬家母亲时，对方情绪激动，眼眶泛红。

2019年，醴陵一对邬姓父子因过道占地纠纷打伤了邻居夫妇，父亲被判处有期徒刑1年4个月，并被判决赔偿邻居8.2万元。随后，儿子也被抓获到案。然而，邬家母亲身患癌症，宁愿坐牢也不赔钱。邻居家本就是贫困户，此次受伤更是让他们的生活陷入困境。两家关系因此急剧恶化，甚至在公共过道上砌起围墙，双方互不相让，频繁上访。居委会与乡镇司法所多次介入调解，均未成功。

2019年4月8日晚上，何秋花第二次带着书记员驱车30多千米前往邬家及邻居家做工作。那天晚上，从家长里短到邬家儿子在看守所的情况，她与邬家母亲沟通了整整两个小时。随后，又前往邻居家，详细分析纠纷缘由及双方家庭现状，直至深夜才归。想到案件当事人贫困的生活，邬家母亲的现状，何秋花的心情格外沉重，彻夜未眠。她说："判决一个案子很简单，但我们要做的是案结事了，真正帮助当事人走出困境。"

次日，何秋花联系当地居委会，由居委会出面，发动邬家的亲友筹集资金，3000、5000 的凑足了医疗费赔偿给邻居。同时，她迅速召集有关人员召开听证会，进行公开调解，释法说理。邻居夫妇接过大家凑起来的钱时，双手颤抖、饱含热泪，感激地对何秋花说："多亏了你，我们才能拿到医药费。"此外，按照程序和规定，何秋花依法将邬某的强制措施变更为取保候审，使两个多年未往来的家庭终于冰释前嫌、握手言和。

"对检察官来说，办理案件只是日常工作的一部分，但对案件当事人来说却是天大的事。'小案'不能'小办'，每一个案件都关系着当事人的人生，每一个件案件背后都是人民群众对公平正义的期待。"何秋花说。

办案不就案　在效果上下功夫

"在工作中，她是个极其细致的人，办案时从不止步于就案办案，而是深入反思案件背后的社会问题，力求实现办案的社会效果最大化。"何秋花的同事在谈到与何秋花一同办案时颇有感触。

刘某夫妇是醴陵某乡镇的农民，在家从事传统屠夫职业多年，他们屠宰自养或收购的生猪，供应给附近的村民、经营户和超市，未涉及销售病死猪肉的不法行为。2022年，侦查机关以违反国家规定，私设生猪屠宰厂（场），从事生猪屠宰、销售，对刘某夫妇私自杀猪卖肉的行为以非法经营罪立案。

谈及此案，何秋花说道："这类案件在当时并非孤例，类似的案子有9件23人之多，犯罪嫌疑人年龄大部分在50岁左右，多为中老年夫妻、父子、兄弟等，他们以传统屠宰为生。依据法律规定，非法经营数额超过5万元即构成犯罪，将面临牢狱之灾。"

为全面了解情况，何秋花与同事深入醴陵市农业农村局、市场监管局及相关乡镇调研，了解到由于历史遗留问题，尚有近千人未经定点从事生猪屠宰活动。她意识到，这类案件能单纯"一办了之"，如处理不当，许多像刘某夫妇这样的家庭将受到重创，也会让很多偏远农村村民面临无肉可吃的情况。于是，她再次审查案件材料，核对犯罪嫌疑人的微信转账记录等证据，并积极与市委政法委、市法院、市公安局沟通协调。

综合考虑该系列案犯罪嫌疑人主观恶性小、社会危害性低，采取严厉刑事打击不具有良好的社会效果等原因，在通过员额检察官联席会议和检察长审批同意后，何秋花依法作出相对不起诉决定。同时，她以此为契机，牵头制发社会治理类检察建议，推动相关行政部门加强对"白板肉"和农村传统屠宰行业的监管，守护百姓"菜篮子"的安全。

"为百姓分忧解难是我们检察人的使命和责任。"何秋花说。在17年的从检生涯中，她始终严格要求自己，踔厉奋发、笃行不怠，坚持为大局服务、为人民司法、为法治担当，以"如我在诉"的理念高质效办好每一个案件，以实际行动诠释着一名基层检察官的职业信仰，坚守着"检察为民"的不变初心。

检察战线上的先锋模范

湖南省娄底市人民检察院第一检察部副主任吴浪平

◎ 吴浪平

从人民教师到人民检察官,从基层院到市检察院,从普通犯罪部门到职务犯罪部门,从重罪部门到未检部门,无论身处何职,始终以"求极致"的精神和"止于至善"的目标不断努力,她就是现任娄底市检察院第一检察部主任、四级高级检察官吴浪平。从事检察工作19年来,曾荣获"全国检察机关扫黑除恶专项斗争优秀个人""湖南省优秀办案检察官""湖南省百佳优秀法治副校长"等荣誉,荣立个人二等功2次、三等功4次、嘉奖4次。2023年11月24日,获评"全国模范检察官"。

坚定政治立场　勇挑重担迎难而上

在2020年4月的一次任务中,吴浪平被召唤进入"4·17涉黑专案"专案组,负责组织罪名审查和起诉书撰写。面对512本案卷,其中2/3的材料涉及她负责的涉黑罪名,且侦查机关认定的23名对象有22人对该罪名不认可。尽管时间与审查的压力重重，但她毫不犹豫地接下了任务。

在紧张的时间压力下，她每天工作至少16小时，累了，就靠在办公桌上小憩，凭着不屈不挠的精神，吴浪平在1个半月内撰写了58页的起诉书。即便在案件起诉后，她依然继续奋斗，即使在女儿备战高考的阶段，吴浪平坚持撰写了3万余字的排非报告，制作了20万余字的庭审文书和200余张当庭示证PPT。该案件的起诉指控和量刑建议均被法院采纳，被全国扫黑办评为典型案例，湖南省检察机关2020年度"十大优秀案件"，并被中央电视台《今日说法》栏目专题报道。

扎实勤勉工作　全力以赴办理案件

在19年的检察工作中，吴浪平17年一直扎根刑检办案一线。她其用心审查每一份证据，用情对待每一位当事人，用功写好每一份法律文书，用智破解每一个棘手难题，办理的1300余件刑事案件，无一错案，无一引发涉检信访。她以对检察事业的热爱和对公平正义的追求，不断前行。

近年来，她办理了多个在省内乃至全国有重大影响的案件，包括湖南省高速公路广告投资有限公司彭某、胡某等人贪贿窝案（"高广投"专案）、全国扫黑办督办的尚某等23人涉黑专案（"4·17涉黑专案"）、公安部督办的伍某等20人贩毒、洗钱犯罪集团案（"4·23"专案），以及湖南省检察院、省公安厅联合督办的罗某等17人涉黑专案（"5·10涉黑专案"）、李某等19人恶势力犯罪集团案（"11·19"专案）、肖某辉等19人"注水牛肉"案。其中7起案件分别获评全国扫黑办典型案例、湖南省检察机关"十大优秀案件"或"优秀案件"；制作的退回补充侦查提纲、刑事申诉结果通知书入选最高检优秀刑事法律文书；制作的审查报告、检察建议书分别获评全省优秀法律文书；录制的公诉微课、未成年人法治课分别获评全省优秀"十佳优秀公诉微课"、全省"百堂精品法治课"。

吴浪平对证据的审查细致严谨，能将每起案件办成铁案。在审查安某贩卖、运输毒品案时，吴浪平发现上线陈某的微信交易流水异常。在短短3个月内，安某支付陈某近68万元，这引起了她的注意。立即调取安某的上、下线所有关联案卷，预判安某至少购买了3000克冰毒，而非公安机关认定的720克。经过"全链条"监督，一案追诉重大漏犯1人、立案监督2人，分别判处死缓、无期徒刑和有期徒刑15年。

同时，向公安机关制发退补事项96项，引导公安机关构建一条以客观性证据为链条的证据体系，彻查安某重大漏罪。把正在服刑的下线毒贩段某、吴某从监狱提出来，监督公安机关重新立案侦查，实现"全链条"监督的良好效果。当安某心存侥幸拒不认罪，退补陷入困境时，及时开展自行侦查。最终该案安某的"零口供"在证据面前不攻自破。

因监督质效突出，该案获评2022年度湖南省检察机关优秀案件评比第1名，退回补充侦查提纲获评第一届全国检察机关刑事检察"百佳优秀法律文书"。

心怀为民情怀　法律有力度更有温度

吴浪平大学时就加入了中国共产党，从大山中走出来的她始终秉持"如我在诉，情同此心"的为民情怀，将"人民"和"正义"刻在心里。她时常反思，自己办理的案件是否实现了司法为民的目标？是否倾听了人民群众的心声？是否尽力满足了人民群众的诉求？

在办理一起由民事纠纷引发的李某故意伤害（致人死亡）案时，死者父亲廖某情绪激动，甚至威胁吴浪平："不判处李某死刑，我就要炸死你全家。"面对威胁，吴浪平依然坚守正义，认定李某属于正当防卫。最终，李某被无罪释放，这一决定挽救了李某及其家人，让当地群众看到法律的公平与公正。

案件绝对不诉后,吴浪平没有放弃廖某。她通过释法说理、积极协作,为廖某争取司法救助和民事补偿,获得了20万余元的经济补助。吴浪平用不断的关怀,感动了曾扬言报复社会的廖某,确保案件做到案结事了人和。该案被评为湖南省检察机关2017年度"十大优秀案件"。

履职尽责担当　监督工作不留死角

吴浪平以精益求精的工匠精神办理每一起案件。她不仅善于监督,还敢于监督。在办理刘某某贩卖毒品案时,她发现绰号"狗满满"的男子是真正的毒品卖家。为此,她开启了一场千里跨省追毒贩的攻坚战。经引导、跟随公安机关辗转深圳、广州、东莞、长沙、邵阳、娄底等多地补充调取证据7册,将多次拒不认罪"逃脱法网"的"零口供"毒贩"狗满满"唐某某揪出水面。成

◎ 进校园开展普法宣讲

功追诉其贩卖冰毒2800克、麻古500粒的重大犯罪事实,唐某某被判处死刑,缓期两年执行。吴浪平将该案撰写成办案故事《"真正的毒贩应另有其人"——检察官一路追查找出真相》,被多家主流媒体刊发,办案故事被《检察日报》评为"检察好故事"。

"一朝检察人,一世监督情",是她一以贯之的办案信条。她的追捕、追诉工作,使得范某等10余人被判处10年有期徒刑以上刑罚;办理的"4·23"贩毒专案纠正漏罪14人、立案监督4人、追究洗钱犯罪10人。

19年检察生涯，吴浪平从懵懂到坚毅，从青涩到稳重。她怀揣着对检察事业的无限忠诚与热爱，坚守公正如磐石，温暖似流水，如大海中绵延不息的浪潮，带动着周围的人感受法律的力量与温度。吴浪平的故事不仅是个人的奋斗历程，更是新时代检察事业发展的生动缩影。

在未来的道路上，吴浪平将继续秉持初心，以更大的热情投入到检察事业中，为实现法治中国梦贡献自己的智慧和力量。

不弃微光　终成炬火

广东省珠海市人民检察院第五检察部一级检察官张玲

推动全省对房屋建筑和市政基础设施工程竣工联合验收不规范行为进行专项整治、规范全市对未依法足额支付劳动报酬案件的处理、化解长达十余载的邻里积怨……珠海市检察院第五检察部副主任张玲坚持群众利益无小事,从细微处着手、在"小案"上用力,推动类案高效化解,释放司法大能量。

◎ 张　玲

从检14年,张玲以精益求精的态度高质效办好每一个案件,交出了一份优异答卷:1个案件被最高检评为指导性案例、1个案件获评最高检典型案例、2个案件获评全省典型案例。

星火成炬,涓滴成海。张玲在繁杂的司法实务中坚守自己的初心,以实际行动诠释公正司法,先后荣获"全国行政检察业务标兵""广东省行政检察业务专家""广东省检察业务尖子"等36项荣誉,并于2023年11月24日被人社部、最高检授予"全国模范检察官"称号。

"小案"办出大成效

一个炎热的夏日,面带愁容的王某来到检察院,将厚厚的一沓资料交到张玲手上:"检察官,我的诉求非常简单,我只想要一套质量安全的住宅。"

原来,王某以房屋加建后未完成消防验收备案为由拒绝收房,进而起诉该公司要求承担违约责任的同时,又起诉了住建部门要求履行竣工验收及备案职责。

接过案件,张玲细细审查发现,发现申请人王某的案件情况有些特殊:要求针对室内加建部分进行竣工验收备案,但该房产的建设工程本身已完成竣工验收及备案,住建部门无须对室内加建部分再行备案,而开发商也因加建行为承担了相应责任并进行了整改。全面审查案件后,张玲只能作出了不支持监督申请的决定。

案件虽然办完了,但在调查核实的过程中,张玲发现建筑单位不及时备案或者备案材料不齐全等问题屡有发生。3年半的时间,受理的竣工验收备案类纠纷案件总计有422件。既然竣工验收备案问题引发了众多商品房买卖诉讼,其根源性问题在哪里?

"办案中若发现一些社会问题,我总会想问题背后的制度设计是否合理,能否通过检察履职促使制度更加完善,这是办案过程中我常常思考的问题。"张玲说。

为促进源头治理,请示广东省检察院后,珠海市检察院决定启动涉住建领域竣工验收备案专项行政检察监督,张玲和来自基层院的4名行政检察官组成了办案组。经过充分的调研走访,办案组以促进行政机关正确履职为切入点依法向各区住建部门发出了精准监督的类案检察建议,督促住建部门开展系统排查与工作方式的改进。

案件办到这里并没有结束,张玲及办案组检察官对案件精雕细琢。在制发检察建议的同时，以提升政府治理体系和治理能力现代化为目标，通过专题分析报告的形式向市住建部门和市委政法委作专题报告。市委政法委收到专题分析报告后批转至市政府，市政府常务会议为此专题听取住建部门关于住建领域执法情况汇报后，要求住建部门联合自然资源局、生态环境局、水务局、城市管理综合执法局，进一步规范建设工程竣工验收备案管理工作。

让张玲更加欣喜的是，广东省检察院听取珠海市检察院专项监督情况汇报后，推动省住建厅在全省范围内对房屋建筑和市政基础设施工程竣工联合验收不规范行为进行专项整治，并推动制定相关配套制度机制。省、市、区三个层面开展监督，更大范围内推动了类案问题的监督质效落地。该案凭借突出的社会治理效果获评最高检第四十二批指导性案例。

"小事"做到暖人心

从检以来，张玲先后在刑事检察、刑事执行检察、民事行政检察部门履职，见识过人生百态后，她说："我真切地体会到无论是刑事、公益诉讼，还是民事、行政案件，桩桩系民情，件件关民生，每一个案件都蕴含着人民群众对司法公正的期待。"

让张玲特别难忘的案件有两个：一个是2011年初任检察官时办理的一个轻伤害的案件。梁、林两家作为乡村邻里，本相安无事，却因宅基地巷道通行问题屡生矛盾。随着矛盾愈演愈烈，梁某和林某手持利器相互厮打，造成二人轻伤，均被公安机关以涉嫌故意伤害罪移送起诉。张玲知道虽然案件事实简单，但除了审查案件以外，更重要的是帮助当事人从矛盾源头解决问题。

于是，她从案件发生的背景入手，了解两家产生矛盾的来龙去脉，耐心倾听双方当事人和乡亲邻里的意见看法。考虑到涉案双方故意伤害的主观恶性小，且均有和解的意愿，张玲积极联系人民调解委员会和村干部，

◎ 张玲（中）主持检察听证

为双方搭建和解平台，动之以情、晓之以理地释法说理，最终促成双方达成刑事和解，解决了长达十余载的邻里积怨。巷道里的大石头搬走了，双方当事人化干戈为玉帛后，亲手送上了一面写着"化解矛盾、和谐执法"的锦旗，初任检察官的她深切感受到"执法为民"的喜悦。

另一个是2021年她办理的"农民工欠薪行政检察案"。张玲在履职中发现当地"农民工欠薪类"行政非诉执行案件数量十余年来竟然为零，究竟是法院办错案了，还是人社部门怠于履职？对于拖欠农民工工资的行为，明明有更快捷的行政救济途径，为什么没有发挥作用？

带着疑问，她翻阅各种法律、政策文件，研究薪资领域的资料文献，和同事们多次走访劳动监察支队等职能部门，进行广泛的调查核实。调查发现，人社部门此前作出责令用人单位支付工资决定后，申请法院强制执行两次遭拒，此后10余年办理用人单位拖欠劳动者、农民工工资案件时，要么将线索移送公安机关处理，要么引导劳动者、农民工自行申请仲裁和诉讼，再未依法作出责令用人单位支付工资的决定并申请法院强制执行。这样的处理，导致农民工讨要薪资不得不经历仲裁、诉讼的漫长维权路。

根据《行政诉讼法》《广东省工资支付条例》《保障农民工工资支付条例》的规定，人社部门作为组织实施劳动保障监察、协调劳动者维权工作的行政主管部门，针对用人单位拖欠劳动者、农民工工资的行为，作出行政处理决定并申请法院强制执行有法可依、于法有据。

本着从行政效能、司法效率上最大限度地保护农民工朋友的合法权益，张玲从社会治理的角度向人社部门发出了类案检察建议。人社部门收到检察建议后，迅速整改，

◎ 会见当事人

在全市范围内对未依法足额支付劳动报酬案件的处理进行规范。自此，珠海市人社部门长达十余年非诉执行申请难的问题得以解决。该案获评最高检"检察为民办实事"典型案例。

"小处"着手铸就标兵

精雕细琢方为器，千锤百炼始成钢。张玲先后在刑事检察、刑事执行检察部门履职，2018年调入民事行政检察部门工作后，面对新领域、新业务，张玲勤学善思，虚心求教，像海绵一样迅速汲取知识养分。

在张玲看来，只有掌握更多的知识，才能在办案中有足够的底气。骨子里那股不服输的劲头，让张玲在短短几年内迅速从一名部门新兵成长为业务精兵。

学习、办案之余，张玲笔耕不辍，参与的课题研究有10余项，撰写调研报告8篇，其中1篇入选《2022中国行政检察发展报告》，多篇论文在论坛上获奖。

2023年，为了检验自己的业务能力，得知最高检将举行第一届全国检察机关行政检察业务竞赛的消息后，她毫不犹豫地参加了市赛和省赛的选拔，并最终获得参加国赛的资格。

日拱一卒，功不唐捐。得益于扎实的基本功、丰富的办案实践以及备赛期间的勤学苦练，张玲以第一名的优异成绩荣获全国首届行政检察业务竞赛"业务标兵"。

"只要心中有光，何惧山高水长。锚定心中的目标勇往直前，你会发现它并非那么遥不可及。"在张玲看来，不断在专业能力上追求高标准，不断更新办案理念和方法，才对得起人民群众对公平正义的期盼。

从"0"到"1" 步履不停

广东省惠州市人民检察院第一检察部主任骆誉

从"0"到"1" 意味着从无到有

实现更多"从'0'到'1'"的突破，是使命担当，亦是理想信念。办理全国首例制贩毒品氯胺酮的死刑案件，他是扭转毒情形势的重要推手；真正从程序和实体处理上实现宽严相济，在司法为民进程中他不怕做"第一个吃螃蟹的人"；他首创"公诉训练营"，为惠州检察机关锻造出一支"公诉铁军"。从检16年，从"0"到"1"

◎ 骆 誉

步履不停，他就是惠州市检察院第一检察部主任骆誉。

2023年11月24日，骆誉被人社部、最高检授予"全国模范检察官"称号。因工作成绩突出，他先后获评"广东省优秀公诉人""惠州市优秀共青团干部""惠州市优秀公诉人""惠州市直机关优秀党支部书记"等称号，入选全国检察机关普通犯罪检察人才库、惠州市扫黑除恶专门人才库，荣立个人二等功1次、三等功5次。

从"0"到"1"　始于公平正义的最高追求

"经最高人民法院裁定核准,执行对被告人阿虎(化名)犯制造、贩卖毒品罪核准死刑的裁定。"2014年9月23日,惠州市中级法院受委托依法对罪犯阿虎宣告。宣告结束后,阿虎立即被押赴刑场执行了死刑。

至此,全国首例制造、贩卖毒品氯胺酮的死刑案件画上了句号。而站在这起全国首案公诉席上的检察官,正是骆誉。

2013年前后,一场力度空前的"雷霆扫毒"席卷惠州,尤其是针对制贩氯胺酮(俗称"K粉")毒情严峻的形势,惠州以破釜沉舟的决心和声势开展铁腕整治。彼时,作为检察战线上的"缉毒战士",骆誉在孜孜不倦办案的同时,还在思索着更深层次的问题。

"案件越办越多,涉案毒品数量越来越大,原因是什么?因为当事人普遍认为制贩K粉没有冰毒严重,不会判死刑。"骆誉说,在阿虎一案以前,全国范围内也确实没有因制贩K粉被判死刑的先例,这是因为在K粉类案办理中,从毒品的种类到克数、再到含量,要形成完整的证据链一直都是难点,还有社会危害也欠缺说服力。而正是因为类案的犯罪代价小,K粉毒情时有反弹,因此诱发的恶性暴力犯罪屡有发生。

◎ 骆誉在办理扫黑除恶案件过程中走访群众

"刑事检察官就好比是'刀把子',尤其是对人民群众诉求强烈的严重暴力犯罪,要迎难而上,坚定守护社会的公平正义。"当阿虎团伙制贩 K 粉 100 多千克的案件卷宗送到骆誉的手中，正义的火焰也在他心中燃烧。

在制毒现场，他协同公安机关研判和补充证据，统计制毒遗留的工具和包装物；在悉心求教专家的过程中，他严密论证了该案毒品性质和数量，分析了阿虎在团伙中的核心作用；在庭审现场，他从病理学、犯罪学等多角度向法庭详细阐释 K 粉对人体和社会的危害。最终，法院采纳全部指控意见，对团伙首犯阿虎判处死刑，这也成为全国首宗制贩毒品氯胺酮的死刑案例。

阿虎一案后，惠州 K 粉毒情形势逐渐步入拐点。与此同时，阿虎一案也推动了全社会对新型毒品的认知提升，推进了毒品犯罪的检察治理，全国范围内制造、贩卖毒品氯胺酮的死刑案例开始相继出现，实现在更大范围内对毒品犯罪的有力震慑。

从 "0" 到 "1"　忠丁为民司法的不变初心

一副铁面，一颗热心。在严惩犯罪的同时，骆誉对案件中那些需要帮助的当事人，始终倾注关怀。

时间来到 2019 年。一宗"红油脱色"案来到骆誉手中，在具体分析后，他提出，该案涉案金额超千万，虽然团伙犯罪情节严重，但其中有 9 人主观恶性小，在共同犯罪中所起作用较轻，可以依照宽严相济刑事政策，对他们解除逮捕强制措施。"这 9 人年龄都在 20 到 30 岁之间，是家庭的顶梁柱，解除强制措施还能保住他们各自家庭的经济来源，维护家庭稳定。"骆誉说。

一石激起千层浪，骆誉的决定引来了众多不同的声音，有质疑他处置的合理性的，更多是出于保护他而引发的担忧——以前从未这样实践过，万一这 9 人就此逃跑了怎么办？但最终，骆誉顶住了压力，在促进 9 人认罪悔罪、保证足额缴纳罚金和进行社会调查评估后，骆誉果断对他们解除了强制措施。

取保候审当天，9个家庭从外地赶来惠州市看守所，接回了自己的亲人。"当时的场面很感人，他们除了感激，也诚恳保证会遵守取保候审规定，及时到案到庭。"骆誉说。

事实也正是如此。虽然9人中不少从事长途运输，但从头到尾没有一人脱管。正式起诉后，骆誉又提出缓刑量刑建议，最终9人均被判处缓刑。

"过去，司法实践多是在量刑方面体现宽严相济，但这个案子真正从程序和实体处理上做到了当宽则宽、该严则严。我不怕做'第一个吃螃蟹的人'，只要坚守为民司法的初心，就能行得正、站得直，不负人民的期待！"骆誉说。

这份初心也鞭策着骆誉不断前行：

为化解外来涉罪人员取保难、因无劳动技能再犯罪率高的问题，骆誉指导基层检察院与公安机关、企业建立非羁押人员"帮扶教育基地"，先后为100余人提供就业机会。该案例获评广东省检察机关改革创新十大典型案例。

◎ 骆誉（左三）在帮教基地与犯罪嫌疑人座谈

为破解非羁押人员管理的难题，骆誉联合基层检察院搭建管理非羁押人员的平台，并在惠阳范围内试点。迄今为止，平台上逾千名非羁押人员无一人脱管。

为解决刑事诉

讼和公益诉讼赔偿金缴纳、保管、使用监管问题，骆誉创新推动公安、检察院、司法局联合建立"刑事＋公益诉讼赔偿保证金"提存机制，截至目前已适用案件36件，提存金额200万余元，真正实现政治效果、法律效果和社会效果的统一。

从"0"到"1"　源于勇当头雁的使命担当

"骆誉办案细致规范，分析论证深入透彻，结论严谨准确。"在办案中一点点成长，骆誉的办案质效得到领导认可，被指派专门办理多人多宗且犯罪嫌疑人不认罪的疑难复杂案件，许多别人眼中的"难题"，都被他在工作中一一化解。

为了提高自己，骆誉抓紧一切休息时间学习充电，系统化整理业务知识，形成结构化知识体系，保持专业精进。他还向资深侦查人员求教讯问犯罪嫌疑人的技巧，同时加强讯问中的释法说理，不断提升讯问效果。

2015年，在第七届广东省十佳公诉人暨优秀公诉人业务竞赛中，骆誉向自己心目中的"最高荣誉"发起冲击。在历时一周的赛程中，历经撰写论文、现场答辩、现场辩论等环节，骆誉如愿捧回"广东省优秀公诉人"的荣誉，成为惠州检察机关名副其实的业务"头雁"。

"无论是从自己的备赛经历，还是从优秀兄弟检察院的人才培养模式来看，以赛代练都是提升检察队伍专业能力的'快车道'。"骆誉说。

2017年，在繁忙的业务工作之外，骆誉根据自身成长经验，结合惠州刑事检察实际，设计创建了惠州检察机关"公诉训练营"培训平台，将政治建设融入刑事检察业务培训中，创新推出"检察官教检察官"等培训模式。通过该培训平台，累计培训100余人次。

迄今为止，从"公诉训练营"培训平台走出一支优秀的"公诉铁军"。其中，1人获评全国检察机关扫黑除恶先进个人，5人入选广东省检察机关扫黑除恶人才库、广东省检察机关职务犯罪检察人才库，6人获得"广东省十佳公诉人""广东省优秀公诉人"等称号，锻造出不少业务骨干，涌现出多个核心办案团队，惠州检察机关的公诉人"雁阵"已然形成。

为求人间常青景　剑胆琴心守公平

广东省人民检察院第三检察部三级高级检察官李景平

她说，每一个案件就像是一个个需要她去还原和探究的故事，而每一个故事的背后都是当事人最真实的人生，需要我们用法治的力量去守护！自从肩上扛起了这份责任那天起，她也在用自己的人生认真书写着一个个令人叹服的办案故事。

她叫李景平，是广东省检察院第三检察部三级高级检察官，她白皙红润的脸上时常带着亲切的笑容，像一位知心姐姐，内心却有着巾帼不让须眉的胆识与魄力。

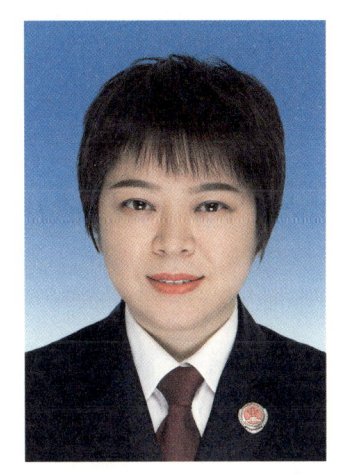

◎ 李景平

浩然正气　力证"陈某某"黑社会性质组织犯罪

深圳"陈某某"黑社会性质组织专案是公安部直接挂牌督办的重大刑事案件。该案涉案人数众多，犯罪时间跨度长，犯罪事实复杂，是广东省近年来罕见的重大黑社会性质组织犯罪案件，光是案卷材料便多达533册，一审判决书更是长达814页。广东省检察院指派有多年公诉经验的李景平担任该案办案组组长。

从接到任务的那天起,李景平就带领着3名公诉精英驻扎深圳,她们夜以继日,连续奋战,不知熬了多少个不眠之夜。由于组织周密、方法得当,办案组仅用了一个月的时间便完成了整个案件的审查工作,形成23万字的审查报告。她带领办案组精心准备出庭预案,在3天1晚的庭审过程中用无可辩驳的证据指证该犯罪团伙犯下的累累罪行,出庭意见被广东省高级人民法院二审判决充分采纳,打击了黑社会团伙的嚣张气焰,取得了良好的庭审效果。

查微析疑　破解"亡者归来"疑团

"检察官办的不是案件,而是当事人的人生"这句话对于重罪检察官而言犹为贴切,因为他们所办理的通常是重罪重刑的刑事案件。

2006年,李景平承办了一宗绑架命案,该案的在案证据似乎已经形成了完整闭合的证据链,包括被告人曾经的有罪供述,均证明被告人将被害人绑架并殴打致奄奄一息,然后抛在山谷中。但是,尸体白骨化,广东省鉴定机构做不了DNA鉴定。她反复斟酌和思考后,一个大胆的猜想浮现在她脑海:山谷里起获的无头骸骨会不会不是被害人的,而只是被人用来掩人耳目的呢?

带着这个疑问,她顶住压力,数九寒天亲自带队踏着厚厚的积雪,翻越韶关乐昌的大山奔赴案发现场。通过查看现场,寻找证人,委托国内最先进的DNA鉴定机关做鉴定,最终,她的猜想得到了印证,山谷里起获的骸骨并非被绑架的被害人,只是被"被害人"借来掩人耳目,企图以此逃避现实债务。

"我经常会对案件进行反复思考,特别是疑难案件,思考多了便会出现'灵光一闪',获得突破的灵感。"李景平笑着说道。笔者认为,所谓的"灵光一闪"绝非偶然,而是一名优秀检察官对其职业使命的敬畏,以及常年办案经验升华为办案智慧的结果。

反复甄别　夯实久悬不决命案关键证据

多年的办案经验让她炼就了一双"火眼金睛",她多次在案件材料的鉴定报告或尸体检验结论中发现重大线索,从而获得关键证据,让久悬不决的命案得以尘埃落定。

她承办的许某强故意杀人案,该案由于缺乏证明力强的客观证据,案件久悬不决。

案件来到李景平手上,她对所有证据材料进行反复甄别,一份"没有证明价值"的 DNA 鉴定引起了她的注意,发现同一个被害人在不同的 DNA 鉴定中基因分型不同。经过再三查证,原来,鉴定机构把委托机关送检的"被告人许某强的血纱"误写为"死者许某的血纱"。

李景平迅速通知鉴定机构就此重大矛盾予以说明和更正。该鉴定机构重新出具鉴定,结论为"被告人许某强家中布片上的血迹"与"死者许某的血纱"的基因分型一致,结论由"不一致"改写成"一致",从而成为了证明被告人与被害人死亡之间存在关联性的重要证据。

一字之差,竟然对一个案件的走向起了决定性作用。鉴定机构在对自身工作上的失误感到抱歉的同时,也对李景平认真的办案态度和敏锐的洞察

◎ 李景平(右)与同事复核钟某案重要证人

力深表佩服。

但这一布片又是从哪里冒出来的呢？由于来源不明，还不能作为定案根据，而因为时间相隔久远，侦查机关遗憾表示已无力补查。可是李景平没有放弃，她亲自带领侦查人员、公诉人员到三级公安机关的档案、法医、刑侦等部门查找，最终，在对物证室里存放的一百多个物证箱进行查找的过程中发现了来源。原来，这一布片是侦查人员在被告人家中从被告人作案时所穿的裤子上剪取下来的。最终，法院全部采纳了检察机关更正、补充的证据，让这一久悬不决的疑案终于尘埃落定。

"经验告诉我，翻译有可能会不准，鉴定结论有可能依据不足，尸检报告也有可能存在偏差，作为法律监督机关，在办理案件时必须要对案件的每个细节进行审查，不放过一页纸，不漏过一个字，才能最大限度地还原事实，实现公平正义。"李景平说道。

锲而不舍　为国家追回巨额国有资产

2018年，李景平调整到职务犯罪检察部门，专办职务犯罪案件，其间，她承办了梁某辉等人二审上诉案。该案被告人梁某某等人以宣告企业破产等合法形式，掩盖侵吞巨额国有资产的非法目的，检察机关一审以梁某某等人涉嫌贪污罪提起公诉，法院一审判定为职务侵占罪，梁某某等人以无罪为由提出上诉。

"我们认为，一审判决之所以将指控的贪污罪改为职务侵占罪，系对企业资产属性定性不准所致，如果照此判决执行，将导致巨额国有资产的损失，应该建议省高法予以纠正。"李景平表示。

该案涉及大量的民事、破产等专业问题，刑民交集，错综复杂，为了使巨额国有资产不被侵吞，李景平在海量的信息库里查找相关政策规定，联系有关主管部门咨询专业意见，进而补充和完善相关证据。同时，她还针对受害国资单位不恰当的维权方式，不远万里赶赴北京召集受害单位及主管单位有关人员召开座谈会,给他们指出问题所在,引导受害国资单位采取正确有效的途径积极挽救国有资产。

最终,检察机关的出庭意见被省

◎ 李景平(左二)与同事讨论疑难案件

高法全部采纳,案件获得改判,超10亿元的国有资产被成功挽回。为此,该国有集团专程派人从北京到广东省检察院赠送锦旗表示感谢,该案也获得最高检的肯定。此外,她成功办理的另一起钟某贪污等系列抗诉案,同样为国家挽回了将近5亿元的损失。

学思并进　知行合一树风范

她善于总结和提炼工作过程中的经验和做法,先后撰写的《广东省办理毒品案件公诉工作经验做法》《广东省检察院成功抗诉一重大贪污系列案件》等多篇总结性材料,被最高检《职务犯罪检察工作情况》《重罪案件公诉工作参考》所采用。

她乐于与行业人士交流分享办案理念和工作经验,曾多次应邀为全省缉毒指挥官培训班、禁毒业务骨干培训班、职务犯罪条线培训班等授课,获得大家的一致好评,树立起检察干警优秀风范。

在领导和同事们眼里,她是一名"孤勇者",面对如山的案卷和复杂的案情,她总能忍受常人难以忍受的孤独,她不惧困难、勇往直前,努力寻找案件的"最优解";她更是一名"追梦者",她对法治坚定的信仰和执着的追求,对检察事业的热爱和不知疲倦的奔跑,成就了她模范检察官的荣耀。

她所办理的案件中，有1件被"两高一部"评为典型案例、3件被最高检职务犯罪检察厅评为精品案例、3件被评为广东省典型案例，另有2篇说理文书分别获"全国优秀文书""省优秀文书一等奖"。由于成绩突出，她先后荣获"广东省优秀公诉人""广东省五一劳动奖章"，荣立个人二等功2次、个人三等功4次，2023年被人社部、最高检评为"全国模范检察官"。

三十余载从检路，默默耕耘晨与昏，从基层到省级检察院，李景平数十年如一日，以"绣花针"的功夫夯实证据，以勇者无畏的气魄指控犯罪，以春风化雨般的用心化解社会矛盾。我们坚信，在众多如李景平一样的优秀司法干警的共同守护下，我们的法治社会定能景常青，我们的百姓皆能享太平。

甘当检民"连心桥"

广西壮族自治区南宁市人民检察院第五检察部主任孔德雨

我们检察官,就像一座桥,一头连着百姓冷暖,一头连着司法公正。

说这句话的人叫孔德雨,现任广西壮族自治区南宁市邕宁区检察院党组书记、检察长。带着这份看似质朴而崇高的使命,他十年如一日扎根在检察战线默默耕耘,恪尽职守,勇于作为,成为一座众口皆碑的"连心桥":曾获"双百政法英模""全国优秀办案检察官""自治区先进工作者""广西检察业务专家"等荣誉。2023年获"全国模范检察官"称号。

◎ 孔德雨

这座"连心桥"通往高质效办案之路

"再小的案件,我们都需要全神贯注,办案不仅仅考虑案件法理本身,还有情理和价值考量。"孔德雨的话语掷地有声。他是这么说的,更是这么做的。

孔德雨从事检察工作10多年来,不管是在之前所从事的南宁市检察

◎ 通过诉讼监督帮助当事人解决了困扰六十多年的宅基地纠纷

院第五检察部岗位上,还是如今调任邕宁区检察院党组书记、检察长,他个人承办民事、行政和公益诉讼检察案件近千件,每一件他都认真细致、专业规范、高度负责,取得了良好的办案效果,协办、主办或主管的案件多次入选全区典型案例。他就像一座"连心桥",向着"高质效办好每一个案件"的价值目标之路执着奋进,矢志不渝。

在办理李某等人申请监督的返还原物纠纷案时,孔德雨了解到,涉案当事人双方在争抢一块1958年未明确处置性质的宅基地,对于当时立契的情形一方主张是买卖,另一方主张是出借,关键证据仅是两张发黄的契纸。

为使案件办理有理有据,他查阅了大量相关书籍、法律法规、司法解释、规章和政策文件等。请教了一些前辈老同志,也无法确定。有人劝他,既然双方证据都不太扎实,一方已经占有使用60多年了,原审判决归其所有,也算合理。但他认为,宅基地的归属影响当事人的生活,且事关诚信和公序良俗,不能简单处理。

身上有着一股锲而不舍的韧劲的孔德雨,又检索了几十篇涉及契纸的案例,查询了10多篇相关学术论文,终于确定当年的契纸具有较强的权属证明属性,随即提请自治区检察院抗诉,广西高级法院再审改判占有使用人将宅基地返回给出借人一家。同时,孔德雨多次对占有使用人一方开展思想工作，晓之以情、动之以理，促使占有使用人接受判决结果。一场跨越 60 年的宅基地遗留权属纠纷，终于得到妥善圆满解决。

这座"连心桥"开拓检察业务高质量发展新径

时光回到 2017 年，当时，孔德雨在南宁市检察院第五检察部工作，负责公益诉讼业务。那年，公益诉讼检察工作在全国如火如荼地铺开，所有人都在摸着石头过河，孔德雨也不例外，但他却毫不畏难。他主动适应新时代检察业务高质量发展要求，协助南宁市检察院院领导办理、指导南宁市的公益诉讼检察工作。

2019 年 5 月，南宁市检察院接到线索，马山县某五金店销售的一款机电产品及店面招牌都印有雷锋持枪半身肖像。这类将雷锋肖像用作产品宣传的行为涉嫌侵害雷锋肖像权，违反英雄烈士保护法，侵害社会公共利益。

"当时只是初步掌握了该案的一些线索，还有很多情况需要去调查了解，固定证据，当时面临着前所未有的挑战和考验。我们是带着对英烈的崇敬和热爱办理这起案件，希望能够通过办理一案，达到警示一片、教育一方的效果，让广大群众更加自觉地维护革命英烈的名誉荣誉，关注公益保护事业。"靠着这一股坚决捍卫法律的信念和决心，孔德雨和同事们开启了这场没有硝烟的英雄烈士肖像权保卫战。

为了证实招牌及产品上的肖像就是雷锋，他和专案组成员们费尽周折、多方取证，兵分几路跑遍南宁市区和周边县份的大型机电市场和五金店寻找线索，终于查明产品上肖像的出处和产品销售情况。如何在法律上认定五金店招牌及产品上的肖像就是雷锋？面对这样的疑问，他和同事们创新工作方式方法，不辞辛劳从辽宁抚顺市和湖南长沙市雷锋纪念馆、黑龙江等多地收集证据，证实某五金店店面招牌及上述被告经营销售的部分机电产品上的肖像为雷锋肖像。

为了达到更好的办案效果，孔德雨和办案人员邀请涉案的当地销售商共同观看雷锋电影，向涉案的外地生产商邮寄雷锋电影光碟，并多次宣讲雷锋精神和公益诉讼制度，还通过南宁市慈善总会向南宁市退役军人事务局捐赠3万元用于退役军人的帮扶解困。

2019年11月20日，南宁市中级法院公开开庭审理该案并当庭宣判，全部支持检察机关的诉请，广西首例英烈权益保护民事公益诉讼案画上圆满句号。根据此案改编拍摄的公益诉讼微电影《无价》入选最高检公益诉讼全面实施五周年"五好"之"好影像"宣传素材，该案被评为自治区公益诉讼精品案件，获广西践行社会主义核心价值观主题微电影比赛三等奖、平安广西微电影比赛暨政法优秀文化作品评选活动微电影类作品二等奖等荣誉。

这座"连心桥"擎起司法为民的朗朗晴空

电影《第二十条》中有一句经典的台词"我们办的不是案子，是别人的人生"。孔德雨对这句台词有着强烈的共鸣。作为一名司法人员，孔德雨深知，既要坚持依法公正办案，也要坚持人民至上，做到心为民所想，情为民所系，利为民所谋，"不能就案办案，而是要通过案件的办理，真正地化解社会矛盾。"孔德雨常常这样提醒自己。他这座"连心桥"，就承载着司法为民的重任，以为民之心，推动源头治理落到实处、开花结果。

在办理黄某等27名劳动者因与单位劳动合同纠纷申请检察监督案时，因该系列案涉及人员多、社会影响大，孔德雨组织召开了案件听证会。虽然听证员一致给出了不应支持监督的意见，但劳动者代表也表示，检察院能召开这次听证会，本身就体现了对该系列案的重视，给了大家一个充分说理的机会，他们对检察院的处理方式表示认可。看到每一位当事人绽放的笑脸，让孔德雨感受到工作的意义，也更加坚定了他前行的方向。

在办理谭某某民事执行监督案时，孔德雨在了解到涉案的村民小组无法支付谭某某征地补偿款3.5万元,且申请强制执行后被执行人无可供执行的财产的情况后,通过调查取证、公开听证等方式进一步核实案件情况,向法院发出检察建议,建议对该案依法恢复执行,并严格落实财产报告制度,对不履行财产报告制度的被执行人予以司法惩戒,以确保谭某某胜诉债权的实现。最终法院采纳检察建议并对案件依法恢复执行。

这两个案例,折射出孔德雨的为民初心、爱民之情。为了进一步创新为民办实事举措,在他的推动下,邕宁区检察院在广西率先建立"12345热线+检察监督"联动机制。孔德雨和干警们一起,定期就热线投诉工单中反馈的问题进行梳理分析,找准检察监督点。力之所向,功之所成。2023年底以来,邕宁区检察院通过该机制,共排查线索400余条,立案并制发检察建议20余件,其中通过该机制发现并办理的督促保护"三期"女职工特殊权益行政公益诉讼案,获评2024年度最高人民检察院、中华全国总工会、中华全国妇女联合会联合发布的保障妇女儿童权益典型案例。

"我们办理的很多民事案件,数额不是很大,大多刑事案件也是轻微刑事案件,但无一不关系到群众的切身利益,千万不能小看,更不能简单地办。"孔德雨的声音坚定而有力。

面对新时代人民群众的新要求新期待,孔德雨在尽职尽责办理案件的同时,坚持在工作

◎ 孔德雨(左二)与同事走访社区帮助老百姓解决问题

中学习，在学习中提升。他开发的公益诉讼检察课程获评全国检察教育培训精品课程，有 10 多篇文章分别获得全国、全区奖项，多个案例或法律文书获评典型案例、优秀法律文书等。他还致力于加强民事检察队伍建设，他带领的一体化办案团队曾获评全区十大特色检察办案团队，"慧眼护民生"也曾被评为全区检察机关"一支部一品牌"先进典型案例。

一"桥"一人生，一"桥"一担当。这座"检民连心桥"，是使命之桥、为民之桥。孔德雨以其专业的工作能力、踏实的作风和无私的奉献精神，正带领着邕宁区检察院广大干警更好为大局服务、为人民司法、为法治担当。他那坚守的身影，如桥一样伟岸、坚定。

坚持"高质效"办好"每一个"案件、"每一件"为民实事

广西壮族自治区河池市人民检察院第六检察部主任韦斌

"高质效办好每一个案件，让人民群众感受到公平正义就在身边；当好公共利益的代表，聚焦群众急难愁盼办好每一件为民实事。这就是我的检察梦。"广西壮族自治区河池市检察院第六检察部主任韦斌常说。

作为一名检察官、一名党员，他用一颗朴实无华的责任心，一种永不停息的奋斗情，一股创先争优的精气神，用实际行动践行"忠诚、为民、担当、公正、廉洁"的新时代检察精神，先后荣获全国模范检察官、首届年度"平安之星"、全国检察机关优秀办案检察官、自治区先进工作者、自治区爱国拥军模范、广西最美公务员等荣誉。

◎ 韦　斌

用心做好公共利益的守护者

"粉尘没了，山绿了，水清了，鸟儿又飞回来了。"村民拍手称赞。2022年12月，韦斌办理一起涉生态环境保护公益诉讼案件时，发现

涉案土地因违法取土导致地表裸露、坑坑洼洼，生态环境破坏严重，周边村民反映强烈。对此，他不仅仅把关注点放在线索核查上，还将个案办理延伸到综合治理、系统治理、源头治理，积极引导行为人修复生态、督促行政机关依法履职治理环境，最终让100余亩山地重新披上绿装。绿水青山就是金山银山。作为公共利益的"守护人"，韦斌深爱着哺育他成长的这方热土。2021年以来，韦斌带领的河池公益诉讼检察办案团队围绕生态环境和资源保护等民生问题，在积极探索追究犯罪嫌疑人刑事责任的同时，始终把恢复性司法理念、促进人与自然和谐贯穿于执法办案实践中。

河池是一片红色热土，韦斌结合革命老区的实际，穿越长满荆棘杂草的崎岖山路，调查零散烈士纪念设施保护管理现状，以法治力量捍卫英烈荣光。2021年11月，家住河南的王道亭烈士家属在广西河池市寻亲时，发现位于宜州区九龙岩烈士墓群中"王道亭烈士墓"墓碑信息有误，"王道亭"烈士的"道"字被刻成了"远"字，后多次要求有关部门更正未果。接到案件线索后，韦斌启动一体化办案机制，组建联合办案组，通过勘验现场，发现该烈士墓群已被杂草淹没，道路破烂不堪，且无相应的道路指示标识。韦斌走访多地党史、民政、退役军人事务局等职能部门了解情况，又联系上王道亭烈士的亲属，了解到王道亭烈士牺牲时才18岁，

◎ 守护烈士荣光，韦斌（右二）帮助老人找到失散70余年烈士父亲的墓碑

在宜州剿匪作战中壮烈牺牲。经反复辨认后,确定烈士墓上名字应是"王道亭"。随后,韦斌就该案勘查结论及整改方案组织公开听证会,担任听证会的人大代表、政协委员、人民监督员、律师代表一致认为,应该修缮烈士墓碑,并加强对烈士陵园环境的维护工作。2021 年 11 月,王道亭烈士墓重新立碑,烈士墓群修葺一新。清明时节看到自己父亲墓地的全新变化,王道亭烈士的儿子连声感谢检察官。韦斌和同事们以扎实的检察履职捍卫了英烈的荣光,告慰了烈士的在天之灵,安抚了烈士的亲人。

"公共利益归根结底是人民利益。公益诉讼检察不只是一项检察职能,更是党和国家的一项重大民心工程。"这是写在他工作笔记扉页上的一句话。

近年来,韦斌和同事深入城区了解老年人的用药需求,针对保健品市场的实际情况,督促中草药店严格落实相关措施,维护老年群众"舌尖上的安全";推动构建文物遗址、非遗文化保护长效机制,以公益诉讼守护河池少数民族聚居区的"乡愁"。韦斌带领公益诉讼检察部门办理的案件中,入选最高检察院典型案例 3 件,入选全区典型、精品案例 12 件。

用情打造为民办实事的检察品牌

"有事找斌哥,准没错!"这是在群众中口口相传的一句话。

提起韦斌办案给人印象深刻的事,大家总能如数家珍:让濒临倒闭的企业重现生机活力,解决了 100 多名职工的就业问题;帮助即将辍学的学生重回校园,重拾人生梦想;帮助 80 岁老人从绝望看到希望,终结了 26 年的漫漫上访路……

从检 21 载,从事控告申诉检察工作 10 年,韦斌始终奋战在服务群众的前沿,树立"信访小窗口也可以有大作为"理念,在办理每一起案件时,他都力求把每一起案件都办成铁案,努力做到让公平正义可感可触可见。

◎ 向符合司法救助条件的生活困难申请人发放救助专项资金

创建"有事找斌哥——检察为民办实事工作室"以来，接待来信来访2642件1717人，均严格按规定回复到位，助力社会稳定。2017年5月，最高检在河池市大化县举办全国刑事申诉案件公开审查现场观摩会，他主办的刑事申诉案件作为全国公开审查示范案例，向全国检察机关推广。

韦斌还积极打造"司法救助助力乡村振兴"工作品牌，坚持围绕中心、服务大局，创新"检察＋社会"多元化救助机制，为因案致贫、因案返贫群众提供司法救助，推动司法救助工作创新发展。2015年以来，他通过办理司法救助、信访等案件，真正解决群众急难愁盼问题，群众赠送锦旗10幅。

用"大数据"托举新时代检察担当

谁掌握数据资源，谁就掌握了主动权。特别在数字时代的背景下，韦斌对此深有体会。

在日常办案中，韦斌看到检察公益诉讼在统筹协调多元主体、协同共治方面发挥着巨大作用，其中，跨部门跨领域的公益诉讼案件社会价值较高，但是线索发现难、办理难、想要办出成效更难。如何破解这个难题？

深化现代科技应用的思维让他找到破题新方法，创新建用涉税、费征收（国有财产保护）大数据法律监督模型，办理了一系列数字检察监督案件，充分释放大数据赋能效用，推动河池检察数字实践上升为社会治理方案，相关部门追缴税费近2亿元，工作成效获最高检充分肯定。

善于开创性开展工作的韦斌，通过自主研发，在广西率先开通"最多访一次"一键式掌上检务平台，群众足不出户，即可享受一键式集控告申诉、司法救助申请等12项功能的便捷检察服务，受到广大信访群众交口称赞。

因心安而无所畏惧

海南省人民检察院第一检察部副主任徐贺

◎ 徐 贺

徐贺，海南省检察院第一检察部副主任、四级高级检察官，曾获"全国模范检察官""海南省先进工作者""全国扫黑除恶专项斗争先进工作者""全国优秀公诉人"等荣誉称号，入选全国"双百政法英模"，办理公诉、批捕等各类案件500余件。

徐贺给人的第一印象充满书卷气，国字脸、宽额头、黑框眼镜，说话不紧不慢，眼里总有笑意。和大多数年轻人一样，徐贺向往自由美好、诗与远方。而检察官身份赋予的责任和使命，让他的人生在惩恶扬善的道路上负重前行。

一顶斗笠

斗笠，制作时需破竹剖篾，细心剥离，削厚为薄，刀滑向篜环，以成势如破竹之态。这是海南劳动人民家中常见的生活用品。关于徐贺，要从一顶斗笠谈起。

海南昌江黄某某等人特大黑社会性质组织案（以下简称"黄某某专案"）是海南建省以来涉案人数最多、牵涉范围最广、关注度最高的黑社会性质组织犯罪案件，也是海南省第一个由全国扫黑办挂牌督办的案件。徐贺正是黄某某专案组的一员。

从20世纪80年代末开始，背靠海南省昌江黎族自治县丰富的铁矿资源，黄某某家族以开设地下赌场起家，先后吞并了昌江地区多股恶势力帮派坐大成势，"以商养黑""以黑护商"，通过强迫交易、敲诈勒索等暴力手段对昌江地区的铁矿、混凝土、砂石场、娱乐场所、农贸市场、土建工程等多个行业领域形成了非法控制或强势垄断，时间长达30年之久。对专案组而言，该案突破难度可想而知。

"检察官啊，我是被冤枉的，我是一个奉公守法的企业家！"徐贺负责承办该系列案件中的重点命案"09614聚众斗殴案"。面对检察机关的询问，黄某某对主要犯罪事实全盘否认，还编出了一套前后逻辑清晰连贯的说辞。

破竹剖篾，较量开始。

2009年6月14日，林某出门找朋友玩，没想到被卷入了一场由黄某某策划指挥的聚众斗殴，被当场砍死。昌江地区几乎所有的帮派成员都参与了这起聚众斗殴案，人数达一二百人，社会影响极为恶劣。事发后不久，黄某某安排人收买了当时负责这起案件的侦查人员，篡改笔录，让手下的马仔出来承揽罪责，同时让马仔找到悲痛欲绝的林某父母"私了"，并胁迫他们签下家属谅解书，不准控告。就这样，黄某某逃脱了法律的制裁，也让当地老百姓陷入了巨大的恐惧。

"他的眼睛转得很快，我在观察他，他也在观察我。"面对如此"善于算计"、心理素质又很强的人，徐贺询问中每一步深入都慎之又慎，"我们用了最笨的方法，面无表情且保持同样的语速、语气跟他对话，避免出现多余的情绪表达或是意思的传递。也许我们不经意的一句话，就是他

◎ 徐贺（左二）出庭宣读起诉书

精心设计来套取信息，并用来判断自己究竟要说哪些东西的"。

即便如此，"自信满满"的黄某某依然像一堵密不透风的墙，等待着"被拯救"的契机。

徐贺将目光转向为他顶罪的马仔身上，细心剥离，削厚为薄，着力攻破黄某某家族的壁垒。

在证据审查中，徐贺采用了互相印证的办法，围绕犯罪构成要件收集、固定证据，形成完整证据链。徐贺对黄某某的马仔"动之以情，晓之以理"，最终让马仔供述了多条指向明确具体、可查性强的重大线索。除此以外，徐贺抓住组织中底层人员、边缘人员"知线索、畏上级"的特点，在保证他们安全的前提下，让相关人员化名做笔录，获取真实有效的口供，推动对案件的审查。

徐贺等人查明，黄某某是在得知手下被一个名叫赵某的男子殴打后勃然大怒，想教训对方，便授意手下"爱怎么做就怎么做"。案发当晚，其手下带人拿着刀棍、砖头，包抄了赵某家的巷口。在激烈的打斗中，林某被多人砍倒当场死亡。放线突破，势如破竹，几个月的攻坚后，黄某某专案顺利终结。

2020年1月13日，海南省第一中级人民法院对被告人黄某某以组织、领导黑社会性质组织罪，故意伤害罪等16项罪名，数罪并罚，判处死刑，并处没收个人全部财产，其他187名被告人分别被判处死缓至有期徒刑一年。同年 7 月 30 日，经最高人民法院核准，黄某某被执行死刑。

专案结束后，徐贺收到了被害人家属送来的一顶斗笠。平安是老百姓最朴素的期盼。在群众眼中，能"把屁股端端地坐在老百姓的这一面"、能为他们遮风挡雨，就是老百姓心中最亲的人。

一次握手

法庭是公诉人的"战场"。而一名公诉人，必须善于从纷繁复杂的法律事实中准确把握实质法律关系，善于从具体法律条文中深刻领悟法治精神，善于在法理情的有机统一中实现公平正义，才能在公诉席上从容不迫，应对形势多变的庭审，拿下一场场"战役"。

在海南省检察机关工作 14 年余，徐贺从书记员、助理检察员到员额检察官，在政治理论上不断精进，在公诉席上砥砺前行，从办小案到承担大案要案，成长为了一名优秀的人民检察官。同事们对他一致的评价是，政治立场坚定、业务能力精湛、审查证据精细、指控犯罪精准。

吴某某案是徐贺职业生涯中开庭时间最长、庭审规模最大的一个案子。从 2020 年 11 月 16 日开始，到 12 月 3 日结束，长达 16 天，有 110 名被告人同时受审，出庭辩护律师高达 169 人。2021 年 7 月 15 日，海南省第一中级人民法院作出一审判决，认定吴某某、李某犯故意杀人罪、组织、领导、参加黑社会性质组织罪等罪，判处二人死刑，其余组织成员亦被判处相应刑罚。至此，盘踞海府地区近 30 年的黑社会性质组织被彻底碾碎。

庭审最后一天，审判长敲响法槌宣布庭审结束后，吴某某的辩护律师快步走向公诉席，他主动伸出右手，和徐贺一边握手一边说："抛开立场不同，公诉人的庭审应对让我由衷地敬佩。"法庭对决，控辩鏖战，方能彰显专业素养。这份来自对手的尊重，激励着徐贺继续奋发向前，把"高质效办好每一个案件"作为自己的基本价值追求。

于自己而言，徐贺有个习惯，每个大案要案办结后，都会写下一份办案心得，总结经验，适时形成相关工作机制和文件。他先后参与研究制定《海南省检察机关扫黑除恶专项斗争工作考核办法》《海南省人民检察院关于提前介入涉黑涉恶案件侦查工作规定》《海南省检察机关调用检察人员办理案件工作办法》等制度，推动省检察院与省高级法院、省公安厅联合出台《关于在扫黑除恶专项斗争中加强协作配合的意见》，促推公检法提升扫黑除恶合力。

多年来，通过调研座谈、青年沙龙、线上培训等方式，徐贺将自己的工作、竞赛经验和技巧毫无保留地分享给全省公诉同行。在海南检察系统中，他被干警们亲切地称为"徐教头"。2019年以来，他为海南全省刑事检察条线培训出一大批业务骨干，其中2人在全国未检业务竞赛中荣获"业务能手"称号，4人在全国十佳公诉人暨全国优秀公诉人业务竞赛中荣获"全国优秀公诉人"称号。

一声心安

在徐贺心中，负重前行是职责，而女儿馨安则是他的诗与远方。

"馨安"，即"心安"。对徐贺来说，"心安"是自己的追求，也是父亲对女儿的期许。"我希望她一直平平安安的，长大以后成为一个对国家、对社会有用的人，能够心安理得地去过好自己的生活"。徐贺的期许，无疑是全天下父母的缩影。而这份同理心，也让我们看到了公诉人更加立体温情的一面。

面对一个涉嫌受贿罪，包庇、纵容黑社会性质组织罪的公职人员吴某时，徐贺陷入了沉思，"提审他时，我们聊到了他上高三的儿子，他说儿子很乖，成绩很好，应该可以考上一所好大学。随即他的声音就有些颤抖，眼泪也开始在眼眶中打转，很快他又控制好自己的情绪，但之后便一言不发沉默了下去"。

徐贺得知，吴某的儿子在知道自己父亲被抓后，心理受到极大冲击。高考前夕，为了让孩子放下心理负担，轻松上考场，徐贺将孩子给父亲写的一封信带进看守所读给吴某听。当徐贺读到"姑姑和奶奶也都很好，奶奶也很想你，她每次见到我就会哭，我每次都会安慰她"时，吴某再也控制不住自己，整个人都崩溃了，哭成了泪人。

看着吴某，徐贺很是感慨："原先他受到社会的普遍尊敬，他的子女、父母都以他们为骄傲。现在他锒铛入狱，对他的家人来说，是一种非常大的伤害，而这是再多的钱都无法弥补的，他也认识到了这一点。之后我们将他想跟儿子说的话转达到位，孩子的情绪也逐渐稳定下来，高考成绩虽然受到一定影响，但也算取得了较好的成绩。"自此，吴某彻底悔悟，主动认罪认罚，退回全部赃款并预缴全部罚金。听取了多方意见后，检察机关向法院提出了从宽从轻的量刑建议。

"通过这个案子的办理，我也认识到如果我们的工作相对人性化一些，那么会更有利于犯罪嫌疑人认罪悔罪，也可以取得更好的政治效果、法律效果、社会效果。"徐贺说。

心安即是归处。如何作出问心无愧的选择，更是徐贺一次次面临的挑战。

前段时间，徐贺接手了一个二审的案子，该案在当地具有重大影响，但徐贺审查后发现存在不少问题，比如量刑过重、法律适用错误，甚至是个别犯罪事实不成立。为慎重起见，徐贺去到当地现场走访调查核实，确认一审判决在认定事实、法律适用和判处刑罚方面确有错误，应当建议二审法院依法改判。

但是，如果提了意见，就是对前期公检法多个部门工作的一种否定。徐贺纠结着问自己："有没有勇气去纠正错误？有没有必要去为这些犯罪分子争取公道，把一些人的刑期大幅降下来，把个别人的罪名减下来？如果真的这么做的话，会不会让人觉得背后有猫腻？自己到底有没有胆量去

◎ 重走案发现场

接受别人的非议甚至是记恨?"

最终,徐贺还是拿定了主意,得凭良心办案。"实事求是地依法办案,既是我的职责所在,也是我的心安归处。"二审庭审开庭时,徐贺站在公诉席把改判的意见和理由都说出来,最终二审法院采纳了徐贺的意见。

对于这样困惑和纠结,徐贺和同事交流时发现大家都有同感,"我觉得,德不孤必有邻,做了什么,我相信别人都能看到、感受到,虽然可能会有不好的揣测,但我问心无愧"。说到底,徐贺内心求的还是两个字"心安"。

在检察战线上奋斗14载,徐贺肩上的责任更重了,但不变的是初心使命;面对的挑战更多了,但不变的是心安的自我。

26年1500余件刑案诉讼无一错漏
重庆市人民检察院第一分院检察二部三级高级检察官游中立

"公"无不克,"诉"无差错。26年如一日,他始终奋战在公诉办案一线,办理的1500余件各类刑事案件无一错诉、漏诉,攻克的大案要案专案数不胜数,孜孜以求办好每一个案件。

他,就是"全国模范检察官"、重庆市检察院第一分院检察二部三级高级检察官游中立。

◎ 游中立

抽丝剥茧觅真相

"不放过任何一个细节",这是游中立的座右铭。他办案尤重证据,蛛丝马迹逃不脱"慧眼如炬",刨根问底也要把真相"挖"出来。

2022年2月,在办理一起由公安部挂牌督办,重庆、云南、湖北公安机关联合侦办的非法买卖枪支、弹药案中,一张枪弹物证照片,让游中立顿时眉头紧锁。

"照片中的涉案枪支色泽、外观、工艺都比较考究,而且从子弹的弹壳、底火、弹头咬合度来看,很像是军用子弹。"枪弹属性直接影响定罪量刑。有着 17 年军旅生涯的他，在检察官联席会议上抛出质疑。

大家一致同意，商请公安机关对该枪弹进行补充鉴定。

很快，枪弹鉴定结果出来了：涉案枪支为制式枪支，子弹为军用子弹。

随后对案卷的进一步审查又有新发现。犯罪嫌疑人的那一句"我派人到'外面'将枪弹拿回来"，更触动了游中立敏锐的办案"嗅觉"——"这个'外面'极有可能是指境外"。

商请警方前往境外调取相关判决书等证据，补充证据链条上缺失的环节，一系列专业、精准监督"一锤定音"，这起公安部挂牌督办的大案办得"势如破竹"。

最终，该案定性由非法买卖枪支弹药罪变更为走私武器弹药罪，对相关被告人的量刑建议也由有期徒刑改为无期徒刑。游中立所在办案组还对同案犯涉嫌的非法持有枪支罪监督立案，获有罪判决；同时对移送云南司法机关另案处理的两名被告人，依法督促改变其指控事实和罪名，实现同案同判、罚当其罪。

于武强正是游中立带"出师"的。两人曾共同办理一起特大贩卖、运输毒品案件，该案犯罪嫌疑人李某和涉案毒品均系现场查获，且其对全部犯罪事实供认不讳。"当时，这几乎已经是一个'板上钉钉'的案子，其他人都觉得可以诉了，可老游却摇起了脑袋。"于武强还清楚地记得当时的情景。

"以犯罪嫌疑人的家庭条件，能搞到几百万毒品交易的定金？"

"无论是他个人、家庭，甚至其亲属背景，都拿不出这笔巨款……确实不合常理！"

事实上，多年来的办案习惯，让游中立早已将李某的背景情况摸得一清二楚。接下来，口供能不能突破就是关键。

"400 万元巨额资金从哪里来，轻轻松松就可以查到，撒谎抵赖就是徒劳无益……"提讯李某时，游中立的"攻心计"一下子打穿对方的心理防线。李某不得不承认，"幕后老板"另有其人。而供出的幕后两人，之前一直没有进入警方的侦查视线。

重庆市检察院第一分院通过此线索又立案监督了涉案金额300万元的重庆市首例虚拟货币洗钱犯罪案，一举立案监督3件4人、追捕1人，6名犯罪嫌疑人终被绳之以法。

举重若轻定性准

"凌晨4时，几十人、砍刀、汽油瓶、迅速集结……"2018年8月，一份恶势力犯罪案件起诉意见书，摆在了游中立的案头。粗看似平平无奇，他却在脑海中划出了一连串问号……

"几十人在凌晨4点准时集结到位，组织程度怎会如此之高？"

"有人持刀、有人扔汽油瓶，分工怎会如此明确？"

"抵达现场即动手、犯罪完毕就撤退，毫不拖泥带水，纪律性怎会如此之强？"

所有的疑问指向同一点：该团伙定性究竟是"恶"还是"黑"？经过一番沟通协商，公安机关决定立即重启侦查程序，再次提讯被关押的犯罪嫌疑人。

事实证明，游中立的判断是对的。这起聚众斗殴案件背后，正是一宗隐藏颇深的黑社会性质组织犯罪。

在检警协同配合下，该案共新增遗漏犯罪事实8件、违法事实3件，追诉3人、补充指控涉黑人员14人，全案33名被告人均被依法判刑。该案后来被最高检评为"是黑恶，一个不放过"两个典型案例之一。

"该案中虽有11起违法犯罪事实，但有组织实施的仅2起，其余均系临时邀约的偶发犯罪……"办理一起14人涉黑社会性质组织案期间，又是游中立率先察觉异样，他仔细核对相关资料后果断提出变更定性。该案最终以恶势力犯罪提起公诉并获法院判决支持，并入选全国检察机关扫黑除恶专项斗争"不拔高、不凑数"典型案例之一。

26年来，游中立先后办理了一批在全市乃至全国有重大影响的案件，累计追诉漏罪、漏犯100余人次，仅2023年就立案监督6件10人。在最高检扫黑办工作期间，他还曾作为扫黑除恶业务专家，督导、指导办理了一大批涉黑"钉子案""骨头案"。

从零起步攀高峰

1997年，曾参加过对越老山防御作战，带领连队获中央军委"英雄炮兵连"荣誉称号、荣立个人二等战功的游中立，33岁转业到重庆市检察院工作。脱下"军装绿"，穿上"检察蓝"。一切从零开始。眼瞅着周边一个个科班出身、学历耀眼的小年轻，游中立感到前所未有的"本领恐慌"。"就像爬一座高山，别人的起点在山腰那儿，我是从山脚脚开始爬，心焦得很！"

从守卫和平到护佑正义，无论岗位怎么变，游中立一颗对党忠诚、为民服务的初心不改。他还是那个"有第一就争、有红旗就扛、打死不服输"的"老兵"脾气。

那段日子里，他工资留下吃饭的钱，其余全拿来买学习资料，一下班就坐公交车直奔函授教育点。经过不懈努力，他参加西南政法大学法学自学考试并顺利获得本科学历，并于2002年当上主诉检察官。

"原以为一步迈到了门槛里。"游中立没想到，此时的他却栽了一个"跟头"。一起聚众斗殴致人死亡案件开庭，刚进入控辩环节，经验老辣的辩护律师竟冷不丁抛出"被告人是正当防卫"的无罪辩点，打了游中立一个措手不及。

这个"跟头"对游中立的内心触动特别大。"公诉人的'门槛'是隐形的，不想被'PK掉'就必须终身学习，不能拿过去的理念办今天的案子。"从那以后,他给自己立下一个"新规矩"——每办一案都要"复盘",再三揣摩,非做到触类旁通不可。

不仅如此,游中立总是和年轻人"抢"办大要案。一个个疑难复杂案件的摸爬滚打,一点点从"个案灵感"到"类案经验"的日积月累,游中立从一名"半路出家"的公诉新手成长为"登堂入室"的行家里手。

"我属于'笨鸟后飞',下的都是滴水穿石的'笨功夫'。"26年的时间,对每个人来说都是公平的,游中立几乎一刻没有停下攀登的脚步,一步一个脚印,最终迈上检察生涯的荣耀之巅。

如今,游中立已是最高检扫黑除恶专家组成员、全国扫黑办督导组成员、全国检察机关重罪检察部门维护国家安全优秀办案团队成员、重庆市扫黑除恶专业团队组长,先后荣立个人二等功3次、个人三等功2次、集体二等功2次、集体三等功2次。

站好最后一班岗

跑现场、提讯、出庭、办最难的案子,在篮球场上"抢篮板"……见到游中立,一点儿也不看不出他有快60岁的样子,作为明年就退休的"老同志",却还像小伙子一样"拼"。

近几年,游中立的办案量仍占到整个部门近六分之一。"一刻也闲不下来",这源于他对检察职业发自内心的一份热爱,而更多的是要给年轻干警树立榜样,有机会

多带带他们。

多年来，游中立言传身教，培养了一批又一批的业务骨干，当初那些他眼里的年轻人，而今都已逐渐成长为一个又一个能够独当一面的优秀公诉人。

紧张办案之余，游中立还多次受派、应邀到北京、宁夏、河北、湖北等地专题授课，在重庆检察机关开展先进事迹报告会，将多年积累的宝贵经验倾囊相授。他所办理的案例被编入全国扫黑办《扫黑除恶专项斗争法律政策文件适用指导案例》、最高检《检察机关开展扫黑除恶专项斗争典型案例选编》，主讲课程被评为第五批全国检察教育培训精品课程。

为孩子的健康成长"铺路"

四川省攀枝花市人民检察院第七检察部主任白华

从检10余年,他先后获得攀枝花市第八届劳动模范、四川省十大法治人物(提名)、全国维护妇女儿童权益先进个人、全国模范检察官等多项荣誉。

◎ 白 华

如我在诉 是良知更是担当

青衿之志,履践不辍。"大学四年的法学专业培养,让守护公平正义成为了我的职业追求。从书记员到检察官,从审判到检察,我一直坚守学法的初心。"

2010年8月,白华大学毕业考入攀枝花市仁和区法院。勤学善思、精益求精让他快速成长为业务骨干,协助办理各类民商事案件400余件。一起历时两个多月帮助20余名农民工成功"讨薪"的案子令他记忆犹新,"从他们拿到钱开心的样子,我仿佛看到20多个家庭其乐融融、温馨过年的美好画面"。三年基层法庭办案经历,这样的民生小案很多,考量的是业务水平,更是职业良知,让他越加共情于当事人的困境和愁盼。

2013年11月，白华遴选考入攀枝花市检察院。从检10年，他办理各类刑事案件600余件，主办、参办大要案近百件。2020年，白华办理了王某等人故意伤害、贩卖毒品、强迫他人吸毒、容留他人吸毒案，以王某为首的恶势力犯罪集团长期暴力逼迫未成年人安某甲和其弟弟安某乙贩毒吸毒，致安某甲死亡，该案一审判处主犯王某死缓。重新审阅案卷、梳理案情后，白华坚定认为，王某作为恶势力犯罪集团的首要分子，利用未成年人实施毒品犯罪，强迫未成年人吸毒并致其死亡，手段残忍、情节恶劣，属于"罪行极其严重"，一审判处死缓的量刑畸轻。他一遍又一遍地阅卷、调查、询问……记不清熬了多少夜，往返证人居住地多少次，在全面收集、分析研判被害人身前健康状况、受伤害程度、周边群众证言等关键证据后，提请抗诉意见得到省院支持，二审改判主犯王某死刑立即执行。

在依法追诉犯罪的同时，白华发现案卷里少有安某乙的信息，遂主动核实查找，辗转多个福利院和民政部门才得知孩子已被其外公接回凉山州某县家中。为保障孩子健康成长，他积极与当地行政部门协调联动，解决孩子的心理疏导、户籍登记、就近入学等现实问题，帮其争取到国家司法救助金9万元、赔偿款15.5万元。至今，每年春节前后，白华都会带领团队成员前往看望孩子，关心他的生活学习。

因在赔偿谅解协议实质性审查、侵害未成年人罪行极其严重犯罪量刑，以及开展未成年人综合保护方面作出的前瞻性示范，该案获评第五届四川省维护妇女儿童合法权益十大典型案例、四川政法"五年百佳"案例、全国检察机关精品刑事抗诉案件，入选最高检第四十五批指导性案例，并被中央电视台《一线》栏目报道。

检察官履职不能是冰冷机械的简单司法，而应以"如我在诉"般感同身受的温度温暖人心、促进和谐，高质效办好每一个案件，是白华坚定的信仰。

全面依法履职　是自觉更是智慧

业精于勤，行成于思。白华常说："我的工作是孩子们的人生！每一次看到未成年被害人走出阴霾、误入歧途的孩子被感化挽救，我的决心和信心就更加坚定。"

2014年，白华开始专司未成年人检察工作，见证了未检部门从无到有、业务工作从弱到强的发展轨迹，经历了从办个案、搞宣传到管理团队、综合治理的成长历程，贯穿其中的是检察履职的自觉思考和主动实践。他带领两级院未检干警，构建起未检业务统一集中办理工作体系，联合司法行政部门出台加强和规范未成年人社区矫正工作意见，督促整改未成年人与成年人混管混押、混同教育的工作成效被最高检通报肯定。聚焦"双减"政策，指导辖区检察机关支持学生及家长提起追索培训费民事诉讼案52件，经验做法被最高检通报肯定，并获社会各界"点赞"。

"办理个案能帮助未成年被害人，是末端；而法治进校园能防微杜渐，是前端，也是关键。"如何让更多孩子能迅速接受、理解法治课的内容？他的方法是变"单兵作战"为"集团会战"，以市检察院"大白"工作团队为起点，带动全市72名检察干警担任103所学校法治副校长，指导各县（区）院打造出全省基层检察产品特色品牌"青芒工作室"、省级青少年法治教育实践基地"木棉花开"、"苏铁花工作室""百灵鸟"青少年禁毒防艾等宣传教育品牌，形成集群效应，开展法治巡讲520余场10万余人次，为孩子们扣好人生"第一粒法治扣子"。

新时代、新需求给未检工作带来新的挑战，加强理论实务研究成为白华破解难题的"制胜法宝"，《探索创新预防未成年人违法犯罪机制》《关心下一代工作实践与思考——以未成年人检察监督为视角》等省、市理论实务研究重点课题研究顺利结项并付诸实践，将能动履职的路越走越宽。

"我的工作就是让孩子健康成长，向阳而生，每一个细节都无比重要。"高质效推进每一项工作，是白华坚持的信条。

造矩成阳　要示范更要引领

萤火微光，愿为其芒。"团支部是团结带领青年干警逐梦追光的先锋组织，应当成为汇聚青年检察人干事创业、弘扬正能量的坚强团队。"担任市检察院团支部书记3年多，白华竭力为青年干警树起标杆、搭起平台、真抓实干。

一个优秀的团队，永远强过能干的个人。如何涵养青年干警政治信仰、法治信仰，如何激发青年干警锻炼才干、施展才华的内生动力？白华明确了"团建带队建"工作思路，建立青年理论学习研讨制度，定期组织主题团日活动，举办"青春心向党·建功新时代""青春建功 不负韶华 争做优秀花城检察卫士"等主题征文、书画摄影、演讲比赛等，团支部凝聚力、向心力和战斗力明显提升。

利剑石上磨，人在事上练。如何帮助青年干警树立敢打必胜的勇气，淬炼业精技强的本领？个人的成长经历，让白华深知，接受风雨洗礼是淬火成钢的必经之路。他发起并组建"花城检察卫士"青年先锋队，推动青年干警积极投身到扫黑除恶、禁毒斗争、乡村振兴等一线工作，团队及成员先

◎ 禁毒宣传日白华（左一）走上街头开展禁毒法治宣传

后获得全国检察宣传先进个人、全省检察技术"双十佳"、全省控告申诉业务能手等30余项省级以上奖项，奋勇争先、顽强拼搏的青春风采不断彰显。

以梦为马，不负韶华。白华时常

◎ 到攀枝花市第二初级小学进行普法宣传

勉励自己和青年团员，不驰于空想，不骛于虚声，努力成为有理想、敢担当、能吃苦、肯奋斗的新时代检察好青年。2020年初，新冠肺炎疫情防控狙击战打响后，白华第一时间带领"花城检察卫士"青年先锋队进驻8个一线卡点，先后发放绿、蓝卡1302张、入户排查1344户3360人次，送达和张贴隔离观察通知书143户，以不退不让的坚持，践行初心使命，诠释对党忠诚。

"花城检察卫士"逐渐成为勤学善思、敢想敢干、勇于担当的代名词，2023年被命名为"第21届全国青年文明号"。高质效履行每一份职责，是白华坚守的信念。

开启新程　要行稳更要致远

行远自迩，笃行不怠。"新岗位意味着组织的信任和使命的重托，如何走好未来的路，是我在新赛道上需要用心用力答好的试题。"2024年2月，白华调任攀枝花市仁和区检察院党组副书记、常务副检察长。

短短6个月，他牵头组建了"仁爱人和"特色办案团队，致力加强对妇女、老人、未成年人特定群体权利综合司法保护，构建"检察＋民政＋教育＋慈善＋就业"的多元化社会综合救助机制。2024年7月，"仁和区检察院组建专业团队守护最美'夕阳红'"入选全国检察机关落实"十一号检察建议"典型事例。

随着工作的一步步深入，白华也一次次收获荣誉，但他清醒地认识到，荣誉承载更多是沉甸甸的责任与使命，自己要做的是以更高标准干在实处、走在前列。

坚持多看一眼、多问一句、多做一点

四川省内江市市中区人民检察院第五检察部主任陈进

从检 18 来，她怀着对检察事业的忠诚与热爱，成立"谭妈妈"未检团队，办理的刘某某等人寻衅滋事案入选最高检典型案例，先后获评"全国模范检察官""全国青少年普法教育优秀辅导员""2021 年四川省优秀少先队辅导员""四川省检察系统先进个人"等荣誉，被省委省政府荣记个人一等功。

◎ 陈 进

以办案促进治理

2018 年 3 月，刘某某等人成立以帮忙打架为名收取保护费的帮会"九龙堂"，先后逼迫 10 余名在校学生加入帮会并交纳保护费，殴打 10 余名在校学生，致使多名被害学生产生厌学情绪。案发后，市中区检察院及时介入。作为该案的承办人，陈进从该犯罪组织形态、管理模式、作案工具和犯罪社会影响着手，引导公安机关调查取证、固定证据。

针对该组织成员中有不少人是学生、有人既是加害者又是受害人的情况，陈进精准甄别后分类施策，对帮派骨干成员，依法提起公诉从严打击，并依法追加起诉闵某某等帮派骨干成员涉嫌寻衅滋事罪；对一般涉案未成年人，在依法提起公诉的基础上，制订帮教方案，对接内江市爱心志愿者协会对涉案未成年人开展"一对一"精准帮教。

"这是一件做好事的工作，你要认真负责，关心、教育、爱护好他们。"在办理此案的过程中，陈进总是想起刚走上未成年人检察工作岗位时，从小带她长大的外公对她的叮嘱。

带着外公的叮嘱，陈进在依法打击犯罪的基础上，结合案件情况，给未成年犯罪嫌疑人正视问题、改过自新的机会。

为此，陈进及时向院党组汇报该案暴露的青少年法治意识淡薄等问题。随后，该院通过向教育主管部门送达检察建议、向当地政法委专题汇报等形式，促成建立内江市首个青少年法治教育基地，截至目前，已有2万余人次参观了该法治教育基地。

谈到法治教育基地的作用，最让陈进记忆深刻的是一名小女孩。在一次参观结束后，那位小女孩拦住陈进，向陈进反映他人违法的情况。

因该案打、防、管、控、建一体化作用发挥突出，2019年12月，被最高检评为检察机关依法严惩侵害未成年人犯罪、加强未成年人司法保护典型案例。

◎ 组织开展"守护花季笑颜 携法相伴成长"主题法治讲座

"检察履职不止办案，更要从案件背后涉及的问题着手，进行综合履职。"陈进不止这样说，更是这样干的。

在办理一起涉未成年人案件时，

陈进发现部分涉案未成年人有吸烟行为，经询问，发现涉案未成年人所在学校周围小卖部有售卖香烟的现象。陈进第一时间向市中区烟草专卖局反馈此情况后，市中区烟草专卖局高度重视此事，多次联合市中区检察院开展烟草售卖点专项清理行动。

针对办案发现的相关问题，在陈进的反映下，市中区检察院联合相关部门开展相关专项行动18个，走访超市、宾馆、娱乐场所等220余家，发现问题20个，目前均已整改。

以办案服务群众

小艳（化名）是一名农村留守儿童，母亲不知去向、父亲长年在外务工，在爷爷奶奶照看过程中，其合法权益遭受邻居侵害。

在案件办案过程中，陈进依法提前介入，对证据收集等方面提出引导侦查意见10条；联系心理老师对小艳开展心理疏导，及时掌握小艳情绪并开展疏导；对犯罪嫌疑人依法提出从严判处的量刑建议，得到法院的采纳。

在办好案件的同时，陈进及时向区妇联汇报小艳监护缺失的情况，希望共同解决小艳监护缺失的问题。陈进和区妇联多次与当地党委政府、村两委座谈，共同商讨切实可行的办法。

◎ 在凌家镇牛角田村开展"情暖新春　共护未来"留守儿童关爱保护活动

在得知3年未

回家的小艳父亲回内江看望小艳的消息后,陈进与区妇联工作人员赶赴其家中,对小艳父亲开展家庭教育。通过两个小时的沟通,小艳父亲意识到自己的失职,承诺会尽快回到内江生活,履行好教育子女、赡养老人的职责。

因小艳年幼、爷爷奶奶体弱多病,为减轻小艳父亲回内江后的生活压力,陈进和区妇联工与当地党委政府沟通联系,为小艳父亲在家附近找到了一份稳定工作。随后,小艳父亲回内江工作。

2022年春节,陈进和区妇联、区关工委工作人员再次来到小艳家时,小艳拿出自己制作的捏捏球送给陈进,她笑着说:"谢谢您的关心,我一定努力学习,今后报答社会。"

"不就案办案,多看一眼、多问一句、多做一点,就可能有意想不到的收获。"作为一名基层检察官,陈进道出了自己以办案服务群众的心得。

在对一名参与盗窃犯罪的未成年人开展心理疏导时,陈进深入了解后发现女孩和母亲矛盾重重,而矛盾的根源在于母女二人都认为对方不在意自己。为解开双方的心结,陈进同步对母亲和女儿开展心理辅导,最终成功化解了母女之间的矛盾。

2016年5月,陈进还牵头成立了"谭妈妈"未检工作室,以母爱标准践行"最有利于未成年人"原则,以法治护航未成年人健康成长。在他们的努力下,市中区检察院推动多家单位建立完善制度11个,形成工作机制百余个,创建"谭妈妈"校园工作室等平台7个,建立"未检工作室+检察机关+群团组织+N"模式的未成年人保护队伍……

除了办案外,陈进还把保护的触角延伸至生活中:在接孩子放学途中,她发现两名女孩在学校周围徘徊,了解到她们是离家出走后,立即与当地检察院联系,最终将她们安全送回家;参加志愿活动时,她购买书籍和礼物满足留守儿童愿望……

以办案守护正义

"讯问的最好结果,就是他从拒不认罪到认罪悔罪再到泪流满面。"2016年4月21日20时20分,在结束对16岁的张某一天的讯问后,陈进编发了一条朋友圈。

因对同伴钟某不满,张某安排同案4名犯罪嫌疑人,通过将恐吓信和存有钟某不雅视频的手机内存卡送至钟某家中、发送钟某被绑架照片的短信、打电话威胁等方式,向钟某养父母索要现金50万元。因家贫无法凑足现金,钟某养父母报警,随即,张某等5人被抓。

到案后,张某拒不认罪,狡辩称他未参与,是他人自愿进行。原来,张某只负责策划,从未在钟某等人面前露面。

在调查中,陈进了解到张某自幼与母亲、外婆一起生活,每天按时回家,无不良嗜好,是个听话的乖孩子。

为此,陈进说服张某母亲把想对张某说的话写在信上,试图用亲情去感化张某。

2016年4月21日,陈进再次到看守所讯问张某。开始时,张某毫无悔改之意,仍拒不认罪。

"我的孩子,妈妈好想你……"见此,陈进拿出张某母亲写的六封信,一封封读给张某听。听到母亲对自己思念之情后,张某脸上露出了愧疚之情。不一会儿,一滴、两滴……眼泪从张某眼角流出。陈进读第二封信时,张某表示认罪悔罪。陈进读完第三封信后,张某嚎啕大哭,泪流满面。最终,张某等5人获相应刑罚。

"作为一名检察官,就要用专业和严谨对待每一个经办的案件,让人民群众在一个个具体的案件中不断感受到公平正义。"回忆起办案的点点滴滴,陈进说道。

2018年3月,陈进办理过一起棘手的"套路贷"案件,以黄某某为首的 11 名犯罪嫌疑人采取诈骗、非法拘禁、敲诈勒索等手段占有被害人财物，其中一名被害人刘某被骗金额高达上百万元。该案案情复杂、涉案账目多，且当时未有对"套路贷""软暴力"的指导意见和司法解释，要查清犯罪事实、形成完整的证据链、准确指控犯罪并不容易。面对难题，陈进选择迎难而上。

办法是想出来的，工作是干出来的。案情复杂，就一一捋顺；账目杂乱，就细细理清；提讯、对账、再提讯、再对账……在数月的时间里，陈进多次翻阅卷宗、梳理账目，记录下 20 万余字的审查笔录，终于厘清案件事实，形成精准指控证据体系，最终让犯罪分子受到法律严惩。

"每起案件背后都是群众的急难愁盼，直接影响人民群众司法获得感。"秉承这样的责任感和使命感，从检 18 年，陈进始终忠诚践行为民服务的初心，高质效办好每一个案件，用实际行动当好公平正义的守护者。

以百姓心为心

四川省西充县人民检察院常务副检察长张晓波

橄榄绿色的制服、头戴大檐帽、闪闪发亮的警衔和肩章，30年前，他坐在老旧的电视机前，荧幕中演员的每一拳每一脚都时时牵动着他幼小的心脏，一个守护公平正义的梦想被藏在他小小的心底慢慢发芽。

须知少日擎云志，曾许人间第一流。20年前，22岁的他在四川大学进修完法律专业后，带着一股青春的蛮劲儿叩问自己的初心，"惩恶扬善，维

◎ 张晓波

护正义，一直都是我的梦想。从前我并不知道检察院是干什么的，但在系统学习法律，了解检察工作之后，检察机关在我心里就成为一个神圣而令人向住的地方"。

2006年农历二月初二，张晓波通过公招考试到西充县检察院报到，此后6500多个日夜里，他在磨砺中成长，在成长中收获，既体会到了第一次出庭时的忐忑不安，也留下了周末连续两天阅卷回家后才想起两天只吃了两桶方便面的回忆。18年前，他还是一名笔录也不会做的门外汉；18

年后，他已是身经百战、屡战屡胜的业务标兵，先后主办和参办重大要案20余件，为国家挽回经济损失6.5亿余元，追回农民工欠薪、非法集资等群众损失4000万余元。

"守牢案件质量生命线，以百姓心为心"，这是他一直秉持和坚持的理念，也是他成长和努力的方向。

化解矛盾才是关键　再难也要坚持做下去

18年、1500余件案件。面对记者，张晓波聊起了一件对他影响最大的涉及300余名集资群众的"华鼎"非法吸收公众存款案。

2013年至2014年，华鼎置业公司因资金短缺通过西充县某理财公司（另案处理）向群众高息借款。公司前期经营状况良好，按时归还了部分本息。2017年起，该置业公司资金链断裂，无法偿还投资人剩余的本金及利息。2017年下半年，公安机关对冯某及华鼎置业公司以涉嫌非法吸收公众存款罪立案侦查。2018年上半年，公安机关将案件移送西充县检察院审查起诉。

案件移送到检察院后，矛盾也随之集中到了检察院。由于参与集资的群众人数众多，有的还属于低收入困难家庭，被害群众在得知自己可能血本无归后群情鼎沸，难以平复。"最多时，院内有上百

◎ 华鼎公司非法吸收公众存款案集资款兑付会（台上左一为张晓波）

名情绪激动的群众在检察院周围聚集，维稳压力一度达到临界点。"张晓波说。

承办部门在审阅全案案件材料后，认为案件证据链十分完整，可以直接按照程序快审快结，将案件诉至法院。面对群众"追不回来钱，检察院还办啥子案子"的哭诉、质问，时任分管领导的张晓波犹豫了。"案件诉至法院，矛盾一样存在，解决问题才是关键。既然群众对检察机关有要求、有期待，那我们就着力在检察阶段化解矛盾。"在经历多次部门商议后，张晓波作出了完全不一样的决定——追赃挽损。

但，追赃挽损的难易程度与犯罪所得的实际去向、犯罪人员的经济状况等客观因素密切相关，被害群众"投资"交出去的钱，就像泼出去的水，所谓"覆水难收"，追赃挽损谈何容易？尤其是在本案中，该置业公司所借款项数额巨大，追赃挽损成功可能性极低。

"实际上在案件刚开始办理时，我心里对做好追赃挽损工作很没底，但一想到群众的实际困难，特别是一些群众投进涉案理财公司的是养老钱、救命钱，我就决定，再难也要坚持做下去。"张晓波回忆着当时的心境。

哪怕只有1%的希望　也要尽100%的努力

说干就干。看着办公桌上一摞又一摞半尺厚的卷宗，张晓波决定从涉案公司的资金去向入手，找寻为群众追赃挽损的蛛丝马迹。

张晓波给自己立下"军令状"——一个星期内必须找到线索。这一周，他每天工作到凌晨才回家，无言的案卷一页又一页翻过，从熹微的晨光到漆黑的夜幕，白板上的资金去向图变了又变，手边稿纸上的追查线索图划了又划。

经过100多个小时的彻查后，张晓波最终发现：涉案置业公司所借款项中的一笔3000万元涉案资金被用于贵州某房地产项目。该项目审批文件齐全、建设施工规范，后因销售不佳，资金链断裂，导致暂时停工，处于烂尾状态，但仍有"起死回生"的可能。

"哪怕只有1%的希望，也要尽100%的努力。只要盘活这个项目，受害群众就有了希望。"抱着这样的信念与决心，张晓波立即带领专案组成员远赴贵州，配合当地政府想方设法为项目寻求接盘人。那段时间里，张晓波和专案组的同事为此进行了不计其数的沟通和谈判。最终，该项目被成功转让，当地政府也同意从项目转让款中优先扣划集资款。

集资款集中兑付后，检察机关第一时间将钱款发放到了受害群众代表的手中。

一张张群众的笑脸　就是最好的回馈

这起案件说来轻松，但办案过程却很艰难。3000万元的集资款并非一次性全部追回。前期，专案组仅从项目工地追回500万元，因案件办理原因一时不能兑付。

得知有部分钱款已被追回后，有一些不理解的群众来到检察院上门质问，"为什么追回了钱却不兑现"，还有情绪过于激动的群众甚至冲到张晓波的办公室当面辱骂。这让他和专案组成员压力巨大。

"说实在的，当时确实想过放弃，明明自己一直在努力追赃，却被人误解。"张晓波说。刚好那天中午，他看到了一名被网友称

◎ 张晓波与同事讨论案件

为"最美收费员"的视频,她上一秒被服务对象骂到委屈得直掉眼泪,下一秒又擦干泪水微笑服务下一位。他当时反反复复看那个视频不下数十次,想到那么多的集资款,"我要是受到点委屈就半途而废、甩手不干了,那被害群众又该怎么办?"

面对巨大的舆论压力与群众的不断质疑,张晓波一边制订出更详尽的盘活项目、挽回损失的方案,一边积极向群众做好释法说理工作,争取群众的理解与支持。在达成一致意见后,2019年,张晓波与专案组成员多次前往项目所在地,帮助涉案公司协调查封、扣押等资产处理相关事宜。

2019年12月底,在第二笔2500万元集资款全部到账的那天,那个在同事眼中"雷厉风行、刚毅坚强"的张晓波落泪了。"因为涉案金额和涉案人数实在太大、太多,从向老百姓承诺一定追回他们的钱开始,张检就向我们打了一剂'预防针'。当大家真正面对这些质疑时,张检作为主办检察官,承受着比我们更大的压力,甚至在曾遭遇过威胁的情况下,依然鼓励着整个专案组。"一位专案组成员告诉记者。

"整个追赃挽损期间的心情真的很难描述。可以说是从希望到失望、绝望,再从绝望中重燃希望。"张晓波对记者说,"虽然很难,但它对我来说却有着无比重大的意义。当看到兑付会上群众灿烂的笑脸,感觉这一切都值了"!

或许是因为那份"欲当大事,须是笃实"的从容气度,张晓波向记者平和地讲述了最起伏的情节、剥开了最"烫手"的"山芋"。一路走来,在面临职业困惑时,在面临职业选择时,每当穿上那身检察蓝,张晓波的心中便不再迷茫、脚下总有力量。

在西充县检察院院史馆,收藏有一本张晓波捐献的法律工具书,是他入职那年,退休多年的老领导送给他的。"这是老领导在90年代获四川省检察院表彰时得到的奖品",2023年西充县检察院"五四"青年节座谈会上,张晓波抚摸着这本早已发黄的"砖头书","老领导希望我们年轻人把这份检察事业好好接着干下去。我想这份宝贵的精神财富不应该只属于我一个人，所以我把它存放入院史馆，也希望大家向检而生，找到属于自己的人生价值"。

向检而生，以百姓心为心，守护公平正义。张晓波沿着这条道路，始终把认真留给自己、把较真留给工作、把纯真留给事业，践行着"立检为公、司法为民"的检察誓言。

用行动践行检察初心

贵州省大方县人民检察院副检察长代潘菊

代潘菊，贵州省大方县检察院党组成员、副检察长，历任贵州省毕节市检察院助理检察员、检察员、公诉部门副处长、刑检部门副主任、主任等职务。她先后获得毕节市先进工作者、全省检察机关扫黑除恶专项斗争先进个人、全省检察机关优秀基层检察官、贵州省最美劳动者、贵州省第三届"十大法治人物"、全国维护妇女儿童权益先进个人、全国模范检察官

◎ 代潘菊

等荣誉十余项。2022年，当选为中国共产党毕节市第三次代表大会代表、中国共产党贵州省第十三次代表大会代表。

铿锵自有　二十年检察风雨铸就

在从事检察工作20年的时间里，代潘菊始终坚守"高质效办好每一个案件"的价值追求，用实际行动践行着新时代检察官的初心和使命，用实干诠释着新时代检察官的责任与担当。

2017年8月12日，一起涉案金额达上亿元的重大经济犯罪案件由毕节市公安局移送毕节市检察院批准逮捕。因涉案金额大、证据审查难、定性存在争议，承办该案的两名年轻检察官面临着巨大的办案压力。

彼时，还是毕节市检察院公诉一处副处长的代潘菊刚结束产假回到工作岗位，"领导把我叫到办公室，只说了一句话——这是块'烫手山芋'，你接还是不接？我就回答了一个字——接"，代潘菊说自己的性格就是这样，再难的案子我也不会拒绝。

拿到案件后，代潘菊审查发现，该案涉案资金上亿元，犯罪嫌疑人刘某在转移资金过程中存在虚假交易和真实交易混同的情况，且大部分财产很难区分是个人所有还是公司所有，加之刘某对其是否构成犯罪、涉案的金额等均持有异议并带有抵触情绪，如何准确定性成了本案办理的最大难点。

案件能否依法准确处理，事关犯罪嫌疑人及涉案企业的合法权益，容不得半点疏忽。为此，代潘菊决定从梳理资金流着手突破难点。面对一摞摞的卷宗，她带领办案组成员加班加点精细化审查、重点分析账目银行流水，制作成涉案资金台账和资金流向表……在全面梳理事实证据、层层分析犯罪行为的基础上，代潘菊最终准确认定刘某涉嫌挪用资金罪。

通过代潘菊多次耐心细致地释法说理，刘某也认识到其行为性质，对犯罪事实供认不讳，表示自愿认罪认罚，并签署了认罪认罚具结书，退缴全部涉案资金共计1亿余元。最终，法院全部采纳了检察机关指控的犯罪事实、罪名及量刑建议。案件宣判后，刘某表示认罪服判不上诉。

面对一个又一个的大案要案、疑难复杂案件、敏感案件、陈年积案，代潘菊说，"'硬骨头'总要有人啃，而且我也能得到更多实战历练和经验积累"。

对于代潘菊来说，经济类犯罪案件只是她办案生涯中的一个分支，而贯穿整个职业生涯的，是任务繁重、人少案多的"苦差事"——重罪检察。

而这个"苦差事",代潘菊却做得有声有色。

在这20年的时间里,代潘菊依法办理一审、二审等案件数百件。办理钮某某"零口供"故意杀人案;江某某等人重大涉外贩卖、运输毒品案等重大疑难复杂刑事案件数十件;通过引导侦查对"零口供"嫌疑人进行声纹鉴定,促使被告人供认犯罪并认罪认罚,服判未上诉。代潘菊参加办理某涉黑案专案组工作,通过内审、提前介入向公安机关提出补查建议1000余条,深挖彻查"保护伞"及其他国家公职人员犯罪16名,移送其他违法线索24条。

"办理重罪案件容不得半点儿马虎,高质效是职责底线也是案件质量生命线。"代潘菊是这么说的,也是这么做的。

不负韶华　彰显巾帼风采

20年来,代潘菊始终以"如我在诉""情同此心"的为民情怀,以"案结事了、政通人和"的工作理念,全力提升每一起案件办理的精度与温度,努力让人民群众在每一个司法案件中感受到公平正义。在办理多起"零口供"命案案件后,她创新性提出"四个必须坚持"的办案思路;面对严重影响人民群众安全感、获得感的重大犯罪案件,制定证据指引,签订协作机制……

在工作中,代潘菊始终坚持双赢多赢共赢的工作理念,不断推动分管领域的工作向前发

◎ 代潘菊(右二)与同事到驾驶培训学校调研

展。她与团队积极探索智能监管措施，得到法院和公安机关的大力支持；加强与公安、林业等单位协作配合，建立"不起诉+检察意见"等配套制度，对犯罪情节轻微，依法不需要判处刑罚或免予处罚的犯罪嫌疑人，加大相对不起诉力度；聚力开展电信网络诈骗犯罪等严重影响人民群众安全感、获得感类案分析，制定证据指引，签订协作机制，推动从"治罪到治理"的有效转变。

刚柔并济　彰显司法温度

一直以来，代潘菊特别注重妇女儿童等特殊群体的权益保护，严惩侵害未成年人等特殊群体的犯罪，通过加大提前介入引导侦查取证、审查办理力度，坚决快捕快诉，增强刑罚震慑效果。同时对涉婚姻家庭案件，在定罪的同时，更加注重收集量刑证据，明确过错责任，注重矛盾化解，做到宽严相济、罪行相适，符合人民群众朴素公平正义观。

代潘菊深入践行"最有利于未成年人"原则，以"法治力量"守护"少年的你"。带领未成年人检察办案团队探索更适合未成年人的帮教观护措施，加大对"守未联盟"App的宣传推广，为罪错未成年人量身打造专业化、精准化、个性化的帮教方案，组成"检察官+老师+志愿者+N"帮教小组"一对一"包保观护对象，2023年以来，定期访谈交流并先后开展结业回访28次，为18名未成年人解决转学安置、就业等问题，让罪错未成年人"无痕"回归社会。探索引入司法社工、心理咨询师、家庭教育讲师等多元化未成年人保护融合履职方式，对涉罪未成年人分级分类干预，开展道德教育、法治教育、心理教育、家庭教育37次。对履职中发现符合救助条件的妇女儿童，主动开展司法救助69人。

一分耕耘，一分收获。20年的积累和历练使代潘菊成为全市检察系统业务骨干，成为毕节检察战线的一面旗帜。她指导办理的纳雍县龙某某等人家族恶势力把持基层政权案获最高检《扫黑除恶典型案例与实务指引》采用，入选全国检察机关扫黑除恶参考案例，系贵州省唯一入选案例；指导撰写和修改的张某某虐待案、朱某某故意杀人立案监督案获最高检评为典型案例、优秀案例；参加的某涉黑案办案组获评为

◎ 下乡化解矛盾纠纷

"全国检察机关扫黑除恶专项斗争优秀集体"；办理的多个案件获评为全省检察机关典型案例。

岁月易逝，初心不改。"下一个20年，我会用热爱、责任和坚持，积蓄所有能力去耕耘这份职业，以一名人民检察官的身份继续见证检察事业的蓬勃发展！"代潘菊说。

这就是代潘菊，一名勤奋、朴实的检察官。为了法律公平公正，为了人民幸福安定，践行初心，扎根基层，无怨无悔，平平凡凡地抒写着检察事业的辉煌。

滇西禁毒女"尖兵"

云南省保山市人民检察院第一检察部主任李蕻娟

◎ 李蕻娟

李蕻娟，长期驻守办案一线，以"为国守边"的责任感，勇挑重担、担当作为，办理了一大批特大毒品案，先后获得"全国禁毒工作先进个人""全国检察机关优秀办案检察官""禁毒防艾工作先进个人"等荣誉。2023年11月，获评"全国模范检察官"。

滇西保山，是禁毒战争的主战场。云南保山检察机关以为祖国守国门的担当，以让毒品无处遁形的气魄，铸就了全国优秀检察文化品牌"滇西禁毒检察利剑"。在这支队伍中，有一名扎根办案一线、在打击惩治毒品犯罪前沿高擎利剑的女"尖兵"，她就是李蕻娟。

牢记党员"第一身份"

现年45岁的李蕻娟，2006年12月进入检察机关工作，2008年加入中国共产党。因检察业绩突出，2011年10月从基层检察院遴选到保山市检察院原毒品案件公诉处工作，机构改革后，所在部门更名为"第二检察部"，她曾担任该部副主任。自2022年12月起，担任第一检察部负责人。

"看到身边的党员检察官时时处处冲锋在前，与老百姓'打成一片'，他们成了我心中的好榜样。"谈起入党初心，李蕻娟说，党员检察官就要全心全意为人民群众办实事、办好事，运用宪法法律赋予的检察权，激浊扬清、惩恶扬善，维护社会公正。

李蕻娟牢记党员"第一身份"，始终旗帜鲜明讲政治，自觉做习近平法治思想的坚定信仰者、积极传播者、模范践行者。无论在哪一个岗位、办理的每一个案件，她都坚持从政治上着眼、从法治上着力，坚持"三个善于"高质效办好每一个案件，努力实现监督办案"三个效果"有机统一，让公平正义可感受、能感受、感受到。

办大案成常态

李蕻娟以"为国守边"的责任感，勇挑重担、担当作为，办理了一大批特大毒品案。

2016年以来，李蕻娟承办案件300余件，无一起超期、无罪判决或错漏案件；2019年以来，承办万克以上特大毒品案59件144人，办理的徐某某等人运输毒品案等案件入选云南省检察院新闻发布会发布的典型案例；办理的唐某某等6人运输毒品案，涉案毒品高达360余千克，6名被告人依法受到严惩。

2019年1月至3月，杨某某等9人共谋从缅甸组织走私、运输毒品到湖南进行贩卖。在云南普洱边境被公安机关先后抓获，共查获甲基苯丙胺（冰毒）109余千克，经两次退侦后于2019年10月移交保山市检察院审查起诉。

其间，李蕻娟作为承办检察官，带领办案团队日夜加班，查阅了全部

◎ 出庭支持公诉

卷宗资料，在梳理案件证据、核对涉案毒品数量时，李蕺娟发现9人中的刘某某等3人可能还涉嫌其他犯罪事实，便撰写了详细的补充侦查提纲，指导侦查机关调取大量证据，并对位于省外的物证进行提取和扣押。通过引导侦查取证，查明刘某某等3人还涉嫌运输毒品179余千克，遂对侦查机关遗漏事实进行追诉。

最后，李蕺娟以该案共计走私、贩卖、运输毒品289千克提起公诉，得到法院判决支持，切断了一条从缅甸经云南走私、运输毒品到内地进行贩卖的线路。

对任何一个毒品犯罪事实都不轻易放过，是李蕺娟的办案准则。在办理蒋某某等3人走私、运输毒品案中，经反复审查，蒋某某系同案犯郭某某等2人运输毒品案的幕后指挥者，但原案中侦查机关并未移送蒋某某至检察机关起诉追责，李蕺娟遂要求侦查机关组织抓捕蒋某某，并引导侦查机关取证。后蒋某某被成功抓捕，经保山市检察院移送起诉后，被判处死刑。

李蕺娟始终把"高质效监督办案"贯穿检察工作全流程各环节，用"工匠精神"雕琢公平正义。2019年以来，她追诉5人、追捕10人，被告人均被判处无期徒刑以上刑罚。

清正是敢于监督的底气

"个案公正,司法才能公正;个人干净,监督才有底气。"李蕻娟严守政治纪律、政治规矩和各项办案规定,以实际行动诠释着一名基层检察官的职业信仰、职业精神和职业情怀,展现出"一身正气、两袖清风"的检察官本色。

"李蕻娟要求部门全体人员要加强学习,增强纪律和规矩意识,守住'井底之泉',不贪'蝇头小利',这样才能在办案中抵制各种诱惑。"提起李蕻娟,检察官助理廖含赞不绝口,"她是我们的镜子,那种不服输的韧劲、追求高标准的专业精神以及对检察工作的初心和热情,感染着身边的每一位同事,激励大家一路行稳致远"。

有温度的检察官

"没有一种根基,比根植于群众更坚实;没有一种资源,比赢得民心更持久。"李蕻娟始终秉持"如我在诉"的人民情怀,努力教育、感化、挽救违法犯罪人员,依法救助受害者,传递检察温度。

办理在校大学生杨某过失致人重伤案时,李蕻娟努力促成双方达成和解,最终对杨某依法作出不起诉决定,感化挽救了杨某。"我一定会牢记教训,努力学习,好好做人,将来更好地回报社会。"在不起诉听证会上,杨某表示自己会痛改前非,以实际行动回应这份司法关怀。

在陈某某故意杀人一案中,被害人妻子杨某某身怀六甲,被害人死亡后,生活陷入了极度困难,承办检察官李蕻娟获悉后,为杨某某申请了国家司法救助,并积极对其进行心理疏导。杨某某收到救助款后,深受感动,给李蕻娟送去写有"以人为本,执法为民"的锦旗。

这样的案例在李蕻娟的办案记录中还有很多。在办案中,李蕻娟积极修复受损的社会关系,贯彻宽严相济刑事政策和认罪认罚从宽制度,开展检调对接、多元救助等工作。接触过她的同事、群众都亲切地用"有温度的检察官"评价她。

打响"滇西禁毒检察利剑"品牌

"干工作要有精品意识、品牌观念。"2021年,李蕻娟通过检察工作实践,把检察业务与检察文化深度融合,主导创建"滇西禁毒检察利剑"检察文化品牌,2022年被最高检评选为"全国优秀文化品牌"。

"在文化品牌创建过程中,我们围绕办案专业化水平有效提高、毒品犯罪检察业务能力有效提升、队伍综合素质有效增强、办案团队整体形象有效彰显四项标准,着力推动毒品检察工作向精品方向发展。"李蕻娟坦言,创建工作并不容易,既要拼监督办案硬实力,又要拼检察文化软实力。

保山市地处滇西,是中国陆路连接缅甸与南亚、东南亚的重要枢纽,国境线长达170千米,距世界三大毒源地之一的"金三角"地区仅120千米。特殊的区位,使保山市成为云南省乃至全国禁毒斗争的前沿阵地和主战场,承担着堵截毒品渗透内流和治理本地毒品危害的双重责任。

"滇西禁毒检察利剑"毒品犯罪检察团队——专注于滇西保山毒品犯罪检察工作。这支队伍对党忠诚、纪律严明、善办大案、

◎ 加班审查案件

能打硬仗，通过履行法律监督职责，严惩毒品犯罪，推进毒品犯罪检察治理，在滇西筑起一道阻止毒品流入内地的坚实屏障，为祖国西南边陲强边固防、社会安定作出积极贡献。

近5年来，该团队办理的万克以上特大毒品案192件，涉毒数量12.37吨。办理的毒品犯罪案件，无一起无罪判决、无一起撤回起诉、无一起超期羁押，保持公众评议"零投诉"、违纪违法"零记录"、执法监督"零错误"。

"通过检察文化品牌创建，有效促进团队整体形象明显提升，创先争优取得实际成果；品牌影响力大幅提升，干警忠诚干净担当作为意识明显增强；检察工作业绩争创一流，持续保持在全省检察机关前列。"谈起文化品牌创建带来的获得感，李蕻娟这样说。

"此生为契，韶华不负检察蓝！我将继续秉持鲜明的政治底色、坚守淳厚的人民情怀，用'高质效办好每一个案件'的高标准来严格要求自己，以优异的成绩回报组织的培养和信任。"李蕻娟对今后的从检之路充满信心。

傣乡的"喃滴溜"
让法治飞入寻常百姓家

云南省景洪市人民检察院副检察长玉喃溜

◎ 玉喃溜

"她就像个'小马达'一样,每天都干劲满满,办案、出庭、下乡、直播……大家都很好奇为何她的精力如此充沛。"玉喃溜的同事说道。

"'喃滴溜'来我们寨子开过庭,还给我们讲法律知识,我们寨子现在违法犯罪的人越来越少了,'喃滴溜'讲的话,我们都听进了!"西双版纳州景洪市曼栋村的村民说道。

"其实我和其他检察官一样,是个普通平凡的人,都是在为民司法守护公平正义。"玉喃溜说道。

玉喃溜,傣族,现任云南省西双版纳州景洪市检察院党组成员、副检察长。在基层办案一线工作近14年,共办理各类刑事案件2000余件。

当人们跟随她的脚步走近她时,她捍卫公平正义的模样,她活跃傣乡大地播种法治种子的身影,她亲和爽朗、热情坚强的性格,赢得了各族群众的充分认可和喜爱,大家都亲切称她"喃滴溜"(傣语意思是"家里唯一的宝贝姑娘")。

大处着眼，小处着手　她心中有大局

参加工作十多年来，玉喃溜始终胸怀国之大者，在大局中找准定位、扎实履职。2017年至2019年，她办理最多的是涉林案，随着跨境犯罪案件增多，她又将打击重点聚焦到跨境违法犯罪上，她紧盯影响地方经济社会高质量发展的问题，以检察办案维护边疆稳定，以检察履职服务地方发展。

"感谢检察官，我们已经按照检察建议逐一整改，也恢复了正常的运转。"2022年，在办理一起非法采矿案件时，玉喃溜结合该案实际，主动将案件办理与生态环境保护一体化推进，取得较好效果。在回访该矿业公司经营情况时，该公司的负责人对检察机关表示感谢，也主动配合检察机关，积极筹备成立了西双版纳州首个"生态修复示范基地"。

"喃滴溜，你来看看吧，我听法律的话，听你的话，在非法占用林地内点种的茶籽现在已经全部铲除了，并且按要求补种下了新的树苗……"2019年，玉喃溜接到一个70岁老人的电话，这位老人，是一起非法占用林地案件的被告。当玉喃溜再次来到村寨，老人种下的树苗已经长出嫩芽……

"检察官，谢谢你！谢谢你！我没有什么文化，除了感谢，我也不知道要怎么表达，你办案子心里面有我们老百姓，为我们着想，真的很感谢你！"一场拟不起诉公开听证会结束后，被不起诉人岩某激动地拉着玉喃溜的手说道。玉喃溜将诉前多元化解矛盾纠纷意识融入办案日常，大力推进诉前治理，让矛盾纠纷在检察环节高质量化解。

2018年，玉喃溜办理的全国首例导游强迫交易入刑案，获得最高人民法院与中央电视台联合举办的"2018年推动法治进程十大案件"提名。2023年1月，她办理的某公司非法采矿案入选云南省人民检察院保障和服务营造一流营商环境典型案例。

"我们办的不是案子,是别人的人生,人民群众感知公平正义,案件就是最重要、最直观的载体。'高质效办好每一个案件',在我看来,这就是对'努力让人民群众在每一个司法案件中感受到公平正义'的最好回答。"对此,玉喃溜感触颇深。

治已病,更治未病　她普法有温度

"一年一度春风暖,百花烂漫展新颜,我们即将迎来第114个'三八'国际劳动妇女节……

"凤凰花开红似火,热辣滚烫泼水节,我们以水为美互洒祝福,以法为介共促团结……"

"健康人生,绿色无毒。特殊的地理位置使西双版纳成为了全国禁毒斗争的最前沿和主战场之一……"

这是2024年以来,玉喃溜带领"喃滴溜"普法团队在"三八"国际劳动妇女节、泼水节、国际禁毒日等特殊节日到来之际开展的一场又一场直播。玉喃溜激情洋溢的开场白,瞬间吸引了众多网友关注,网友走进直播间满屏互动点赞。

多年的办案经验让玉喃溜意识到,边疆少数民族地区犯罪的主要原因还是因为不学法、不懂法,若一味地重办案打击轻教育引导,边疆地区的犯罪问题仍然得不到根本上的解决。为

◎ 玉喃溜给哈尼族"阿批"(哈尼语意为奶奶)普法

此，她在将案件办细办实的同时，思考着如何积极参与到社会治理中去，给边疆少数民族群众带去更多的法律产品。

"我开始跳出案件，做一些案件以外的工作，尝试以更多的方式，让边疆少数民族老百姓真正的知法、懂法、守法，我当时的第一个念头就是想到要开展双语法治宣传。"

于是，她开始组织哈尼语、基诺语、拉祜语等少数民族检察官组成的双语检察官普法团队送法进学校、进企业、进村寨，用民族语言宣传党的方针政策和法律法规。

随着双语普法活动的深入和各少数民族群众对学法的需求越来越大，玉喃溜尝试着开设手机直播双语普法栏目和《检察官微课堂》短视频。再后来，针对边境地区"偷引带"等跨境违法犯罪多发易发的情况，她把开展双语法治宣传和巩固强边固防成效紧密结合，逐步在村、社区、企业成立了150家法治学堂，并构建起法治联络员、边境巾帼普法队、法治副村长"三位一体"推进的"法治学堂"格局，通过"以案释法"的方式，让当地百姓"沉浸式"学法。不断增强边疆各族群众的法治意识，全力维护边疆安全稳定。

玉喃溜经常到村寨做普法宣传，熟悉她后，老乡们亲切地称呼她"喃滴溜"，后来她干脆用"喃滴溜"给自己牵头的景洪市检察院普法团队命名。

3年来，玉喃溜团队开展直播时长达4230分钟，累计1000万人次走进直播间。"喃滴溜"双语普法团队也因此获评首届"云南省优秀检察文化品牌"。团队开展的《双语直播普法为检察"带货"》荣获2022年度"两个一百"全国优秀检察新媒体评选活动"应用案例二十佳"，《走进云南边境一线检察官》获得央视2023年度影响力法律融媒体作品。

站稳人民立场，坚守为民情怀　她脚下有方向

"大妈，刚刚村里开展的那场巡回法庭，您听懂了吗？我用傣语给您讲一讲吧……"玉喃溜总是希望多做一点、多说一些，让案件的警示教育意义再扩大一点。

"为民"二字是她工作的初心，也是她干好检察工作的"底色"。从检14年，玉喃溜心里始终装着群众，她深知每一个案件的结果，都可能影响当事人的一生和公众的价值取向。"我能深刻体会老乡们遇事时的慌张、处理法律问题时的窘迫，我想竭尽所能释放司法温情，想方设法融入到人民群众中去。"她从大大小小的案件中找到群众关注的热点，走村串寨为边疆少数民族群众进行过数百次普法活动，不断地通过办案和普法，让人们看到法律的光亮，更看到从"有法可依"到"良法善治"的进步。

她常说，自己是土生土长的傣族儿女，对这片雨林和这里的人民常怀感恩之心，作为人民的检察官，要让人民群众可感受、能感受、感受到公平正义，就不能就案办案、机械司法，就要想方设法为老乡办好事、办实事。

案件一件接一件，普法一场又一场。对于检察官来说，依法办案并不难，难的是在办案中体现司法温情，难的是通过办案传递法治正能量，难的是时时刻刻将人民群众利益放在心上，但是玉喃溜做到了，先后被评为"全国优秀女检察官"、"全国最美公务员"、中央政法委"双百政法英模"、"全国三八红旗手"、全国"人民满意的公务员"。2023年11月，获评"全国模范检察官"。她用柔韧的双肩，扛起了守卫公平正义的重任；她用坚定的步伐，践行了检察为民的初心。

"我在工作中受益，也因工作收获荣誉。但我知道，这些荣誉背后，是组织给我的关怀和信任，是人民对我的肯定和鞭策，是家乡的这片沃土对我的孕育和滋养，是一路和我并肩前行的领导和同事们共同努力和奋斗

的结果，我也将以人民满意为目标，无畏艰难，继续前行。"在西双版纳州这片美丽富饶神奇的土地上，"插一根筷子就能长成一棵大树"，玉喃溜相信，只要长期坚持，播下的"法治种子"总有一天会长成参天大树。

高原上的法律践行者

西藏自治区山南市乃东区人民检察院检察委员会委员、
第一检察部主任席淑姣

◎ 席淑姣

席淑姣，乃东区检察院第一检察部主任。先后被授予"西藏自治区先进工作者""全国优秀公诉人""全区十佳公诉人""乃东区最美基层干部""全国模范检察官"等荣誉称号，多次被评为乃东区优秀公务员，荣记个人三等功1次，被最高检纳入全国检察机关普通犯罪、职务犯罪检察人才库。

扎根雪域检察

她是志愿服务西藏的热血大学生，是逐梦边疆报效祖国的有志青年。2010年8月，刚刚大学毕业的席淑姣怀着对西藏的向往和为边疆奉献的热情来到西藏。在志愿服务期间，她找到了人生的意义，做出远离故土、扎根西藏的决定。

在办案中，席淑姣同志总是保持昂扬的奋斗姿态，永远在办最新、最难的案件。拒不支付劳动报酬案、洗钱案，一起起新型疑难复杂案件，淬炼她的能力与智慧，让她成长为一名真正的优秀公诉人，确保让人民群众在具体个案中可感受、能感受、感受到公平正义。

找到疑难案件最佳解法

2019年初，公安机关向乃东区检察院移送一起强奸案。

犯罪嫌疑人拒不认罪，以为通过这种方式可以逃避法律责任，加之犯罪嫌疑人患有癫痫，随时可能发病影响诉讼进程。这对案件的办理提出更高的要求。她日夜加班，综合运用证据，厘清案件事实，仅用10天时间就审结了案件，以被告人实施两起强奸行为提起公诉。但法院经过开庭审理，认为其中一起强奸事实不清、证据不足，不予认定。席淑姣再次分析证据，整合案情，认为现有证据足以证明被告人试图强奸被害人的事实。为了维护被害人的合法权益，依法打击犯罪，她果断提出抗诉的意见。最终，山南市检察院同意支持抗诉，这起一审法院未认定的强奸事实在二审中被纠正，实现了个案的公平正义。

2020年，一起涉众型拒不支付劳动报酬案交给了席淑姣。这起案件对席淑姣来说极具意义，她第一次思考"我"能做些什么。一边是深陷资金危机的企业，另一边是辛勤劳作却未能收获薪资的民工，怎么才能让一个经营困难的企业支付民工工资呢？

席淑姣努力寻求办案平衡点。一方面，听取犯罪嫌疑人、值班律师的意见，对犯罪嫌疑人采取非羁押性强制措施，督促犯罪嫌疑人坚持生产经营筹措资金，协调其他机关依法解除涉案民工工资的冻结措施，保障民工工资优先支付。另一方面，通过微信、电话联系被害人，倾听被害人心声，纾解被害人不安情绪，与被害人建立信任，促使被害人与犯罪嫌疑人达成支付协议。最终，在清偿涉案民工工资的前提下，对涉案单位和人员作出酌定不起诉决定。

该起案件的审查和处理，既维护了农民工的合法权益，又保障了企业的健康发展，充分体现她在工作中坚持以人为本、深入贯彻落实习近平法治思想要求，被评选为西藏自治区认罪认罚典型案例。

"主任，有个案子需要你的帮助。"2023年，正在休假中的席淑姣接到同事的电话。

乃东区检察院承办了西藏首例洗钱犯罪，承办检察官承受了空前的压力。面对同事的求助，席淑姣放弃了难得的闲暇时光，多次与承办人分析研判案情，帮助承办人梳理证据精准定性。这起案件系电信网络诈骗引发的洗钱犯罪，犯罪行为的关联性与法律的精准适用都具有很强的代表性，如何将庭审现场变成一场优质生动的普法大课堂？"全国优秀公诉人"席淑姣又一次迎难而上，在公诉席上尽展公诉风采，以高质量的出庭能力履行国家公诉人的职责。最终，这起全区首例洗钱罪被依法判决。

用真诚化解矛盾

席淑姣在工作中继承和发扬"老西藏精神"，坚定理想信念，秉持为民初心，立足本职，心系人民，既当"护法的卫士"，又做"法治的先锋"。法律宣传、矛盾调解、机制建设，都有她的身影，是她践行自我承诺的方式。

2024年4月，席淑姣办理了一起盗窃案。犯罪嫌疑人因老板拒绝支付8天工资而心生怨气，从老板处盗窃了一辆电动车。事后犯罪嫌疑人虽认罪认罚，但希望拿

◎ 席淑姣（中）主持检察听证

到 8 天的劳动报酬。在了解到案件系工资纠纷引起后，席淑姣分别对双方开展释法说理，解开涉案人员心结，促成双方达成刑事和解协议，在犯罪嫌疑人赔偿被害人物质损失的基础上，被害人支付了所欠工资，在短短的 6 天内，真正实现"案结事了人和"。

案件有了这么好的效果，可以结案了？席淑姣认为还不够。通过这起"小案"，她看到了个体经营者对劳动者权益的忽视，老百姓对正确维护自身合法权益的轻视，于是把本应开在机关大院内的听证会搬到了社区，把枯燥干涩的法律融入案件中，让社区居民们沉浸式体验一场"法"的盛宴。

"基层院办理的绝大多数刑事案件都是发生在群众身边的'小案'，但'小案'更能体现群众的'急难愁盼'，不能'小办'。"这是席淑姣经常挂在嘴边的话，也是她办案的"标尺"。

2023 年 7 月，席淑姣接到一起早已办结的交通肇事案的电话。在电话中，被害人家属告知她，被告人李某未如约支付死亡赔偿金尾款。

刑事案件早已经办结，赔偿协议的执行属于民事司法领域，席淑姣只需简单告知被害人家属维权的途径和方式即可，但她从不止步于案件本身，凡事坚持"多走一步"。

"好的，多吉，你不要着急，你反映的问题我知道了，我现在马上向李某了解下情况。"挂断电话后，席淑姣立即联系李某，了解到李某系因货款压积，暂无力支付全部尾款。根据该情况，她多次居间沟通，在充分尊重双方当事人意愿的基础上，根据实际情况，帮助当事人重新制订履约计划。2023 年 7 月 17 日，在席淑姣的见证下，多吉拿到了剩余的 30 万元赔偿金，与李某握手言和。

"检察官，为什么我的案子拖了这么久，还没有结案？"在办案中，席淑姣总是遇到这样的问题，问问题的人既有犯罪嫌疑人，又有被害人。这引发了席淑姣的思考。

"怎么让案件办得又快又好，能不能在一些简单的案件中让当事人只跑一趟,尽可能不耽误当事人的正常生产生活,实现案件效果与效率的合拍共鸣?"

2022年,在席淑姣的不懈努力下,乃东区公检法司联合会签《关于轻微刑事案件快速办理机制的办法》,借助侦查监督与协作配合办公室实质化坐班,通过检察官对案件提前"坐诊",将轻微刑事案件引入快车道,大幅提升办案质效,有效优化司法资源配置。

自简案快办试行以来,乃东区检察院以速裁程序审结的案件达150余件,占全部案件30%,轻微刑事案件的平均办案周期从之前的20天缩短至6天,极大减轻了当事人的诉累。

10年来,席淑姣同志办理危害国家安全犯罪案件,与分裂活动作坚决斗争。承办各类案件250余件,有罪判决率达100%,多次促成刑事和解,化解矛盾纠纷,为被害人争取经济赔偿达150万余元,多起案件被自治区检察院评为典型案例,参与普法工作百余次,受益群众千余人。在工作中发挥榜样力量,系牢民族团结"同心结",以案代训,加强乃东刑事检察业务能力建设,在业余时间接受办案人员的业务咨询百余次,增加西藏检察人员之间的良性交流。

◎ 席淑姣(左二)向同事传授办案经验

这些工作,不是第一次,也不会是最后一次。一个个案件是她手中的笔,一笔一划书写公平正义。她是最利的剑,也是最暖的火,扎根在高原检察事业的最前线,将"三个善于"贯穿于办案始终，用心用情用高质效办好每一个案件，以法治"力度"传递民生"温度"，践行着国徽下的铮铮誓言，践行着对党和法律的无限忠诚和对人民的无限热爱。

铁骨柔肩担正义　铿锵玫瑰绽芳华

陕西省宝鸡市人民检察院第一检察部主任胡丽萍

◎ 胡丽萍

胡丽萍，陕西省宝鸡市陈仓区检察院党组书记、检察长。

十九年初心如磐、十九年使命在肩，从检19年她始终是打击群众身边犯罪的"战斗员"，是群众切身利益的"守护员"，也是群众法治意识的"辅导员"。三尺公诉席，一腔检察情，从批捕起诉到审判监督，她所办理的近千件案件，件件做到站位高、事实清、证据明、人心服。因成绩突出，先后入选"全国侦查监督人才库""全国普通犯罪检察人才库"，被授予"全国人民满意的公务员""全国模范检察官""全国检察机关侦查监督业务能手""守望正义——群众最喜爱的陕西基层检察官""百名新时代政法英模""陕西省三八红旗手""陕西省第七届道德模范"等多项荣誉称号。

惩腐治贪悬利剑

党的十八大以来，在以习近平同志为核心的党中央坚强领导下，全党上下坚定不移正风肃纪反腐。因为政治素质高、业务能力强，胡丽萍按照院党组要求多次承办大案要案，带领团队成功办理职务犯罪案件数十件。在办理群众关注度高、社会影响大的陈某某贪污、受贿案时，她加班加点审阅案卷 200 多本，仅用一个月，形成 800 多页 39 万余字的审查报告，固定犯罪事实 40 余笔，最终该案顺利移送起诉，被告人真诚认罪悔罪，退还了全部赃款，赢得了群众广泛好评，取得了良好的社会效果。在承办职务犯罪案件期间，胡丽萍晚上自己学，白天给团队成员讲，迅速成长为办理此类案件的"专家"，在办案中她同监委、法院紧密配合，协同履职、形成合力，深入推动反腐败斗争。

扎根基层织"法网"

作为一名扎根基层踏踏实实的办案检察官，她对案件质量要求极高。在办理某新类型案件时，侦查机关和检察机关对罪名的认定存在分歧，她查阅大量专业书籍与案例资料，仔细审查卷宗，逐笔审核证据，从 70 多本案卷中发现需要补充侦查的事实 20 余项，案件退查后，她又及时跟踪监督并引导取证，一步步掌握犯罪事实，准确认定罪名后依法批捕了犯罪团伙，并追捕漏犯 1 人，此案也成了全省办理这类案件的"标准件"。在办理全省首例某涉密案时，她带领专案组成员集中研讨，向专家学者请教，对涉案罪名、犯罪构成等问题进行集

◎ 胡丽萍（右）出庭支持公诉

体研讨5次，突破物证认定、人员认定、共犯认定等疑难复杂问题7个，最终办成全省检察机关首例典型案例。越是人多复杂的案件、越是大案要案，胡丽萍越是主动抢着办，她知道宝剑锋从磨砺出、梅花香自苦寒来，优秀的公诉人就是要在办案中积累成长，厚积薄发。

攻坚克难勇担当

"办案就要敢于啃最硬的骨头"，这是胡丽萍对自己工作的要求。19年的时间里，她在一系列大案要案的办理中不断精进自己的业务能力。2018年，宝鸡市检察院收到一件重大案件，该案的办理有一定的危险性。院党组反复研究，认为胡丽萍政治素质高、业务能力强，是办理此案的最佳人选，但考虑到她毕竟是女同志，迟迟下不了决心。胡丽萍得知后自告奋勇到院党组表决心，主动请缨。得到党组批准后，面对重压的她无所畏惧，连续加班，案情最紧张的时候她吃住都在办公室，每天工作超18个小时，最终在紧急期限内出色地完成了任务。参加检察工作以来，她主要在刑事检察部门工作，这样的案件她已经记不清有多少，为了办案她也曾多次被犯罪分子威胁，这些经历铸就了她温柔外表下的钢筋铁骨。丈夫和孩子心疼她经常加班加点，多次提出要她换一个轻松的岗位工作，都被她拒绝了，她说自己喜欢公诉工作，喜欢把抽象的正义一一实现，她是这么说，也是这么做的。

多倾心血护花童

作为一个母亲，她为未检工作倾注了最多的情感和心血，把每一个未成年人当做自己的孩子去保护是她的承诺。2020年8月，陕西生父摔童案发生后，胡丽萍作为该案公诉人，她在审查中敏锐发现，侦查阶段故意伤害致死的定性不能完整准确评价被告人的行为，作为一名女性、一名母亲，她实在不忍多看一眼案发视频，但作为一名检察官，她忍着心疼一帧帧反复审核视频证据，最终将案件定性改为故意杀人罪，做到了罪责刑相适应。面对犯罪嫌疑人刘某道德沦丧、人性

◎ "六一"儿童节，胡丽萍走进高新小学普法

冷漠、司法抗拒的"恶魔"表现，她从父亲、家庭、社会责任的角度，对刘某进行法治教育、开展心理疏导。最终她用铁证戳穿刘某的谎言，唤醒他的人性良知，流下悔恨泪水。通过这起案件，胡丽萍认识到保护未成年人不能靠检察人唱"独角戏"，需要全社会共同参与。她主动与民政、团委、妇联等部门对接，从无到有建立起一整套具有宝鸡特色的政府、社会、司法、家庭、学校、公益"六位一体"保护机制，作为市检察院未检工作负责人，她又深入各县区院指导建立了相应的工作机制和制度，全方位呵护未成年人健康成长。她和团队精心打造的"向日葵"未检品牌获评陕西省未成年人检察示范品牌，所带领的未检团队也因优异的成绩被表彰为"全国维护妇女儿童权益先进集体"。

君子之学必日新

结合大量的实际工作，胡丽萍对刑事检察理论也有深刻见解。2006年，胡丽萍针对绑架中致人严重残疾量刑不均衡问题开展调研，并在《人民检察》发表了《"绑架中致人严重残疾"量刑管见》一文，2009年，绑

架罪的量刑在第十一届全国人大常委会上修正通过,展现了她超前的思维和深厚的理论功底;刚进入侦查监督工作岗位,她首创并协助部门负责同志在公安机关设立派驻检察室作为监督抓手,并指导全市由点及面搭建监督平台;为了通过刑事检察工作守护好秦岭的青山绿水,她以秦岭生态环境保护专项活动为切入点,指导建立"专业化监督 + 恢复性司法 + 社会化治理"的办案模式,成立"刑事 + 公益诉讼"办案团队。率先在全省建成涵盖 30 个市级行政执法部门的两法衔接信息共享平台,实现了全省首个市县两级"两法衔接"信息共享平台全覆盖,该项创新经验被最高检、陕西省委政法委、陕西省检察院转发推广。

乘风逐光正当时

2024 年,胡丽萍履新陕西省宝鸡市陈仓区检察院检察长后,如何在西部落后地区迅速推动检察工作现代化成了她念兹在兹的工作。通过深入调研,她和党组一班人发起"揭榜争锋"活动,结合工作实际和检察工作现代化需求向全院发出 7 个品牌创建榜单,鼓励青年干警自建团队、揭榜争锋。青年干警积极响应又主动提出 2 个创新项目,使创新项目增加到 9 个。这些创新项目,胡丽萍都是亲自抓、亲自管、亲自创,在她以身作则的带领下,全院干警干事创业的激情和活力日益高涨。2024 年以来,宝鸡市检察院创新推出了多元化司法救助工作模式,从大数据中发现救助案件线索 16 条;创新推出"融合优化、监督协作、创新服务"式检察护企工作方案;新设了秦创原(宝鸡陈仓)知识产权保护站和宝鸡中药材地理标志保护工作基地。这些工作受到了当地党委政府和社会各界的一致好评。仅仅上半年,陈仓区检察院就荣获国家和省市各级集体荣誉 19 项,12 名干警受到了上级表彰,附条件不起诉考察帮教、知识产权行刑衔接等 14 项亮点工作被各类主流媒体刊发。目前,这个西部地区的检察院正在焕发出勃勃生机。

胡丽萍用踏踏实实的行动践行着新时代党对检察工作的期待和要求,用实实在在的成绩落实让群众在每一起案件中感受到公平正义,她将永远为信仰而歌,为正义而战!

检徽在他胸前闪闪发光

陕西省岚皋县人民检察院副检察长张树峰

◎ 张树峰

张树峰，陕西省岚皋县检察院党组成员、副检察长，检委会委员，四级高级检察官。从检27年，历任岚皋县检察院反贪局侦查科科长、渎职侵权检察科科长、侦查监督科科长、反渎职侵权局局长。先后荣获"全市优秀共产党员""全省岗位学雷锋标兵""守望正义—群众最喜爱的陕西基层检察官"等荣誉，2018年荣立个人一等功，2023年被人社部、最高检授予"全国模范检察官"称号。

"下岗就下岗，拿法律做交易的事不能干"

从事职务犯罪检察伊始，张树峰就给自己定下"三要"工作原则：要"重"事实、要"敢"碰硬、要"舍"私情。

2002年，身为陕西省岚皋县检察院反贪局侦查科科长、刚步入而立之年的张树峰接到一项任务：侦查该县某银行前任和时任行长涉嫌重大受贿案。

"银行要清理一批统招信贷员，你妻子属于可清理可不清理的，搞得好的话，还能换个好岗位，你考虑下。"这是一个匿名电话，但张树峰心里很清楚，他现在侦办的贪贿案犯罪嫌疑人正是妻子所在银行的负责人，这是对他的警告和威胁。

"找银行领导理论、说好话，妻子也不是没有继续留在银行工作的可能，但这样一来，我就没有'骨头'了，明摆着要替犯罪嫌疑人开脱。下岗就下岗，拿法律做交易的事不能干！"张树峰始终没有放弃这种坚持。

两任行长被查倒，而一向业绩出色、遵规守纪的妻子张晓燕也被宣布下岗。为了生活，妻子从此外出打工，四处奔波，到现在，还是每月只有2000多元收入的企业打工者。

生活虽然清贫，但他的内心无比安定！

从事职务犯罪检察工作10年，张树峰先后把100多名职务违法犯罪分子送上法庭或移送纪检监察机关处理，为国家挽回损失近千万元，被当地群众称为专捉贪官的"啄木鸟"。

"跳出检察看检察，才能做好检察工作"

"如果你们再不让我出去，我的企业马上就要破产了，还有二十多名工人，我们可怎么办？"信访窗口前坐着一个40多岁的中年人在无奈的哀求。

"不是我们不让你出去，是法律规定不让你外出……"信访接待人解释。

张树峰路过时恰巧看到了这一幕。

信访人邓某，岚皋县人，在江苏昆山开公司，有员工30余人，年产值千万元，因虚开增值税专用发票适用缓刑，申请在籍贯所在地岚皋接受社区矫正。因受疫情和社区矫正监管双重影响，他的企业即将面临破产。

"按照社区矫正规定，我单次离县不能超过一周，就算续假也不能超过一个月。可是在当时，一旦去了昆山，光隔离就得两周。"邓某说，"还不算进材料、谈生意、安排生产时间"。

邓某走后，张树峰陷入了沉思。他开始走访调查，并发现这种情况并非个例，经过对法律法规和国家政策的深入研究，他提出对社区矫正对象因从事正常经营活动外出请假审批程序进行简化，通过电话汇报、微信视频、手机定位等方式进行监管的合理解决方案。

"这不符合法律规定，人民群众可能会怀疑我们是不是在办人情案""这太危险了，一旦社区矫正对象在外面出事，我们就会被追责"。有人提出质疑和担忧。张树峰却自信满满地说："只要我们一心为公，又害怕什么呢？"经过摸排，最后选定一名岚皋籍在江苏省昆山经营企业的社区矫正对象（邓某）和一名青海籍在岚皋经营企业的社区矫正对象（朱某）进行试点。他同县司法局同志远赴昆山，在查明邓某经营项目合法、合规、困难属实后，决定邓某可通过微信、电话发送图片、视频、语音方式既被"捆绑"接受监督，又被"松绑"经营企业。

最终，在该举措的保护下，两家企业在疫情期间生产经营未受影响，为社会贡献工作岗位 30 多个，为国家创税 100 多万元，该案也被最高检评为全国精品案件。

了解他的人都知道，只要是关乎人民群众的利益，张树峰就会化身"拼命三郎"。2021 年，一个特大诈骗案成功告破，当大家都沉浸在喜悦之中时，作为提前介入检察官的他却一脸愁容。"案子虽然破了，但 1000 余万元的非法集资款却被罪犯在赌博网站上挥霍一空，44 名被害人的利益谁来保护？"

为了尽可能地挽回损失，张树峰循着资金流梳理出 1000 多万元赌博案的侦查提纲，充分发挥侦协办平台优势和"双介入"机制作用，积极向安康市检察院汇报案情及侦查疑点难点，市县两级检察院多次与公安机关召开联席会、案件交流会，面对面沟通交流，经过与公安机关的协作配合，终于破了这个"案中案"，抓获开

◎ 张树峰（右）在岚皋中学与老师共商未成年人保护工作

设赌场犯罪分子6人，追回赃款689万元，为40多名被害人挽回了大部分损失。

"司法关怀和教育挽救一样不能少"

群众利益无小事。农村出身的张树峰自小就对基层老百姓有着深厚的感情。

杨老太的小儿子被大儿子杀害，年过七旬的她身体多病，还要照顾年幼的孙女，张树峰及时为其送去了司法救助金，并在开展司法救助的同时组织镇村干部召开联席会议，落实杨老太一家低保待遇，协调学校为其孙女减免了学杂费，在此后长达12年的时间里，张树峰每年都坚持对其家庭进行回访，持续协调民政部门对其进行临时救助，不断寻求社会力量对其救助救济，赢得了社会各界的普遍赞誉。

一个简单的15人聚众斗殴案件，但却涉及11名高三毕业生，社会影响很大，如何做到惩罚教育挽救相结合，十分考验检察官的办案智慧。

"一个孩子就是一个家庭的希望，15个孩子就是15个人生。"张树峰白天带领干警提前介入，引导公安机关及时查清犯罪事实，晚上却想的

◎ 开展法治讲座

是如何给孩子们一条"自新之路"。为了不耽误他们填报志愿和入学，他审慎把握着每一个诉讼时间节点，督促公安机关在填报志愿前及时完成证据固定，带领检察官在开学前完成审查起诉。在审查起诉阶段，深入走访人大代表、政协委员、网格员等，广泛听取民情民意，组织召开听证会，在法律评价的基础上引入民情综合评价，最终依法对其中9人作出相对不起诉决定，对另外6人作出法定不起诉决定，涉案的11名高中毕业生中有10人被大学院校录取、1人返校复读，全都顺利走进校园。针对办案中发现的高中生法律意识淡薄，高考完至开学期间监管处于真空期的问题，依法向相关部门制发检察建议。从精准发挥监督职责、主导发挥诉讼职责到延伸发挥社会职责，张树峰认真践行最高检"高质效办好每一起案件"要求，获得了党委政府、人大政协的充分肯定，也得到了社会各界的广泛赞誉。

"约架"事件，给张树峰提了个醒：孩子高考后，管理容易出现"真空期"，老师管不到，家长有意无意地想让孩子"轻松轻松"，极易成为不稳定因素，发生违法犯罪行为，造成"十年寒窗苦读，一朝功亏一篑"局面。

不久，张树峰被岚皋中学聘为法治副校长。此后的每年高考前夕，他都会专门为高三学子开展《放飞梦想 法治同行》宣讲，详细列举了高考生应知悉的违法犯罪危害和青少年易发生的违法犯罪行为。还在高考期间组织干警在考场外设立法律服务"加油站"，向考生和家长宣传法律法规知识，有效防止了类似情况再次发生。

铁肩担道义，忠诚铸担当。张树峰同志用实际行动诠释了忠诚、公正、清廉、文明的价值追求，践行了全心全意为人民服务的入党誓言，用无私的奉献精神展现出了绚丽的检察风采，让胸前的检徽熠熠生辉。

巾帼初心绽芳华

甘肃省永昌县人民检察院副检察长赵淑霞

◎ 赵淑霞

公诉席上慷慨激昂，掷地有声，她的眼神中闪烁着坚定与睿智的光芒。

从检 20 年来，她始终扎根办案一线，勇挑重担、勤于钻研，先后参与办理各类案件 1000 余件，为国家、集体和被害人挽回经济损失 700 万余元。

她就是甘肃省永昌县检察院党组成员、副检察长赵淑霞。她曾获评全国维护妇女儿童权益先进个人、甘肃省"百名新时代政法英模"、甘肃省先进工作者等。2023 年 11 月 24 日，被人社部、最高检评为"全国模范检察官"。

精益求精办铁案

检察官办案是智慧和勇气的较量。赵淑霞在追求高质效办案的道路上，凭借着精益求精的钻研精神，不断提升自己的履职能力，把经手的案件办成铁案。

领导们信任她、干警们敬重她、受害人信赖她，他们知道，有她在，案子就能办好。

2021年，永昌县检察院办理一起某副厅级干部受贿案，赵淑霞是主办人。"很难！"难在案情本身错综复杂，真相隐藏在重重迷雾之后；难在犯罪嫌疑人出身政法系统，具有极强的反侦查能力；难在办案容不得"冤、假、错"，但谁都没有"上帝视角"。这是一场智慧和勇气的较量：犯罪嫌疑人提前伪造证据，讯问时极其强势，甚至从专业角度质疑办案人的能力，庭审时又极力自我辩解……案件办理的每个环节都举步维艰。

赵淑霞深知，每一起案件的办理，都是在维护法律的尊严，更是对正义信仰的诠释。公安机关立案侦查时，赵淑霞提前介入，了解并详细掌握证据情况；证据审查阶段，逐字分析公安机关移交的庞大卷宗，并根据案件和证据情况制定精准严密的讯问提纲，精准发问、不留漏洞，同时充分听取犯罪嫌疑人辩解，反复进行核查和说服；庭审时，用证据说话，让犯罪嫌疑人甘心认罪。

天不藏奸。历时8个多月，法院对检察机关指控的犯罪事实、量刑建议全部采纳，赵淑霞带队的办案组被金昌市检察院授予集体三等功。

治政之要在于安民，民心是最大的政治。赵淑霞从办理第一起"小案"时的彷徨到主办"大案"时的从容，年龄在变，身份在变，认识在变，这些变化见证了她的职业期许、无愧于人民重托的情怀和担当。

以理服人赢民心

办好一起有影响的大案，就是一次赢得民心的过程。

金昌市首例恶势力犯罪集团案件就是赵淑霞办理的，也为全市办理涉黑恶案件提供了办案样本。判决下来的那天，老百姓奔走相告，一片叫好，民心就是这样聚起来的。

2019年，赵淑霞参与办理全市涉案人数最多的恶势力犯罪团伙案

◎ 赵淑霞（左三）和同事研究案件

件——韩某某、包某某等25人恶势力犯罪案件。该团伙涉嫌开设赌场、非法拘禁、故意伤害、敲诈勒索等多项罪名。在调查取证中，包某某、韩某某等几名犯罪嫌疑人不但拒不供述犯罪事实，态度还极其嚣张。犯罪嫌疑人压迫性的强健体格、拒不配合的态度对办案人来说都是考验。案件办理初期，由于犯罪嫌疑人强大的威慑力，受害人均不敢作证。面对厚厚的几十本案卷材料、错综复杂的案件事实和取证中遇到的困难，赵淑霞没有丝毫的惧怕和退缩，而是鼓足干劲，滴水不漏地审查核实案件事实和证据。为取得更好的庭审效果，她主动与法院承办人进行沟通，积极做好应对工作。

在反复推敲80余册案卷、40余起违法犯罪事实后，赵淑霞提出近100条继续侦查取证意见，并追诉遗漏犯罪嫌疑人6人，最终法院全部采纳了她的指控意见。庭审从早晨9点持续到次日凌晨1点结束，所有被告人心服口服，认罪服法。最终，在法院长达20多页的判决书中，恶势力犯罪团伙得到了应有的惩罚。

"作为一名公诉人，我们不能就案办案，要在效果上下功夫，为社会和谐稳定作出贡献。"司法体制改革后，赵淑霞积极对照改革要求调整工作思路，专心研读法学理论知识，个人撰写的多篇理论文章获得省级奖项。她牵头与公安机关制定的《刑事案件信息互通制度》等，以制度化、规范化保障和强化检警监督制约，努力促进检察监督能力和公安规范执法能力"双提升"，有效维护了社会和谐稳定。

"民生无小事、枝叶总关情。"一纸判决或许能够解决法律问题，却不一定能解开当事人的"救命结"。而往往就是这个没有解开的"救命结"，可能会使一个几近破碎的家庭雪上加霜。如何修复案件背后血肉相连的家庭关系，是赵淑霞不懈追求的办案目标。

2022年，赵淑霞依法起诉了一名交通肇事犯罪嫌疑人，让其得到应有的惩罚，案件看似已然了结，赵淑霞在回访被害人家庭时发现被害人父母垂老无力、孩子年幼，肇事者也因经济困难无力赔偿。赵淑霞迅速将上述情况向上级院作了专题汇报，省、市检察院大力支持，并开通快速办理绿色通道，赵淑霞赶在春节前将10.8万元司法救助金送到被害人父母手上。当老人接过救助金时哽咽地说："这段时间我们感觉天都塌了，完全没有活路了，感谢你们让我们重新看到生活的希望。"

铁骨柔情护幼苗

作为一名女性检察官，赵淑霞不仅有男同志的胆量和勇气，更有女性特有的细腻和缜密。

在办理涉未成年案件时，对于一些轻微的、没有造成严重后果的罪行，赵淑霞一般主张不起诉。她说："孩子毕竟是孩子，有时候就是一时犯傻，为此留下案底，影响以后的发展不值当。"有些被不起诉的孩子后来考上了大学，找到工作，还不忘回来看看赵淑霞。"觉得我们这个案子办得值了，把娃娃救下了。"在谈起涉案当事人时，她会因为他们误入歧途而眉头紧蹙，也会因为他们的进步而欣慰喜悦。

但是，对于性质恶劣的案件，赵淑霞决不姑息，不管怎样也要为受害人讨个说法。去年她办理的一起案件，犯罪嫌疑人和被害人均是未成年人，由于事发时受害人没有及时报案，导致公安机关错过取证时机，无法追究犯罪嫌疑人的刑事责任。"这个结果总让人觉得情理上过不去，也体现不了法律的公平公正。"赵淑霞决定通过民事支持起诉的形式，帮助受

◎ 向未成年人监护人送达督促监护令并进行家庭教育指导（第二排中：赵淑霞）

害人将犯罪嫌疑人起诉到法院，追究其民事责任。最终为被害人争取到了合理的赔偿款。

"保护是双向的，我们不能一味地保护未成年犯罪嫌疑人，更要考虑到被侵害的也是未成年人，他们的权益更应该受到保护。"赵淑霞说。

在检察战线奋斗多年，因为职业的特殊性，赵淑霞看过许多普通人无法看到的真相，接触过形形色色的犯罪嫌疑人，更见证了一幕幕的人间悲剧。正因如此，她才更加注重防患于未然。针对某宾馆日常管理存在漏洞，她及时向公安机关发出检察建议，促成县域内各类住宿场所全覆盖自查整改，推动强制报告制度落实；在校园安全检查中发现校园围墙受损存在安全隐患问题，她探索创新"民事支持起诉＋法治进校园"新模式，及时向检察院民行部门移送案件线索，最终协调相关部门达成和解协议，解决了校园安全隐患。

近年来，在她的不懈努力下，永昌县《侵害未成年人案件强制报告制度实施细则》《教职员工准入查询性侵违法犯罪制度实施细则》等制度机制建立健全，金昌市首个"合适成年人库"、未成年人"一站式"办案救助中心也如期成立，进一步筑牢了未成年人健康成长安全防线。

岁月磨砺检察青春，初心沉淀使命年轮。接二连三啃"骨头案"，赵淑霞办案能力得到极大提升。2023年，赵淑霞在对一起未成年人案件倒查过程中发现，部分医院、私人诊所对强制报告制度仍一无所知。面对这样的认识空白和监管盲区，赵淑霞制发检察建议，经多方沟通联系，赵淑霞促成在全县范围内建立网格化线索发现通报机制，9部门会签强制报告实施细则，医疗系统在诊疗界面中添加了未成年人是否系被侵害的必填选项，真正实现强制报告从个体自觉向程序必经，为助力未成年人健康保护提供了"永昌实践"。

守护初心担使命。赵淑霞的初心是在三尺公诉席上代表国家指控犯罪时的慷慨，是用真挚和努力化解社会矛盾时的欣慰，是得到群众认可、感受到司法公信力提升后的雀跃，更是守护公平正义时的骄傲。她也用自己的一言一行践行着这份初心，也将一直葆有这份初心！

扎根一线　用爱浇灌高原"格桑花"

青海省刚察县人民检察院第一检察部主任王小婷

◎ 王小婷

　　王小婷，现任青海省海北藏族自治州刚察县检察院第一检察部主任。先后办理柴达尔矿重大责任事故案等数十件重大疑难复杂案件，除办理普通刑事案件外，她还积极推动成立刚察县检察院"格桑花"未检工作室，打造"六位一体"模式，为基层未检综合履职提供"高原模版"。

　　刚察县70%以上的人口为藏族，藏语中"格桑花"寓意美好时光或幸福的意思，寄托着人民群众期盼幸福吉祥的美好情感。由于青藏高原生存环境恶劣，高原上的孩子们接受的教育、医疗、住房等条件较差，王小婷作为一名基层未检检察官，希望通过她专业的履职和用心的呵护让高原牧区每个涉案未成年人都能像"格桑花"寓意的那样幸福美好地生活。

　　"零下二十七度的冬季，小卓玛（化名）仅穿一件单薄的衬衫，她的外婆说发放的3万元司法救助金要用来给小卓玛看病，不能乱花。"王小婷回想起她回访的一起司法救助案件的未成年被害人时的场景，心里仍然隐隐作痛。

不放过一个疑点

这是一起未成年人遭受侵害的案件，13岁的卓玛幼时母亲就去世了，生父也不知所踪，一直由外婆独自抚养长大。卓玛先天智力发育迟滞而且无法站立，外婆每日给她泡药浴、按摩才使其正常行走，但因家庭困难智力发育迟滞问题一直未能获得及时治疗。也正是因为卓玛这一缺陷，使得不法分子有机可乘，卓玛多次遭受他人侵害，让本就困难的家庭更是雪上加霜。

"在告知被害人权利义务时，看到时而傻笑、时而沉默的卓玛，再想到卓玛的诊断证明，我就心塞，想着一定要办好这个案件，要让侵害小卓玛的犯罪嫌疑人受到应有的惩罚。"王小婷在审查案件时联合妇联工作人员、心理咨询师积极对卓玛和其外婆开展亲职教育，通过耐心细致的引导，卓玛给王小婷说："姐姐，我还被其他人欺负过……"听到这里，王小婷立即将该线索移送公安机关，并引导侦查取证，顺利抓获该案另外一名犯罪嫌疑人，最终两名犯罪嫌疑人均受到了严惩。

不留下一点遗憾

"办理案件时，我还注意到卓玛属于智力缺陷儿童，在当地普通学校就读对于她来说非常吃力，同时学校也存在强制报告制度履行不到位的情况。"针对案件中发现的两个问题，王小婷向相关职能部门制发检察建议，督促职能部门积极履职，堵塞监管漏洞，还结合该案件召开了刚察县未成年人保护工作联席会议，推动司法与家庭、学校、社会、网络、政府六大保护有机融合、协同发力。

解决卓玛上学的问题和后续的救助成了王小婷下一步工作的重点，通过查阅各种相关政策,她决定通过"司法救助＋社会救助"的方式帮助小卓玛。

"我到当地民政部门了解后得知,卓玛因不满14周岁未被纳入残疾人保障范围,我省尚无法进行智力方面的相关鉴定。"王小婷与公安机关、妇联等部门沟通联系后了解到外省有鉴定机构可以鉴定,协调相关部门带着卓玛前往陕西省进行智力发育情况鉴定。经鉴定:卓玛系智力发育中度迟滞未成年人。拿到相关鉴定后,王小婷及时将该司法救助线索移送控告申诉部门,刚察县检察院于2023年8月向卓玛发放3万元司法救助金,同时与妇联、民政部门沟通协调为卓玛办理了残疾证。从2023年6月起,民政部门每月向卓玛发放300多元的残疾补助金并享受医疗等方面的补助。王小婷还积极与当地教育部门协调,将卓玛转学到海北州特殊学校就读。

办理完案件并不代表救助卓玛的工作就完结了。王小婷在向省院未检部门汇报案件时得知卓玛这种情况还可以领取每月1000多元的孤儿补助金,她返回单位的第一件事就是向小卓玛的外婆了解相关情况,并向民政部门移送相关线索,联合妇联等部门持续跟踪监督落实。

"个案办理中发现的社会治理问题应进一步延伸",在办理该案时王小婷发现可以以个案办理为切入点,把数字检察作为驱动未成年人综合司法

◎ 王小婷(中)帮助受害未成年人填写司法救助申请材料

保护的加速器，于是积极组织部门干警建立未成年人综合司法保护监督模型，以数字检察提升监督质效，截至目前运用该模型筛查出24条事实无人抚养未成年人未被纳入社会救助的线索，及时组织相关部门召开联席会议，制发了5份检察建议，督促相关部门将困境儿童及时纳入社会救助体系，以此推动了全县开展困境儿童摸底排查工作，帮助了更多困境儿童及时得到救助。

"挽救涉案未成年人也是我们未检工作的重点，办案中我们必须注重双向保护。"这是王小婷提起她所办理的一起附条件不起诉案件案件时所说的。在办理一起未成年人涉嫌盗窃的案件时，犯罪嫌疑人小明（化名）父母离异，其从小跟着外公生活，因外公心疼其无父母疼爱，对其较溺爱，导致小明养成了酗酒、夜不归宿的不良行为，最终跟着几个同伴先后多次实施盗窃，被抓获归案后，小明还一脸茫然的说"我们不就偷了点钱吗？又没做什么伤天害理的事情"。面对小明的这种心态，王小婷及时联合妇联对其和其外公开展亲职教育，在发现其母亲改嫁后对小明未履行监护职责后，制发了督促监护令，之后王小婷对小明进行社会调查，发现其符合帮教条件，对其作出了附条件不起诉，由于刚察经济条件较差，当地无专门的社会力量对其进行帮教，王小婷就联系辖区基层组织、司法局等对其进行帮教，并制订专门的帮教方案，定期开展回访，每一次回访，她都以平和的语气，耐心细致地教育引导，让小明发现自己的特长和优点，明确自己未来的发展方向，联系相关部门对其进行技能培训，帮助其重新回归社会。目前，小明考验期满，检察院依法对其作出了不起诉决定。"检察官，我的孩子在这段时间变化特别大，现在也愿意和我们交流了，他自己也考取了驾照，每天回家都会帮我们放牧，感谢你们对他的教育和帮助。"这是在宣存不起诉决定时小明的妈妈流着泪所说的，通过该案的办理，也修复了小明与父母的关系。

"个案教育和惩罚在未成年人犯罪中是必要的，而预防更应该前置，因此宣传工作也要加强。"王小婷带头成立了刚察县检察院"百人百场"法治宣传小组，结合地域特点，制定"定制化"普法套餐，在寒暑假带领干警深入各村社进行宣传，提高未成年人预防侵害的能力。由于山路崎岖，她和她的同事们跋山涉水一天也只能入户十几户。"这个工作是个持久战，我们辖区的群众文化水平有限，接受的普法教育也比较少，我们不断入户，只要我们宣讲的内容，他们听进去了一句，那也是值得的。"

凝聚每一份关爱

"办理未成年人案件，要有一点情怀，我们要让每一个受害未成年人重展笑容、重新找回生活的信心，也要努力让每一个涉罪未成年人重新回归社会。"从事未检工作以来，王小婷一直以一个母亲的情怀做未成年人检察工作，通过多种方式，帮助多名涉案未成年人走出困境、重拾生活信心。她带领同事打造的"格桑花"未检工作室，聘请15名未检"观察员"为未检工作的咨询团、智囊团，为基层未检综合履职提供强有力支撑。自2022年以来共办理涉未成年人审查逮捕案件20余件，审查起诉案件30余件。

"格桑花"未检工作室自成立以来，有许多创新举措。针对家庭教育缺失的未成年人家庭，发出海北州首例藏汉双语的督促监护令，督促监护人依法履行监护职责，并对涉罪未成年人和其家庭开展亲职教育，在对其作出相对不起诉后持续跟踪回访，使其更好回归社会；针对法律意识淡薄的未达刑事责任年龄的涉案未成年人，联合妇联、教育等部门开展临界预防，引导其加强法律知识学习，树立法律信仰；针对遭受侵害的未成年被害人，联合关工委工作人员，长期开展心理疏导，引导其走出困境；针对因案遭受心理创伤却因家庭窘迫无法医治的未成年被害人，及时移送司法救助线索，积极申请司法救助金，帮助解决医疗费用和最低生活保障。她帮助一个个"问题少年"走过风雨，迎来晴天，"督促监护令＋亲职教育+司法救助"是她对未成年人司法保护工作机制探索的新实践。

2023年11月24日,在王小婷履职10年后,被人社部、最高检授予"全国模范检察官"称号,星光不负追梦人,相信这份鼓励和鞭策将会成为一束光,照亮她追逐的法治梦一路前行。

铁腕柔情的"硬核"检察官

宁夏回族自治区石嘴山市人民检察院第二检察部主任何静

◎ 何 静

一位女检察官能有多"硬核"？

她用证据"说话"，"零口供"定罪一起恶性入室抢劫杀人案，该案作为宁夏首例"零口供"案被写入宁夏司法史。

她承办了石嘴山历史上首宗扫黑除恶大案，审查卷宗255册，完成70万余字审查报告、2万余字起诉书，仅用30天时间便成功提起公诉。

她攻克了现实版"盲井案"，在被害人尸体被火化、身份成谜的情况下迎难而上，以"求极致"的精神，将一个作案6起、杀害5人，辗转各地煤矿井下杀人后伪造成矿难骗取赔偿款的10人团伙送上审判席。

……

从检20年来，她始终坚守办案一线，办理的案件无一错案。荣立个人二等功1次、三等功2次，先后荣获全区"百名法治模范""扫黑除恶专项斗争先进个人""五一劳动奖章"等荣誉称号，入选"中国好人榜"，被评定为宁夏检察机关"检察业务专家";她所带领的第二检察部被中共中央、国务院授予全国"人民满意的公务员集体"。

她就是宁夏石嘴山市大武口区检察院党组书记、检察长何静。

一份初心　守护正义显担当

"嫉恶不惧，守正为心"，成为检察官的那一刻起，何静就种下这样的初心。翻开她的办案履历，每一个案件都是她践行这份初心的缩影。其中，最令何静引以为傲的是宁夏首例"零口供"抢劫杀人案。

案情其实并不复杂，一对夫妻被残忍杀害，犯罪嫌疑人赵某某破坏现场，毁灭大量物证。到案后拒不供述罪行，让案件侦查一度陷入僵局。

面对挑战，何静反复阅卷，逐帧查看相关视频，提出围绕犯罪嫌疑人案发后行踪轨迹路线进行拉网式排查、对犯罪嫌疑人居住房屋进行二次勘验等补充侦查意见，最终起获关键物证，使这起"零口供"抢劫杀人案最终形成完整的证据链。

法庭上，她灵活讯问，使赵某某逐步露出破绽，谎言不攻自破。举证质证环节，她运用图表方式，搭建起证明犯罪事实的证据体系，让客观证据"说话"，指控效果凸显。最终，法院以抢劫罪判处赵某某死刑，缓期两年执行，限制减刑，剥夺政治权利终身。

法槌落下，却没有敲出"终止符"。

收到判决后，何静认为，被告人赵某某入室抢劫杀害二人，毁弃物证，拒不供述罪行，且系累犯，应当判处死刑立即执行，法院量刑明显不当，于是提出抗诉。后经二审开庭审理改判赵某某死刑立即执行，剥夺政治权利终身。因该案社会效果、法律效果俱佳，中央电视台社会与法频道《天网》栏目进行了宣传报道。

"对待罪恶，她眼里揉不得一点沙子。"同事这样评价她。

一双铁腕　扫黑除恶显身手

"是黑恶犯罪一个不放过，不是黑恶犯罪一个不凑数。"何静一直秉持着这样的信念，在扫黑除恶工作中书写忠诚与担当。

2019年，一通匿名举报电话让一起盗窃巨额国有煤炭资源案显露端倪。持续作案10天，出动车辆百余辆，疯狂盗窃煤炭9万余吨，非法获利8300多万元……触目惊心的数字让何静敏锐地感到一丝不寻常。

作为专案组成员，她先后5次提前介入案件，通过阅卷，获悉犯罪嫌疑人肖某生、肖某父子组织纠集亲属、乡邻，长期盘踞国有矿区，拉拢腐蚀领导干部和国有公司工作人员，多次实施盗采国有煤炭资源等违法犯罪的事实。为此，她向公安机关提出调整侦查方向，从普通刑事犯罪向黑恶犯罪转变的建议，得到了公安机关的高度关注和认可。

最终以石嘴山市政法委原书记、市公安局原局长陈某桥为保护伞，肖氏父子组织领导的涉黑组织浮出水面，涉案人员达60人，犯罪事实30余起，涉案财产达4.5亿元。案件移送起诉后，何静和专案组成员每天高强度运转，放弃休息，先后审查卷宗255册，完成70万余字审查报告、2万余字起诉书的统稿任务。追诉漏罪9起、漏犯4人，移送职务违法线索25条，制发纠正违法通知书及检察建议书7份，仅用30天时间就成功提起公诉，指控意见均被法院采纳。被告人肖某生被判处无期徒刑，其他各被告人均被判处相应刑罚。

该案办案组被最高检评为扫黑除恶专项斗争优秀办案集体；被自治区检察院荣记集体二等功。

一腔柔情　为民司法显情怀

"用心用情用力办好每一个案件，让群众感受公平正义的同时，也能感受到司法的温度。"何静这样执着地坚持着，也将这份执着传递给部门的其他检察官。

2021年5月,何静提前介入了一起家暴致死案。

"是她要拿菜刀砍我,我才还手的,我没想让她死。"被害人杨某的丈夫撒某巧言辩解,其律师也提出正当防卫的辩护意见。

然而,案发现场随处可见的斑斑血迹让何静有了疑虑。

案件移送后,承办检察官认为,杨某身体多处伤情,但无一处致命伤,应定性为故意伤害罪,并提交她审签。多年的办案经验让她敏锐地察觉到,故意伤害罪不足以评价撒某的行为。她重新翻看了尸检报告,几处陈旧性损伤引起了她的注意。这是怎么形成的?针对疑问,她安排办案人开展自行补充侦查,最终认定,撒某长期对杨某实施家暴,并逼迫杨某直播赚钱。案发当晚,因不满直播效果,撒某持木凳等工具追打杨某,并用剪刀反复捅刺杨某头部,造成致其死亡的事实。

"撒某持多个工具反复折磨殴打杨某,置杨某死活于不顾,时间长达一小时之久,行为应以故意杀人罪定罪,并依法追诉虐待罪。"何静有理有据地说。最终,法院采纳指控意见,撒某被以故意杀人罪、虐待罪判处死刑立即执行。

案子了结了,但何静却依然心存牵挂:杨某年迈的母亲和未成年的儿子生活如何保障?父亲将母亲活活打死的阴影是否会影响孩子一生?为此,她一方面移送司法救助线索,协

◎ 在大武口检察院12309检察服务中心接待来访群众

助开展调查，为他们申请到 7 万元救助金；另一方面为杨某儿子协调转入新学校、开展心理辅导……

除了办好案件，在何静看来，延伸法律监督触角，依法履职，实现治罪和治理并重，提升社会治理水平也是检察官义不容辞的责任。针对案件暴露的命案防控、反家暴、网信等领域制度漏洞和工作短板，她及时启动检察建议调查程序，共向公安、妇联等单位制发检察建议书 5 份，让案件释放出最大的司法效能。

一腔热血　奋楫扬帆显实干

2023 年 11 月，何静担任大武口区检察院党组书记、检察长以来，她迅速找准身份定位，以更加饱满的状态投入到工作中，带领全体干警兴起一股实干热潮。

2024 年初，最高检、宁夏自治区检察院先后全面吹响"检察护企""检护民生"专项行动"集结号"。何静科学谋划，始终坚持司法为民，全面落实法治化营商环境和群众急难愁盼检察履职清单；竭力推进大武口区委、政府确定的宜业、宜居、宜游、宜学"四宜之城"建设。

她问需问计，扛起"检察护企"新担当。在 12309 检察服务中心设立涉企法律服务窗口，通过制发"检察护企工作联系卡"，在石嘴山高新区管委会设立"检察护企联系点"及检察官办公室，及时了解企业需求，切实做到问计于企，问需于企，引领检察护企走深走实。

她坚持品牌创建引领，激发"检护民生"新动能。创新打造特色亮点品牌，形成了"申"情"石"意多元解纷工作室、"蓝小武"未检工作室、"大检为公·益路同行"特色品牌。自最高检"检护民生"专项行动部署以来，围绕重点人群、重点领域、重点问题，以品牌创建为引领，争先创优，拓宽办案领域，深化服务内容。

聚焦主责主业抓落实的同时，何静尤为重视队伍建设。她深入推进

"3331"工程，大武口区检察院提拔2名"80后""90后"政治素质高、业务能力强、工作业绩突出的干警为院党组成员，任命3名年轻干警为部门主任。健全干警考核机制，发挥考核"风向标""指挥棒"作用，有效激发全院干警干事创业的激情和活力。

"云清枝劲挺，秉志造葱茏。"新时代的征途上，何静将用忠诚和担当，倾力奉献挚爱的检察事业，用心服务人民，用力锻造一支让党和人民信得过、靠得住、能放心的检察队伍，为检察工作高质量发展作出新贡献。

用踏实书写对检察事业的忠诚
用勤恳诠释对检察事业的热爱

新疆维吾尔自治区乌鲁木齐市人民检察院
第四检察部副主任周继凤

◎ 周继凤

周继凤，新疆维吾尔自治区乌鲁木齐市检察院第四检察部副主任、二级检察官。先后荣获"全国优秀公诉人""自治区巾帼建功标兵""全疆十佳公诉人""全疆侦查监督业务标兵""全国模范检察官"，荣立个人二等功1次、三等功3次。

初心如磐　公平正义的守护者

成为一名检察官，是周继凤同志儿时就埋在心底的职业理想，法学理所当然成为她报考所有院校的第一专业。本科毕业后，她继续深入学习法学知识，选择刑法学为研究生攻读方向，朝着刑事检察官奋进。2013年2月，她在祖国向西的桥头堡与乌鲁木齐检察相遇，在这里开启了她的检察职业生涯。从检11年来，她坚守初心，先后在侦查监督处、重大刑事犯罪检察部、经济犯罪检察部工作，并在最高检案件管理办公室挂职近一年。转变的是部门、是业务、是角色，不变的是她始终坚持党对检察工作的绝对领导，立足检察为大局服务、为人民司法、为法治担当的政治自觉、法治自觉、检察自觉。

"好的公诉人，是案子喂出来的。"她亦如此，先后办理审查逮捕、审查起诉等各类案件 500 余件。2020 年以来，她主动办理各类重大疑难案件，坚持把"高质效办好每一个案件"作为要求和追求。

2021 年 6 月，戚某某等 6 人贩卖、运输、制造毒品案交到她的手中。这是本院受理的第一起涉及毒品 γ-羟丁酸案，仅抓获当天就查获 3.73 吨毒品饮料，是集制造、运输、贩卖为一体的犯罪团伙，犯罪嫌疑人均拒不供认、作无罪辩护。她自觉强化构建以证据为中心的刑事指控体系，切实担起引导侦查的检察责任，找准补充收集证据的突破口，按照需要证明什么、在案证据有什么、现在需要补什么、怎么补的整体思路撰写退回补充侦查提纲，制作提纲多达 60 条、近 2 万字，与侦查人员逐条逐项讨论如何取证。经过抽丝剥茧的分析、论证，将 5 名被告人成功起诉到法院，认定涉案毒品饮料高达 13 吨，对 1 人因事实不清、证据不足作出不起诉决定。2022 年 7 月 25 日至 27 日，她和助理两人直面 7 名辩护律师，以寡敌众，历经 3 天且每天到晚上 10 点多的庭审，最终 4 名被告人被判处 15 年有期徒刑，1 名被告人被判处无期徒刑。这时距离她的预产期不到一个月，不难想象炎炎夏日每天十多小时的庭审对一位孕妈妈的不友好。但是，她说"相信肚子的宝宝会和我一起战斗，将犯罪分

◎ 周继凤（右二）针对办理的金融案件与同事开展讨论

子绳之于法"。

2021年7月,她入选全国检察机关重罪检察人才库。制发的退回补充侦查提纲被评为"2022年度全国检察机关刑事检察优秀释法说理文书""第一届全国检察机关优秀刑事检察文书"。

奋楫笃行　追求梦想的赶路人

成为一名优秀的检察官,是她初生牛犊不怕虎,勇于言说的职业追求,她脚踏实地,日复一日地付诸于实践。在参加工作的第三年,她跟随优秀同事们的脚步参加了全疆侦查监督业务竞赛,经过拼搏奋斗、力争上游,被自治区检察院授予"全疆侦查监督业务标兵",成为一名优秀的"捕快"。2020年1月,她圆满完成在最高检案管办的挂职锻炼,回到乌鲁木齐市检察院第二检察部(重大犯罪检察部)工作。没有办过审查起诉案件怎么办?没有上过法庭怎么办?她知道没有个案的深入思考,没有办案量的累积,就没有教训的汲取,就没有经验的积累,就无法在法庭上游刃有余,不能切实担负起无限的说服责任。知不足而奋进的她,积极适应"捕诉一体",以"如我在诉"的理念认真对待办理的每一起案件,思考再思考,充分挖掘个案中的证据认定和法律适用问题,反复咀嚼,将"一个案件当作十个案件来办",迅速将业务范围拓展至批捕、起诉、诉讼监督以及补充侦查、刑事申诉等全链条全流程,很快转型为适应新工作要求的"行家里手"。2020年7月,参加"第七届全疆十佳公诉人暨优秀公诉人业务竞赛"时,她坚持办案、竞赛两不误,从全疆50多名参赛选手中脱颖而出,荣获"全疆十佳公诉人"称号并获得"优秀论辩奖"单项奖。

2020年9月,她不畏困难、不惧挑战,代表新疆检察机关参加"第七届全国十佳公诉人暨全国优秀公诉人业务竞赛",与来自全国132名优秀检察官同台竞技,经过四天五轮的激烈角逐,最终荣膺"全国优秀公诉人",是全疆检察系统在此次比赛中获此殊荣的唯一一人。

凡事做到优秀已然成为她的习惯。她学着前辈的样子，传承公诉精神。2023年6月、8月两次被自治区检察院借调跟班服务全疆优秀公诉人训练营、第八届全国十佳公诉人业务竞赛备赛集训近3个月，新疆又有一名选手荣膺"全国优秀公诉人"。她相信一代代的传承，总有勇立潮头的新疆检察人。

追求高标准　多维绽放的检察人

努力做到最好甚至完美是她对自己的要求。十年从检路，她拓展业务，锤炼本领，还积极参与案件管理、检察研究、普法宣传……

她在最高检案管办挂职锻炼期间，转变角色从案件办理到案件管理，完成日常受案120件。参与《人民检察院刑事案件办理流程监控要点》《人民检察院案件信息公开工作规定》的意见征集、汇总、论证以及撰写综述，受到一致好评。

她坚持问题导向，勤学善思。撰写的《乌鲁木齐地区毒品犯罪情况分析》《乌鲁木齐市检察机关以"三动"为抓手精准发力扫黑除恶专项斗争稳步推进》等10余篇材料在中央办公厅内参、最高检网站、新疆法治报等处刊发。2020年、2021年，参与最高检立项的"检察机关健全反恐维稳常态化机制研究"等课题，顺利结项。2022年1月，被自治区检察院通报表扬为"全区检察机关理论研究和调研工作先进

◎ 周继凤就一起不起诉知产产权案件后续的反向衔接工作与同事研讨

个人"。

检察办案不仅要抓末端治已病,还应抓前端治未病,她在办案中发现管理漏洞,向税务系统、公安机关等制发检察建议,为完善机制建言献策。按照"谁执法,谁普法"普法责任制要求,主动落实检察机关普法责任,在乌鲁木齐市部分中小学开展法治宣传进校园活动,受到师生广泛好评,被新疆法治报宣传报道。

2022年8月,她成为第四检察部(经济犯罪检察部)副主任,更加注重传帮带,多次走上讲台,讲授审查报告的制作,法律文书的撰写,成为一名教检察官的检察官。她着力发挥好条线业务的指导作用,编改的多则典型案例被自治区检察院采用。

忠诚担当　贴心服务的践行者

"哪里需要就去哪里",是她的态度更是行动。2020年7月,她安顿好5岁的女儿,毅然投身于防疫工作,用心用情办实事,化解被隔离人员的情绪,以情换情,竭力争取群众的理解和支持,参加驻点防疫40余天。2022年1月至2023年3月,她主动下沉到天山区胜利路街道湖源巷社区参加"访惠聚"工作,融入社区、深入小区,走进街巷,密切党群干群关系,尽力解决老百姓急难愁盼的问题。作为一名孕妈妈,她从不叫苦叫累,每天往返社区和所辖小区,听取民情民意,记录老百姓所需所想,做到及时反馈。防疫人员紧张时,她不顾劝说、阻拦,主动要求参与日常的核酸检测工作。她笑着对同事说:"与大家战斗在一起,啥也不怕。"她以实际行动获得了辖区居民、工作队队员们的广泛认可。

她的检察十年,是忠诚担当、踔厉奋发、脚踏实地的十年。职业生涯的下一个十年已经开始,她深知对照身边的榜样仍有差距和不足,但她许诺以奋斗之姿在新时代中国特色社会主义法治发展道路上镌刻属于自己的巾帼亮色。

高标准　严要求　无畏前行
中国人民解放军中部战区军事检察院第二检察处处长王洪国

2023年12月2日，在人社部、最高检组织开展全国检察机关队伍建设工作会议暨第十次"双先"表彰大会上，王洪国同志被授予"全国模范检察官"称号。

高标准造就零失误

每当法律文书送到王洪国手里，他都会逐字逐句认认真真地过上好几遍，这是他延续很多年的习惯。

◎ 王洪国

"每次请王处长帮我把关文书都感觉是在经历一次大考"，小赵对于王洪国的细致严谨深有体会，"很多文书对于有经验的检察员来说都是驾轻就熟的，但是每一次王处长总是能提出更好的修改意见，同事们私下里开玩笑说他有'强迫症'"。谈起工作，小赵很无奈，但更多的是钦佩。

执法办案是检察工作的基本盘，这项工作不易出彩，却极易出错。"高标准造就零失误。"谈起王洪国，同事们都不自觉地竖起大拇指，"之前一次案件，同案的两名犯罪嫌疑人名字非常相近，办案人员在移交材料时忙中出错，有一页证据放错了卷宗，多亏了王洪国细致入微，及时发现纠正了错误"。

"用游戏术语讲就是王处长解锁了多个唯一成就。"刚进入检察系统的小侯被王洪国的严谨细致和业务能力深深折服。军事检察机关内设机构调整改革以来，王洪国主办或指导的所有案件质量高、速度快、效果好，实现了诸多第一次。第一次办理军地互涉代为羁押案件，第一次办理监委移送的共犯案件，第一次督促监委补充起诉，第一次指导基层院监督保卫立案……特别是重大疑难复杂案件提前介入审查意见被全部采纳，量刑建议采纳率达100%，均诉判一致。这些简单数字背后是王洪国从严从实、精益求精，坚决捍卫公平正义的使命担当。

打击违法犯罪，他铁面无私；维护官兵利益，他冲锋在前。生活费、伙食费相关案件线索虽然案情简单、数额不大，但却事关官兵切身利益。在王洪国眼中，军事检察机关的职能作用归根结底就是要为部队建设发展和战斗力生成服务，为广大官兵解决现实困难。每次遇到这类案子他一定会亲自参与，严肃办理。在审查起诉某部财务部门共同贪污系列案过程中，他发现存在漏犯问题，多次与监察机关沟通协调，督促立案调查，使涉案人员全部受到惩处，维护了广大官兵的权益。

越专注才能越从容

"没事，我去！这个案件虽然不是我承办的，但是我一直都在跟进。"办案最怕的是出现拉紧急集合的突发事件。新冠疫情期间，某犯罪嫌疑人羁押在武汉，承办人临出发前突发高烧，王洪国二话不说拎起背包就出发。某案开庭，承办人因为疫情管控不能到庭，他也是准备一下就能出庭公诉。

王洪国最擅长打从容的"遭遇战"。这种看似毫不费力，正是背后的专注投入。这种从容既是应变能力的体现，更是对法律法规的如数家珍，对案件本身的谙熟于心。

一次讯问中，王洪国凭借丰富的经验判断出犯罪嫌疑人虽然签了认罪认罚具结书，但仍可能当庭翻供或作无理辩解。他带着同事一起分析预判辩论焦点，逐一论证后制订了详细的出庭方案和答辩提纲。加班到深夜时大家觉得王洪国小题大做，在干无用功。但后来不出王洪国所料，犯罪嫌疑人认罪态度出现反复，得益于庭前用心做足了准备，庭审中公诉人对被告人的不实辩解一一驳斥，促使其丢掉幻想、认罪悔罪，成功化解了诉讼风险，有力指控了犯罪。事后谈论起这件事，王洪国轻描淡写地说："哪有什么未卜先知，唯有用心。"

在王洪国的书架上，一本名为《恶性胸膜间皮瘤》的医学书籍显得格格不入。原来，犯罪嫌疑人陈某患有罕见的胸膜间皮瘤，王洪国专门请教专家，从解放军总医院第八医学中心借来10厘米厚的专业书籍，自学该病的特征、治疗方案、康复可能，从严推算生存期，合理安排办案节奏，并积极协调医疗保障，充分保证犯罪嫌疑人合法权益，在惩治犯罪的同时传递检察温度。犯罪嫌疑人程某在法院审理阶段认罪认罚后，受律师教唆翻供，其间，因急性胃肠出血病危，看守所束手无策，王洪国接到情况反馈后，第一时间联系联勤保障部队予以支援，协调专家组织会诊、手术，最终犯罪嫌疑人得以康复。

在记者与王洪国交流的时候，一阵微风吹开了他的笔记本扉页，上面写着"办案就是办别人的人生，要慎之又慎，全力做到案结事了人和"。

守底线所以行无畏

与王洪国不熟的人都会觉得他不近人情、不懂世故。同事老冯对此深有感触地说："对接工作很多次，往北京跑了几十趟，就没和他一起吃过饭。"刚开始大家都觉得王洪国"高冷""不合群"，后来接触时间长了，大家才理解他不愿应酬，是因为工作本身已经饱和，需要加班加点，再加上家里两位老人、两个孩子需要照顾，时间上也不允许，更重要的是他时刻提醒自己慎独慎微，从源头上减少一切干扰司法办案工作的可能。

长期身处打击职务犯罪一线，王洪国坚持违背原则的事不干，乱开口子的事不办，不管是面对犯罪嫌疑人"给自己留后路"的无理诉求，还是面对或明或暗的威胁与诱惑，他从未动摇退缩。在与部属谈心时，他挂在嘴上最多的就是"天上不会掉馅饼""没有无缘无故的爱""严管就是厚爱""要多问问自己的心，多想想家人和后果，不能让自己后悔，让家人难过，成了让社会唾弃的罪人"。

公生明，廉生威。任何时候只要做到严格依法、公正司法，必然问心无愧、行稳致远。某系列案件中部分犯罪嫌疑人因证据不足不符合逮捕条件，王洪国依法报请采取取保候审强制措施，有关机关认为王洪国不讲政治且有包庇犯罪嫌疑，遂向其上级机关反应情况，要求审查王洪国。其间，面对同事的关心，王洪国表现得云淡风轻，他说："身正不怕影子斜，没什么可担心的。"果然，经过审查，上级机关认定王洪国提出取保候审意见准确，有理有据，符合法律规定，批准了请示。

这些年下来，王洪国所办案件无一关系案、人情案、金钱案，办成了一桩桩铁案，收获了一片片真心，树立了新时代军事检察官的好形象。

面对纷至沓来的荣誉，"不开庆功会，先开反思会"是王洪国一以贯之的做法。王洪国首先看到的是与全国检察机关优秀同仁的差距，面对成绩，他说"如果说有成绩的话，那就是守住了基本盘，这得益于领导的厚爱帮助和同志们的全力支持"。他一如既往谦逊、淡定、坦然，一如既往守着一盏孤灯奋斗在办案一线，他心中坚守着的，正是一名军事检察官的初心与使命。

风平潮正，自当扬帆破浪；任重道远，更须策马扬鞭。王洪国告诉记者，他将始终牢记习近平总书记"政治过硬、业务过硬、责任过硬、纪律过硬、作风过硬"的期望嘱托,牢记肩负的神圣职责,自觉涵养清净清爽清苦的思想境界,保持守纪如铁、守口如瓶、守身如玉的自律定力,以忠诚干净担当的实际行动谱写军队正风反腐新的时代篇章。

检察追梦　初心不改
以青春年华守护万家灯火

新疆生产建设兵团第七师奎屯垦区人民检察院副检察长张芳

◎ 张　芳

张芳是一名普通的人民检察官，12年来始终坚守初心，扎根祖国西北边陲条件艰苦的基层检察院。她对党忠诚，政治品格坚定，初心如磐；她厚植为民情怀，心中装着群众，一心为民；她恪守法治信仰、维护公平正义，秉公办案；她勇于担当、坦荡无私，敬业清廉。她是新时代检察机关模范践行习近平法治思想、扎根基层为民司法的先进典型。

张芳同志坚持把成为一名优秀的检察官作为毕生职业追求。办案中她始终坚持证据审查全面细致，制作文书严谨规范，定性分析依法公正，出席法庭有理有节，让每一起案件都经得起考验，力求把每一个案件都办成铁案，让人民群众在她办理的每一个司法案件中都感受到公平正义。她利用自身知识特长和职业优势，坚持送法进校园、进社区、进连队，为辖区团场职工群众尤其是未成年儿童送去预防电信诈骗、校园欺凌、性侵犯罪等为主题的普法课程和书籍，十余年来开展普法宣传300余次，通过线上线下法治讲课让 2 万余人次受到法治教育。她以坚强的毅力和无私奉献的精神践行着自己的入党誓言和从检初心。

以"检察温度"践行使命与初心

"一个检察官的一生会办理成百上千的案件，这成百上千的案件背后是成千上万的家庭和无数的个体，我们的工作连着他们的人生，甚至决定着他们的人生。我想通过自己的努力让被害人更少、受损失更小，让犯罪嫌疑人认罪悔罪、迷途知返。"张芳是这样说的，也是这样做的。

她用正义与邪恶较量，用真情编织法治梦想，用青春为检察事业注脚，用奋斗向人民百姓作答。从检十余年，张芳精准执法、用心办案，始终坚守初心，敢于攻坚亮剑，以匠心本色捍卫公平与正义，把司法办案同维护人民群众切身利益联系在一起，成为群众心中不缺席的"检察蓝"。

高挑清瘦、看似文弱的张芳已经在公诉岗位上默默耕耘了十余年，先后荣获了兵团检察机关首届未检竞赛"实务能手"、"第七届全国优秀公诉人"、"第八届兵团优秀公诉人"、"优秀刑检实务奖"、兵团"最美检察官"、兵团政法委"最美人民检察官"称号、中央政法委全国"双百政法英模"、第十一届"兵团青年岗位能手"、"全国模范检察官"称号；先后荣立个人二等功、个人三等功。

检察新兵克服办案难题　推陈出新、敢为人先

2012 年，初到车排子垦区检察院的张芳还是一个带着些许稚气的姑娘。她从最基本的工作做起，向经验丰富的老检察官虚心求教，跟着他们一起出庭，学习出庭方式，一边做好一份份笔录，一边翻阅大量法律书籍和找来成熟的控辩、庭审、辩论会等材料，潜心研究，取长补短。经过一点点的磨砺、积累，张芳迅速成长起来。在法庭上，无论面对多么复杂的

情况，她都能沉着应战。

车排子垦区检察院地处偏远团场，距离这里最近的市区也有近百公里。张芳所在的刑事检察部门一直以来同时承担多项检察职能，业务面广、要求高、工作量大。在张芳的时间表里，八小时工作制的界线早已模糊，她已经记不清有多少个夜晚是办公室里的一盏灯、一摞摞卷宗陪自己度过的，"案子拿不下来，梦里都在想对策"。

2013年，张芳负责办理一起制售伪劣农资案。作为一名检察新兵，她遇到了前所未有的困难：证据存在缺陷和瑕疵，致使部分犯罪事实无法认定。对此，张芳多次复查案件证据，查阅相关资料，请教财经、农业等领域的专业人员，并与其他检察官讨论相关法律问题，引导侦查机关补充侦查。最终，检察机关认定的犯罪事实均被法院采纳，3名被告人全部获刑，群众的损失也得到挽回。

面对近年来办案量激增、办案要求高的复杂情况，张芳针对部门人员专长，在部门内部科学分流，将简单案件与复杂案件、不同罪名案件分车道处理，提高单人办案效率和办案质量。10年来，张芳同志先后办理各类案件400余起，无一错案。她常说当检察官，办案是天职，把案子办好是责任。"如果这是我的父母、亲属，他们该有多着急！"对于受害群众关心的问题，张芳总是及时向他们通报办案进度、降低涉法涉诉信访风险，她想这样就可以让他们少跑腿了。

2018年以来，她负责的刑事检察部门在全兵团率先开展刑事案件公开审查工作，先后对多起社会关注、具有争议的审查逮捕、审查起诉案件进行公开听证，取得了良好的法律效果和社会效果。她组织成立了"小胡杨"未成年人检察办公室，联合师市关工委、团委建立了辖区《合适成年人手册》，发出"督促监护令"，在她的辛勤努力下，各项未检工作落地生根，"小胡杨"未成年人检察办公室和微信公众号在七师和兵团检察系统内初步取得"品牌"效应。

2020年,在最高检院举行的第七届全国十佳公诉人暨全国优秀公诉人业务竞赛中,她作为兵团检察机关派出的参赛选手不负众望,沉着冷静,发挥出色,获得"全国优秀公诉人"称号。

用证据说话　冷静应对突发情况

办案中,张芳始终坚持证据审查全面细致、制作文书严谨规范、定性分析依法公正、出席法庭有理有节,希望让自己所办的每一起案件都经得起考验。

2020年张芳负责办理武某受贿案。在审查起诉阶段,武某对受贿数额中的140万余元提出异议。针对其反映的问题,张芳对有异议的受贿数额再次逐笔审查,确认了支持犯罪事实成立的证据链。在证

◎ 张芳在一所中学开展"法治进校园"活动

据确实、充分的基础上,张芳对武某进行充分释法说理,最终,武某认可了检察机关的审查意见,并在辩护人的见证下表示自愿认罪认罚。

在办理周某、陈某受贿、徇私舞弊假释案时,面对近30本的厚重案卷,张芳和办案团队成员加班加点审查案件,认定两名被告人在两个罪名中分别具有自首和坦白的情节。但在开庭时,辩护人突然提出两名被告人在两个罪名上都有自首情节。面对突发情况,张芳从案件由来、线索移交到归案方式、供述情况,充分向法庭和旁听人员阐述检察机关认定的法律

依据。最终，两名被告人认可了检察机关的公诉意见，该案顺利办结，取得了良好的庭审效果。

将心比心让上访群众有盼头

2021年4月，感觉腰部疼痛难忍到医院做检查的张芳接到检察长的电话："你的身体怎么样？有一个案情复杂、舆情风险高的案件需要办理。"张芳隐瞒了左肾结石的诊断结果，让医生开了止痛药，便赶回单位投入到紧张的工作中。

这起案件是车排子垦区检察院办理的首例非法吸收公众存款案，涉案金额高，涉及面广，被害群众多达100余人。在接待来访的被害群众时，张芳了解到有人身患癌症却没钱治疗，有人将全部积蓄投入其中结果血本无归，还有人因此案导致家庭矛盾不断、生活无法继续……看着一双双充满期待的眼睛和饱经风霜的双手，张芳暗下决心一定要把这个案子办好。

根据被害群众反映的情况，张芳与侦查人员通过实地查看、讯问、询问，果断对犯罪嫌疑人用赃款投资建立的29个蔬菜大棚、5个蒙古包和1个展厅采取查封措施，随案移送至法院，尽最大努力为群众追赃挽损。

"当检察官，办案是天职，把案子办好是责任。"这是张芳经常挂在嘴边的一句话。张芳从一个检察新兵到获得"全国模范检察官"殊荣，是在点点滴滴的积累中，逐渐从青涩走向成熟。面对荣誉，有鲜花有泪水，她虽有感慨，却一脸平静。放眼未来，有希望也有挑战，她目光坚定，踌躇满志，深知荣誉只代表过去，奋斗才能书写更好未来，她还将继续保持着火一般的热情，将自己的根牢牢地扎进这片广袤的土地，以坚强的毅力和无私奉献的精神践行着自己的入党誓言和人民检察官的真谛。